रस-विमर्श

रस-विमर्श

डॉ. राममूर्ति त्रिपाठी

वाणी प्रकाशन

वाणी प्रकाशन
ज्ञान के विविध आयामों के प्रकाशक

वाणी प्रकाशन का 'लोगो' विख्यात चित्रकार मक़बूल फ़िदा हुसेन की कूची से

वाणी प्रकाशन, 4695, 21-ए, दरियागंज, नयी दिल्ली-110002
वाणी प्रकाशन, अशोक राजपथ (पटना कॉलेज के सामने), पटना (बिहार)

RAS-VIMARSH

by Dr. Rammurti Tripathi

Criticism

ISBN : 978-93-5000-067-0

प्रथम (वाणी) संस्करण

मूल्य : 395/-

वाणी प्रकाशन

फोन : 0091#11#23273167, 23275710

फैक्स : 0091#11#23275710

वेबसाइट : www.vaniprakashan.in

ई-मेल : vaniprakashan@gmail.com
vani_prakashan@yahoo.com

आर.टेक ऑफसेट प्रिंटर्स द्वारा दिल्ली-110095 में मुद्रित

स्मृति-शेष पत्नी
को

पातनिका

प्रस्तुत कृति में रस के स्वरूप और उसकी निष्पत्ति-प्रक्रिया पर मुख्यरूप से विचार किया गया है। साथ ही इस बात पर अपना ध्यान अधिक केन्द्रित किया गया है कि अनावश्यक विवरणों से तटस्थ रहकर उक्त पक्षों का विभिन्न वैचारिक-पृष्ठभूमियों पर ऐतिहासिक क्रम से उपस्थापन किया जाए। पर इसका अभिप्राय यह नहीं समझना चाहिए कि इस कृति में केवल अन्य साहित्यिकों द्वारा उपस्थापित विभिन्न रस-विमर्श की वैचारिक पृष्ठभूमियों का अनुवाद मात्र प्रस्तुत कर दिया गया है। अनुवाद मात्र नहीं, पर अनुवदन अवश्य किया गया है—क्योंकि 'विधेय' उद्देश्य-सापेक्ष होता है। पूर्वागत विवेचन को प्रस्तुत किए बिना किसी विषय पर कोई नूतन प्रकाश विकीर्ण ही नहीं किया जा सकता। इसलिए विचार के लिए निम्नलिखित पृष्ठभूमियों का उल्लेख हुआ है—

(क) भरत की अनुभवसंगत तथा दर्शन-निरपेक्ष भूमि
(ख) अन्य साहित्यिकों द्वारा प्रस्तुत दार्शनिक-पृष्ठभूमि
(ग) भक्तों एवं आचार्यों की साम्प्रदायिक-पृष्ठभूमि
(घ) आधुनिक चिन्तकों की मनोवैज्ञानिक पृष्ठभूमि
(ङ) मार्क्सवादी सिद्धान्तों में निष्ठा रखनेवालों की प्रगतिवादी पृष्ठभूमि
(च) नयी कविता एवं प्रयोगवादी आचार्यों की वैचारिक भूमि—

इन भूमियों के अतिरिक्त (छ) सौन्दर्यशास्त्रीय दृष्टि की भी उपस्थापना की गई है।

इस उद्देश्यांश के अतिरिक्त जहाँ तक विधेयांश का सम्बन्ध है—कई बातें कही गई हैं। उदाहरण के लिए भरत के विषय में इस पूर्वागत विवाद को ही ले लिया जाए कि वे अभिव्यक्तिवादी हैं या उत्पत्तिवादी—इस विषय में मैंने अभिव्यक्तिवाद की ओर ही अपना अभिमत व्यक्त किया है। इसी प्रकार दूसरा प्रश्न यह है कि उद्भट ने जिस 'चतूरूप' या 'पंचरूप' रस की बात कही है—उसका 'लोचन' एवं 'रसगंगाधर' में उल्लिखित रस-व्याख्याओं से क्या सम्बन्ध है—इस पर भी मैंने अपना विचार प्रस्तुत किया है। इसी प्रकार दार्शनिक व्याख्याओं में पाठकों को अनेक स्थलों पर मेरे अपने विचार मिलेंगे। भट्टनायक की दार्शनिक पृष्ठभूमि को ही ले लिया जाए—मैं स्पष्टतः उन लोगों के पक्ष में हूँ—जिन्होंने इनका पार्यन्तिक

दर्शन अद्वैत वेदान्त माना है। द्वैतवादी शैवागमिक संसार को आविधिक प्रपंच मानकर निस्सार नहीं कह सकता--जबकि भट्टनायक यही मानते हैं। इसी प्रकार भोज एवं अग्निपुराण के साथ शारदातनय के विलक्षण मत को शक्ति भर स्पष्ट करने का प्रयास मैंने किया है। पातंजल दर्शन की भूमिका पर रस-विमर्श प्रस्तुत करनेवाले आधुनिक मनीषियों के मतों की सारासारता भी मैंने निरूपित की है।

इन अनुभव संगत एवं दार्शनिक भूमिकाओं के साहित्यिक विवेचन के अनन्तर रस की साम्प्रदायिक व्याख्या पर भी दृष्टि-निक्षेप किया गया है। भक्तों तथा आचार्यों की जटिल एवं विस्तृत विवेचनाओं को मथकर शक्ति-साध्य नवनीतांश प्रस्तुत करने का प्रयास भी है--साथ ही कतिपय ऐसे प्रश्न उपस्थित किए गए हैं जिन पर विद्वानों को विचारार्थ आमन्त्रित किया गया है। उदाहरणार्थ, एक प्रश्न यही है कि क्या समस्त भक्ति-रस के समर्थक भक्त एवं आचार्य अद्वैत-बोध के अनन्तर तदर्थ कल्पित द्वैत की भूमिका मानते हैं या नहीं? क्या इन अध्यात्म साधकों ने साहित्यिकों की रस-विषयक धारणा पर जो आक्षेप किए हैं--वे मान्य हैं? जब साहित्यिकों एवं साम्प्रदायिकों की भूमियाँ और प्रक्रियाएँ भिन्न हैं--तब अपनी ही भूमिका एवं दृष्टि से दूसरे के मत का खण्डन तटस्थ एवं उपयुक्त कैसे कहा जा सकता है? हिन्दी के मध्यकालीन साहित्यिक भक्तों एवं आचार्यों ने दोनों भूमिकाओं के मिश्रण का भी प्रयास किया है--केशवदास एवं घनानन्द के विचारों को इस प्रसंग में लिया जा सकता है और उस पर पुष्कल विचार प्रस्तुत किए जा सकते हैं।

रस-विमर्श सम्बन्धी आधुनिक नवीन पृष्ठभूमियों के स्वीकर्ता एवं पुरस्कर्ता आचार्य तथा विवेचकों में से अनेक काव्यानुभूति एवं लोकानुभूति का भेद मिटाते हुए लक्षित होते हैं। रस जिस मूल 'भाव' का पुष्ट रूप है--उस 'भाव की भरत ने दो व्युत्पत्तियाँ बताई हैं--भवन्तीति भावाः; भावयन्ति इति भावाः--अर्थात् पहली 'भवन' रूप और दूसरी 'भावन' रूप। काव्यानुभूति एवं लोकानुभूति के भेद को मिटानेवाले आचार्य 'भवन' का प्रस्थान स्वीकार करते हैं और एकान्ततः मनोविज्ञान के सहारे उसकी विवेचना प्रस्तुत करते हैं। निश्चय ही ये व्याख्याकार ऐसी व्याख्या को अपनी व्याख्या कह सकते हैं--पर जब उसे भरत के मत्थे मढ़ने लगते हैं--तो कहाँ तक उचित कार्य करते हैं--यह प्रबुद्ध विवेचकों से तिरोहित नहीं है। साहित्यिकों का प्रस्थान बिन्दु 'भावन' वाले पक्ष का है। इसी प्रकार प्रगतिवादी चिन्तक 'रस' को काम की चीज मानते हुए भी उसे काव्य का पार्यन्तिक लक्ष्य नहीं मानते, लोकानुभूति से उसका वैशिष्ट्य स्वीकार नहीं करते और दर्शनानुरोधी वाग्जाल को अग्राह्य बताते हैं। मूल कृति में इन पक्षों के विपक्ष में अपना अभिमत प्रस्तुत किया गया है। उन नव्य काव्यचिन्तकों का पक्ष भी प्रस्तुत किया गया है जो कवि को एक सत्यान्वेषी तटस्थ द्रष्टा और ऋषि की तरह मानते हैं और विज्ञान

से अभिभूत होकर काव्य को 'प्रयोग' का माध्यम बनाए हुए हैं। ये लोग 'निर्माण' एवं 'ग्रहण'–सर्वत्र कवि एवं ग्राहक के व्यक्तित्त्व को तटस्थ तथा निर्लिप्त देखना चाहते हैं और भावना तथा भावुकता को मूर्खता या मुग्धता का पर्याय समझते हैं–फलतः रसानुभूति को काव्य के बाहर कर देना चाहते हैं। जिन्हें काव्योचित 'भावना' और मुग्धतापर्यवसायी भावना का अन्तर स्पष्ट नहीं है–जो जीवनगत प्रवृत्ति एवं निवृत्ति जैसी सक्रियताओं के मूल में निहित रहनेवाली 'भावना' को नगण्य एवं तुच्छ कहकर भी सदा उसी से ग्रस्त रहते हैं–उनकी चर्चा ही इस प्रसंग में अकरणीय है। 'बुद्धि' का महत्त्व किसी को भी अस्वीकार्य नहीं है–पर वह सदा परिचालक 'भावना' की दासी होकर ही 'मानव'–जीवन में उपादेय है, न केवल लोक जीवन में बल्कि सहृदयों ने काव्य में भी 'रीझि' शची की दासी के रूप में ही 'बुद्धि' को स्वीकार किया है। शास्त्र एवं काव्य का अन्तर भी इसी दिशा में प्रकट होता है। लोकजीवन में 'व्यक्ति' का महत्त्व है, पर काव्य में 'समष्टि' का ही महत्त्व है–क्योंकि उसकी वाहिका 'भाषा' उसे 'समष्टि' की ही ओर प्रेषित करती है। लेखक ने इन विभिन्न भूमियों में से उस भूमि के प्रति अपनी आस्था रखी है–जहाँ 'भावना' का प्रस्थान गृहीत हुआ है।

कृति का दूसरा खण्ड है–साधारणीकरण का विश्लेषण। आज के काव्य-चिन्तकों में इस विषय पर भी कम विवाद नहीं है। विवाद भी अनेक पक्षों से सम्बन्ध है। कुछ लोग केवल 'विभाव' का ही मुख्यतः साधारण्य मानते हैं, कुछ लोग 'कवि की अनुभूति' के ही साधारण्य की बात स्वीकार करते हैं क्योंकि सामग्री साधारण्य का विचार जड़ विचार की प्रक्रिया हो जाएगी। ऐसे लोगों को एक और नयी स्थापना यह देनी चाहिए कि साहित्य का विवेच्य 'रस' कविगत है। कारण यह है कि कार्य और कारण को समान अधिकरण में रहना आवश्यक है अतः जब साधारणीकरण कवि की अनुभूति का है–तो रसात्मकता भी वहीं होनी चाहिए। कुछ प्राचीन एवं आधुनिक चिन्तक साधारणीकृत रूप की परिधि में 'व्यक्ति' का अस्तित्त्व स्वीकार करते हैं जबकि कुछ आचार्य व्यक्तित्त्व का सर्वांशतः विगलन स्वीकार करते हैं। कुछ लोग साहित्यिक भूमिका पर आचार्यों के इस मत से कि पूज्यत्वबुद्धि साधारण्य विरोधी है–मतभेद रखते हैं और साहित्यिक भूमिका पर उसे निःसीम मानते हैं। इस प्रकार अनेक प्रश्न इस क्षेत्र में भी प्रस्तुत किए गए हैं। कुछ लोगों ने इस भूमिका को सर्वथा योग की भूमिका से अभिन्न माना है। प्रस्तुत कृति में इन सभी पक्ष-विपक्षों का स्पर्श किया गया है और अपना अभिमत प्रस्तुत किया गया है।

कृति का तीसरा खण्ड है–परिशिष्ट। इसमें श्रव्यशास्त्रीय प्राचीन काव्य-चिन्तकों का रसविषयक अभिमत प्रस्तुत किया गया है। परिशिष्ट में इसे इसलिए प्रस्तुत किया गया है कि मूल कृति की वैचारिक धारावाहिकता भंग न हो जाए। इस प्रकार

इस कृति को विज्ञ पाठकों के समक्ष रखने में प्रसन्नता का अनुभव हो रहा है। सफलता एवं असफलता उन्हीं विज्ञों के परितोष या अपरितोष में है। कृति में आई हुई गलत धारणाओं की ओर जो निर्देश करेंगे—निश्चय ही मैं उनका आभारी रहूँगा और अगले संस्करण में नामोल्लेख पूर्वक संशोधन प्रस्तुत करूँगा। ऐसा मैं इसलिए स्वीकार करता हूँ कि विचारों की इयत्ता नहीं है। किसी के भी विचार किसी विषय पर अन्तिम नहीं हैं—फिर भी प्रयास की सफलता इस बात पर निर्भर है कि उसने क्रमागत विचारधारा को कितना आगे बढ़ाया है। इन्हीं आशा और विश्वासों के साथ प्रस्तुत कृति को विज्ञजनों के हाथों में समर्पित कर रहा हूँ।

प्रस्तुत कृति सागर-निवास-काल का दूसरा प्रयास है। काशी ऐसी नगरी है जहाँ 'लघुता' का बोध समाप्त ही नहीं होता। श्रद्धाभिभूत नेत्रों से उत्तुंग सारस्वत शिखरों की ओर अध्येता देखता ही रह जाता है। कम से कम मेरे लिए काशी ऐसी ही रही है और है। 'सागर' मेरे लिए वह स्थान रहा है और है जहाँ निरन्तर क्रमागत साहित्यिक विषयों पर प्रश्न एवं आशंकाओं की तरंगों पर तरंगें निकलती रहती हैं। उस सारस्वत सागर में बहता हुआ इन तरंगों से लड़ता हूँ—कभी धक्का खाता हूँ और कभी सामना करता हूँ। प्रस्तुत कृति इसी वैचारिक संघर्ष की एक परिणति है। इस कृति का गौरव प्रायः स्मरणीय काशी पीठाधीश्वर श्री स्वामी महेश्वरानन्द सरस्वती द्वारा लिखी हुई 'भूमिका' तथा मान्यवर आचार्य नन्ददुलारे वाजपेयी के 'प्राक्कथन' से निश्चय ही बहुत अधिक बढ़ा है—एतदर्थ मैं इन धर्म और साहित्य के आचार्यों का कृतज्ञ हूँ। जिन अन्य विद्वानों से इस कृति को उपस्थित करने में मैं उपकृत हुआ हूँ—उनका उल्लेख कृति के अन्तर्गत ही हो चुका है—अतः उनके पुनरुल्लेख से विरत हो रहा हूँ।

—राममूर्ति त्रिपाठी

प्राक्कथन

सागर विश्वविद्यालय हिन्दी-विभाग के प्राध्यापक, हमारे सहयोगी और साथी डॉ. राममूर्ति त्रिपाठी की 'रस-विमर्श' पुस्तक प्रकाशित हो रही है, यह मेरे लिए अतिशय प्रसन्नता की बात है। डॉ. त्रिपाठी संस्कृत-साहित्य शास्त्र के उदीयमान पण्डित हैं। उनकी 'साहित्य-दर्शन' नामक पुस्तक संस्कृत और हिन्दी के विद्वानों के बीच समादृत हो चुकी है। पिछले दो-तीन वर्षों में उन्होंने साहित्य-सिद्धान्तों को लेकर कुछ अन्य पुस्तकें भी लिखी हैं, जिनमें से कुछ प्रकाशित हो चुकी हैं और कुछ अन्य मुद्रण की स्थिति में हैं। प्रस्तुत 'रस-विमर्श' पुस्तक में त्रिपाठी जी ने ऐतिहासिक पद्धति को अपनाया है और भरत मुनि से लेकर आज तक के रस सम्बन्धी चिन्तन को विवेचनपूर्वक उपस्थित किया है। ऐतिहासिक पद्धति का महत्त्व अपने स्थान पर सर्वस्वीकृत है, यद्यपि विशुद्ध सैद्धान्तिक पद्धति भी कम महत्त्वपूर्ण नहीं है। त्रिपाठी जी की पद्धति साहित्य-सिद्धान्तों से परिचित होनेवाले विद्यार्थियों के लिए उपयुक्त है, क्योंकि विश्वविद्यालयों में प्रायः इसी पद्धति से विषय का अध्ययन और अध्यापन किया जाता है।

रस-तत्त्व के सम्बन्ध में भारतीय पण्डितों के बीच पर्याप्त मतामत रहे हैं। यद्यपि एक विशिष्ट सरणि भी निर्मित हो सकी है, जिसे हम भरत मुनि, आनन्दवर्धन, अभिनव गुप्त, मम्मट और पण्डितराज जगन्नाथ की सरणि कह सकते हैं। इसके अतिरिक्त अन्य सरणियों के सम्बन्ध में गम्भीर और तटस्थ विचार विरल ही हैं, यद्यपि इस ओर भी विद्वानों की दृष्टि आकृष्ट हुई है। संस्कृत की शास्त्रीय परम्परा में इन अपर विचारों और सरणियों के सम्बन्ध में विचार-विमर्श प्रायः स्थिर और अगतिक हो गया है। उसे पुनः नयी गति और दिशा देनी होगी। तभी भारतीय साहित्य चिन्तन में अधिक विशदता आ सकेगी।

डॉ. त्रिपाठी ने रस-सम्बन्धी आधुनिक विद्वानों की विचारणा पर भी दृष्टि डाली है और नवीन उपकरणों का संकेत किया है, जो रस-सम्बन्धी प्राचीन विवेचन में उपलब्ध नहीं है। आचार्य महावीर प्रसाद द्विवेदी और आचार्य रामचन्द्र शुक्ल की रस-विवेचना में जिन नये तत्त्वों का समावेश हुआ है, उनका आकलन तो त्रिपाठी जी ने किया ही है, नव्यतर समीक्षकों के विचार भी उनकी दृष्टि से ओझल नहीं हुए हैं। इस प्रकार यह पुस्तक रस-तत्त्व का सम्पूर्ण ऐतिहासिक इतिवृत्त विवेचनात्मक

पद्धति से प्रस्तुत करती है। सम्भव है त्रिपाठी जी के विचार संस्कृत काव्यशास्त्र की चिन्तन परम्परा के अधिक समीप चले गए हों और नयी विचारणा के प्रति उनकी निजी सहानुभूति स्वल्पतर हो, परन्तु तथ्यों को प्रस्तुत कर देना अपने में ही सार्थक कार्य है और त्रिपाठी जी ने यह कार्य बड़े अध्यवसाय और अभिनिवेश से सम्पन्न किया है।

त्रिपाठी जी का यह समग्र विवेचन कितना विशद और क्रमबद्ध है—इसकी सूचना उनके विषय विभाजन से ही मिल जाती है। उन्होंने रस सम्बन्धी भारतीय चिन्तना को कई अध्यायों में रखकर देखा है। आरम्भ में भरतमुनि का रसविवेचन दार्शनिक आरोपों और आच्छादनों से रहित रहा है। एक व्यावहारिक चिन्तक की भाँति उन्होंने नाट्यकृतियों को आधार वस्तु बनाकर रस की विवेचना की है। उनका निर्देश विशुद्ध रूप से कृतिमूलक और तथ्यपरक है। उनकी पाकरस की कल्पना अतिशय लोक सामान्य और सुग्राह्य है। उनके समस्त विवेचन में आर्ष दृष्टि का प्राधान्य है।

भरतमुनि के पश्चात् आलंकारिकों की जो परम्परा चली—उसने रस-तत्त्व को गौण एवं अलंकार-तत्त्व को प्रमुख बना दिया। शाब्दिक सौन्दर्य की प्रतिष्ठा करने वाला यह सम्प्रदाय शब्द के भावतत्त्व का और उसकी अनुभूतिपरकता का स्वतन्त्र विवेचन न कर सका—यह स्थिति शताब्दियों तक चलती रही।

रस सम्बन्धी चिन्तना का द्वितीय उत्थान ध्वनि-सिद्धान्त के माध्यम से प्रारम्भ हुआ। इस उत्थान में पाण्डित्य पक्ष की प्रधानता रही है और भेदोपभेदों पर अधिक ध्यान गया है—यद्यपि रस को प्रमुख ध्वनि के रूप में स्वीकार किया गया—परन्तु रसेतर ध्वनियों का भी निर्देश किया गया। एक प्रकार से रस की अपेक्षा ध्वनि का तत्त्व अधिक महत्त्वपूर्ण माना गया। रस के स्वरूप की व्याख्या में और रसानुभूति की विवेचना में भारतीय दर्शनों का और विशेषकर शैव दर्शन का विशद रूप से प्रयोग किया गया। रस के स्वरूप को अलौकिक आनन्दात्मक भूमि पर प्रतिष्ठित करने के लिए ये उपक्रम किए गए।

इन्हीं शताब्दियों में रस के कुछ स्वतन्त्र व्याख्याकार भी साहित्यशास्त्र के निर्माताओं में देखे जाते हैं। जिनमें कदाचित् भोजराज का प्रयत्न सर्वाधिक विलक्षण और उल्लेखनीय है। उनकी व्याख्याएँ दार्शनिक और मनोवैज्ञानिक दोनों भूमियों का स्पर्श करती हैं। यद्यपि दार्शनिक पक्ष अधिक उभरा हुआ है। इसी सन्दर्भ में भक्तिरस की साम्प्रदायिक विचारणाओं का उल्लेख किया गया है तथा अभिनवगुप्त के द्वारा स्थापित तथा परिपोषित शान्तरस में उसके पर्यवसित होने के पक्ष में विचार किया है।

डॉ. त्रिपाठी का यह समस्त विवेचन किसी भी उल्लेखनीय समस्या को छोड़ता नहीं है; वरन् ऐसे प्रश्नों को भी सामने लाता है जिनकी चर्चा अब तक कम ही हुई है।

रस-सम्बन्धी आधुनिक विवेचन को डॉ. त्रिपाठी ने तीन-चार श्रेणियों में रखकर देखा है। एक श्रेणी डॉ. भगवान दास, केशव प्रसाद मिश्र एवं चन्द्रबली पाण्डेय की है—जिसे हम पातंजलयोग शास्त्रीय पदावली से सम्पृक्त देखते हैं। दूसरी ओर अधिक महत्त्व श्रेणी आचार्य महावीर प्रसाद द्विवेदी और आचार्य रामचन्द्र शुक्ल की है; जिन्होंने रस के आनन्द पक्ष के साथ-साथ उसके उपयोगितावादी पक्ष का भी आग्रह किया है। तीसरी श्रेणी स्वच्छन्दतावादी चिन्तकों की है—जो कदाचित् अभिनवगुप्त और आनन्दवर्धन की विचारणाओं के अधिक समीप है। इन विचारकों ने रस के आह्लादक स्वरूप की नव प्रतिष्ठा की है। चतुर्थ श्रेणी में वर्तमान युग के कुछ मनोवैज्ञानिक समीक्षक आते हैं—जिन्होंने रस-तत्त्व की मनोवैज्ञानिक व्याख्या का प्रयत्न किया है। रस और मनोविज्ञान का समाहार किस रूप में हो सकता है; इसकी धारणा अब तक स्पष्ट नहीं हुई है। केवल कुछ पश्चिमी विचारकों की वस्तुओं को लेकर थोड़ा-बहुत ऊहापोह किया जा रहा है। पाँचवीं श्रेणी उन आधुनिकों की है जो रस-तत्त्व पर आस्था नहीं रखते। वर्तमान व्यक्तिवादी चेतना को प्राधान्य देकर वे केवल 'सहअनुभूति' की चर्चा करते हैं। ऐसे लोग रस-तत्त्व की व्याख्या के अधिकारी भी हैं या नहीं—यह अपने में ही एक विचारणीय बात है। इसके अतिरिक्त प्रगतिवादी विचारों का भी डॉ. त्रिपाठी ने उल्लेख किया है। आधुनिक विचारकों की रस-सम्बन्धी विचारणा को बड़े ही स्पष्ट रूप में रखकर डॉ. त्रिपाठी ने नये प्रस्थानों का उल्लेख किया है—यद्यपि उनकी अपनी दृष्टि रस सम्बन्धी शास्त्रीय विचारणा को ही केन्द्र में रखकर चली है।

रस से सम्बन्धित साधारणीकरण के स्वरूप और उसकी प्रक्रिया पर भी डॉ. त्रिपाठी ने समग्र दृष्टि से विचार किया है। साधारणीकरण की व्याख्याओं को उन्होंने शास्त्रीय, स्वच्छन्दतावादी, प्रगतिवादी और प्रयोगवादी कोटियों में रखकर देखा है। यह विवेचन भी विचारोत्तेजक और मूल्यवान है।

मेरे विचार से यह पुस्तक विषय की सम्पूर्णता को प्रस्तुत करती है और विभिन्न विचार सरणियों का अत्यन्त स्पष्ट निर्देश करती है। अनावश्यक विवरणों तथा खण्डन-मण्डन की पद्धतियों में न जाकर मूल समस्या का उद्घाटन करती है।

मुझे निश्चय है कि इस पुस्तक का विद्यार्थी जगत और विद्वन्मण्डली में समान रूप से स्वागत किया जाएगा और इसकी उपयोगिता और महत्त्व के सम्बन्ध में दो रायें नहीं होंगी।

नन्ददुलारे वाजपेयी
प्रोफेसर तथा अध्यक्ष, हिन्दी विभाग
सागर विश्वविद्यालय
सागर (म.प्र.)

भूमिका

'रसो वै सः, रस ँ ह्येवायं लब्ध्वानन्दी भवति' तैत्तिरीयश्रुतिः।

सत् चित् आनन्द परब्रह्म ही रस है। यह प्रत्यक् चैतन्य जीवात्मा रसस्वरूप, परमार्थतः निज रूप में अवस्थित होने पर ही आनन्दमय बन जाता है।

नमोऽस्तु साहित्यरसाय तस्मै
निषिक्तमन्तः पृषतापि यस्य।
सुवर्णतां वक्त्रमुपैति साधो–
दुर्वर्णतामृच्छति दुर्जनस्य ॥

'विभावानुभावव्यभिचारिसंयोगाद्रसनिष्पत्तिः'।

भरत महर्षि-नाट्यशास्त्र

विभावेनानुभावेन व्यक्तः संचारिणा तथा।
रसतामेति रत्यादिः स्थायी भावः सचेतसाम् ॥

मम्मटाचार्य, का. प्र.

विभावैरनुभावैश्च सात्विकैर्व्यभिचारिभिः।
आनीयमानः स्वाद्यत्वं स्थायी भावो रसः स्मृतः ॥
सत्त्वोद्रेकादखण्ड - स्वप्रकाशानन्द चिन्मयः।
वेद्यान्तरस्पर्शशून्यो ब्रह्मास्वादसहोदरः ॥
लोकोत्तरचमत्कारप्राणः कैश्चित्प्रमातृभिः।
स्वाकारवदभिनत्वेनायमास्वाद्यते रसः ॥

विश्वनाथ–महापात्र, सा. द.

वाग्धेनुर्दुग्ध एवैनं रसं यद् बालतृष्णया।
तेननास्यसमः स स्याद्दुह्यते योगिभिर्हि यः ॥

भट्टनायक-लोचन

इन सब प्रमाणों अन्याय विवेचनाओं, आचार्यों के आधिकारिक व्याख्यानों, सहृदयों के गम्भीर अनुभवों तथा अभेद्य उपपत्तियों के आधार पर 'रस' का स्वरूप यह प्रकट होता है कि–

रीतियों, वृत्तियों या मार्गों के सहित, शब्दालंकारों से सुसज्जित समुचित, सुन्दर शब्दों से विशेषित, अर्थालङ्कारालंकृत विभावों, अनुभावों तथा संचारी भावों से विशिष्ट, विभाव, अनुभाव, संचारिनिष्ठ व्यंजना के द्वारा प्रकाशित, सहृदय सामाजिक की आत्मा में वासना स्वरूप से अवस्थित रत्यादि स्थायी भाव 'रस' कहा जाता है।

स्थायी भाव रस है। रस शब्द 'रस्' धातु से कर्म में 'क' प्रत्यय करने से निष्पन्न होता है। इस प्रकार इस शब्द का अर्थ हुआ–आस्वाद्यमान अर्थात् जिसका स्वाद अनुभव गोचर होता है। यह लोकोत्तर सुख है, लोकोत्तर लोकातीत चमत्कार विस्मयसंवलित आनन्द है। इसके आस्वादयिता सहृदय सामाजिक होते हैं। 'पुण्यवन्तः प्रमिण्वन्ति योगिवद्रससन्ततिम्' विशिष्ट भूरि पुण्यशाली पुरुष योगियों के समान रस प्रवाह में यथार्थ रूप से अवगाहन के भागी होते हैं। विशिष्ट सुख का कारण विशिष्ट पुण्य ही है। परन्तु योगियों की रसोपलब्धि यमनियमाद्युपारोह परम्परा से साध्य होने के कारण समाधि दशा में भी अपकृष्ट ही कही जा सकती है। सहृदय की सामग्री विलक्षण है। वहाँ सभी प्रसन्न, उपकरण एक से एक मनोहर, सचेता स्वयं प्रमुदित तथा शनैः-शनैः शान्तिप्रवण रहता है। वह रस कितना सुन्दर, आकर्षक, मनोहर होगा, यह सहृदयैकवेद्य है। जिस गौ के प्रसन्न न रहने पर हठात् दुग्ध दुहा जाएगा उसकी अपेक्षा खिलाई, सहलाई प्रसन्न गौ वत्स को जो पय देगी उसकी मधुरता, उसके गुण कुछ और ही होंगे। उसी प्रकार समासेवित, परमकृपालु, परम प्रसन्न, सरस्वती सहृदय वत्स को जो रस प्रदान करती है, वह चमत्कार अनुभावमात्र वेद्य है। इस मधुर प्रसंग में कालिदास का उद्गार स्मरणीय है कि–

यं सर्वशैलाः परिकल्प्य वत्सं मेरौ स्थिते दोग्धरि दोहदक्षे।
भास्वन्ति रत्नानि महौषधीश्च पृथूपदिष्टांदुदुर्धहरित्रीम् ॥

सब शैलों ने स्वर्णाचल की अध्यक्षता में हिमालय को वत्स बनाकर महाराज पृथु के उपदेश के अनुसार पृथिवी रूपी धेनु से दीप्यमान रत्नों और औषधियों को दुहा। अर्थात् करुणाशीला अम्बा ने वत्स हिमालय को उन अमूल्य रत्नों, औषधियों से प्रेमपरिप्लुत होकर भर दिया, परिपूर्ण कर दिया कि जिससे वही शैलराज के योग्य हुए। रस का चमत्कार अलौकिक है।

रस शब्द लोक में पेय-विशेष के लिए प्रयुक्त होता है। वह एक प्रपाणक रस होता है, जिसमें निर्मल, शीतल, स्वादु जल तो होगा ही, साथ में इलायची, सिता, केला और जम्बीर द्रव, सुगन्ध पदार्थ आदि ऐसे परिमाण से सम्मिलित किए गए हों कि जिससे सबका एक अपूर्व आस्वाद, चर्वणा हो। उस पेयविशेष के समान सन्तुलित, विशिष्ट लोभनीय, अलौकिक पदार्थसार्थ, रस कहलाता है। रस पदार्थ सगुण ब्रह्म के समान है। सगुण ब्रह्म जैसे सद्घन, चिद्घन, आनन्दघन, लावण्यामृतधासिन्धु, कोटि-कोटि कामकमनीय और आनन्दमात्र कर, पाद, मुखोदरादि

तथा सर्वाकर्षण, सर्वावर्जन, सर्वकार्मण हैं, उसी प्रकार रस एक अद्भुत, लोकोत्तर सौन्दर्य संभृत, परम मधुर, परम रमणीय समष्टि है। वह अति मृदुल, अतिपवित्र, विचित्र दृश्य है। जीवन का क्षण-क्षण विलक्षण ललित क्षण है, कमनीय कला की चरम सीमा है। यह विस्मयावह विधाता की अथवा उस जरठ की सृष्टि नहीं है अपितु कुसुमाकर या वशीकृतविश्व कुसुमायुध भगवान की आनन्दमय, विस्मयमय, लावण्यमय, चमत्कारमय रचना कौशल है। वस्तुतः

अपूर्वं यद्वस्तु प्रथयति बिना कारणकलां।
जगद्ग्रावप्रख्यं निजरसभरात्सारयति च ॥
क्रमात् प्रख्योपाख्याप्रसरसुभगं भासयति तत्।
सरस्वत्यास्तत्त्वं कविसहृदयाख्यं विजयते ॥ ध्व. लो.

नियतिकृतनियमरहितां ह्लादैकमयीमनन्यपरतन्त्राम्।
नवरसरुचिरां निर्मितिमादधती भारतीकवेर्जयति। का. प्र.

अपारे काव्यसंसारे कविरेकः प्रजापतिः।
यथास्मै रोचते विश्वं तथेदं परिवर्तते ॥
शृङ्गारी चेत्कविः काव्ये जातं रसमयं जगत्।
स एव वीतरागश्चेन्नीरसं सर्वमेव तत् ॥ भामह

इन उदात्त उदार दिव्य हृद्य अनुभवों के आधार पर रस सहृदय-कविस्वरूपधारिणी प्रमुदित पराम्बा शारदा वीणागुणरणननिमग्ना के मधुर स्तन्य का प्रवाह है। यह अद्भुत लोकलीला है। यहाँ केवल प्रकाश ही प्रकाश है। आनन्द समुद्र उन्मग्न है। आह्लाद की पराकाष्ठा है। इसमें बड़ी सावधानी बरतनी है, बड़े विचार के साथ पद रखना है। जन्मान्तर संस्कार, तलस्पर्शिनी, अन्तरवगाहिनी, प्राच्य प्रतीच्य दृष्टि अपेक्षित है। जैसे प्रपाणक रस में उन्हीं वस्तुओं में किसी का किंचिन्मात्र उद्रेक होने से उसका स्वाद उद्रिक्त हो जाता है, ठीक उसी प्रकार भावों के थोड़े उफान से भावध्वनि, अलंकार की उन्मग्नता से अलंकार ध्वनि, विभावादिक की उच्छिरस्कता से वस्तु ध्वनि तथा इनकी न्यूनता और कमनीयतोन्मेष से गुणीभूतता होती है। सगुण ब्रह्म के समान यह रस समष्टि स्वरूप है। कोई भी वस्तु जो सरस है, समष्टि रूप है। जगत में ऐसा कोई निदर्शन नहीं है, जो समष्टिरूप न होकर सरस हो। अद्वैत दर्शन परम आदरणीय है, किन्तु वही दृष्टि सबकी नहीं है। जो आचार्य जहाँ आसीन होकर कह रहे हों, जिस तर्क, युक्ति, प्रमाण, अनुभव और परम्परा, मर्यादा के पालक हों उस सिद्धान्त की परीक्षा उसी दृष्टि से करना संगत तथा समुचित है।

वास्तव में सहृदय मनीषियों का मार्ग ही भिन्न है। श्री नीलकण्ठ दीक्षित

ने कितना सुन्दर आलोचन किया है–

वाचं कवीनामुपलालयन्नहि
भुङ्क्ते रसज्ञो युवतिं युवेव।
तामेव भुङ्क्ते ननु तार्किकोऽपि
प्राणान् हरन् भूत इव प्रविष्टः॥

कवियों की मधुर, कोमल, कान्त पदावलिका लाड़-प्यार करता हुआ रसज्ञ इस रीति से सानन्द अनुभूति लेता है जैसे युवा वयः सन्धि में विद्यमान कामिनी का। इसी हेतु महाकवि ने युवती दीर्घ ईकारान्त का प्रयोग न कर युवति, ह्रस्व इकारान्त को उचित समझा है। ह्रस्व इकार अल्पवयस् का द्योतक है। शुष्क तार्किक भी उस आस्वाद का भागी बनने की चेष्टा करता है, ठीक उसी भाँति जैसे भूत लगकर प्राण हरण करता है।

अभिप्राय यह कि न जाने क्यों दार्शनिकता आते ही खटाई पड़े दूध की तरह रस सौन्दर्य विशीर्ण और उपप्लुत होने लगता है। अन्यत्र अभिनिवेश जागरित हो उठता है। अपनी प्रवृत्ति हठात् दूसरी ओर खींच लेती है। संस्कार कुछ का कुछ कहला देते हैं। सहृदय शिरोमणि, वाग्देवतावतार, ऐकमत्येन सर्वसम्मानभाजन, काव्यप्रकाश के जैसे सुसमीक्षित, सुपरीक्षित, सिद्धान्तित, जिसमें एक बिन्दु, एक मात्रा का भी स्खलन विद्वन्मूर्धन्य सहन नहीं कर सकते, जिसके विरुद्धांश को 'साहित्य दर्पण' और 'रसगङ्गाधर' में उद्धृत कर तलावगाही विवेचक खण्डन करने में औचित्य का यश प्राप्त करते हैं, महाग्रन्थ के प्रभव श्री आचार्यप्रवर मम्मट ने भी अभिनवगुप्त के मत और विचारों को विवेकपूर्ण अवश्य देखा होगा, पर उन्होंने रस में स्तर नहीं माने, और न तो केवल स्थायी, या आत्मा को ही रस स्वीकार किया। ब्रह्म, आत्मा प्रत्यक् चैतन्य रस है, भगवान नारायण रस हैं, परम शिव रस हैं, महाशक्ति रस है। ये सब दार्शनिकता है। खींचातानी है। दार्शनिकों का बैठाव है। सम्भव है, अभिनवगुप्ताचार्य भी दर्शन के प्रवाह में आगे बढ़ गए हों। प्रकाशनिर्माणालंकर्मीणने भी अभिनवगुप्त के सब मत देखकर और विभाजन कर रस सिद्धान्त स्थापित किए होंगे।

सच यह है कि रस एक अद्भुत विस्मयावह समष्टि है। इसमें अनेक महाग्रन्थ, समस्त सहृदय और अनुभव साक्षी हैं।

श्री आनन्दवर्धन, अभिनवगुप्त, मम्मट, विश्वनाथ, पण्डितराज जगन्नाथ[1], प्रभृति माननीय आचार्यगण रस का स्वरूप समष्टि सिद्धान्त किए हैं। अब तक

1. अतः पण्डितराज ने भी 'रसगंगाधर' में केवल विभाव, अनुभाव संचारी के रसपक्ष की उपेक्षा की। सूत्र के संयोग पद का ध्यान रखकर समष्टि पदों में ही विवेचनाएँ उपस्थित कीं।

की शिष्ट विद्वत्परम्परा ने यही समझा है। रस स्वरूप के मनोरम समूह में काव्य नाट्य के सुव्यवस्थित, सुघटित विपुल कोमल तत्त्व यथासन्निवेश चमत्कृत रूप में सहृदय पुरुष को भूमिका क्रम से भासित होकर व्यंजना वृत्ति का प्रकाश कर रस-सुधा समुद्र का अवगाहन सुलभ कर देते हैं। 'रस का स्वरूप प्रथम मिश्रित, अनन्तर स्थायी मात्र, अन्ततः केवल आत्मा' यह अलंकार शास्त्रज्ञ मर्मज्ञ विद्याविदों का सिद्धान्त नहीं है। ये विभावादि संवलित स्थायी को ही विशिष्ट भूमिका में रस की स्थिति स्वीकार करने के पक्ष में अविचल हैं।

विधाता की सृष्टि में त्रिगुण की प्रक्रिया के अनुसार उन गुणों के तारतम्य से सुख, दुःख, मोहात्मक पदार्थ प्रपंच में विकीर्ण पड़े हैं परन्तु काव्य, नाट्य में कविकल्पना, सुसज्जित, सहृदय-हृदय निमग्न हुए वे ही पदार्थ रसोद्बोधक (तावच्छेदक) रूप से विस्फुरित होकर सभी रस पदवी का आसादन कर लेते हैं।

दशरूपककार का इस प्रसंग में मार्मिक कथन है–

> **रम्यं जुगुप्सितमुदारमथापि नीचं।**
> **हृद्यं प्रसादि गहनं विकृतं च वस्तु ॥**
> **यद्वाप्यवस्तुकविभावकभाव्यमानं।**
> **तन्नास्ति यन्न रसभावमुपैति लोके ॥**

रम्य, घृणित, उत्कृष्ट, नीच, हृदयंगम, प्रसन्न, कठोर, विकारी वस्तु अथवा अवस्तु सृष्टि में अविद्यमान अतिशयोक्त्यादि न्यायेन कवि प्रौढ़ोक्ति सिद्ध भी तत्त्व कविनिर्मित एवं भावक की भावना से भावित होने पर रसनिष्पत्ति के योग्य हो जाते हैं। जैसे मणि निघर्षण से अलंकारोपयोगी होती है, जैसी कैसी विसंष्ठुल शिला प्रखर-धारा-निपात से परस्पर संघृष्ट होकर नर्मदेश्वर शिव तथा सालग्राम विष्णु जैसी बन जाती हैं वैसे ही सब पदार्थ अथवा अपदार्थ कवि की कल्पना-कला में आकर रसमय अनुपम चमत्कार का आविर्भाव करते हैं। यह एक विलक्षण आलंकारिक धारा है, यह स्वतन्त्र प्रस्थान है। अवस्तु जो विधातृसृष्टि में है नहीं वह कैसे रस के संविधान में आ सकती है। इसका उत्तर यह है कि ज्ञान का विषय जैसे बाह्य विषय होता है वैसे आन्तर भी ज्ञान सविषयक ही होता है, घटादि के समान निर्विषयक नहीं। इस अवस्था में स्वप्नावस्था के ज्ञान का विषय बौद्ध आन्तर ही स्वीकार किया जाएगा। इसी प्रकार प्रत्यक्ष ज्ञान-विषय संनिधान के बिना नहीं हो सकता। अतः तब तक जब तक प्रत्यक्ष हो रहा है रज्जु में सर्प, शुक्तिका में रजत, चमकती किरणों में जल की सत्ता बौद्ध मानी गई है, तभी प्रत्यक्ष बन पाता है। सबसे उच्चकोटि के दार्शनिक अद्वैतवादी वेदान्ती प्रापंचिक समस्त तत्त्व को काल्पनिक बौद्ध कहते हैं। उनका दृष्टि सृष्टिवाद, अजातवाद, गौड़पाद कारिकाओं और अद्वैत सिद्धि प्रभृति महाग्रन्थों में पुष्कलरूप से उपपादित है। आलंकारिकों

के अवस्तुभूत पदार्थ भी बहुत कुछ ऐसे ही हैं। यही सब संहत होकर काव्यसृष्टिविस्तार है।

1. रसस्वरूप विवेचन में अनेक प्रक्रियाएँ हैं—मीमांसक भट्टलोल्लट भट्टमतानुगामी प्रतीत होते हैं, क्योंकि भ्रान्ति नामक ज्ञान का प्रकार उनको अभिमत है। प्राभाकर प्रभाकर गुरु के मत का अनुसरण करनेवाले भ्रान्ति नहीं मानते। यह रजत है। इत्याकारक विशेषणविशेष्यभावापन्न एक ज्ञान नहीं मानते। उनका मत है कि जो वस्तु शुक्तिका आदि में सन्निहित है इन्द्रियसंलग्न है उनका प्रत्यक्ष होता है तथा असन्निहित दूरस्थ, विप्रकृष्ट, व्यवहित वस्तु का जो किसी समय अनुभव में आ गई हैं, उनके संस्कार पैदा हो चुके हैं, वे उद्‌बुद्ध या जगकर स्मरण पैदा करते हैं। अर्थात् शुक्तिका का सामान्यरूप से प्रत्यक्ष तथा रजत का स्मरण स्वीकृत करते हैं। अतः भट्टलोल्लट प्रभृति भाट्ट हैं। वे लौकिक शृङ्गारादिक को रस कहते हैं। उनका रस वस्तुगत्या अनुकार्य दुष्यन्त, शकुन्तलादि गत है। तादृश चेष्टादि प्रदर्शनवश सहृदय सामाजिक-भावाविष्ट पाठक अथवा अनुकर्ता नट प्रमुख में रस की भ्रान्ति में आ जाता है। भ्रान्ति के कारण उद्‌भूत चमत्कार प्रवृत्ति का कारण हो जाता है।

इस मत में यह दौर्बल्य है कि ये रस को सामाजिक तक नहीं ले जा सके। वस्तुतः सामाजिक रस के पात्र हैं। और विशेषदर्शी सावधान भी रसिक, रस के आस्वादन करनेवाले होते हैं पर उस समय भ्रान्त नहीं होते।

2. श्री शंकुक रस को अनुकर्तृगत कहते हैं। रामोऽयं सीताविषयकरतिमान् तदनुकूल चेष्टादिमत्त्वात् अर्थात् यह राम सीताविषयक रति से युक्त है; क्योंकि इसमें रति की चेष्टाएँ हैं। व्यक्तिविवेक कर्त्ता महिमभट्ट राजानक भी यही मानते हैं। परन्तु इसमें त्रुटि है। यहाँ अनुमान नैयायिक प्रक्रिया से नहीं युक्ति संगत है। यहाँ बाध, स्वरूपासिद्ध, व्यभिचार आदि हेत्वाभास दोष आते हैं। यहाँ हेतुदोषों का विचार करना जैसे अनुपयुक्त है वैसे ही आनुमानिक प्रक्रिया भी त्रुटिपूर्ण है। परोक्ष ज्ञान का फल चमत्कार नहीं होता किन्तु प्रत्यक्ष ही होता है। ये रसानुमितिवादी हैं। इनके मत में भी रस सामाजिक निष्ठ न होने की महती अनुपपत्ति है।

इस आचार्य को कतिपय युक्तिवादी बौद्ध नैयायिक कहते हैं। उनका कहना है कि बौद्ध शून्य को जगत की कल्पना का अधिष्ठान मानते हैं। और चित्रपट का दृष्टान्त उपस्थित कर समर्थन करते हैं जैसे चित्र में अश्व का दौड़ना, नदी का बहना, ध्वज का कम्पन, कपड़े की सिकुड़न आदि क्रियाएँ कल्पित शून्य अश्वादिक में प्रतीत होती हैं उसी भाँति शून्य में जगत कल्पित है, अतएव सर्वथा मिथ्या है। उसी प्रकार श्री शंकुक ने अपने मत के उपपादन में चित्रतुरग का दृष्टान्त दिया, अतः वे बौद्ध हैं। परन्तु इतने मात्र से किसी को कुछ कह देना ठीक नहीं। कतिपय साम्य सर्वत्र उपलब्ध होते हैं। सर्वांशे नूतनता कहीं नहीं है। फिर तो समस्त

परम्पराएँ संकीर्ण हो जाएँगी। सत्य तो यह है कि यह वैदिक हैं, उनकी परम्परा में वर्णित हैं, बौद्धों की कोई असाधारण चर्चा यहाँ की नहीं गई है, वैपरीत्येन यहाँ सीता राम का निदर्शन है, क्षणिकता के निराकरण के लिए चित्रतुरगादि न्याय का उपस्थापन है। सौगत प्रत्यक्ष मात्र को निर्विकल्प ही स्वीकार करते हैं, यहाँ के सम्यग् ज्ञानादि सभी सविकल्पक उदाहृत हैं, अतः यह वैदिक हैं। एक विचित्रता यहाँ और है कि राम एवायम्, यह राम भिन्न नहीं, इस अपोह का खण्डन कर चित्रतुरगन्यायेन 'रामोऽयमिति प्रतिपत्त्या ग्राह्ये नटे' इस उक्ति से 'यह राम हैं' यह विध्यात्मक प्रतीति प्रतिपादित हुई है, यह असाधारण वैदिक मुहर है।

3. श्री भट्टनायक आचार्य रस को सामाजिक निष्ठ मानते हैं। रसास्वादन वेला में रस उत्पन्न नहीं हो सकता, क्योंकि शकुन्तला दुष्यन्त आदि उसकी लौकिक सामग्री नहीं हैं। रस की प्रतीति नहीं हो सकती, क्योंकि प्रत्यक्ष के लिए विषय सन्निकर्ष, अनुमिति के लिए पक्ष, हेतु, साध्य आदि का निर्दुष्ट ज्ञान, शब्द के लिए संकेतग्रहादि, (जो रस चमत्कृति के बाधक दोष हैं), अपेक्षित हैं, जो यहाँ नहीं है। अभिव्यक्ति भी रस की नहीं बनती, क्योंकि दीपादि प्रकाश, सिद्ध–विद्यमान वस्तु का भी अभिव्यंजन करते हैं, रस सिद्ध नहीं है। अतः अभिधा, लक्षणा के द्वारा शकुन्तला दुष्यन्त की वैयक्तिक विशेष रूपेण प्रत्यय के समनन्तर भावकत्व व्यापार से उनका सामान्य रूप, जितने से सहृदय के हृदय पटल में रस की धारा प्रवाहित हो पड़े–भासित होने लगता है, तब वे ही पदार्थ रस घटक होने के किंचित्पूर्वक्षण में विभाव, अनुभाव, संचारी और स्थायी रूप में आ जाते हैं, ये अलौकिक कहे जाते हैं। तदनन्तर यह स्थिति आती है कि तम और रज अति न्यून मात्रा में सिमट जाते हैं, सत्त्व गुण का उद्रेक होता है। उस समय अन्तःकरण प्रकाश, आनन्द रूपेण परिणत होता है; उसमें विभावादि संवलित हो जाते हैं। यही प्रकाशात्मक आनन्द आत्म चैतन्य से दीप्यमान अन्तःकरण की वृत्ति है, यही अनुसन्धान तथा भोग है, विभावादिस्फुरित अभिव्यंजन है, इससे सम्बध्यमान स्थायी सामाजिक गत रस कहा जाता है। 'इनके मत में भी रस सामाजिक गत नहीं है', ऐसा भी कुछ कहने वाले हैं। पर कहने का कोई सुपुष्ट आधार नहीं मिलता। प्रदीप आदि प्रामाणिक व्याख्याता मनीषिनिवह, पण्डितराज जगन्नाथ इनके मत के अनुसार सामाजिक निष्ठ ही रस स्वीकार करते हैं और कहते हैं कि इनका सिद्धान्ती से केवल भावकत्त्व व्यापार अधिक है।

कतिपय विचारक भट्टनायक को सांख्यानुयायी सिद्ध करते हैं और सत्त्व प्रभृति गुणों की चर्चा को प्रमाण कोटि में रखते हैं। पर यह ठीक नहीं है।

निषिद्धमप्याचरणीयमापदि,
क्रियासती नावति यत्र सर्वथा।
घनाम्बुना राजपथे हि पिच्छिनने
कचिद्र बुधैरप्यपथेन गम्यते ॥

अर्थात् निषिद्धाचरण भी आपत्ति के समय कर्त्तव्य है यदि सदाचार किसी प्रकार न करने की परिस्थिति हो। मेघ की बूँदों से राजपथ के पिच्छिल होने पर विद्वान् भी गली-कूची का अवलम्बन लेने लगते हैं। इस स्थिति में इस आचार्य को मध्याह्न मार्तण्ड मण्डल के समान दीप्यमान, सर्वप्रख्यात् वेदान्त मार्ग का प्रस्फुरित रत्न न कहकर सांख्यसम्प्रदायी क्यों कहा जाए। त्रिगुण माया का ही समस्त प्रपंच विस्तार है, वेदान्ती भी कहते हैं। औपनिषद सिद्धान्त अति प्राचीन भी हैं और श्रुतिसिद्ध भी।[1]

4. श्रीमदाचार्याभिनवगुप्त पाद की रस-प्रक्रिया सिद्धान्तभूत है। प्रकाश जो वस्तुतः प्रकाश है, अनुगतार्थ नामक अनुपम ग्रन्थ है। काशी, मिथिला, नदिया (वङ्ग), काश्मीर, पंजाब, पूर्ण दक्षिण के माननीय मनीषी इस ग्रन्थ पर मुग्ध हैं। ध्वन्यालोक, लोचन इसके परम उपष्टम्भ हैं, तथापि प्रकाश जैसा मार्जित, सुघटित, सुपुष्ट है गम्भीरता, परिपक्वता, सुस्थिरता इसकी जैसी निखरी हुई है वैसी दूसरे की नहीं। विचार की अन्तिम कसौटी पर इसके सिद्धान्त चमकते हुए दीख पड़ते हैं। उन्होंने 'सत्यं मनोरमा रामाः' इस आलोक के उद्धरण पर बड़ी सुन्दर चुटकी ली है। इस महामहनीय प्रकाश में श्रीगुप्ताचार्य का रस-सिद्धान्त इस प्रकार प्रतिपादित हुआ है। इस सम्प्रदाय की मूल भित्ति भरत महर्षि का नाट्यशास्त्र है 'विभावानुभावव्यभिचारिसंयोगाद्रसनिष्पत्तिः' विभाव अनुभाव व्यभिचारी के संयोग या व्यंग्य-व्यंजकभाव सम्बन्ध स्थायी भाव के साथ होने पर अथ च स्थायी भाव के साथ उनके सम्मिश्रण के वश रस की निष्पत्ति अभिव्यक्ति होती है। अर्थात्

चयस्त्विषामित्यवधारितं पुरा
ततः शरीरीतिविभाविताकृतिम्।
विभुर्विभक्तावयवं पुमानिति।
क्रमादमुं नारद इत्यबोधि सः॥

महाकवि माघ ने कहा है कि देव सन्देश लेकर द्वारका धाम में आकाश से आते हुए नारद को भगवान् श्री कृष्ण ने प्रथम तेजःपुंज समझा, पश्चात् शरीरधारी, अनन्तर पुरुष फिर समीप आने पर नारद। इस प्रकार अथवा रात्रि के घन अन्धकार में दूरस्थ वस्तु किसी प्रकाश साधन से जैसे क्रमशः स्फुट, स्फुटतर, स्फुटतम भासित होती है, वैसे विभावगत व्यंजना से किंचित्, अनुभावगत से अधिक, संचारिनिष्ठ से स्थायी भाव, जो सामाजिक सहृदय के अन्तःकरण में सूक्ष्मरूपेण विराजमान है

1. इनके समय तक वेदान्त का पर्याप्त प्रचार इतिहास की दृष्टि से भी हो चुका था। अथ च रस शब्द भी श्रुति से ही लिया गया है और शैव दर्शन तो अद्वैत वेदान्त की ही एक शाखा है। अतएव उस सम्प्रदाय के मनीषी अपने को अद्वैतवादी ही कहते हैं।

तद्विषयक आत्मचैतन्यानन्दनिष्ठ आवरण का भंग होता है किंवा विभावादि समुदाय निष्ठ व्यंजन व्यापार से युगपद् आवरण भंग होता है। अनन्तर लोकोत्तर चमत्कारपूर्ण अपरिच्छिन्न रससुधा समुद्र प्रकट होता है। इसमें आत्म चिदानन्द महासमुद्र सम्मिलित रहता है। विभाव, अनुभाव और संचारी उद्दीपन रूप से इनके उपमा, उत्प्रेक्षा, अतिशयोक्ति आदि अलंकार, ये भी स्वतः अनिर्वचनीय तत्काल प्रादुर्भूत प्रकाशमान, इनके अनुप्रास, यमक, श्लेष प्रमुख अलंकृतियों से विभूषित, ललित उचित सन्निवेश मनोहर, सुन्दर पदों की सुशय्या, इनके अतिरिक्त और कुछ नहीं अतः विगलित वेद्यान्तर, इतना सुन्दर, इतना कोमल, इतना परिपूर्ण, इसमें स्वल्प मिश्रण भी रसभंगभीरुता से सह्य नहीं। इसीलिए रस की संलक्ष्य क्रमता स्वीकृत नहीं। और अधिक क्रम के विभावादि की शिथिल श्लथ प्रतीति से आन्तर्य, पूर्वापरीभाव के भासित होने से विगलितवेद्यान्तरता, वस्त्वन्तर के अनुवेध से रस की चमत्कृति, अपकृष्ट हो जाती है, यह उसी प्रकार अरुन्तुद है, उद्वेजक है, जैसे सुन्दर, सर्वांगपूर्ण प्रपाणक रस बन गया है और उसमें थोड़ा सैकत कण पड़ जाए। अतएव रस असंलक्ष्यक्रमस्वरूप ही है। उपक्रमावस्था में शृंगारसंसृष्ट विषय का परिचय स्वल्प होने के कारण विभावादि किंचिद् विलम्बेन प्रतीत हों पर पर्यवसान में सब एकीभाव को प्राप्त हो जाते हैं। वह पूर्णता रस की स्थिति है। वहाँ कोई कमी नहीं, सर्वथा परिपूर्णता, परिपूर्ण परिपूर्ण। अतएव,

एवंवादिनि देवर्षौ पार्श्वे पितुरधोमुखी।
लीलाकमलपत्राणि गणयामास पार्वती ॥

इत्यादि मधुर प्रसंगों की आरम्भिक स्थिति को लेकर संलक्ष्यक्रमता के धूलिप्रक्षेप से उपहत नहीं करना चाहिए। विगलितवेद्यान्तरता के लिए प्रशान्त निश्चिन्त स्वयं अपरिमित आत्मस्वरूप में अवस्थित सहृदय, रसास्वाद के साम्राज्य का अनुभव प्राप्त करता है। शृङ्गार अतिपवित्र, अतिमधुर, स्वल्प स्खलन की आभासता से भीरु, मर्यादित, प्रदर्शनीय, नारायणदैवत रसराज है। अभिज्ञान शाकुन्तल आदि रससिद्ध महाकवियों के निबन्धों में इसकी प्रधानता है, अन्यान्य रस, खण्ड रस, संचारिभावापन्न होकर इसकी महनीयता मोहकता लोभनीयता का अभिवर्धन, परिपोषण करते हैं। इसी प्रकार वीर, शान्त आदि रस के प्रबन्ध वेणी संहार, वीर चरित, प्रबोधचन्द्रोदय सबसे बढ़कर सिद्ध रससुधासमुद्र, वाल्मीकीय रामायण, महाभारत हैं, जो करुण रस के और शान्त रस के अनुपम श्लाघनीय विश्व के अनर्घ महार्ह ग्रन्थ महारत्न हैं। श्रीमद्भागवत महापुराण भक्ति सुर स्रोतस्विनी का अक्षय अगाध स्पृहणीय आजीवनपेय समास्वाद्य महाह्रद है। ये रस आहङ्कारिक नहीं, पारमार्थिक हैं। ये आविष्ट को प्राप्त नहीं हो सकते। अहङ्कार की मात्रा यहाँ से दूर रहती है, यह राजस विक्षेपक चांचल्याधायक है, अतएव यहाँ इसकी गन्ध नहीं।

साधारणीकरण

आलम्बन-उद्दीपन-विभाव, अनुभाव, संचारी भाव लौकिक स्थिति में रत्यादिक के उत्पादक-उद्दीपक कारण, कार्य, सहकारी कारण हैं। इनका स्वरूप सम्बन्ध घटनाक्रम लोक में जिनको असकृद् गृहीत है, उनके संस्कार जिनके अन्तःकरण में विद्यमान हैं, अलौकिक रसानुभूति जनित भी वासना है इधर नाट्यदर्शन, काव्यश्रवण, स्वाध्यायका उच्छलित कुलूहल है। ऐसे पुरुष जब प्रेक्षा भवन में जाते हैं या काव्याकलन में प्रवृत्त होते हैं तब उनको निदर्शित वर्णित कारणादिकों का लौकिक विशेष रूप में सन्निकर्ष तथा शब्द की प्रसिद्ध वृत्ति अभिधा के द्वारा ज्ञान होता है। अनन्तर सहृदयता, संस्कार, प्रावण्य सहकृत सामग्री वश वे ही लौकिक पदार्थ साधारण रूप से अर्थात् कारण, कार्य की सीमा का पार कर ये मेरे ही हैं, मेरे शत्रु के ही हैं, या उदासीन मित्र तटस्थ के ही हैं अथवा मेरे ही नहीं, शत्रु के ही नहीं, तटस्थ के ही नहीं ऐसे विधि निषेध के नियम भासित नहीं होते। पर नियमानालिङ्गित व्यक्ति विशेष सम्बन्ध का उल्लेख रहता है। अतः सामग्रीवैचित्र्य से रसवैचित्र्य सिद्ध होता है। अतएव कदाचित् औग्य, विबोध, हर्ष, निर्वेद के झिलमिल तरंग अनुभूत हो सकेंगे। प्रदीप-उद्योत आदि मान्य सन्दर्भ का यही सिद्धान्त है। फिर ये पदार्थ जिस रूप से प्रतीत होने पर रस चमत्कार के साधन परिपूर्ण रूप से हो सकते हैं, अर्थात् नायिका, नायक का रसानुकूल, सामान्य रूप स्थायी भावास्वादांकुरीभावानयनात्मक विभावन व्यापार से विभाव, उस आस्वाद के अनुभवयोग्यतोन्नयन व्यापार से कटाक्ष, भुजाक्षेप प्रभृति अनुभाव और यथाक्रम प्रत्यक्ष दर्शन, गुणश्रवण, चित्रदर्शन आदि से औत्सुक्य, पित्रादि भय से निर्वेद, फिर दूत्यादि साधनों से आशावश हर्ष आदि भाव अपनी-अपनी सामग्री वश व्यक्त होकर संचारण पोषणात्मक व्यापार के हेतु व्यभिचारी रूप से सम्मिलित होते हैं। इनका सम्मिलित मधुर दिव्य प्रकाश ही रस है।

पण्डितराज ने नव्य मत का नवीन आविर्भाव कर दोष की घटना से सहृदय के हृदय में अनिर्वचनीय शकुन्तलादि नायिका नायक प्रादुर्भूत कर तथा स्थायी भाव भी भासित कर, दुष्यन्तोऽहं 'शकुन्तलाविषयकरतिमान्' एतत्प्रतीति साक्षिक रस माना है। पर इस मत में अनिर्वचनीयादि पदार्थ कल्पनज गौरववश स्वयं 'पर मत' की कल्पनाकर प्रतीति को ही रस कहा है। और छोटे-छोटे अन्यान्य मतों की कल्पनाएँ भी की हैं, जिनमें कतिपय लोचन में भी उट्टंकित हैं। परन्तु ये सबके सब एकदेशी हैं, अनुपपन्न हैं और उद्भावक ग्रन्थकार को भी इस पर विश्वास नहीं।

पण्डितराज ने एक पक्ष यह भी रखा है कि विभावादि सम्पृक्त आत्मानन्द मिश्रित स्थायी भावाकारा एक अन्तःकरण की मनोरम वृत्ति उत्पन्न होती है, वही रस है। जैसे घटाद्याकार वृत्ति होने से व्यंजन व्यापार की आवश्यकता नहीं होती उसी प्रकार यहाँ इस वृत्ति के लिए व्यंजना के कल्पन की आवश्यकता नहीं।

भक्तिरस के सम्बन्ध में गौड़ीय सम्प्रदाय के विद्वान श्री मधुसूदन सरस्वती, श्री वल्लभाचार्य के मत के प्रवर्धक विचक्षण भगवदनुराग को ही रस कहते हैं। शेष अनुराग आभास हैं। इसके बड़े-बड़े विस्तार हैं। इसी प्रकार अन्यान्य शैव, शाक्त मत के विवेचन हैं। पर ये सब अलंकार परम्परा में नहीं हैं। पण्डितराज ने पहले संरम्भ से भक्ति के रसत्व का समर्थन कर इसमें निर्भर नहीं रखा है और कहा है कि महर्षि भरत रस के आदि प्रभव महर्षि हैं, उनसे विरुद्ध जाने के सभी पदार्थ विशृंखल हो जाएँगे। वास्तव में भक्ति उत्कृष्ट कोटि का भाव है, चारों पुरुषार्थ देनेवाला है, मानव जाति का परम कल्याण, शान्ति सुख इसमें भरा है। यह परम आदरणीय और ग्राह्य है।

शान्तरस स्वतन्त्र है। उसका स्थायी भाव शम है। निर्वेद करण घञन्त होने से शम का ही बोधक है। महाभारतादि महाप्रबन्ध इसके अनुपम उदाहरण हैं। इसके संविधान भक्ति से अत्यन्त भिन्न हैं, भक्ति अनुराग लोकोत्तर सर्वोत्कृष्ट अनुराग रूप है, जब शान्त में वैराग्य की प्रधानता, भक्ति में नितान्त मार्दव, शान्त में कठोरता, भक्ति में पदे-पदे अश्रुपात, रोमहर्ष, गदगदिकावरुद्धकण्ठता, भजनीयका पूर्ण सहारा, शान्त में इनका नाम नहीं, अहं ब्रह्मास्मि का निश्चय, संसार मिथ्यात्व का दृढ़ निर्णय, किसी के साथ कोई लगाव नहीं, अपना भरोसा, अपना विश्वास, अपना संबल रहता है।

शान्तरस स्वतन्त्र है, उसका आनन्द अनुपम है।

यश्चकामसुखं लोके यच्च दिव्यं महासुखम्।
तृष्णक्षयसुखस्यैते नार्हतः षोडशीं कलाम् ॥

साधारणीकरण की स्थिति श्रव्य, दृश्य स्थल के अतिरिक्त लोक में भी आती है। इतना चरम सीमा पर विशुद्धि का अन्तःकरण हो, कारुण्य भरा हो, रसमयता ओतप्रोत हो तो महर्षि वाल्मीकि के समान रसानुभूति लौकिक संविधान के अलौकिकतोपारोह द्वारा प्राप्त हो पाती है। इतनी महर्षि की रसमयी वृत्ति थी कि निषाद से वध्यमान क्रौंच दर्शन, क्रौंची क्रन्दन, तमसा का प्रशान्त कलकल निनाद, रम्य पुष्पित वनस्थली सर्वसाधारणी कृत हो गई, रस का प्रवाह कविता रूप से बह चला।

मा निषाद प्रतिष्ठां त्वमगमः शाश्वतीः समाः।
यत्क्रौंचमिथुनादेकमवधीः काममोहितम् ॥

सहृदयों को ऐसी स्थिति कभी अन्यत्र भी सम्भव है। इसी प्रकार करुण की प्रधानता से करुण रस प्रकट होता है। रामायण का अरण्य काण्ड, महाभारत का स्त्रीपर्व, उत्तर रामचरित, हरिश्चन्द्र प्रसंग के पुराण खण्ड इसके पुष्कल उदाहरण हैं। यह अलौकिक रस है, यहाँ क्लेश कष्ट का लेश नहीं। इसके वर्णन, प्रदर्शन,

अभिनय अत्यन्त आकर्षक होते हैं। इसमें इतना चमत्कार उद्रिक्त होता है कि सहृदय इसमें अहमहमिकया प्रवृत्त होते हैं। यह एक स्वतन्त्र अद्भुत आनन्दमेदुर रससुधासिन्धु है। शृंगारादि इसके अंग हैं।

इसी प्रकार विस्मय स्थायी भावविशिष्ट अद्भुत रस की विशिष्ट सत्ता है। देखकर सुनकर शिर नहीं हिला, अकस्माद् वाह वाह नहीं निकला, मन नाच नहीं उठा, तन विभोर नहीं हुआ तो क्या रस, क्या आनन्द। यह सभी रसों का असम सहायक होने से प्राण और प्राधान्य स्थिति में रस है। इसकी धारा विलक्षण अनुभव सिद्ध है।

रस का और सौन्दर्य का अत्यन्त घनिष्ठ सम्पर्क है। चन्द्र-चन्द्रिका, सिता-मधुरता, भास्कर-प्रभा-पुष्प-आमोद और वाक्-अर्थ का जैसे निविड़ अभेद्य सम्बन्ध है, वैसे ही रस और सौन्दर्य परस्पराश्रित हैं। रस और सौन्दर्य परस्पर अविनाभूत हैं। अब प्रश्न है कि सौन्दर्य है क्या वस्तु। यद्यपि सौन्दर्य रुचि भेदेन भिन्न-भिन्न है। भगवान श्रीराम के लंकाविजय के पश्चात् लौटते समय किष्किन्धा पर उतरे विमान में उपविष्ट महारानी श्री सीता देवी को देखकर वानरी हँसने लगीं और कहने लगीं कि इसी नारी के लिए इतनी बड़ी लड़ाई लड़ी गई, इसका क्या सौन्दर्य, इसको न रोम है न पुच्छ। तथापि सौन्दर्य अंग सन्निवेश, रूप कौशल्य पर अवश्य निहित है और विशेष कुतूहल का कारण होता है, पर वह रस का उद्दीपक मात्र होता है अभिवर्धक होता है। (सौन्दर्य चालंकारः) यह मार्मिक सिद्धान्त है। इससे आकर्षण बढ़ता है रसनीयता आती है।

ये सभी विचार यहाँ सूत्र रूप से उपस्थापित हुए हैं। अन्यत्र यथावसर इस पर फिर कभी विश्लेषण प्रदर्शित किए जाएँगे।

इस विचारचारु, निर्मथित, सम्प्रदाय परिशुद्ध, प्रामाणिक ग्रन्थ में लेखक ने विभूष्य वैदुष्य के द्वारा पर्याप्त प्रकाश का उद्भव किया है। इसमें रस विवेचन, प्राच्य-प्रतीच्य विचारों की समीक्षा, स्वमतोपस्थान, नवीन उद्भावन, अनेकविध दृष्टिकोण, उपपादनवैशद्य आदि बड़े मार्मिक, गम्भीर प्रकार से किए गए हैं। यह सन्दर्भ विद्यार्थियों को नयी देन, विद्वानों को अद्भुत प्रेरणा, मननशीलों को नये नये तर्क प्रदान करेगा। रस की सर्वांगीण और सच्ची दृष्टि इससे उपलब्ध होगी। अधिकारी गण भी इसके प्रचार, प्रसार के द्वारा निर्माता की कीर्ति कमनीयता की समृद्धि बढ़ाएँगे। अन्त में आशीर्वाद देता हूँ कि महाशक्ति अन्नपूर्णा और करुणासिन्धु श्री विश्वनाथ इस ग्रन्थ की अथ च इस सुलेखक मनीषी की यशोराशि की वृद्धि करें और निर्माता को चिरायु, स्वस्थ और स्वस्थमस्तिष्क रखें।

काशीस्थ ऊर्ध्वाम्नायपीठाधीश्वर
श्री शंकराचार्य स्वामी महेश्वरानन्द सरस्वती
धर्मसंघ शिक्षा मण्डल,
दुर्गाकुण्ड, वाराणसी

विषय-सूची

परिशिष्ट

रस-विमर्श

रस सम्बन्धी विवेचन का आरम्भ चाहे जब और जिसके द्वारा हुआ हो, पर इस विषय पर सबसे प्राचीन और प्रामाणिक कृति भरत की ही उपलब्ध होती है। वैसे काव्य मीमांसा का पौराणिक-आख्यान यह बताता है कि रस सम्बन्धी विवेचन शिव-ब्रह्मा-शक्र से होता हुआ परम्परया नन्दिकेश्वर को मिला और उन्होंने फिर उसे आगे बढ़ाया। कीर्तिधर के उल्लेख के आधार पर अभिनव गुप्त ने भी उनका उल्लेख किया—अन्य लोगों ने भी चर्चा की—पर कृति उनकी कदाचित् ही किसी को उपलब्ध हो। अन्य लोग तो उनका व्यक्तित्त्व भी पौराणिक ही समझते हैं। अभिनव गुप्त की 'अभिनव भारती' के ही आधार पर यह भी अनुमान लगाया जाता है और परवर्ती 'भावप्रकाशन' जैसे आलंकारिक ग्रन्थ भी उसकी पुष्टि करते हैं कि रस-विमर्श से सम्बद्ध दो सम्प्रदाय थे—एक के पुरस्कर्ता थे—द्रुहिण या ब्रह्मा और दूसरे के वासुकि। पहला आठ ही रस मानता था और दूसरा शान्त के साथ नवरस। जो भी हो, पर इसमें कोई सन्देह नहीं कि भरत से पूर्व रस-विमर्श होता आ रहा था। स्वयं रसोपयोगी संज्ञाओं को परम्परा प्राप्त (भरत नाट्य शास्त्र में) कहा गया है। दूसरे 'आनुवंश्य-श्लोक' तथा पूर्वाचार्यों के मतों के 'अचार्ये भवतः' आदि निर्देशों से प्राप्त विचार भी इस तथ्य में प्रमाण हैं। भरत से पूर्व रस सम्बन्धी किए जाने वाले विचारों में प्रमुख विचार था—**रस से भाव का या भाव से रस का सम्भव? या दोनों से दोनों का पारस्परिक सम्भव?** इसी प्रकार भाव एवं विभावादि के स्वरूप के सम्बन्ध में भी अनेक विकल्प कारिकाओं में उपलब्ध होते हैं, जिनसे यह पता चलता है कि इन सब विषयों पर भी प्राग्भरत विवेचन चल रहा था। परवर्ती व्याख्याकारों की दार्शनिक दृष्टि कुछ ऐसी स्वीकृत थी—कि उसी के आलोक में वे लोग पुरानी मान्यताओं को भी अन्यथा प्रस्तुत कर दिया करते थे। अतः आज की उपलब्ध नाट्य-शास्त्रीय व्याख्याओं के आधार पर यह नितान्त स्पष्ट-कर देना कि कितना विचार प्राग्भरत है और उसमें कितना चिन्तन भरत का है—एक स्वतन्त्र शोध का कार्य है और उसके द्वारा भी कितनी सफलता मिल सकेगी—यह कहना कठिन है।

प्राग्भरत के अनन्तर अब यही देखना समुचित जान पड़ता है कि भरत नाट्यशास्त्र के आधार पर **'रस' का स्वरूप**, उसके लिए अपेक्षित **उपकरण** तथा इन उपकरणों से **रस-निष्पत्ति की प्रक्रिया** क्या है? इस विवेचन का उनका आधार

क्या है—शुद्ध अनुभव संगत वैचारिक पृष्ठभूमि या दार्शनिक भी?

'रस' शब्दार्थ और नाट्यशास्त्र

(क) अनुभव संगत दर्शन-निरपेक्ष भूमि

नाट्यशास्त्र से भिन्न साहित्येतर-वाङ्मय में, कोश-ग्रन्थों में भी 'रस' शब्द का अनेकत्र प्रयोग हुआ है। वेदों में जल, पौधे या लता का रस तथा कहीं-कहीं बीजों के सार या रस के अर्थ में 'रस' शब्द का प्रयोग प्रचुरता से उपलब्ध होता है। औपनिषद् वाङ्मय में उससे आगे बढ़कर 'सार' 'आस्वाद' 'रसनाग्राह्य अर्थ'—जैसे अर्थों में भी उसका उपयोग मिलने लगता है। साहित्यिकों द्वारा समादृत 'रसो वै सः' जैसे वाक्य तैत्तरीय में मिलने लगते हैं। इन उपनिषदों में आनन्दमय व्यापक मूल सत्ता के लिए भी 'रस' शब्द का प्रयोग किया गया है। परवर्ती अलंकारिकों ने दार्शनिक दृष्टि से 'रस' की परिधि को उपनिषदों में कथित उपर्युक्त अर्थ तक विस्तृत कर दिया है।

दूसरी ओर विभिन्न क्षेत्रों में प्रचलित अर्थों को कोशकारों ने एकत्र करते हुए यह कहा है कि रस शब्द का प्रयोग श्रृंगार आदि रस, विष, राग, द्रव, वीर्य एवं आम्ल आदि गुण के लिए किया गया है। फिर भी नाट्यशास्त्रकार ने एक स्वतन्त्र प्रश्न ही खड़ा किया है—"रस इति कः पदार्थः?"—अर्थात् रस है क्या पदार्थ? रस तो उसे कहा जाता है जो 'रसनेन्द्रिय' से गृहीत और ज्ञात है—'रसनेन्द्रिय का विषय ही 'रस' कहा जा सकता है—'काव्यास्वाद' को नाट्याचार्यों ने 'रस' किस प्रकार कहा? वह रसनेन्द्रिय का विषय तो है नहीं।

इस प्रकार प्रश्न द्वारा जिज्ञासा उत्पन्न करते हुए नाट्यशास्त्रकार ने समुचित उत्तर भी दिया है—'आस्वाद्यत्वात्'। अर्थात् यद्यपि 'रस' की अभिधा रसनेन्द्रिय-ग्राह्य विषय तक ही सीमित है, तथापि काव्यास्वाद तक उसे गौणी-लक्षणा से खींचा जा सकता है। गौणी-लक्षणा या सादृश्यमूलक-लक्षणा के प्रयोग का आधार है यहाँ—उभयविध रस गत—आस्वाद्यत्व। जिस प्रकार रसनेन्द्रिय ग्राह्य 'रस' आस्वाद्य होने के कारण 'रस' है उसी प्रकार काव्याध्ययन या नाट्य-दर्शन-जनित सहृदय में उदित होनेवाली आनन्दात्मक मानस प्रतिक्रिया भी आस्वाद्य होने के कारण रस कही जा सकती है।

नाट्यशास्त्र में रस का विचार मुख्यतः नाट्य की ही दृष्टि से किया गया है—यद्यपि परवर्ती आचार्यों ने उनके रस-सूत्र की नाट्य की भाँति श्रव्योपयोगी व्याख्या भी कर ली है। नाट्य शास्त्रीय रस-विमर्श को होना भी चाहिए—नाट्य की ही दृष्टि से और इसमें प्रमाण भी प्रस्तुत किया जा सकता है। भरत ने **रस की सामग्री** के अन्तर्गत रस सूत्र में निर्दिष्ट विभाव, अनुभाव एवं संचारी का और अन्यत्र इन तीनों के साथ सात्त्विक और स्थायी भाव का—अर्थात् कुल पाँच प्रकार की वस्तुओं

का ग्रहण किया है। भरत नाट्यशास्त्र के प्रसंग में यह भी ध्यान रखने की बात है कि इसमें 'भाव' शब्द का व्यापक और सीमित—दोनों ही अर्थों में प्रयोग किया गया है। व्यापक अर्थ में इन पाँचों के लिए और सीमित अर्थ में सात्त्विक, संचारी एवं स्थायी—इन तीन के लिए 'भाव' शब्द का प्रयोग किया गया है। इन पंचविध रस-सामग्री में से विभाव और अनुभाव की जो व्याख्या की गई है—वह नाट्य के ही अनुरूप है। नाट्य का प्राण है—रस और नाट्य में या नाट्य द्वारा रसानुभूति का साधन है—अभिनय। भरत ने **'विभाव' का स्वरूप** बताते हुए अपना मत यही दिया है कि **विभाव वह साधन है जिससे अभिनय का विशिष्ट ज्ञान हो सके।** अनुभाव का स्वरूप बताते हुए भी उन्होंने कहा कि अनुभाव वह है जिसके द्वारा अभिनय का अनुभावन हो। विभाव एवं अनुभाव की इन परिभाषाओं में केन्द्र रूप से अभिनय का रखना यह सिद्ध करता है कि भरत ने नाट्य की ही दृष्टि से रस और उसकी सामग्री का विवेचन किया है।

सातवें अध्याय में नाट्यशास्त्रकार ने 'भाव' की परिभाषा अनेक दृष्टियों से प्रस्तुत की है। सामान्यतः तो उन्होंने 'भावन' करनेवाले समस्त तत्त्वों को 'भाव' कहा है जिसकी सीमा में विभावादि उपर्युक्त पंचविध सामग्री रस-भावन में निमित्त होने के कारण गृहीत हो सकती है, पर वहीं बाद में 49 भावों के अन्तर्गत केवल सात्त्विक, संचारी एवं स्थायी—तीन की ही गणना की है और बताया है कि इन्हीं 49 भावों के 'सामान्यगुणयोग' से 'रसनिष्पत्ति' होती है। यहीं भरत ने यह प्रश्न भी उठाया है कि जब रसनिष्पत्ति में सामान्यतः सभी का योग है—तो स्थायी को ही रसात्मक परिणति मानकर स्थायी को ही क्यों महत्त्व दिया जाता है? समाधान में उन्होंने यह भी कहा है आकृति-गत साम्य होने पर भी आपेक्षिक महत्त्व-वश जिस प्रकार कोई विशेष आकृति वाला व्यक्ति ही 'राजा' कहा जाता है और शेष उनके अनुयायी कहे जाते हैं—उसी प्रकार रसात्मक परिणति तो मुख्यतः स्थायी की होने के कारण स्थायी को ही महत्त्वपूर्ण माना जाता है, शेष भावक-तत्त्व उसके अनुयायी कहे गए हैं। यही कारण है कि उनके समकक्ष रससूत्र में 'स्थायी' का ग्रहण नहीं किया गया। लोचनकार ने इस अग्रहण का कारण यह बताया है कि यदि 'स्थायी' का ग्रहण सूत्र में किया गया होता तो शेष तीन की भाँति स्थायी की भी अवांछनीय परगत प्रतीति होती। फलतः उसका प्रयोग नहीं किया गया।

एक स्थल पर 'भाव' के अन्तर्गत उपर्युक्त पंचविध सामग्री का ग्रहण किया जाकर भी अन्यत्र जो केवल तीन (सात्त्विक, संचारी एवं स्थायी) का ही ग्रहण किया गया—उसका कारण यह प्रतीत होता है कि ये तीनों सीधे रसात्मक प्रतीति में उपयोगी हैं और विभाव तथा अनुभाव 'अभिनय' की विशिष्ट प्रतीति द्वारा असाक्षात्। इनके विवेचन में अभिनयपरक दृष्टि की प्रधानता होने के कारण ही यह कहा गया कि सात्त्विक भी एक 'भाव' है और उसके अभिनय के लिए वस्तुतः उसकी मानस

अनुभूति आवश्यक है।

विभाव एवं अनुभाव से युक्त इन 49 भावों के सामान्य गुण योग से रसनिष्पत्ति किस प्रकार होती है–एक विशिष्ट दृष्टान्त द्वारा उसका विश्लेषण भी नाट्यशास्त्र में उपलब्ध होता है। वहाँ यह कहा गया है कि जिस प्रकार नाना व्यंजन, औषधि एवं गुड़ादि द्रव्य के संयोग से 'षाडव' रस होता है, उसी प्रकार उपर्युक्त नाना-भावों के उद्‌गम से स्थायी भी रस होता है। यहाँ भरत ने जो दृष्टान्त ग्रहण किया है, वह है–**पाकरस** का। स्मरण रखने की बात है कि अभिनवगुप्त ने जो दृष्टान्त ग्रहण किया है–वह है **पानक रस** का। इतना साम्य अवश्य है कि दोनों रसास्वाद को एकोन्मुखी मिश्रण मानते हैं।

इसी सन्दर्भ में भरत ने यह भी सदृष्टान्त बताया है कि सुमन लोग किस प्रकार इस रस का आस्वाद लेते हैं? उन्होंने कहा है कि जिस प्रकार नाना प्रकार के व्यंजनों से सुसंस्कृत अन्न का उपयोग करते हुए सुमन पुरुष रसास्वाद करते हैं और फलतः हर्ष-लाभ भी करते हैं उसी प्रकार नाना भावों से व्यंजित स्थायी भावों का सुमन प्रेक्षक (प्रेक्षक शब्द का प्रयोग भी यह सूचित करता है कि नाट्य पर ही इसका ध्यान केन्द्रित है) भी आस्वाद लेते हैं तथा परिणामस्वरूप उत्फुल्ल होते हैं। अन्ततः वे इस प्रकार नाट्यरस की व्याख्या प्रस्तुत करते हैं।

भरत की रस-व्याख्या से कई तथ्य प्राप्त होते हैं–**पहला** यह कि रस का आस्वाद सहृदय या सुमनस्क प्रेक्षक करते हैं न कि अनुकार्य या अनुकर्त्ता। **दूसरा** यह कि ('अभिव्यंजितान् स्थायी भावान् आस्वादयन्ति काव्यरसाभिव्यक्तिहेतवः एकोन पंचाशद्‌भावाः–) वे **अभिव्यंजित स्थायी** भाव का आस्वाद लेते हैं। **तीसरा** यह कि 49 भावों की रसात्मक परिणति में **'सामान्यगुण योग'**–अपेक्षित है। **चौथा** यह कि पाक रस में जैसे अनेक तत्त्वों का मिश्रण रहता है–नाट्यरस में उसी प्रकार अनेक भावों का योग है।

उपर्युक्त निष्कर्षों में से 'अभिव्यंजित' एवं सामान्यगुणयोग–विशेषतः विचारणीय है। क्या इस 'अभिव्यंजित' को ध्वनिवादियों की 'व्यंजना' के समकक्ष रखा जा सकता है? भरत ने जहाँ पृथक्-पृथक् प्रत्येक रस की सामग्री का विवरण प्रस्तुत किया है वहाँ सर्वत्र 'उपजायते' 'उत्पद्यते'–इन्हीं शब्दों का प्रयोग है। इस स्थिति में इनमें अभिव्यक्तिवाद का अंकुर देखा जाए या उत्पत्तिवाद का आभास पाया जाए?–यह एक विचारणीय प्रश्न है। The Philosiphy of Aesthetic Pleasure के लेखक पंचपगेश शास्त्री तथा ग. त्र्य. देशपांडे ने तो अभिव्यक्तिवाद का ही अंकुरण देखा है। भाई प्रेमस्वरूप गुप्त जी ने इनकी रसनिष्पत्ति को 'उत्पत्ति' समकक्षी कहा है। वस्तुतः उपर्युक्त दोनों प्रकार के प्रयोग को देखते हुए या तो यह कहा जाए कि उन्होंने इन 'अभिव्यंजित' एवं 'उत्पद्यते'–दोनों शब्दों को पारिभाषिक अर्थ में नहीं–बल्कि एक सामान्य 'निष्पत्ति'–के अर्थ में यों ही चलते

ढंग से प्रयोग कर दिया है या फिर इसे विवादग्रस्त घोषित किया जाए। पहला विकल्प मुझे कहीं अधिक संगत इसलिए लगता है कि यदि पारिभाषिक अर्थ में ये दोनों शब्द प्रयुक्त होते–तो एक शास्त्रप्रणेता परस्पर विरोधी पारिभाषिक शब्दों को तो कथमपि न प्रयुक्त करता। दूसरी बात यह कि यदि भरत ने स्वयं ही अपनी 'निष्पत्ति' का एक निर्णीत अर्थ दे दिया होता–तो परवर्ती व्याख्याकार अपने-अपने दर्शनानुसार खींचतान कहाँ से मचाते?

इसी प्रकार दूसरा प्रश्न 'सामान्यगुण योग' का है। कुछ विचारक इस शब्द में भी 'साधारण्य' या 'साधारणीकरण'–सिद्धान्त का पूर्वाभास पाते हैं–जो भरत-सम्मत-प्रेक्षक-गत रसास्वाद में आवश्यक भी है–परन्तु जिस सन्दर्भ में नाट्यशास्त्रकार ने इस शब्द का प्रयोग किया है–वहाँ यदि 'साधारण्य' के अर्थ में उसे न भी लिया जाए तो भी कोई अड़चन प्रतीत नहीं होती। आगे आने वाले 'साधारणीकरण' शीर्षक निबन्ध में मैंने भी कुछ 'साधारण्य' परक हो इसका झुकाव दिखाया है। पुष्टि के लिए दशरूपककार को भी उद्धृत किया है। अतः यदि यहाँ यह भी मान लिया जाए कि 'सामान्यगुणयोग'–शब्द का प्रयोग भरत के अनुसार 'साधारण्य' के अर्थ में न हो–तो भी परवर्ती व्याख्याकारों के 'साधारण्य' परक व्याख्यान को एक आधार के रूप में तो इसे लिया ही जा सकता है। भरत का रस-विमर्श मुख्यतः नाट्य को ही दृष्टि में रखकर कहा गया है–पर शायद ही आज कोई ऐसा समीक्षक होगा–जो उनके नाट्य सीमित रस-विमर्श को काव्यमात्र के लिए लागू न करता हो।

इनका रस-विमर्श निश्चय ही किसी विशेष दार्शनिक पृष्ठभूमि का नहीं है। इन्होंने **अनुभव संगत भूमिका** पर नाट्य रस-विमर्श प्रस्तुत किया है।[1] भरत ने अपने समस्त रस-विमर्श में आत्मा की कोई भूमिका इंगित नहीं की, हाँ 'मनसा आस्वादयन्ति सुमनसः प्रेक्षकाः'–कहकर रसास्वाद को **मनोवेद्य-आस्वाद** के रूप में अवश्य कहा है। परन्तु इन सबके साथ कारण, कार्य एवं सहकारी–जैसे लौकिक प्रयोग में आने वाले शब्दों को छोड़कर जब विभावादि शब्दों के माध्यम से ही काव्यास्वाद का वे निरूपण करते हैं–तब यह निश्चित कहा जा सकता है कि

1. म. म. पी. वी. काणे ने कहा है– "The theory of Rasa has a semi-physiological and semipsycological basis and that it tries to explain how human feeling and emotions are worked upon and roused by drama and poetry" (History of Sanskrit Poetics. Page 342). नाट्यशास्त्र में यह कहा गया है कि नाट्य का ग्रहण चक्षु एवं श्रोत्र–दो इन्द्रियों के माध्यम से किया जाता है–अतः इसी आधार पर काणे साहब का मत है कि जहाँ एक ओर भरत में समस्त और सर्वतोन्मुखी मनोवैज्ञानिक सिद्धान्तों को अंशतः लागू किया जा सकता है वहाँ उक्त आधार पर इसके शरीर पक्ष का अवस्थान भी आंशिक ही माना जा सकता है।

कारण-कार्य आदि शब्दों के द्वारा निरूप्य लौकिकस्तरीय आस्वाद तथा विभावादि शब्दों द्वारा निरूप्य काव्यास्वाद या नाट्यास्वाद में अवश्य अन्तर या वैलक्षण्य स्वीकार करते हैं—सामान्य जीवन की योगक्षेमोपयोगी व्यावहारिक और नाट्यस्तरीय अनुभूति में भेद मानते ही हैं। यदि भेद न मानते होते—तो करुण को रसात्मक भूमिका पर प्रतिष्ठित किस प्रकार करते? जहाँ तक शान्त रस का सम्बन्ध है—अभिनव गुप्त ने कहा है कि 'क्वचिच्छमः', (जो विवादस्पद है) इत्यादि कहकर मुनि इसके अनुभव सिद्ध होने के विपक्ष में तो नहीं हैं—परन्तु अन्य रसों के समकक्ष इसकी चर्चा न कर नाट्य में उसका स्थान देने पर अवश्य मौन हैं।

(2) रस व्याख्या की दार्शनिक भूमि

भरत के अनन्तर रस-विमर्शकों की दो धाराएँ दिखाई पड़ती हैं—एक तो अलंकारवादी, रीतिवादी एवं ध्वनि तथा वक्रोक्तिवादियों की और दूसरी ओर नाट्यशास्त्र के व्याख्याकारों की (या कम से कम नाट्यशास्त्रोक्त सिद्ध सूत्र की व्याख्या प्रस्तुत करने वालों की)। नाट्यशास्त्र के आधार पर रस-व्याख्या प्रस्तुत करनेवालों का आरम्भ 700-800 से माना जाता है। इनके पूर्व की विचारधारा का आभास अलंकार एवं रीतिवादी आचार्यों में उपलब्ध होता है। नाट्यशास्त्र में रस-साधन 'अभिनय' और अभिनय-साध्य 'रस' पर किया गया विचार प्रमुख है। यहाँ काव्य के ग्राह्य पक्ष का पुष्कल एवं प्रचुर विश्लेषण है। अलंकार एवं रीतिवादियों ने निर्माणपक्ष से उक्ति कौशल या मूल काव्य व्यापार पर अपना ध्यान अधिक केन्द्रित किया। नाट्यशास्त्रकार ने दृश्य की अपेक्षा श्रव्य और इन वादियों ने श्रव्य की अपेक्षा दृश्य पर अपना वक्तव्य कम दिया है। इन लोगों का यह ख्याल है कि 'दृश्य' पर तो अन्यत्र विस्तारपूर्वक कह ही दिया गया है अतः उसके विवेचन की कोई विशेष आवश्यकता नहीं है। निर्माण पक्ष पर ध्यान होने के ही कारण ग्राह्य पक्ष से विचारित होनेवाले प्रमुख अर्थ इन लोगों के यहाँ उक्तिकौशल के अंग बन गए। उन पर इस दृष्टि से विचार किया जाने लगा या किया गया कि वे उक्ति को किन रूपों में काव्योचित महत्त्व देते हैं। 'रस' भी इसी रूप से विवेचित होने के कारण यदि अलंकारवादियों में अलंकारोपयोगी या अलंकारान्तर्गत रखा गया तो रीतिवादियों में पद-रचनागत वैशिष्ट्य पैदा करने के मूल एवं सहजस्रोत गुण (कान्ति) के अन्तर्गत। वक्रोक्तिवादी कुन्तक ने 'वक्रता' के महत्त्वाधायक रूप में स्थल-स्थल पर 'रस' की चर्चा की। ध्वनिवादी 'ग्रहण' की ही दृष्टिप्रधान रखता है—अतः उसका विचार हम अलग से करेंगे।

दार्शनिक भूमि—इस तरह भरत नाट्यशास्त्र के अनन्तर निर्माण-पक्ष से रस पर विचार करने वालों के मत का पता देनेवाला उपलब्ध-कृतिकार भामह हैं। भामह दण्डी एवं उद्भट—तीनों ने रसवदलंकार के रूप में 'रस' की चर्चा की है। भामह

एवं उद्भट ने तो यह कहा है कि रसवदलंकार वह है जहाँ शृंगार आदि रस स्पष्टतः दर्शित हों—पर जहाँ भामह ने एक चलता-सा उदाहरण देकर रसवत् का प्रसंग समाप्त कर दिया है वहाँ उद्भट ने उसका विस्तार किया है—वे कहते हैं कि 'रस' का प्रकाश विभाव, अभिनय, संचारी एवं स्थायी से तो प्रकाशित होता ही है—स्ववाचक शब्द से भी प्रकाशित होता है। उद्भट के टीकाकार प्रतिहारेन्दुराज ने इसी तथ्य को ध्यान में रखकर यह कहा है कि 'पंचरूपा रसाः'। पर भामह एवं उद्भट—दोनों ही इस माने में समान हैं कि दोनों ही रसवत् के लिए शृंगारादि रस की स्पष्ट स्थिति मानते हैं। रसवत् से प्रेयान् का इसीलिए उद्भट अन्तर भी करते हैं कि प्रेयान् भावालंकार हैं—जहाँ भावों का अनुभावादि से **सूचन** मात्र होता है। अर्थात् जहाँ 'सूचन' मात्र हो—वहाँ भाव और स्पष्ट दर्शन हो—वहाँ 'रस' की स्थिति होती है। दण्डी ने भी 'रसवत्' का विवेचन करते हुए कहा है—"रतिः शृंगारतांगता। रूपबाहुल्ययोगेन"—अर्थात् रति के स्वरूप का जहाँ विभावादि के योग से बाहुल्य या पोष हो जाए—वहाँ शृंगारादि रस होते हैं। रौद्र के विषय में भी कहा है—'इत्युत्पाद्य परा कोटिं क्रोधो रौद्रात्मतां गतः'—क्रोध ही परा कोटि का उत्कर्ष या उपचय या पोष प्राप्त कर रौद्र होता है। भामह ने उद्भट की तरह प्रेयान् को भाव मात्र का उपलक्षण स्वीकार नहीं किया था—उन्होंने तो प्रियतराख्यान से सूचित 'प्रीति' मात्र तक ही प्रेयान् को सीमित माना था।

इन तीनों में इस प्रकार एक बात समान यह दिखाई देती है कि तीनों ही 'रस' की स्थिति में स्पष्टता या रूपबाहुल्य योग वश परा कोटि का उपचय—स्वीकार करते हैं। 'दर्शितस्पष्ट'—में 'स्पष्टता' का अर्थ इसकी 'वाच्यता' से कुछ लोग लगाते हैं—पर मेरा विचार यह है कि उसका सम्बन्ध इसके पोष से लगाना चाहिए।

इस उपर्युक्त विवेचन से पहला निष्कर्ष यह है कि दण्डी उत्पत्तिवादी एवं उपचयवादी आचार्य हैं। कारण यह है कि वे मानते हैं कि भीम का क्रोध ही पराकोटि को पहुँचकर क्रोध के रूप में परिणत हो गया। अर्थात् रौद्र की स्थिति 'भीम' में है। भीम में यह 'रस' उत्पन्न ही हुआ है और साथ ही वह क्रोध का **उपचयात्मक** रूप भी है। कदाचित् इसी तथ्य को ध्यान में रखकर अभिनव गुप्त ने यह कहा कि चिरन्तन आलंकारिक उत्पत्तिवादी ही हैं और इसी प्रसंग में इन्होंने दण्डी को उद्धृत भी किया। पर चिरन्तनों में और कौन-कौन हैं—सम्भव है वे भामह और उद्भट ही हों। उद्भट तो एक ओर भामह के और दूसरी ओर नाट्यशास्त्र के टीकाकार भी हैं—यद्यपि आज उनकी दोनों ही कृतियाँ अनुपलब्ध हैं।[1]

---

1. इधर हाल में पाकिस्तान सरकार के पुरातत्त्व विभाग ने एक पाण्डुलिपि का प्रकाशन किया है—जिसके विषय में यह धारणा व्यक्त की गई है कि वह उद्भट का भामह विवरण है।

इसी प्रसंग में एक दूसरी समस्या यह खड़ी होती है कि दण्डी ने जिस भीम में रौद्र रस की काष्ठापन्न स्थिति मानी है वे 'भीम' अपनी स्थिति कहाँ रखते हैं—लोक में या कवि के काव्योचित मानस में? वे लोकगत हैं या काव्यागत? पुनः इस प्रश्न का उत्तर पाने से पूर्व दण्डी की पृष्ठभूमि देख ली जाए। दण्डी ने भीम का एक वाक्य उद्धृत किया जिसके द्वारा भीम का क्रोध रौद्र की काष्ठापन्न परिणति प्राप्त कर उच्छलित हो रहा है। इसीलिए दण्डी ने उसे 'रसवद्वचः' कहा। यह वाक्य भीम का नहीं, बल्कि भीम रूप कवि कल्पित पात्र में काव्योचित सम्भावना पर आश्रित भीम के वाक्य का सजातीय अनुकरण है। यहाँ दण्डी लोकगत भीम की मानस-स्थिति का स्वरूप प्रस्तुत कर रहे हैं या स्वकल्पित काव्यगत भीम पात्र की मानस स्थिति का विवरण दे रहे हैं? श्री ग. त्र्य. देशपांडे जी ने दूसरी स्थिति मानी है। उन्होंने कहा है—"भामह, दण्डी तथा रुद्रभट तीनों **काव्यगत व्यक्ति** को ही इसका आश्रय मानते थे" (पृ. 268) परन्तु ऐसा स्वीकार करने पर उन्हें 'उत्पत्तिवादी' और 'उपचयवादी' किस प्रकार कहा जा सकेगा? 'उत्पत्ति' की बात लोकगत नायक में ही सम्भव है—काव्यगत नायक में तो वह 'वर्णित' हो सकती है 'उत्पादित' नहीं हो सकती और उत्पादित नहीं हो सकती तो फिर 'उपचय' का भी सवाल नहीं खड़ा होता। 'उत्पत्ति' और 'उपचय' की बात लोकगत नायक में मान लेने पर ही भट्टलोल्लट की 'उत्पत्तिवादी' भूमिका के रूप में उन लोगों का मत प्रतिष्ठित करना सर्वथा संगत हो सकेगा।

इन लोगों के विवेचन से सम्बद्ध दूसरा विचारणीय पक्ष यह है कि क्या लोचनकार या पण्डितराज द्वारा इंगित विभाव-मात्र, अनुभाव-मात्र आदि को 'रस' मानने वाला मत इन्हीं भामह और उद्भट का ही है क्या? भाई प्रेमस्वरूप गुप्त ने भामह के रसवत् अलंकार के उदाहरण की व्याख्या प्रस्तुत करते हुए यह कहा कि 'देवी समागमच्छद्ममस्करिण्यतिरोहिता' इस उदाहरण में केवल शृंगार के विभाव की ही चर्चा है—अतः 'विभाव्यमानो विभावः रस इत्येके',—द्वारा जिस मत की ओर इंगित किया गया है वह भामह का ही है। दूसरी ओर ग. त्र्य. देशपांडेजी ने उद्भट के रसवत् की विवेचना प्रतीहारेन्दुराज के 'पंचरूपा रसाः' के आधार पर करते हुए यह अनुमान किया है कि 'विभाव मात्र, अनुभाव मात्र या संचारीमात्र' आदि को 'रस प्रतीति' मानने वाला भरत-विरोधी मत इन्हीं उद्भट का है। उद्भट द्वारा कथित विभावादि चार में से एक-एक की पृथक् तथा आनन्दवर्द्धन एवं शंकुक द्वारा आलोचित 'स्व शब्द निवेदित' रसात्मक स्थितियों के योग से कुल पंचविध रस की बात आती है—और प्रतीहारेन्दुराज ने कहा भी है—'पंचरूप रसाः'। निश्चय ही यह तुलना रंजक है। पर इसके साथ कुछ और विचारणीय बातें जोड़ी जा सकती हैं।

गुप्त जी ने भामहोक्त उदाहरण में केवल आलम्बन का वर्णन देखा—इसलिए यह अनुमान लगा लिया कि भामह ने 'विभाव्यमान विभाव' को ही रस माना है। पर यह अनुमान कोई ज्यादा संकुचित नहीं दिखाई पड़ता। उदाहरणार्थ, कितने ऐसे

रस-उदाहरण लक्षण-ग्रन्थों में मिलेंगे, जिनमें केवल विभाव या केवल अनुभाव का चित्र मिलता है—क्या उन सब पर से इसी तरह का अनुमान लगाया जा सकता है? उदाहरणार्थ, दशरूपककार ने बीभत्स का एक उदाहरण दिया—

लालां वक्त्रासवं वेत्ति मांसपिण्डौ पयोधरौ।
मांसास्थिकूटं जघनं जनः कामग्रहातुरः ॥

कामग्रहग्रस्त व्यक्ति मुख की लार को आसव समझता है, मांस के लोथड़ों को ही पयोधर मानता है और मानता है कि मांस एवं हड्डी की ढेर ही जघन है।—यहाँ बीभत्स का विभाव वर्णित है—पर क्या इतने से यह अनुमान लगा लिया जाए कि दशरूपक के टीकाकार विभाव्यमान विभाव को ही रस मानते हैं? मैं समझता हूँ कि गुप्त जी का मत थोड़ा विचारणीय है। काव्यप्रकाशकार ने तो ऐसे स्थलों के लिए यह कहा है कि जहाँ रस की कुछ सामग्री उक्त हो—वहाँ शेष का आक्षेप कर लेना चाहिए।

देशपांडे साहब की स्थापना निस्सन्देह रंजक है। पर यदि अभिनवगुप्त ने उद्भट का ही मत दिया होता तो उद्भट के अन्य मतों की भाँति 'इत्यौद्भटाः' कहा होता। दूसरी बात यह है कि यदि पाँचों प्रकार की धारणा का सम्बन्ध केवल उद्भट से ही होता तो वे पाँचों को एक व्यक्ति के नाम पर न मढ़कर अलग-अलग लोगों का मत क्यों कहते? तीसरी बात यह है कि उद्भट के एक उदाहरण को लेकर प्रतीहारेन्दुराज ने यह दिखाया है कि उस उदाहरण में पाँचों प्रकार की सामग्री से रस बोध हो रहा है—फिर केवल विभाव या केवल अनुभाव आदि को वे रस कैसे मानेंगे? अगली बात यह कि भरत के टीकाकार होकर भी इस प्रकार की अनभिज्ञों जैसी बात कहनी कुछ संगत नहीं जान पड़ती। हो सकता है, देशपांडे जी का मत सही भी हो—पर उस स्थापना के पूर्व उन्हें इन बातों पर भी विचार करना समुचित था।

उक्त आधार ही आलोच्य होने के कारण उस पर से किया गया यह अनुमान भी विचारणीय है कि श्रव्य काव्य में रस-प्रक्रिया का सर्वप्रथम विवेचन करने वाला आचार्य उद्भट ही है। जब यही निश्चित नहीं कि उद्भट केवल विभाव को रस मानते हैं या नहीं—तब उसके आधार पर यह क्या निश्चित किया जा सकता है कि उद्भट ही पहले आचार्य हैं जिन्होंने सर्वप्रथम रस-प्रक्रिया का सम्बन्ध श्रव्य काव्य से स्थिर किया? यों तो श्रव्य काव्य में 'रस' का अस्तित्त्व भामहादि सभी मानते हैं—पर सवाल यह है कि रस-निष्पत्ति-प्रक्रिया का श्रव्यगत विवेचन सर्वप्रथम किसने इंगित किया? निश्चय ही जिसने केवल विभाव या केवल अनुभाव को रस कहने की हिम्मत की होगी—उसने श्रव्य-काव्य में इस प्रक्रिया का विचार भी आरम्भ किया होगा—क्योंकि इस प्रकार का भ्रान्तिपूर्ण वक्तव्य श्रव्य काव्य को ही आधार बनाकर दिया गया होगा। उद्भट के सम्बन्ध में इतना अवश्य कहा जा सकता है कि भामह एवं दण्डी की अपेक्षा यही एक आलंकारिक हैं, जिसने रसवत् के

प्रसंग में विभाव, अनुभाव, संचारी आदि का नाम लिया और उसके द्वारा प्रदत्त उदहारण में उसके टीकाकार ने इन पाँचों की योजना कर दिखाई। अतः इस कहने में तो कोई संकोच ही नहीं है कि भामह एवं दण्डी की अपेक्षा इनका रस-विवेचन कुछ और आगे बढ़ा हुआ है। व्यंजकता के संकेत-सूत्र रस के प्रकरण में तो नहीं, अन्यत्र अलंकारों के विवेचन में अवश्य मिल जाते हैं। उद्‌भट ने रसवदलंकार के प्रसंग में 'स्वशब्द वाच्य' कहकर व्यंजकता के विरुद्ध 'वाच्यता' का अवश्य उल्लेख किया है। क्यों न यह मान लिया जाए कि 'उत्पत्तिवाद' की समीपी व्याख्या प्रस्तुत करनेवाले दण्डी ने श्रव्य काव्यगत रस-प्रक्रिया के विवेचन का आरम्भ किया। इस सन्दर्भ में रस के उपकरणों की चर्चा करते हुए उद्‌भट ने उसे और आगे बढ़ाया। उद्‌भट के बाद आने वाले आनन्दवर्द्धन ने इस श्रव्य काव्यीय रस-विवेचन की समस्त प्रक्रिया को एक परिनिष्ठित स्वरूप प्रदान किया। रीतिवादी वामन का इस सन्दर्भ में—जैसा कि पूर्व विचारकों का ख्याल है—एक ही महत्त्व है और वह यह कि जहाँ दण्डी ने 'रस' को एक तरफ माधुर्यगुण में और दूसरी तरफ रसवदलंकार में सीमित रखा—वहाँ वामन ने 'रस' को रसवदलंकार से हटाकर काव्य के सहज गुण 'कान्ति' में सीमित किया। इस दौड़ान में निश्चय ही रुद्रट का प्रयास भामह, दण्डी, उद्‌भट, वामन की अपेक्षा काफी व्यवस्थित और विस्तृत है। एक तरफ तो इन्होंने अलंकारादि काव्यांगों के औचित्यपूर्वक नियोजन की चर्चा की और दूसरी ओर रीतियों एवं वृत्तियों का रस से सम्बन्ध जोड़ा और तीसरी ओर रस का लगभग स्वतन्त्र रूप से 4 अध्यायों में सविस्तार विवेचन किया। हाँ, रसनिष्पत्ति-प्रक्रिया का विकसित विवेचन नहीं किया। यह कार्य जो दण्डी के द्वारा इंगित किया गया—नाट्यशास्त्र के व्याख्याकार भट्टलोल्लट के द्वारा ही पुनः विकसित हुआ।

यहाँ से एक धारा तो नाट्यशास्त्र के व्याख्याकारों की प्रवाहित होती है और दूसरी आनन्दवर्द्धन तथा उनके विरोधियों के माध्यम से श्रव्य काव्यीय रस का विवेचन प्रकट रूप में अपने ढंग की विकसित होती हुई दिखाई पड़ती है। सम्पर्क-वश ये दोनों ही धाराएँ एक-दूसरे के अनुरोधी एवं विरोधी विचारों को आत्मसात् और खंडित करती हुई चली हैं।

यह समझना मेरे विचार से बहुत प्रामाणिक नहीं ठहरता कि भट्ट लोल्लट की उत्पत्तिवादी व्याख्या की भूमिका भरत से ही आरम्भ थी। यद्यपि भरत ने श्रृंगारादि रसों के लिए 'समुत्पद्यते' एवं 'समुपजायते' का प्रयोग किया है—पर उसके साथ उन्होंने 'एवमेकोनपञ्चाशद्भावा अभिव्यक्ति हेतवः'—के द्वारा 'अभिव्यक्ति' शब्द का भी प्रयोग किया है। क्या 'प्रेक्षक' में रसास्वाद की स्थिति मानने वाला भरत 'उत्पत्ति' पक्ष का आरम्भक हो सकता है? और उनकी 'उत्पत्ति' यदि लोल्लट की 'उत्पत्ति' का सामानार्थक है तो 'अभिव्यक्ति' शब्द का प्रयोग करते हुए भरत में वदतोव्याघात नहीं है? प्रेक्षक में रसास्वाद माननेवाला आचार्य अभिव्यक्तिवाद के

अधिक समीप हो सकता है। व्याकरण के महाभाष्यकार पतंजलि को यदि नाट्यशास्त्रकार का पूर्ववर्ती या समसामयिक माना जाए तो कहा जा सकता है कि जब पतंजलि ने 'स्फोट' की चर्चा की है तो उससे अनिवार्यतः सम्बद्ध व्यंजना का भी आभास उन्हें रहा हो—जो हो पर उत्पत्तिवादी विचारधारा से भरत को सम्बद्ध करनेवाले विचारकों का मत कुछ जँचता नहीं। इस उत्पत्तिवादी धारा का स्पष्ट सम्बन्ध दण्डी जैसे चिरन्तनों से स्पष्ट है।

उत्पत्तिवाद : आरोपवाद

भट्टलोल्लट से पहले नाट्यशास्त्र की व्याख्या करनेवाले उद्भट आदि का नाम लिया जाता है, परन्तु आज न तो उनकी कृति ही है और न उनके मत की कोई प्रामाणिक रूपरेखा का ही कहीं उल्लेख है। अभिनवगुप्त ने स्थल-स्थल पर 'इत्यौद्भटाः' कहा है पर उतने से कोई स्पष्ट भरतसूत्र की व्याख्या का उद्भट सम्मत रूप स्पष्ट नहीं होता—और काव्यालंकारसारसंग्रह के आधार पर उनके मत का जो आभास मिलता है—उसका विवरण तो ऊपर दिया ही जा चुका है।

कहा जाता है कि भट्टलोल्लट भाट्टमतोपजीवी मीमांसक थे। कहते हैं कि भट्टलोल्लट के मत में अनुकर्ता में रामादिरूपता के अनुसन्धानवश नट में रामादि नायक का आरोपात्मक साक्षात्कार होता है। आरोप नटकौशलवश उत्पादित भ्रम का कार्य है। भ्रमात्मक ज्ञान मीमांसक मानते ही नहीं—अतः इन्हें मीमांसक कहना किसी दृष्टि से संगत नहीं। पर जो लोग ऐसा कहते हैं—उन्हें यह जानना चाहिए कि भट्टलोल्लट उस भाट्टमत का उपजीवी है—जो भ्रमात्मक ज्ञान की स्थिति मानते हैं। अतः इनके मीमांसक होने में कोई अड़चन नहीं है। हाँ, यह एक दूसरी बात है कि इसी भ्रमात्मक ज्ञान के अतिरिक्त दूसरा कोई प्रभाव मीमांसादर्शन का इनकी रस व्याख्या में उपलब्ध नहीं होता।

नाट्यशास्त्र की 'अभिनव भारती' में इनके मत का जो रूप प्रस्तुत किया गया है—उसका स्वरूप यों है—"विभावादि से संयोग का तात्पर्य है—उन सबके द्वारा स्थायी की रसात्मक निष्पत्ति। विभाव, स्थाय्यात्मक चित्तवृत्ति की उत्पत्ति में कारण है। सूत्र में अनुभाव का तात्पर्य इसके कार्य से नहीं है, क्योंकि सूत्र में तो उसे रस का कारण कहा गया है। अतः वे अनुभाव भाव के ही अनुभाव हैं। जहाँ तक व्यभिचारी की बात है—वे भी चित्तवृत्ति स्वरूप ही हैं और स्थायी भी चित्तवृत्त्यात्मक है तब दो प्रकार की चित्तवृत्ति एक साथ नहीं हो सकती फिर उनका सहभाव कैसा? सहभाव ऐसे कि एक उद्रिक्त चित्तवृत्ति के रूप में और दूसरा संस्कार रूप से अनुद्रिक्त रूप में—इस प्रकार दोनों का सहभाव सम्भव है। भरत के द्वारा जो दृष्टान्त प्रस्तुत किया गया है उस व्यंजन में भी कुछ ही स्थिति स्थायी की भाँति वासनात्मक रूप में अनुद्भूत रहती है और कुछ व्यभिचारी की भाँति उद्भूत रहते हैं। इसलिए स्थायी ही विभावादि के

द्वारा उपचित होकर 'रस' बनता है। वह रस दोनों में है—मुख्य रूप से अनुकार्यगत और अनुकर्ता नट में सामाजिक द्वारा तद्रूपता के अनुसंधान वश। इसी अभिनवगुप्त ने 'लोचन' में लोल्लट के मत को नितान्त संक्षेप में प्रस्तुत किया है।

अभिनवगुप्त ने 'लोचन' में भी इनका मत प्रस्तुत किया है—पर वह नितान्त संक्षिप्त है। उसमें इन्होंने यह कहा है—"अनुपचित अवस्था का स्थायी ही व्यभिचारीसम्पातादि वश परिपुष्ट या उपचित होने पर अनुकार्यगत ही रस होता है। नाट्यरस तो उसे इसलिए कहते हैं कि वह नाट्य में भी प्रयुक्त होता है।"

अभिनवगुप्त द्वारा प्रस्तुत इस विवेचन को आधार बनाकर प्राचीन एवं आधुनिक व्याख्याकार और समीक्षकों ने जो अपना मत व्यक्त किया है उसे दो भाग में विभक्त कर लिया जाए—एक तो यह कि इस सामग्री के विषय में उनकी क्या धारणा है। दूसरा, यह कि सामग्री से उपचित 'रस' के विषय में वे क्या कहते हैं—उसका आश्रय किसे मानते हैं और किस दृष्टि से मानते हैं।

जहाँ तक सामग्री का सवाल है वे 'विभाव' को 'कारण' कहते हैं और अनुभाव को 'कार्य' कहते हुए भी (अनुपचित स्थायी एवं संचारी) भाव से ही सम्बद्ध मानते हैं ताकि रस के कारण रूप में उनका आख्यान संगत हो जाए। संचारी को 'सहकारी' मानते हुए इस आपत्ति का समाधान भी करते हैं कि स्थायी एवं संचारी—जैसी दो मनोवृत्तियाँ साथ कैसे रह सकती हैं? एक काल में मन की एक ही वृत्ति रह सकती है। अतः मानना यह चाहिए कि जिस समय संचारी उद्भूत स्थिति में है उस समय स्थायी अनुद्भूत या संस्कार रूप में प्रतिष्ठित है। इस प्रकार इन तीनों में विभाव स्थायी रूप चित्तवृत्ति की उत्पत्ति में कारण है। स्थायी के उपचय में विभाव के साथ अनुभाव या कार्य तथा संचारी या सहकारी सभी निमित्त हैं।

इस सन्दर्भ में डॉ. नगेन्द्र ने एक प्रश्न उपस्थित किया है कि "विभाव से रत्यादि की 'उत्पत्ति'—का अर्थ क्या है?" पहले से अविद्यमान रत्यादि का कारण वश विद्यमान होना या पूर्वतः विद्यमान पर अनुद्बुद्ध का उद्बोध होना? पहला पक्ष असत् कार्यवादियों और दूसरा सत्कार्यवादियों का है। डॉ. साहब ने अपने विद्वत्तापूर्ण लेख का उपसंहार करते हुए यह निष्कर्ष दिया है—"विभावों से स्थायी भाव की उद्बुद्धि होती है। इस उद्बुद्धि को उत्पत्ति कहा जा सकता है किन्तु यहाँ उत्पत्ति का अर्थ होगा—अरूप को रूप देना—अभाव में भाव की कल्पना नहीं।" यह निष्कर्ष लोल्लट की 'उत्पत्ति' को असत्कार्यवाद सम्मत नहीं सत्कार्यवाद सम्मत बताता है। पर 'उत्पत्ति' का दार्शनिक अर्थ तो 'असत् का सत्' होना ही है।

कारणादि से 'उपचित्' स्थायी भाव या 'रस' की स्थिति वे मुख्य रूप से अनुकार्य या अनुकरणीय राम आदि नायक में मानते हैं। विवेचकों ने इस पर भी मतभेद खड़ा किया है कि ये अनुकार्य लोकगत हैं या काव्यगत? मेरी आस्था उन लोगों में है जो 'लोकगत' के पक्ष में हैं। कारण यह है कि 'उत्पत्ति' तो लोकगत

नायक में ही हो सकती है, काव्यगत नायक में 'वर्णित' हो सकती है।

कुछ लोगों का यह भी ख्याल है कि भट्टलोल्लट नट या अनुकर्ता में भी 'रस' की (गौण) स्थिति मानते हैं और प्रमाण देते हैं कि स्वयं भट्टलोल्लट ने कहा है—"अनुकर्तरिच रामादिरूपतानुसंधानवलादिति।"

अनुकर्ता में भी मूलनायक के अनुकरण वश (वासनावेश के कारण) स्थायी का उपचय सम्भव है-रसदशा सम्भव है (रसभावानामपि वासनावेशवशेन नटे सम्भवात्)—पर यह ध्यान रखने की बात है कि सम्भव ही है यह—अनिवार्य और निश्चय नहीं। अनिवार्य और निश्चय इसलिए नहीं कि सभी नट 'सहृदय' ही हों—यह आवश्यक नहीं। वासनावेश ही सहृदयता है—पर यह सभी नट के लिए अनिवार्य नहीं है। कतिपय नट ऐसे भी देखे गए हैं कि मूर्च्छा का अभिनय करने पर वे इस प्रकार चेतनाहीन दशा को घंटों के लिए चले गए हैं और ऐसे कि उन्हें चेतनादशा में लाने में काफी कठिनाई हुई है। अस्तु। मूल बात यहाँ यह है कि अनुकर्ता में जो स्थायी का उपचय होता है—वह सामाजिक को जान भर पड़ता है—प्रतीयमान होता है, या स्वयं नट उसका अनुभव करता है? परवर्ती व्याख्याकारों में से मम्मट आदि का पहला पक्ष बहुत स्पष्ट है, पर अभिनवगुप्त की पंक्ति के आधार पर दूसरी बात ही कही जाती है।

यहाँ दो बातें विचारणीय हैं—पहला यह कि लोल्लट और मम्मट या हेमचन्द्र का यह अन्तर क्यों है? दूसरा लोल्लट की दृष्टि से नट को रसानुभव होने में निमित्त क्या है?

पहले पक्ष के सम्बन्ध में यह स्पष्ट है कि अभिनवगुप्त ने लोल्लट का मत प्रस्तुत करते हुए यह कहा कि 'स च उभयोरपि'—वह रस (उपचित स्थायी भाव) दोनों में है—अनुकर्ता में भी और अनुकार्य में भी। अनुकार्य में मुख्यतः और अनुकर्ता में रामादिरूपता के अनुसंधानवश। अभिनवगुप्त ने सामाजिक के पक्ष में कोई चर्चा नहीं की। यहीं परवर्ती मम्मट एवं हेमचन्द्र आदि सभी आलंकारिकों ने कहा है—"तद्रूपतानुसंधानवलात् नर्तकेऽपि प्रतीयमानः"—अर्थात् रामादिरूपता के अनुसंधानवश नर्तक में भी वह रस (सामाजिक को) प्रतीयमान होता है। इन लोगों ने सामाजिक पक्ष से भी उनके मत को देखा। अभिनवगुप्त ने तो 'अभिनव भारती' ही में एक जगह यह कहा है कि लोल्लट के मत में सामाजिक नाट्य से बाह्य है (भावानांग्रहणस्वभावात्)। हो सकता है कि बाद के लोगों ने औचित्यवश यह सोचा हो कि समस्त नाट्य की तैयारियाँ जिस सामाजिक के लिए हो रही हैं—उसकी दृष्टि से इन पर न सोचना ठीक नहीं; अतः अपनी ओर से ऐसा कर लिया हो। पर साथ ही यह सवाल खड़ा होता है कि भट्टलोल्लट ने जिस नट में रस की स्थिति गौणरूप में कही थी—उसकी उपेक्षा क्यों सामाजिक दृष्टि से विचार करते हुए इन लोगों ने कर दी? मूल वक्तव्य की अनुपलब्धि के कारण दृढ़तापूर्वक तो कह सकना

कठिन है कि ये परवर्ती विचार आरोपित हैं। हेमचन्द्र ने तो अपने काव्यानुशासन में अभिनव का शब्द ज्यों का त्यों उद्धृत करके उसका आशय प्रकाशकार के मत को बताया है।

दूसरा प्रश्न यह है कि दोनों ही धाराओं में चाहे नट (1) में रस की गौण स्थिति मानी जाए (2) या सामाजिक द्वारा नट में रस की प्रतीति मानी जाए—उभयत्र कारण बताया गया है—'रामादिरूपतानुसंधानवशात्' या 'तद्रूपतानुसंधानवशात्'। दोनों ही ने 'अनुसंधान' शब्द का प्रयोग किया है। सामाजिक पक्ष से नट-गत रसप्रतीति माननेवाले मम्मट के व्याख्याकारों में से 'विवरण' नायक टीका की रचना करनेवाले व्यक्ति ने 'तद्रूपतानुसंधान' का अर्थ 'रामात्वाभिमानात्' किया है और 'सारबोधिनी' तथा 'उद्योत' कार ने 'रामत्वारोपात्' किया है। काव्य प्रकाश के एक टीकाकार 'प्रदीपकार' हैं, उन्होंने 'तद्रूपता' की जगह 'तुल्यरूपता' कर लिया है। 'अभिमान' और 'आरोप' में से 'आरोप' ही अधिक लोगों द्वारा स्वीकृत हुआ। इसलिए सामाजिक की दृष्टि से लोल्लट के मत की प्रसिद्धि ही 'आरोपवाद' के नाम से हुई और यह कहा गया कि मूलनायक के समान वाग् एवं वेष आदि का प्रयोग करने से उत्पन्न उभयगत सादृश्य के कारण सामाजिक एक भ्रान्त दशा में पहुँच जाता है और भ्रमवशात् वह नट में मूल राम का आरोप कर लेता है—फलतः जो चमत्कार होता है—सामाजिक के पल्ले वही 'रस' है। 'आरोप' भी 'आहार्य' (कल्पित) एवं 'अनाहार्य'—दो प्रकार होता है। भ्रमवश होनेवाला 'आरोप'-अनाहार्य होता है—फलतः आरोप्यमाण और आरोपविषय—का भेद ही खत्म हो जाता है। रूपक अलंकार का 'आरोप' आहार्य होता है वहाँ यह जानकर भी कि चन्द्र एवं मुख में भेद है—कल्पित अभेद मान लिया जाता है। नाट्य में सामाजिक द्वारा नट पर किया गया मूलनायक का आरोप भ्रमवश अनाहार्य होता है। अभिनव भारती में लोल्लट के विरोध में उद्‌भटानुयायियों का मत दिया गया है और कहा गया है कि वे लोग नट में भ्रमात्मक प्रत्यय ही मानते हैं। हो सकता है मम्मट ने इन्हीं के अनुरूप अपनी व्याख्या दी हो। हेमचन्द्र ने जो अभिनव भारती एवं मम्मट के काव्यप्रकाश में एकरूपता बतानी चाही है वह 'लोचन' द्वारा समर्थित नहीं है। 'लोचन' में लोल्लट का यह मत मानकर खण्डन किया गया है कि नट में वे रस की स्थिति मानते हैं। फलतः खण्डन में यह कहा गया है कि नट-गत रस की स्थिति मानने से लय आदि का अपेक्षित अनुसरण नट नहीं कर सकेगा। अभिनवगुप्त ने नट के पक्ष से जिस 'अनुसंधान' का प्रयोग किया है—हेमचन्द्र ने तो उसका आशय मम्मट का ही वक्तव्य लिया है और यदि वैसा ही लिया जाए—तब तो कोई बात ही नहीं है, पर यदि दोनों को भिन्न-भिन्न माना जाए और यह कहा जाए कि अभिनव ने नट-गत रस की गौण स्थिति में 'तद्रूपतानुसंधान' को हेतु माना है तो 'अनुसंधान' को डॉ. का. च. पाण्डेय के अनुसार प्रत्यभिज्ञादर्शन का पारिभाषिक शब्द 'योजना'

से या तो 'अभिन्न' कहा जाए—या उसकी कोई औचित्यावह स्वतन्त्र व्याख्या दी जाए। 'ईश्वर प्रत्यभिज्ञाविमर्शिनी' (प्रथम भाग) में 'योजना' का स्वरूप यों कहा गया है—

कादाचित्कावभासे या पूर्वाभासादियोजना।
संस्कारात्कल्पना प्रोक्ता साविभिन्नावभासिनी ॥ 1।6।6

देशकाल भेदवश आकार-भेद ग्रहण करनेवाले देह को लेकर किया गया यह अनुसंधान कि "जो बालक था वही मैं आज युवा हूँ"—ही योजन है। निष्कर्ष यह कि भेदाविभासी या विच्छिन्न आभासों में जो एकरूपात्मक योजना की जाती है—वही योजना अनुसंधान है। अनुसंधान वस्तुतः कल्पनावश या स्मृतिवश भिन्न में अभेद की योजना है। प्रस्तुत प्रसंग में नट भी अपनी योजना राम से करता हुआ यह समझता है—"जो राम था वही मैं हूँ"—इस प्रकार वासनावेश वश गौणतः आस्वादकर्ता हो सकता है। पर अनुसंधान का तो सीधा अर्थ भी प्रसिद्ध है और वह यह कि स्मृतिवश बाद में (अनु) संधान (जोड़ या योजन)। इस लोक-प्रचलित अर्थ के लिए द्रविड़ प्राणायाम क्यों?

इस प्रकार अपने परवर्ती चिन्तन में व्यवस्थित ढंग से जो लोल्लट के मतानुसार भरतसूत्र की जो योजना की जाती है—वह यों है—

1. विभाव संयोगात् रसनिष्पत्तिः—	विभाव अर्थात् कारण से स्थायी का संयोग अर्थात् उत्पाद्योत्पादक सम्बन्ध वश रसनिष्पत्ति स्थायी की उत्पत्ति।
2. अनुभाव संयोगात् रसनिष्पत्तिः—	अनुभाव से स्थायी की गम्यगमक भाव सम्बन्ध से स्थायी की अनुमिति होती है।
3. संचारिसंयोगाद्रसनिष्पत्तिः—	संचारी से स्थायी का पोष्य पोषक भाव सम्बन्ध होने पर स्थायी की पुष्टि या उपचिति होती है।

इस प्रकार कारण से उत्पन्न, अनुभाव से अनुमित तथा संचारी से पुष्ट स्थायी ही रस है। भट्ट लोल्लट की यह सूत्रयोजना लोकगत नायक की दृष्टि से है। परवर्ती विवेचकों ने सामाजिक दृष्टि से इसकी आरोपवादी व्याख्या प्रस्तुत की है। नव्यतम चिन्तकों ने भट्ट लोल्लट के मत को भरत का सबसे नजदीकी, वस्तुनिष्ठ एवं व्यावहारिक कहा है।

जहाँ तक प्राचीन चिन्तकों और व्याख्याकारों का सम्बन्ध है—शंकुक की ओर से उनकी बड़ी तीखी समीक्षा कराई गई है। इनके खण्डन में कुल आठ तर्क तो शंकुक की ओर से 'अभिनव भारती' में ही हैं।

1. विभाव आदि का स्थायी से जब तक संयोग न होगा, तब तक उसकी

अवगति ही सम्भव नहीं है। कारण यह है कि विभाव आदि ही स्थायी का पता देनेवाले चिह्न हैं, अतः स्थायी का पता या ज्ञान होने के लिए इन सबका सम्बन्ध स्थायी न होना आवश्यक है।

2. विभाव आदि के बिना ही स्थायी का परोक्षज्ञान आदि उसके बोधक शब्द के प्रयोगमात्र द्वारा कहा जाए–तो उसमें अड़चन यह है कि फिर स्थायी को अभिव्यक्त मानना होगा–जो युक्तिसंगत नहीं।
3. तीसरी बात यह है कि विभावादि के सम्बन्ध से पहले भी रस की स्थिति यदि मान ली जाए, तो फिर विभाव आदि के सम्बन्ध से परिपुष्ट होनेवाला स्थायी भाव रस होता है–इसके द्वारा किस रस की परिभाषा दी जा रही है? इसको देने की आवश्यकता?
4. स्थायी को उपचित अवस्था में रस मानने से एक दूसरी आपत्ति यह भी है कि भिन्न-भिन्न व्यक्तियों में उपचर्य-गत तारतम्य होने के कारण एक ही रस के विभिन्न रूप हो सकते हैं।
5. यह कहना कि स्थायी की नितान्त उपचयावस्था ही रस है अतः मन्द, मन्दतर स्थितियों को लेकर अनेक रस-भेदों की बात सम्भव नहीं है–नहीं मानी जा सकती। कारण, यह है कि अत्यन्त उपचित-स्थिति के स्थायी को ही रस कहने पर हास्य-रस के जो छः भेद माने गए हैं–वे नहीं हो सकेंगे।
6. इसी प्रकार कामजनित विरह की जो दस अवस्थाएँ मानी गई हैं–उनमें भी तारतम्य है। प्रत्येक अवस्था का तारतम्य मानने पर शृंगार आदि रसों के फिर न जाने कितने भेद होंगे।
7. लोक में यह भी देखा गया है कि यह कोई आवश्यक नहीं है कि कोई भी भाव उत्तरोत्तर तीव्र ही होता है–विपरीत इसके मन्द मन्दतर भी होता जाता है। उदाहरणार्थ शोक ही है–वह कालक्रम से शान्त ही होता जाता है न कि तीव्र।
8. इसीलिए लौकिक दृष्टि से व्याख्या करते हुए भाव से रस की ओर–अर्थात् अनुपचित दशा से उपचित दशा की ओर जाना–रसात्मक परिणति पाना सर्वथा सम्भव नहीं है।

अनुमितिवाद

शंकुक की रसव्याख्या का आधार न्याय दर्शन माना जाता है। अभिनव-भारती में शंकुक की व्याख्या प्रस्तुत करने से पूर्व दो मत और भी दिए गए हैं, जो बहुत कुछ इनके लिए पृष्ठभूमि तैयार करते हैं। शंकुक के लिए पृष्ठभूमि तैयार करनेवाले वे विचार भी हैं जिनका विवरण आनन्दवर्द्धन ने अपने ध्वन्यालोक में व्यंजनाविरोधी अनुमानसमर्थकों के नाम से दिए हैं। इनके मत के उद्गम में भट्टलोल्लट की भी

असन्तोषकर रस-व्याख्या है। शंकुक लौकिक नायक में रस-निष्पत्ति स्वीकार करने के पक्ष में नहीं। सामाजिक में मानने का व्यंजना वाला समुचित रास्ता न्याय के संस्कारों के कारण उन्हें पसन्द नहीं हुआ। इस स्थिति में अवशिष्ट रहा—नट या अभिनेता। अमिधा से रसावगम इन्हें भी युक्तिसंगत नहीं जान पड़ता; अतः अवगमन या अनुमान का पल्ला पकड़ा। भट्ट उद्भट ने नट में रस की भ्रमात्मक प्रतीति कही ही थी, (मम्मट एवं उनके व्याख्याकारों ने भी उसी के अनुरूप नट में भी रस के आरोपात्मक साक्षात्कार की बात कही है।) शंकुक ने भ्रमवशात् नटगत रसप्रत्यय की जगह विभावादिरूप साधन से अनुमान की बात सोची।

'अभिनव भारती' में उनका मत इस प्रकार दिया गया है—''विभावनात्मक हेतु, अनुभावात्मक कार्य एवं सहचारी रूप व्यभिचारी के द्वारा अनुकर्ता में अनुमित स्थायी ही रस है। यद्यपि वह (अनुमीयमान) स्थायी है, पर नट में वह अनुकृत है। अनुकृत होने के कारण ही उसे 'रस' जैसी दूसरी संज्ञा से कहा गया है। यद्यपि यहाँ के विभावादि अनुमापक लिंग प्रयत्नसम्पाद्य होने के कारण कृत्रिम ही हैं और कृत्रिम लिंग से अनुमान नहीं होता, परन्तु नट के अभिनय कौशल से सामाजिक को वह कृत्रिम जान नहीं पड़ता—अकृत्रिम-सा ही प्रतीत होता है।

शंकुक उन लोगों का विरोध करते हैं जो अभिधा द्वारा भावों की अवगति की बात करते हैं। वाचिक अभिनय द्वारा भावों का प्रकाशन हो सकता है—पर अभिधानात्मक वाणी द्वारा नहीं—अर्थात् भाव अभिनेय हो सकते हैं पर अभिधेय नहीं। अभिनयन और अवगमन एक ही चीज है—जो अभिधान से भिन्न वस्तु है। इसलिए शंकुक का निष्कर्ष यह है कि न तो स्थायी स्वरूप रस है और न तो स्थायी से उत्पन्न रस है। वस्तुतः वास्तव नहीं अनुकृत स्थायी रस है—अनुकृत होने के कारण ही उसे 'रस' जैसे भिन्न नाम से कहा जाता है।

इस प्रकार नट में जिस स्थायी का विभावादि लिंग से अनुमान होता है—वह नटगत वास्तव स्थायी नहीं है—प्रत्युत अवास्तव एवं अनुकृत स्थायी ही है—अतः यद्यपि वह अनुमित्यात्मक ज्ञान मिथ्या है—फिर भी इसका परिणाम-सुखात्मक आस्वाद सही है। लोक-व्यवहार में मिथ्याज्ञान से भी कभी-कभी सही परिणाम देखा जाता है। एक उदाहरण लें—एक ही व्यक्ति है—वह एक दिशा में मणिप्रभा देखता है और दूसरी दिशा में प्रदीप-प्रभा और समझता है—दोनों को मणि। इस प्रकार यद्यपि ज्ञान दोनों ही मिथ्या हैं—पर एक मिथ्याज्ञान (मणिप्रभा विषयक मणि ज्ञान) उसे मणि की उपलब्धि करा देता है—सही परिणाम प्रदान करता है, पर दूसरा नहीं। अतः यहाँ का भी ज्ञान यद्यपि मिथ्या है, तथापि वह सही प्रयोजन देता है, सुखात्मक अनुभूति कराता है।

यहाँ जिस नट या नर्तक में अनुकृत स्थायी का अनुमान होता है—शंकुक ने उस नट की प्रतीति का 'चित्रतुरगन्याय' द्वारा विश्लेषण या स्पष्टीकरण किया है। उनका मन्तव्य है कि नट की अनुकार्यात्मक प्रतीति न तो सम्यक् या यथार्थ

ज्ञान है, न संशयात्मक। न तो उसे सादृश्यात्मक ज्ञान कहा जा सकता है और न मिथ्या ही। वह तो कुशल-चित्रकार द्वारा प्रस्तुत वास्तव-प्रतीत होनेवाले चित्रात्मक तुरग की भाँति प्रतीत होता है। नट का कौशल सामाजिक को उस क्षण में इन विकल्पात्मक या विश्लेषणात्मक मनःस्थितियों से ऊपर उठा ले जाता है और वह इतना ही भर जानता है कि वह अनुकार्यरूप में नट को देख रहा है। उसका यह प्रत्यय लौकिक प्रत्ययों में से किस प्रकार का है—इसके विश्लेषण में वह पड़ता ही नहीं। वह तो इतना ही समझता है कि जो सुखी राम है वह यह नट है। अतः उद्‌भट आदि की भ्रमोन्मुखी व्याख्या ठीक नहीं और न तो लोल्लट की उत्पत्ति और उपचयवादी व्याख्या ही।

शंकुक के मत को 'अभिनव भारती' के बाद 'काव्य प्रकाश' में भी प्रस्तुत किया गया है—दोनों में कुछ सूक्ष्म अन्तर परिलक्षित होता है। हो सकता है कि इस अन्तर का कारण एक ओर तो मम्मट का सामाजिक की ओर अधिक झुकाव हो और दूसरे दोनों के बीच में आनेवाले महिमभट्ट का व्यक्ति विवेकीय रस विचारण भी हो। पर भट्टतौत द्वारा शंकुक के मत की पर्याप्त समीक्षा हो जाने के बाद भी महिम द्वारा समर्थन शुद्ध आग्रह प्रतीत होता है। उन्होंने कहा भी है—ध्वनिकार के 'व्यक्ति' सम्बन्धी विवेक द्वारा उनका गौरव बढ़ेगा। ध्वनिकार महान् हैं उनसे इसी बहाने स्थापित संस्तव गौरव के लिए ही होगा।

महिमभट्ट की रसव्याख्या (जो नाट्यशास्त्र के व्याख्याकार रूप में नहीं है) शंकुक की ही भाँति रस के अनुमीयमान रूप पर ही प्रकाश डालती है—अतः दोनों ही एक दार्शनिक विचारधारा की कोटि में हैं—फिर भी महिम की कुछ उल्लेखनीय विशेषता है। एक तो यह कि जहाँ शंकुक शुद्ध 'दृश्य' या 'नाट्य' की दृष्टि से व्याख्या प्रस्तुत करते हैं वहाँ महिमभट्ट श्रव्यकाव्य की भी दृष्टि से। महिम मानते हैं कि काव्य के लिए अनिवार्य शर्त है—रस-संस्पर्श। काव्य नीरस हो ही नहीं सकता और साथ ही यह भी है कि काव्य में रसचमत्कार-प्राण होने के कारण कभी अव्यक्त और अप्रधान भी नहीं हो सकता। भट्टलोल्लट अनुकार्य में भाव (रति आदि) एवं 'रस'—दोनों की ही स्थिति मानते थे, शंकुक रति आदि स्थायी भाव की स्थिति तो अनुकार्यगत मानते हैं—पर 'रस' की नहीं। भट्टलोल्लट नट में भी वासनावेशवशात् रसानुभूति की वास्तविक स्थिति मानते हुए प्रतीत होते हैं—पर शंकुक उसे केवल 'अनुक्रियमाण रति' के रूप में नट-गत प्रतिष्ठित मानते हैं। भट्टलोल्लट नटगत स्थायी की वासनागत रूप में स्थिति मानते हैं—पर शंकुक का कहना है कि वह (स्थायी) नट में न रहकर भी अनुमीयमान मात्र होता है। अभिनवगुप्त की 'अभिनव भारती' में 'मणि प्रदीप प्रभा' के दृष्टान्त से जो मिथ्याज्ञान की अर्थ क्रियाकारिता कही गई है—उससे सामाजिक द्वारा आस्वादफल की उपलब्धि का संकेत अवश्य मिलता है—पर उतना स्पष्ट नहीं जितना मम्मट के 'काव्य-प्रकाश' में। काव्य-प्रकाश

में मम्मट ने शंकुक के मत को प्रस्तुत करते हुए जो अत्यन्त आवश्यक तत्त्व था उसे तो छोड़ दिया और सामाजिक के पक्ष से संकेतित विवेचन को और विशद कर दिया। अत्यन्त आवश्यक तत्त्व यह था कि रस 'स्थाय्यनुकरणात्मक' है—प्रकाशकार ने इसका उल्लेख नहीं किया, पर सामाजिक को अनुमीयमान स्थायी क्यों आस्वादकर हो जाता है—इस पर विशद विवेचन प्रस्तुत किया। उन्होंने अनुमान प्रमाण से ज्ञान (परोक्षज्ञान विषय) होने पर भी, लौकिक अनुमीयमान वस्तु की ही तरह काव्यीय या नाटकीय स्थायी क्यों नहीं असुन्दर एवं अनास्वाद्य होता—इस पक्ष से सोचते हुए दो नये तर्क दिए—पहला यह कि काव्यानुमान लोकानुमान से विलक्षण (अन्यानुमीयमान विलक्षण) होता है और दूसरा यह कि काव्यीय वस्तु लौकिक वस्तु से विलक्षण होती है। काव्य प्रकाशकार के इस उपस्थापन में निश्चित ही व्यक्तिविवेककार के विवेचन का प्रभाव है।

महिम ने शंकुक की रस स्थापना को पूर्णतः स्वीकार किया है—"स्थाय्यनुकरणात्मानो हि रसाः"। उन्होंने शंकुक के मत की विशद व्याख्या करते हुए ही मानो यह बताया है कि लौकिक कारण, कार्य एवं सहकारी काव्य की परिधि में आकर अपनी लौकिक प्रकृति छोड़ देते हैं और इनके द्वारा अनुमीयमान वस्तु स्वभावतः सुन्दर तथा आस्वाद्य हो जाती है। महिम ने यह भी कहा है कि स्वभाव पर आक्षेप करना निरर्थक है। काव्यीय सामग्री का स्वभाव ही आस्वाद्यकर होता है—अतः यह तर्क देना निरर्थक है कि फिर लोकानुमान क्यों नहीं आस्वाद्यकर होता? लोक में जो वस्तुएँ प्रत्यक्ष ज्ञात होकर भी आस्वाद्य नहीं होतीं वे ही कवि के शब्दों द्वारा बोधित होकर आस्वाद्य हो जाती हैं और अनुमीयमान हों तो फिर कहना ही क्या?

महिम ने शंकुक के 'स्थाय्यनुकरणात्मा रस' की व्याख्या करते हुए यह कहा है कि अनुकायगतस्थायी यदि बिम्बस्थानीय है तो अनुकर्तागत स्थायी उसी का प्रतिबिम्ब है। इसी प्रतिबिम्बस्थानीय अनुमित स्थायी को वे भी 'रस' कहते हैं। सवाल इस स्थिति में केवल यह खड़ा होता है कि यदि स्थायी का प्रतिबिम्ब ही 'रस' है—तो स्थायी की विशेषता ही उसका स्वरूप-निरूपण ही रस का स्वरूप निरूपण है। इस प्रकार यदि स्थायी का स्वरूप एकत्र निरूपित हो गया—तो अन्यत्र रस के स्वरूपनिरूपण की कोई आवश्यकता ही नहीं है—पर नाट्यशास्त्र में ऐसा नहीं है—वहाँ तो एक जगह स्थायी का स्वरूप निरूपित है और अन्यत्र 'रस' का। इस स्थिति में शंकुक की व्याख्या या महिम का विशदीकरण नाट्यशास्त्र के अनुरूप किस प्रकार हुआ? अर्थात् स्थायी एवं रस दोनों भिन्न-भिन्न विशेषताओं से सम्पन्न हैं तभी तो उनका पृथक्-पृथक् स्वरूप-विवेचन है और जब इस दृष्टि से स्थायी एवं रस भिन्न-भिन्न विशेषताओं से सम्पन्न हैं तो उनमें बिम्ब-प्रतिबिम्ब भाव कैसा?

महिम इस सवाल का उत्तर देते हुए कहते हैं कि जहाँ लोग भ्रमवशात् स्थायी का लक्षण समझते हैं—वहाँ स्थायी का लक्षण ही नहीं किया गया है। वे स्थायी

नाम से अन्यत्र अवश्य प्रसिद्ध हैं–पर रस से भिन्न स्थल में जो स्थायी का स्वरूप बताया गया है–वह उनके व्यभिचारी भावापन्न दशा का स्वरूप बताया गया है। अतः उक्त प्रश्न ही भ्रान्तिमूलक है।

शंकुक के ही मत का विशदीकरण महिमभट्ट ने किया है–इसीलिए जहाँ एक ओर वे आस्वाद की दृष्टि से कर्कशतर्क शास्त्रानुमान से 'काव्यानुमान' को पृथक् मानते हैं वहीं दूसरी ओर मिथ्या ज्ञान के सफल होने में शंकुक द्वारा ही उद्धृत 'मणिप्रदीप प्रभयोः'...श्लोक को भी उपन्यस्त करते हैं।

इस प्रकार महिम के तर्कों का सार खींचकर काव्यप्रकाशकार ने शंकुक के मत को प्रस्तुत किया है। हेमचन्द्र ने काव्य-प्रकाश द्वारा निरूपित अन्यानुयीयमान-विलक्षण तथा स्वभाव-सुन्दर काव्यगत स्थायी के आस्वाद की सोदाहरण व्याख्या की है। उन्होंने कहा है कि जैसे किसी अन्य व्यक्ति को कषाय फल खाते देखकर द्रष्टा के मुँह में भी पानी आ जाता है–वैसा ही आस्वाद कुछ यहाँ का भी है। परकीय स्थायी के अनुमान से सदृश वासना भी संवादवश कुछ आनन्द देने लगती है। निश्चय ही इस प्रकार की व्याख्याएँ शंकुक को दूर तक खींच ले गई हैं। काव्य प्रदीपकार ने भी कहा है 'अनुमिति धारा द्वारा चर्व्यमाण स्थायी ही शंकुक के मत में रस है। पंडितराज ने इन्हीं शंकुक की व्याख्या में एक और प्रश्न यह खड़ा किया है कि एक ही काल में जबकि प्रत्यक्ष और अनुमान दोनों की सामग्री विद्यमान है और विषय विद्यमान हैं तो प्रत्यक्ष को बाँधकर अनुमिति धारा किस प्रकार प्रवहमान होती है? नव्य नैयायिकों का उत्तर है कि यदि दोनों प्रकार के ज्ञानों का विषय समान हो तो प्रत्यक्ष और यदि असमान हो तो अनुमिति बलवती होती है। नैयायिक मानते हैं कि आत्मा से मन का, मन से त्वक् का और त्वक् से स्पृश्य पदार्थ का सम्बन्ध सदा रहता है; अतः विभावादि द्वारा अनुमित्यात्मक ज्ञान की वेला में प्रत्यक्ष की भी सामग्री अवश्य विद्यमान है–फिर भी विषय का भेद होने के कारण यहाँ अनुमिति की सामग्री ही बलवती है–अतः अनुमिति धारा चलती रहती है और उससे गृहीत अनुकरणात्मक स्थायी रस के रूप में प्रतीत होकर चमत्कार पैदा करता है। इस प्रकार इस व्याख्या की दृष्टि से सूत्र की योजना यों हुई–

विभावादि का संयोग अर्थात् अनुमाप्यानुमापक भाव से सम्बन्ध होने पर रस की अर्थात् अनुकृत स्थायी की निष्पत्ति अर्थात् अनुमिति होती है।

इस मत की आलोचना भट्टतौत द्वारा ही अभिनवगुप्त ने प्रस्तुत की है। भट्टतौत का पहला प्रश्न यह है कि शंकुक ने जो रस को अनुकरणात्मक माना है–वह किसकी दृष्टि से? सामाजिक द्वारा की गई प्रतीति को ध्यान में रखकर ऐसा कहा है या नट की दृष्टि से? अथवा व्याख्याता स्वयं वस्तुतः अपने बुद्धिबल से जैसा सही समझता है? अथवा भरतमुनि का यही पक्ष है? अर्थात् सामाजिक, नट, विवेचक या भरत इनमें से किसकी दृष्टि से यह मत प्रस्तुत किया गया है?

पहला पक्ष इसलिए असंगत है कि सामाजिक की दृष्टि से नटगत चित्तवृत्ति को 'अनुकरण' तब कहा जाए—जब उसे पहले अनुकार्य का प्रामाणिक ज्ञान हो और फिर उसी तरह की वस्तु का साक्षात्कार करे। सामाजिक, नटगत अनुकृत-चित्तवृत्ति को कैसे देख सकता है? दूसरे की चित्तवृत्ति का दूसरा कैसे साक्षात्कार कर सकता है? हाँ, यह कहा जा सकता है कि नटगत अनुकृतचित्तवृत्ति का तो नहीं, पर उसके चिह्नों का अस्तित्त्व सामाजिक देखता है—अतः उन चिह्नों से वह अनुकृतचित्तवृत्ति का अस्तित्त्व समझ लेता है। परन्तु शरीर चिह्न एवं उनके मूल में रहने वाले भाव तो एक नहीं हो सकते—अतः एक को देख लेने से (जो कृत्रिम हैं) दूसरे का देख लेना कैसे सम्भव है? चिह्न हैं जड़, भिन्न इन्द्रिय-ग्राह्य तथा भिन्न आधार में प्रतिष्ठित—उनका सर्वथा भिन्न चित्तवृत्ति से ऐक्यरूप्य तो असम्भव है। दूसरी बात यह है कि न प्रत्यक्षतः पर अनुमान से तो चिह्नों के द्वारा चित्तवृत्ति जानी जा सकती है--फिर क्या अड़चन है? तथापि अनुकरण तो किसी पूर्वदृष्ट वस्तु का ही किया जाना सम्भव है—नट ने न तो राम को ही देखा है और न राम की रति को ही—फिर अदृष्ट वस्तु का अनुकरण कैसे सम्भव है?

अस्तु। अब यह कहा जा सकता है कि जिस भी तरह के वाह्य चिह्नों से नटगत जो चित्तवृत्ति लक्षित होती है—वह किसी पूर्वरति के समान ही तो होगी और इसी दृष्टि से उसे अनुकृतरति या शृंगार कहा जाए—तो क्या क्षति है? पर यहाँ भी यह प्रश्न तो पूछा ही जा सकता है कि विभावादि अनुमापक साधनों से नटगत प्रतीत चित्तवृत्ति को नट की चित्तवृत्ति ही क्यों न कहें—अनुकरणात्मक चित्तवृत्ति क्यों कहें? हाँ, यह अन्तर अवश्य बताया जा सकता है कि अनुकार्य के चिह्न परमार्थिक या वास्तविक हैं और अनुकर्ता के अपारमार्थिक या कृत्रिम—अतः कृत्रिम हेतुओं से अनुमित रति आदि स्थायी भाव भी कृत्रिम ही होंगे। अब यदि सामाजिक ग्रहीता अनुमापक हेतुओं को कृत्रिम समझता है तो कृत्रिम हेतुओं से अनुमान ही असम्भव है—बनावटी धुएँ से आग का अनुमान नहीं होता या धुएँ की तरह जान पड़ने वाली भाप से भी आग का अनुमान नहीं हो सकता। यदि सामाजिक उन कृत्रिम हेतुओं को अकृत्रिम समझता है—तो उसका ज्ञान मिथ्या है।

यह भी शंकुक की उक्ति चिन्तनीय ही है कि काव्य से विभाव की प्रतीति होती है। काव्यीय शब्द द्वारा प्रतीत सीता आदि को क्या नट या सामाजिक आत्मीयरति का विभाव—आलम्बन—मान सकते हैं? सर्वथा असम्भव है। निष्कर्ष यह कि सामाजिक की दृष्टि से 'स्थायी का अनुकरण'—रस नहीं कहा जा सकता।

इसी प्रकार जब हम नट की दृष्टि से विचार करते हैं तो देखते हैं कि नट भी अभिनय वेला में यह तो नहीं ही सोचता कि वह सीधे राम की या राम की रति की नकल कर रहा है। नकल या अनुकरण के लिए अनुक्रियमाण का पूर्वदर्शन आवश्यक है। अनुकरण शब्द के दो ही अर्थ हो सकते हैं—सदृश करण या पश्चात्

करण। यदि पहले अर्थ में अनुकरण लें—तो अनुकार्य का पूर्वदर्शन आवश्यक है—तभी तो सदृशकरण सम्भव हो सकेगा—पर नट को रामादि अनुकार्य का पूर्वदर्शन किस प्रकार सम्भव है? यदि दूसरे अर्थ में 'अनुकरण' लिया जाए तो वह स्थिति तो लोक में भी सम्भव है। फिर लौकिक अनुकरण एवं मंत्रीय अनुकरण में भेद क्या होगा? और भेद भी हो तो मंचीय अनुकरण को ही अनुकरण क्यों कहा जाए? लोक में जो पश्चात्-करण या अनुकरण है उसे अनुकरण क्यों न माना जाए? अतः पहले ही अर्थ में अनुकरण कहा जा सकता है—पर तब उपर्युक्त पद्धति से यह निश्चय करना कठिन है कि नट द्वारा रति या रति चिह्नों का किया गया अनुकरण किसी नियत व्यक्ति का तो नहीं हो सकता और जबकिसी अनियत का ही अनुकार है—तो फिर नट अपने ही पूर्वानुभूत भावों का अनुकर्ता क्यों न मान लिया जाए? फिर ऐसा मान लेने पर अनुकार्यानुकर्तृभाव का सवाल ही समाप्त हो जाता है।

रहा तीसरा पक्ष कि व्याख्याकार लोग वस्तुस्थिति की दृष्टि से ऐसा कहते हैं—तो वह सर्वथा अमान्य है। कारण यह है कि जो बात सर्वथा अनुभव सम्मत न हो—उसको वस्तुवृत्त या वस्तुस्थिति कैसे मान लिया जाए?

चौथा पक्ष यह है कि भरत ने स्वयं ही नाट्य को अनुकरण कहा है—अतः स्थायी के अनुकरण को ही नाट्य या रस कहना भरत सम्मत पक्ष है—तो यहाँ यह भी विचार करना होगा कि भरत ने 'अनुकरण' का अर्थ क्या समझा है, किस अर्थ में उन्होंने अनुकरण शब्द का प्रयोग किया है?

इस विषय में पहली बात तो यह स्पष्ट कह देनी है कि भरत मुनि ने और चाहे जो कहा हो—पर 'स्थाय्यनुकरणं रसः'—ऐसा कहीं कहा ही नहीं। यदि उपर्युक्त पद्धति से खींचातानी के साथ उनका वैसा आशय निकाला जाए—तो उनका यह भी आशय देखना होगा कि 'अनुकरण' से वे समझते क्या हैं? भट्टतौत का कहना है वस्तुतः भरत के अनुकरण का अर्थ है—अनुकीर्तन या अनुव्यवसाय। अनुव्यवसाय ज्ञान का ज्ञान है। अतः यदि अनुकरण की रसपरक व्याख्या करनी है तो मानना होगा कि सामाजिक अपने पूर्वानुभवजनित वासना का जो पुनः साक्षात्कारात्मक (विभावादि वश) ज्ञान करता है—वही अनुकरण या अनुव्यवसाय है। अभिनवगुप्त ने भी अनेक तर्क-वितर्कों के बाद यही निष्कर्ष निकाला है।

शंकुक के मत की अन्य व्याख्याकारों ने भी समीक्षा की है और कहा है कि यदि रस अनुमेय होता तो सामाजिक कभी यह न समझे ताकि वह रस का साक्षात् अनुभव कर रहा है। वह तो यही समझता है कि वह रस का अन्यत्र (नट में) अनुमान कर रहा है। इसीलिए महिमभट्ट के भी अनुमानानुरोधी तर्क अनुभव से बेमेल होने के कारण सर्वथा अग्राह्य हैं।

मीमांसा एवं न्याय ही नहीं, **सांख्यदर्शनानुरोधी** मत का भी उल्लेख अभिनव भारती में हुआ है।

यों तो परम्परा ही नहीं, कतिपय परिणत-प्रज्ञ आलंकारिक भी भट्टनायक के मत को सांख्यदर्शनानुसारी मानते हैं–जिसके विषय में आगे चलकर हमें देखना ही है–सम्प्रति, 'अभिनव भारती' में एक अन्य सांख्यानुसारी मत का भी उल्लेख किया गया है। उसके अनुसार यह बताया गया है कि नाट्य में रसोत्पादक सामग्री है–विभावादि। ये सब वाह्य सामग्री ही हैं। सांख्य दर्शन के अनुसार समस्त (चितिभिन्न) सांसारिक पदार्थ त्रिगुणात्मक हैं और इसीलिए सांख्य दर्शन की दृष्टि से वे सुख, दुःख एवं मोह जैसा परिणाम पैदा करनेवाले हैं। अतः यही मान लेना संगत है कि त्रिगुणात्मक नाट्योपयोगी वाह्य सामग्री की रसात्मक परिणति सुखदुःखात्मक ही होगी–केवल सुखात्मक नहीं।

इस वाह्यसामग्री के अन्तर्गत विभाव को दलस्थानीय तथा अनुभव एवं संचारी को संस्कारक मानना चाहिए। इस प्रकार अनुभाव एवं संचारी से संस्कृत विभावादि सामग्री वश जो आन्तर स्थायी जनित होता है–वह केवल सुखात्मक नहीं, प्रत्युत सुख-दुःख–उभयात्मक होता है।

पर यह मत किसी भी तरह मान्य नहीं है। पहली बात तो न मानने के पक्ष में यह है कि इस मत से भरत के "स्थायिभावान् रसत्वमुपनेष्यामः" इस वाक्य की संगति लगाने के लिए लक्षणा जैसी जघन्यवृत्ति का सहारा लेना पड़ेगा। अर्थात् भरत के इस वाक्य से उक्त मत वालों की संगति सीधे तथा सरल ढंग से नहीं बिठाई जा सकती। भरत ने उक्त वाक्य द्वारा यह कहा था कि सामाजिक के चित्त में पहले से ही स्थित स्थायी भाव को रसरूपता प्राप्त होती है। पर उक्त मत में रसात्मक परिणति पाने वाला स्थायी भाव विभावादि से 'जन्य' होता है–यह कहा गया है। यद्यपि सांख्य दर्शन में जन्य का अर्थ अभिव्यक्ति ही है। पर वस्तु की कारणात्मना पूर्वकालिक स्थिति और है तथा संस्कारात्मना स्थिति और। उक्त मतवाले स्थायी की स्थिति पहले प्रकार की और भरत दूसरे प्रकार की स्थिति स्वीकार करते हैं। निष्कर्ष यह कि दोनों की संगति क्लेशसाध्य है।

दूसरा तर्क यह भी है कि रस सामग्री की सुख-दुःखमोहात्मक मान लेने से भिन्न-भिन्न सामाजिकों को भिन्न-भिन्न रूपों (किसी को सुखात्मा, किसी को दुःखात्मा तथा किसी को मोहात्मा) में उसकी प्रतीति होगी–फलतः प्रतीतिगत विषमता भी सहृदयसाक्षिक अनुभव के विरोध में जाता है।

इस प्रकार यह स्पष्ट है कि भट्टनायक से पूर्व भी सांख्यदृष्टि से रस से सम्बन्ध में विचार किया जा रहा था, परन्तु वह नितान्त अग्राह्य एवं उपेक्षणीय था। कुछ लोग भट्टनायक के द्वारा रसव्याख्या में कल्पित 'भावना' व्यापार के कारण उन्हें मीमांसक सत्त्वादि गुणों का उल्लेख के कारण सांख्य, 'भोग' को 'अभिनव भारती' गत विवेचित स्वरूप के आधार पर शैवागमिक और अद्वैतवेदान्ती भी कहते हैं और इन्हीं दर्शनों का उपयोग उनकी व्याख्या में स्वीकार किया है।

भट्टनायक की व्याख्या का दार्शनिक आधार

भरत के प्रसिद्ध रस-सूत्र की व्याख्याएँ प्राचीन भारतीय आचार्यों ने विभिन्न दार्शनिक भूमियों पर की हैं। कहा जाता है कि भट्टनायक सांख्य दर्शन के प्रतिनिधि आचार्य हैं। केवल वायवीय परम्परा ही नहीं, प्रामाणिक विद्वानों ने भी इस परम्परा का प्रबल समर्थन किया है और युक्तिपूर्वक। इन सांख्य समर्थक विद्वानों की दो कोटियाँ हैं—कुछ तो ऐसी साधारण पदावली का प्रयोग करते हैं कि जिनके आधार पर भट्टनायक के मत को सांख्य दर्शन पर भी आधारित कहा जा सकता है और दूसरे ऐसे हैं जो स्पष्ट रूप से उन्हें सांख्य-श्रद्ध विवेचक बताते हैं। पहले वर्ग के प्रतिनिधि आचार्य मम्मट हैं। उन्होंने 'भोग' का स्वरूप 'सत्वोद्रेकवशात्प्रकाशावंदमय[1] संविद्विश्रांति' बताया है। इसकी व्याख्या सांख्य दर्शन के अनुरूप यों की गई है कि समस्त प्राकृत पदार्थों की भाँति अन्तःकरण भी सत्वरजस्तमोमयात्मक है। भावना व्यापार के बल से साधारणीकृत विभादिपद व्यपदेश्य पदार्थों के वीत-विघ्न-प्रत्यय-प्रवाह वश रज एवं तम दबने लगते हैं और सत्व प्रबल हो जाता है। सत्वगुण का स्वरूप बताते हुए उसे 'प्रकाश सुख' रूप कहा गया है। सो, सत्व गुण का उद्रेक होते ही वेदान्तसम्पर्क शून्य प्रकाशानन्दमयी संवित्ति उदित होती है और इसी से भुज्यमान स्थायी रस पदवी प्राप्त करता है।

दूसरी कोटि के आचार्यों में सबसे मूर्द्धन्य स्थान है—प्रदीपकार म. म. गोविन्द ठक्कुर का, जिन्होंने काव्य-प्रकाश के पूर्वोक्त उद्धृत अंश की व्याख्या करते हुए यह कहा है कि इस (मम्मट के आधार पर) भट्टनायक ने सांख्य दर्शन के आधार पर भरत सूत्र की व्याख्या प्रस्तुत की है।[2] पञ्चपगेश शास्त्री ने अपनी 'The philosophy of Aesthetic pleasure' में भी 'अभिनव भारती' की पंक्तियों[3] को

---

1. काव्य-प्रकाश, चतुर्थ उल्लास।
2. भोगश्च सत्वगुणोद्रेकात्प्रकाशते यः आनन्दस्तत्स्वरूपा अनन्यालम्बना या संवित् तत्सरूपो लौकिकसुखानुभवविलक्षणः। सत्वरजस्तमसां गुणानामुद्रकेण क्रमात्सुखदुःखमोहाः प्रकाशयन्ते। उद्रेकश्च स्वेतरावभिभूयावस्थानमिति सांख्यसिद्धान्तानुसारेण विवृणुते। काव्य प्रदीप, पृ. 66।
3. सत्वोद्रेक प्रकाशानंदमयनिजसंविद्विश्रांति (वि) लक्षणेन परब्रह्मस्वादसविधेन भोगेन अभिनव भारती, पृ. 278, 79।

आधार बनाकर यह कहा है[1] कि भट्टनायक ने 'भोग' की व्याख्या सांख्य दर्शन के आधार पर की है। आनन्दप्रकाश दीक्षित भी अपने 'रस सिद्धान्तः स्वरूप और विश्लेषण'--नामक प्रबन्ध में इसी निष्कर्ष पर पहुँचते हैं–'सत्वोद्रेक' तथा 'भोग' को लेकर इस मत का सम्बन्ध सांख्य दर्शन से स्थापित किया गया है।[2]

इस प्रकार एक ओर जहाँ परम्परा और मूल पंक्तियों को आधार बनाकर कतिपय विद्वान् इनकी व्याख्या का दार्शनिक आधार सांख्य को बनाते हैं वहीं दूसरी ओर कुछ ऐसी व्याख्याओं को इंगित मिलते हैं–जिससे यह स्पष्ट होता है कि इनकी व्याख्या अद्वैत वेदान्त ही नहीं, मीमांसादर्शन का भी सहारा लेती है।

'भोग' का स्वरूप 'लोचन'[3] 'अभिनव भारती'[4] तथा 'काव्य प्रकाश'[5] में जैसा मिलता है–उसी के आधार पर इनको अद्वैतवाद की भूमिका पर ही स्थित देखा गया है 'लोचन' में 'भोग' का स्वरूप यों बताया गया है–''भाविते च रसे तस्य भोगः, योऽनुभवस्मरणप्रतिपत्तिभ्यो विलक्षण एव द्रुतिविस्तरविकासात्मा रजस्त -मोवैचित्र्यानुविद्धसत्त्वमयनिजचित्स्वभावनिर्वृतिविश्रांतिलक्षणः परब्रह्मास्वादसविधः'[6]। 'बाल प्रिया'[7] नामक 'लोचन' की टीका में इसकी व्याख्याएँ की गई हैं–भावना शक्ति के बल से रामादिगत प्रतीति स्थायी ही सदृश्यों से भुज्यमान होकर रसपदवी प्राप्त करता है। यह 'भोग' अनुभवात्मक और स्मरणात्मक लौकिक प्रतीतियों से भिन्न होता है। यहाँ सत्व गुण का उद्रेक रहता है, पर (अप्रधानतः) रज एवं तम का भी लेशतः सम्बन्ध रहता है–इसीलिए दोनों के वैचित्र्य से अनुबद्ध सत्वमयी, वेद्यान्तर शून्य, द्रुति (राजस), विस्तार (तामस), विकास (सात्विक) मय, स्वात्मचैतन्य रूप लोकोत्तरानंद अनुभूत होता है। ध्यान देने की बात है कि सांख्य दर्शन के अनुरूप 'आनन्द' प्राकृत भूमि (सत्त्वपरिणाम) की वस्तु है क्योंकि वहाँ पुरुष चिन्मात्रस्वभाव है, वेदान्तियों की भाँति आनन्दमय नहीं। हाँ, सेश्वरसांख्य की बात दूसरी है। दूसरा तर्क अद्वैत वेदान्तपरक होने में यह है कि वहीं आगे 'परब्रह्मास्वादसविध' भी कहा गया है। कम से कम 'चिदानन्दमय' अद्वैत वेदान्त सम्मत ब्रह्म का 'स्वरूप लक्षण' है। परब्रह्म तथा उनका यह रूप मानने वाला वेदान्त दर्शन से अवश्य प्रभावित होगा। उपर्युक्त

1. Bhattanayak, it seems, in his exposition of aesthetic enjoyment (Bhoga) mainly follows the teaching of the Samkhya philosophy–The philosophy of Aesthetic pleasure, p. 139
2. पृ. 80
3. ध्वन्यालोक लोचन, पृ. 183 (चौ. सं.)
4. अभिनवभारती, पृ. 278, छठां अध्याय
5. काव्य-प्रकाश, चतुर्थ उल्लास।
6. लोचन, पृ. 183
7. बालप्रिया, पृ. 183

उद्धृत पंक्ति से (रस) आनन्द की भूमि 'प्राकृत' नहीं, प्रत्युत सत्त्वगुण के उद्रेक से संभूत सत्त्व का सुखात्मक रूप ही नहीं, बल्कि उससे आगे बढ़कर उसे आत्मानन्द से संवलित कहा गया है। वेदान्त दर्शन से प्रभावित होने में एक अन्य तर्क है—'काव्य प्रदीप' के प्रख्यात एवं प्राज्ञ टीकाकार वैद्यनाथ पायुगुण्डे ('प्रभा' टीकाकार) का वक्तव्य। उन्होंने प्रदीपकार की स्पष्ट सांख्यपरक उक्ति के बावजूद जो व्याख्या की है—वह पूर्णतः अद्वैत वेदान्त के आलोक में। उन्होंने काव्यीय रस को आत्मानन्द से सम्बद्ध करने के लिए यह कहा कि सत्वोद्रेक से चैतन्यात्मक आनन्द पर पड़ा हुआ आवरण हट जाता है और निरावरण चैतन्यानन्द संवलित स्थायी भाव का रसात्मक भोग होता है।[1] सांख्य दर्शन में सुख के लिए सत्व का उद्रेक ही पर्याप्त है, पर अद्वैत वेदान्त में आनन्दपूर्वक कोश से भी परे आत्मानन्द को अनुभूति गोचर करने के लिए आवरण भंग आवश्यक है और इसलिए यहाँ प्रभाकार ने सत्वोद्रेक को अद्वैत दर्शन के अनुसार आवरण भंग का निमित्त बताया है और निरावृत चैतन्यानन्द के भास की बात कही है।

श्री कान्तिचन्द्र पाण्डेय जी का भी विचार है कि भट्टनायक पर वेदान्त का प्रभाव है। कारण, नाट्यशास्त्र की पहली कारिका की व्याख्या[2] में (ब्रह्मणा यदुदाहतम्) उन्होंने कहा है कि ब्रह्मा ने नाटक का निर्माण इसलिए किया कि लोग इसी से समझें कि किस प्रकार अविद्या विरचित भेद निस्सार है। विश्व में दृश्यमान नाम-रूप असार है—असत्य है ही। इसी प्रकार मंच पर भी जो कुछ दृश्यमान है—वह कल्पित ही है। मंचस्थ सामग्री का कल्पनागृहीत रूप ही उपादेय है। पाण्डेय जी ने स्पष्ट कहा है—He followed the vedant school and based his theory upon the same school of philosophy.[3] इस प्रकार दूसरी ओर इनकी व्याख्या का आधार अद्वैत वेदान्त है—यह मानने वाले भी कमज़ोर नहीं हैं।

इन दोनों मतों के अतिरिक्त 'भावना पक्ष' से विचार करने पर 'लोचन' के आधार पर इनके सिद्धान्त का आधार मीमांसा दर्शन भी जान पड़ता है और इस आशंका की पुष्टि 'रस प्रदीप', 'बालप्रिया' ('काव्य-प्रकाश' की कामनी टीका) नामक मूल एवं टीका ग्रन्थों से होती है।

लोचनकार ने पहले तो इन्हें मीमांसक समझते हुए एक श्लोक की अपव्याख्या पर आक्षेप करते हुए कहा है—जैमिनीय सूत्रेह्येवं योज्यते न काव्येऽपीत्यलम्[4]—अर्थात्

---

1. सत्वोद्रेकादावरणभंगे सति आनन्दात्मकचैतन्यविषयीकरणरूपा भुक्तिः—प्रभा, पृ. 66।
2. ब्रह्मणा परमात्मना यदुदाहृतम्—अविद्याविरचित निस्सारभेदग्रहे यदुदाहरणीकृतम्—तन्नाट्यम्। तद् वक्ष्यामि। यथाहि कल्पना मात्र सारं तत एवानवस्थितै करूपं क्षणेन कल्पना शतसहस्रसहं स्वप्नादिविलक्षणमपि...तथा तादृगेव विश्वमिदमसत्यनामरूपप्रपान्चात्मकमू...। अभिनव भारती 'में हृदयदर्पण' से उद्धृत, पृ. 35।
3. Comparative Asthetics voll, page - 60.
4. ध्वन्यालोक लोचन, पृ. 172

इस प्रकार की योजना जैमिनी के सूत्रों के सम्बन्ध में की जा सकती है, काव्य में नहीं। इसी प्रकार अभिनव ने अन्यत्र भी इन्हें जैमिनी का अनुयायी कहा है।[1] म. म. पी. वी. काणे ने भी इन सब उदाहरणों से यह अनुमान निकाला है कि वे मीमांसक थे–It appears from those references भट्टनायक was a मीमांसक or at least relied on मीमांसा term in the workd[2] अनुश्रुति भी उन्हें मीमांसक ही बतलाती है। तीसरी बात यह है कि लोचनकार की धारणा है कि उन्होंने 'भावना' शब्द मीमांसा से ही उधार इसी प्रकार लिया है जिस प्रकार 'ध्वनि' शब्द को आनन्दवर्द्धन ने वैयाकरणों से। 'भावना' शब्द मीमांसा दर्शन में व्यापार विशेष के अर्थ में प्रयुक्त है। भावना को दो प्रकार से माना है–शाब्दी एवं आर्थी। प्रत्येक के तीन अंश हैं–साध्य, साधन और इति कर्त्तव्यता। उदाहरणार्थ छेदन एक क्रिया या व्यापार है–अब, इस क्रिया का साध्य है–लकड़ी का द्वैधीभाव, साधन है कुल्हाड़ा तथा इतिकर्त्तव्यता में कुल्हाड़े का उठाना और चलाना आदि है। ठीक इसी प्रकार काव्य की भावना शक्ति के भी तीन अंश हैं–काव्य भावना का साध्य है–रस, साधन है–व्यंजना और इतिकर्त्तव्यता है–गुणालंकार आदि का औचित्य। इतना ही नहीं, एक और तर्क भी इन्हें मीमांसक बनाता है[3] 'प्रभाकार' ने अपने 'रस-प्रदीप' नाम के ग्रन्थ में कहा है[4] कि भट्टलोल्लट और शंकुक का मत इसलिए अग्राह्य है कि वे लोग सामाजिक को रसाश्रय से तटस्थ रखते हैं–रस का मुख्यतः लगाव अनुकार्य एवं अनुकर्ता से मानते हैं–और ऐसा इसलिए मानते हैं कि स्थायी का सम्बन्ध उन्हीं से है–उन्हीं लोगों को स्थायी का आरोपात्मक साक्षात्कार या अनुमान होता है–सामाजिक के अपने स्थायी का नहीं। इस स्थिति में अब कुछ लोग यह आशंका खड़ी कर सकते हैं कि भट्टनायक भी जिस स्थायी को साधारणीकृत रूप में भुज्यमान मानते हैं–वह भी तटस्थ (अनुकार्य) का ही है। निष्कर्ष यह कि जो ताटस्थ्यवाली आपत्ति शेष दो आचार्यों में थी–वही इनके सामने भी रोड़ा बनकर खड़ी है। अनुकार्य की ही रति इनके मत में भुज्यमान होकर रस पदवी प्राप्त करती है। इस निष्कर्ष का समर्थन 'बालप्रिया' तथा 'बालबोधिनी' से भी होता है। इसी प्रश्न या आशंका का समाधान करते हुए 'बालप्रियाकार' का कहना है–तथा च भावनोपनीतो रामादिगतरत्यादिः स्थायी सहृदयैर्भुज्यमानो रसः रत्यादेः साधारणयेन प्रतीत्या च न ताटस्थ्यादिदोषः–इति भावः। अर्थात् भावना व्यापार से रामादि

---

1. वही History of sanskrit poetics, p. 215
2. ध्व. लोचन, पृ. 189
3. तेन रामार्दिरत्यादिभिः सह सामाजिकरत्यादीनामभेदाध्यवसानम्। तेनरामादिरत्यादीनां सामाजिकं प्रतिबाह्यत्वेन मानससाक्षात्काराख्यभोगानुपपत्तिः। रस प्रदीप, पृ. 26, 27।
4. ध्वन्यालोक लोचन की बालप्रिया टीका, पृ. 183

अनुकार्यगत स्थायी ही साधारणीकृत होकर सहृदयों द्वारा भुज्यमान होती है। फिर अन्यदीय स्थायी का (तटस्थ) सामाजिक से क्या सम्बन्ध है–इस प्रकार का प्रश्न ही अनावश्यक है, कारण यह कि वह जब साधारणीकृत है–तब भी उसका व्यक्तिगत तो सम्बन्ध बना ही रहा। और जब नहीं रहा–तब उसका सम्बन्ध किसी विशेष से जोड़कर इस प्रकार की आपत्ति ही क्यों खड़ी की जाए? अभिप्राय यह कि इस प्रकार इनके मत में तांटस्थ्य दोष नहीं आता। वामन ने भी 'काव्य-प्रकाश' की टीका में यही कहा है–'अतएव असत्या अपि रतेरास्वाद अलौकिकत्वादुपपन्नः'[1]–यद्यपि वह स्थायी सामाजिक गत है नहीं–फिर भी उसका आस्वाद होता है और इसीलिए उसे अलौकिक कहा जाता है। निष्कर्ष यह कि इन सब तर्कों से सिद्ध यह हुआ कि 'स्थायी', जो रस पदवी तक पहुँचता है, वह है वस्तुतः अन्यदीय ही–पर उस तरह सामाजिक द्वारा गृहीत नहीं होता। इसका कारण दार्शनिक दृष्टि से क्या हो सकता है? रस प्रदीपकार ने भट्टनायक के मत में उत्थापित इस आशंका का समाधान दिया है–मीमांसकों ने अख्यातिवाद द्वारा[2] और कहा है कि एतदर्थ सामाजिक को इतना ही जानना आवश्यक है कि वह यह न जाने कि इस स्थायी का सम्बन्ध उससे नहीं है–इतना मात्र से ही सब उद्देश्य सिद्ध हो जाएगा। प्राभाकर मीमांसकों ने ऐसे ही स्थलों की व्याख्या में असंसर्गाग्रह या 'विवेकाग्रह' का उपयोग किया[3] है। वस्तुतः मीमांसक 'भ्रम' नामक ज्ञान का भेद स्वीकार नहीं करते और ज्ञानमात्र को सही मानते हैं। जिसे और लोग भ्रम कहते हैं उसके विषय में इनका कहना है कि वस्तुतः न वहाँ का विषयी (ज्ञान) गलत है और न विषय ही। असल में होता यह है कि वहाँ दो प्रकार के ज्ञान होते हैं–स्मरणात्मक और प्रत्यक्षात्मक। ज्यों ही दर्शक शुक्तिका को देखता है–सदृशवस्तु के दर्शन वश अन्तःकरण में प्रसुप्त रजत का संस्कार उभर आता है और रजत की स्मृति हो आती है। सो, वहाँ शुक्तिका सामान्य रूप से प्रत्यक्ष ज्ञान तथा रजत का स्मरणात्मक ज्ञान होता है। होता यह है कि दर्शन इन दोनों ज्ञानों का अन्तर गृहीत नहीं कर पाता और दोनों को एक समझ लेता है–यही असंसर्गाग्रह या विवेकाग्रह है। वाह्य एवं आन्तर विषयों का अभेद रूप में ग्रहण हो जाता है। ठीक इसी प्रकार वाह्य रामादि अनुकार्य भावना शक्ति द्वारा ज्ञात स्थायी, जो कि वस्तुतः वाह्य है, का स्वकीय आन्तर स्थायी से भेद गृहीत नहीं हो पाता–और इस रूप से गृहीत होने पर ताटस्थ्य दोष का प्रश्न ही नहीं खड़ा होता।

इस प्रकार जहाँ तक 'भोग' की व्याख्या है, इन्हें 'सांख्य' एवं 'वेदान्त' से और जहाँ तक 'भावना' अथवा ताटस्थ्य दोष के निवारण का सम्बन्ध

---

1. काव्य-प्रकाश पर झलकीकर वामन की बालबोधिनी टीका, पृ. 91
2. The philosophy of Aesthetic pleasure, p. 134
3. मुक्तावली, गुणनिरूपण खंड 1

है—मीमांसादर्शन से प्रभावित माना गया है। यह सब इतना बखेड़ा इसलिए उठाया गया है कि स्वयं भट्टनायक की अपनी कृति उपलब्ध नहीं है। इस स्थिति में प्रश्न यह खड़ा होता है कि इनके आधारभूत दर्शन तीनों हैं या एक अथवा दो?

जहाँ तक सांख्य और वेदान्त की बात है--कान्तिचन्द्र पाण्डेय ने यह कहा है कि सांख्य दर्शन के अनुसार 'भोग' के लिए विषय एवं विषयी का तेजस एवं प्रतिबिम्बग्राही अन्तःकरण पर सम्बन्ध होना आवश्यक है जबकि अद्वैत वेदान्त की आनन्द निष्पत्ति में सम्बन्ध की कोई अपेक्षा नहीं है। इसलिए दोनों दृष्टियाँ परस्पर इतनी विरुद्ध हैं कि एक ही व्यक्ति एक ही स्थापना में दोनों को स्वीकार करे—सम्भव नहीं। इसी प्रकार अख्यातिवादी मीमांसा और अनिर्वचनीयख्याति वादी वेदान्त भी अविरोधी नहीं है—फिर क्या हो?

मेरा अपना विचार यह है कि जब वेदान्त की अविद्या भी त्रिगुणात्मिका है, तो तद्गत सत्वोद्रेक वश ही क्यों न आवरण भंग मानकर 'भोग' की व्याख्या की जाए और प्रभाकार ने की भी है। सांख्य छोड़ा जा सकता है, पर सांख्य के विपक्ष में वेदान्त का सहारा नहीं छोड़ा जा सकता। कारण, 'लोचन' गत 'भोग' का दिया हुआ स्वरूप जहाँ 'चित्स्वरूप—निर्वृति है' तथा 'परब्रह्मास्वादसविध' कहा गया है।[1] ये बातें सांख्यमत से सम्मत नहीं हो सकतीं--पर अद्वैतवाद वेदान्त मत से हो सकती हैं।

कुछ विद्वान् सांख्य मत के विरोध में इनका दार्शनिक आधार शैवमत को बताना चाहते हैं, पर इसका आधार केवल यह मानना कि ये काश्मीरी थे—अन्य ठोस प्रमाणों के अभाव में ज्यादा बुद्धिग्राह्य नहीं है। दूसरे यदि ये ही शैव दर्शनानुरोधी व्याख्या प्रस्तुत कर देते तो अभिनव गुप्त की फिर देन क्या होती? तीसरे शैव मत वाला व्यक्ति 'परब्रह्मास्वादसविधेन' की जगह 'शिवास्वादसविधेन' कहता। फिलहाल इस तरह के विकल्प का हमें कोई ठोस आधार नहीं मिला। इस पर आगे सविस्तार विचार है।

अस्तु रहा मीमांसा दर्शन--सो भट्टनायक को मीमांसक मानने में कोई आपत्ति नहीं। यह भी मान लिया कि मीमांसा का ही प्रभाव होने से इन्होंने 'भावना' शब्द का प्रयोग किया। कारण, 'भावना' मीमांसकों का मूर्द्धन्य विवेच्य तत्त्व है। पर बहुत से ऐसे मीमांसक हैं, जो व्यवहार पक्ष से कर्मकाण्डोपयोगी समस्त विचारों को मानते हुए भी पारमार्थिक दृष्टि से अद्वैतियों की ओर झुके हुए हैं। वेदान्ती भी तो कहते हैं—व्यवहारे भाट्टनयः—व्यवहार में कुमारिल का ही नाम स्वीकार्य है—पर परमार्थतः

1. Bhog, according to all systems of thoughts, involves subject, object-relation, but 'Anand' which is nothing but tast tho predominance of pure Sattna, is not possible so long as the subject object-relation persists'—
Comparative Aesthetic Vol. I, page 68.

अद्वैत ही ग्राह्य है। तो मीमांसकों की भावना के साथ भी यदि 'भोग' की अद्वैतवादी दृष्टि से व्याख्या करते हैं–तो कोई असंगति नहीं। दूसरे भट्टनायक के वेदान्त दर्शन की ओर पक्षपात का पता नाट्यशास्त्र की पहली कारिका की व्याख्या से भी चल सकता है। शैव दृष्टि यदि इनकी होती तो ये संसार को कल्पना मात्र सार और निस्सारन कहते।

हाँ, इतने पर भी एक विसंगति और रह जाती है और वह है–अख्यातिवादी वेदान्तविरोधी-युक्ति। वेदान्त की दृष्टि से जब उन्होंने एक ओर समस्त नामरूपात्मक प्रपंच को अविद्याकल्पित और निस्सार कह दिया तब उन्होंने अनिर्वचनीय ख्याति भी स्वीकार ली और फिर दूसरी ओर संसार को सत्य मानने वाली अख्याति–इन दोनों का समन्वय किस प्रकार हो सकेगा? इसका उत्तर यह है कि रस-प्रदीपकार की ओर से जो यह तर्क उपस्थित किया गया है–वह लौकिक अनुभूतियों की विसंगति को दूर करने के लिए–उनकी सहायता यदि यहाँ न भी ली जाए–तब भी कोई विशेष क्षति नहीं है। दूसरे स्थायी का साधारणीकरण हो जाने पर ताटस्थ्य का सवाल ही नहीं है–वाह्यता का सवाल ही नहीं है, फिर उसके समाधान के लिए इस लौकिक तर्क की अपेक्षा? तीसरी बात–यदि ऐसा कोई भी समाधान भट्टनायक को अभीष्ट होता–तो अभिनवगुप्त ने उसका निर्देश किया होता पर ऐसा कुछ है नहीं–इसलिए मेरा अपना विचार यही है कि 'भोग' की व्याख्या का आधार अद्वैत-दर्शन (शांकर) ही है–हाँ मीमांसा की बात वहीं तक स्वीकार्य है–जहाँ तक वह वेदान्त का अविरोधी है–अर्थात् जहाँ तक 'भावना' का सवाल है। साधन 'भावना' की दार्शनिक भूमि मीमांसा तथा 'साध्य' भाग की पृष्ठभूमि शांकर अद्वैत अभी तक मुझे संगत जान पड़ी है।

डॉ. प्रेमस्वरूप गुप्त ने 'रस गंगाधर का शास्त्रीय अध्ययन' में उपर्युक्त स्थापना के विरोध में कुछ उक्तियाँ रखी हैं। युक्तियाँ यों हैं–

(1) भट्टनायक के कतिपय श्लोक शैवागमिकों द्वारा उद्धृत हैं।
(2) अभिनव गुप्त ने भट्टनायक के मत का जो स्वरूप दिया है उसमें प्रयुक्त पदों की व्याख्या शैवागमों द्वारा ही ठीक-ठीक हो पाती है।
(3) उन जैसे मीमांसकाग्रणी का जितना मेल द्वैतवादी शैवों से होता है–उतना अद्वैती शंकर मत से नहीं।
(4) ब्रह्मणा यदुदाहृतम् की भट्टनायक वाली व्याख्या शैवागम के अनुसार भी हो जाती है।
(5) जिस प्रकार 'भावना' शब्द इन्होंने मीमांसा से लिया है, उसी प्रकार 'भोग' शब्द द्वैतवादी सिद्धान्त शैवागम से लिया है।

जहाँ तक पहले तर्क की बात है गुप्तजी ने तीन श्लोक उद्धृत किए हैं–जिनमें से एक 'सहृदय दर्पण' का शिव स्तुति परक मंगलाचरण है। दूसरे में

'हर' को 'स्वच्छन्द' विशेषण देते हुए स्तुति की गई है। तीसरे का उद्धरण क्षेमराज ने दिया है और उसकी संगति वेदान्त के विरुद्ध शैवदर्शन से लगाई है—

नपुंसकमिदं नाथ परंब्रह्म फलेत् कियत्।
त्वत्पौरुषी नियोक्त्री चेन्न स्यात्त्वद्भक्तिसुन्दरी॥

इन तीनों श्लोकों में से पहले तरह के श्लोक तो जाने कितने शांकर अद्वैतियों ने उद्धृत किया है। शांकर अद्वैती भक्ति की भूमिका पर प्रायः शिव के ही उपासक होते हैं और शिवपरक स्तुतियों और स्तोत्र रचा करते हैं—इसलिए शिवस्तुति परक श्लोकों के आधार पर किसी को निश्चित रूप से शैवागमानुयायी ही नहीं कहा जा सकता। रही बात उद्धरण देने की—तो वह उद्धरण अपने अनुरूप बनाकर यदि अद्वैत शैवागमिक क्षेमराज द्वैतवादी भट्टनायक के स्तोत्र की दे सकते हैं तो शांकर अद्वैतवादी भट्टनायक की क्यों नहीं दे सकते? 'परब्रह्म' की निर्गुण—दशा के प्रति तुलसीदास जी भी कहते हैं—

अस प्रभु अछत हृदय अविकारी,
सकल जीव जन दीन दुखारी।

उसी प्रकार यहाँ भी 'परब्रह्म' को द्वैत-भूमिक-भक्ति का माध्यम लिये बिना अकारण मधुसूदन सरस्वती की भाँति कोई भी अद्वैती भक्त कह सकता है, अतः यह तर्क भी भट्टनायक को असाधारण रूप से शैवागमिक ही सिद्ध नहीं करता।

दूसरा तर्क इसलिए महत्त्वपूर्ण नहीं है कि 'लोचन' या 'अभिनव भारती' में 'भोग' का जो स्वरूप जिन शब्दों से उद्धृत किया गया है—वे शब्द भट्टनायक के अपने नहीं हैं। यदि वे शब्द भट्टनायक के होते तो दोनों स्थानों पर एक ही पदावली प्रयुक्त होती, जबकि एक ही पदावली नहीं है। शांकर एवं शैवागम मत में बहुत दूर तक साम्य होने के कारण जिस प्रकार अभिनवगुप्त के मत को पण्डितराज जगन्नाथ ने शांकर अद्वैत का रूप दे दिया, हो सकता है इसी प्रकार अभिनव गुप्त ने भी शांकर अद्वैतानुरोधी भट्टनायक की व्याख्या को शैवागमिक पदावलियों द्वारा उपस्थित कर दिया हो।

तीसरे तर्क द्वारा मीमांसक भट्टनायक का शांकर अद्वैती होने की अपेक्षा द्वैतशैवागमिक होना कहीं ज्यादा तर्कसंगत समझा गया है—इस विषय में मेरा यह कहना है कि जब शांकर अद्वैती 'व्यवहारे भाट्टनयः' मानकर उनसे साधन के क्षेत्र में अपना अविरोध मानते हैं तो मीमांसा में अटूट आस्था रखनेवाले अद्वैती अप्पय दीक्षित की भाँति मीमांसक भट्टनायक को साध्य की दृष्टि से शांकर अद्वैती कहने में या मानने में क्या आपत्ति है?

चौथा तर्क जो भट्टनायक के उद्धरण से सम्बद्ध है—इस विषय में तो स्वयं

गुप्त जी का भी मत है कि उन पंक्तियों की व्याख्या शांकर अद्वैत एवं शैवागम की दृष्टि से भी हो सकती है। दूसरे यहाँ तो यह सन्देह भी होता है कि गुप्त जी के अनुसार जब भट्टनायक द्वैतवादी हैं—तो फिर द्वैतवादी या भेदवादी व्यक्ति 'भेद' का ही खण्डन करेगा? जैसा कि उद्धृत अंश में है। दूसरी बात यह है कि शैवागमों में 'पारमेश्वरशक्तिपात', 'दीक्षा' तथा 'उपाय' द्वारा परमपुमर्थ प्राप्ति की बात कही जाती है, पर उक्त उद्धरण में श्रवण, मनन आदि वेदान्त की पदावली का सहारा लिया गया है और उसके द्वारा परमपुमर्थ प्राप्ति की बात कही गई है। उक्त उद्धृत अंश की संगति द्वैतवाद की दृष्टि से भट्टनायक कभी नहीं कर सकते। और सच्चा द्वैतवादी अद्वैती दृष्टि क्यों अपनाएगा? उद्धृत अंश में सकल नाम रूपात्मक प्रपंच को जो मिथ्या एवं निस्सार कहा गया है—वह शांकर अद्वैत मत से ज्यादा सुकरता के साथ व्याख्येय है। यह भी ध्यान देने की बात है कि शैवागम के छत्तीस तत्त्वों में माया तथा विद्या तत्त्व तो हैं पर अविद्या नाम का कोई तत्त्व जो सकल नाम रूपात्मक प्रपंच का मूल हो—नहीं कहा गया। 'विद्या' कंचुक को ही यदि अविद्या कहा जाए तो वह केवल 'सर्वज्ञता' का संकोचक है—इसके अतिरिक्त उसका दूसरा कोई कार्य नहीं है। गुप्त जी ने उद्धृत अंश में प्रयुक्त 'स्वप्नादिविलक्षणम्' को जगत् का विशेषण समझकर जो शांकर अद्वैत से भेद प्रकट किया है कि शांकर अद्वैत में जगत् 'स्वप्न-कल्प' है, पर भट्टनायक ने उसे 'स्वप्नादिविलक्षणम्' कहा है—वह भी ठीक नहीं है। 'स्वप्नादिविलक्षण' वहाँ 'जगत्' का नहीं, प्रत्युत 'नाट्य' का विशेषण है। तभी 'स्वप्न' में आदि पद का जोड़ सार्थक होगा। क्योंकि अभिनव गुप्त आदि ने नाट्य प्रतीति को स्वप्न आदि लौकिक प्रतीतियों से भिन्न माना है। 'असत्यं भाति' की उक्ति जितना अनिर्वचनीयख्याति से मेल खाती है, उतनी 'आभासख्याति' से नहीं। 'स्वप्नादिविलक्षणम्' का पाठभेद 'स्वप्नादविलक्षणम्' भी हो सकता है।

पाँचवाँ तर्क इसलिए कोई महत्त्व नहीं रखता कि जब अन्यान्य तर्कों से भट्टनायक की आस्था शांकर अद्वैत में सिद्ध होती है—तो महज कहीं से एक शब्द उधार ले लेने के कारण वे दूसरों के नहीं हो सकते।

इस तरह से ये विरोधी तर्क मेरी स्थापना में कोई प्रतिरोध पैदा नहीं करते।

यद्यपि दशकरूपक एवं उसके व्याख्याकार भट्टनायक की ही भाँति आनन्दवर्द्धन की रसग्रहणोपयोगी 'व्यंजना' का खण्डन करते हैं—पर जहाँ भट्टनायक उसकी जगह 'भावना' तथा 'भोग' की चर्चा करते हैं—वहाँ धनिक एवं धनंजय 'तात्पर्य' वृत्ति की। फिर भी वे भट्टनायक के सन्दर्भ में इसलिए उल्लेखनीय हैं कि वे भी काव्य एवं रस में 'भाव्यभावकभाव' सम्बन्ध स्वीकार करते हैं। टीकाकार धनिक स्वयं कहते हैं—"अतो न रसादीनां काव्येन सह व्यंग्यव्यंजकभावः, किन्तर्हि? भाव्यभावकसम्बन्धः? काव्यं हि भावकम्। भाव्या रसादयः।" उन्होंने 'भावनावाद'

की स्थापना के विरोध में अपनी ओर से यह तर्क प्रस्तुत किया है कि जब काव्येतर क्षेत्र गत प्रयुक्त शब्द में भाव्यभावक सम्बन्ध जैसा सम्बन्ध सुनाई नहीं पड़ता तो काव्य शब्दों में ही इस तरह का सम्बन्ध क्यों माना जाए? इसका उत्तर उन्होंने दिया है कि एक तो भावना क्रियावादियों ने काव्य शब्दों को 'भावक' माना ही है। दूसरे यह कि काव्येतर क्षेत्र में तो नहीं, पर काव्य में भावना द्वारा ही रस की अवगति होती है—दूसरा साधन ही नहीं है। तीसरा यह कि स्वयं भरत मुनि ने 'भाव' का रहस्य यही बताया है कि वे रस का **भावन** करते हैं। इस प्रकार धनिक ने ही नहीं, धनंजय ने भी बताया है कि 'काव्यार्थ की **भावना** से आस्वाद' होता है।

इस प्रकार यद्यपि इन्होंने 'भावना' शब्द का प्रयोग किया है—पर 'भोग' शब्द का इनमें प्रयोग नहीं दिखाई पड़ता। वे तो मानते हैं—'**भावितः** स्थायी रसः' (न कि **भुज्यमानः** स्थायी रसः)। यद्यपि भट्टनायक ने 'भोग' का जो स्वरूप बताया है—उससे भिन्न इनके आस्वाद का रूप नहीं है। इन्होंने भी आस्वाद का रूप कहा है—"**स्वादः** काव्यार्थसंभेदाद् **आत्मानंदसमुद्भवः**"। निश्चय ही भट्टनायक की भाँति ये भी काव्यास्वाद को अप्राकृतभूमिका का मानते हैं। कदाचित् 'भावनाक्रियावादी' से इनका संकेत भी भट्टनायक की ही ओर हो। कतिपय टीकाकारों ने भट्टनायक के सम्बन्ध में जो यह कहा है कि वे सामाजिक में रसास्वाद तो मानते हैं—पर सामाजिकनिष्ठस्थायी का उल्लेख नहीं करते, जबकि धनिक धनंजय ने स्पष्ट ही रसिकवर्ती स्थायी को आस्वाद्य कहा है। इस प्रकार भट्टनायक से कुछ समानताएँ भी मिलती हैं—पर कुछ विषमताएँ भी मिलती हैं।

धनिक धनंजय ने यह भी माना है कि रस एवं भाव में अभेद है। विभावादि से स्थायी ही भावित (भावदशा को प्राप्त) होकर रस कहा जाता है; अतएव भरत की भाँति इन्हें स्थायी एवं रस का पृथक्-पृथक् लक्षण-निर्देश उचित नहीं जान पड़ा। भट्टनायक की भाँति साधारणीकरण की भी चर्चा की है। निष्कर्ष यह कि कतिपय साम्य और वैषम्य के साथ भट्टनायक की परम्परा से इन्हें सन्निहित तो माना ही जा सकता है।

इन लोगों का खण्डन भी ध्वनिवादियों के द्वारा हुआ। भट्टनायक की भावना और भोग नामक दो शक्तियों की कल्पना किस प्रकार अकरणीय है—इस पर अभिनव ने 'लोचन' और 'अभिनव भारती' में पर्याप्त विचार किया है।

'भावना' है क्या? साधारणीकरण के लिए अपेक्षित शब्द की सामर्थ्य ही है। शब्द की ही नहीं—अर्थ की भी। शब्द एवं अर्थ में इस प्रकार की क्षमता गुणालंकार से उपस्कृत होने पर ही आ सकती है। शब्द एवं अर्थ की इस क्षमता का 'व्यंजना' के रूप में उल्लेख तो ध्वनिकार ने भी किया ही है। कहा ही है कि शब्द एवं अर्थ—दोनों ही एक अपने अर्थ को और दूसरा अपने आप को गुणीभूत रखते हुए अर्थान्तर (रस आदि व्यंग्य अर्थ) के संकेतक या प्रत्यायक होते हैं। भट्टनायक ने

उसी क्षमता का नामान्तर मात्र किया है–कोई यह वस्तु नवीन हो–ऐसी बात नहीं। यही स्थिति 'भोग' के सम्बन्ध में भी है। 'भोग' क्या है–द्रुति, दीप्ति, विकास संवलित आनन्दमयी संवित् का उन्मीलन ही तो। इस आनन्दसंवित् की अनुभूति के लिए हृदय या आत्मानन्द पर छाया हुआ घनावरण हट जाता है–फलतः भोग या रसास्वाद होता है। अभिनव ने अभिव्यक्ति को भी भग्नावरण चित् कहा है। निरावरण चित् के स्वरूपभूत आनन्दमयमांश का भी अनुभव ही अभिव्यक्ति है–और 'भोग' क्या उससे भिन्न है? निष्कर्ष यह कि भावना और भोग–को व्यंजना से पृथक् मानने की कोई आवश्यकता नहीं। एक तीसरी अड़चन यह भी है कि भट्टनायक ने भोग के स्वरूप में चित्त की द्रुति, दीप्ति एवं विकासात्मक स्थितियों को भी ले लिया है–अतः इनके तारतम्य से रसगत वैविध्य एवं सातिशयता आ सकती है–जो सहृदय-सम्मत नहीं है।

धनिक धनंजय एक तरफ सिद्धान्ततः व्यंजना के स्थान पर तात्पर्य की स्थापना करते हैं–दूसरी ओर काव्य और रस का भाव्यभावक सम्बन्ध मानते हैं–पर इन दोनों में उन्हें संगति भी दिखानी चाहिए थी। 'भोग' शब्द का तो इन्होंने प्रयोग ही नहीं किया और जहाँ तक 'भावना' की बात है–उसका ऊपर उत्तर दे दिया गया है। रहा 'तात्पर्य' सो; उसकी सीमा परम्परागत मान्यता से आगे बढ़ाकर व्यंजना के समकक्ष कर दी गई है; अतः इस विषय में यह कहना है कि धनिक धनंजय ने केवल अपनी बढ़ी हुई सीमा के रूप में 'तात्पर्य' को केवल एक नयी संज्ञा के रूप में ही आविष्कृत किया है–वस्तु यह भी नूतन नहीं है। जहाँ तक नाम या संज्ञा का भी सम्बन्ध है सुप्त-स्थायी का प्रकाशक होने के कारण सार्थक संज्ञा व्यंजना (प्रकाशन) ही है–'तात्पर्य' नहीं। यह प्रकाशन 'घट प्रदीप न्याय' से तो होता ही है 'दध्यादिन्याय' से भी होता है। धनिक धनंजय ने यदि पहले दृष्टान्त की अव्याप्ति देखी है तो दूसरे दृष्टान्त को मान लें। इस प्रकार भावनावादियों का यह विचार प्रस्तुत किया गया और बताया गया कि किस प्रकार वह अमान्य है।

अभिव्यक्तिवाद

भरत-सूत्र की मान्यतम और संगत व्याख्या प्रस्तुत की अभिनवगुप्त ने। इन्होंने नाट्यशास्त्र के व्याख्याकार रूप में एक तरफ 'नाट्य-रस' की और दूसरी ओर 'ध्वन्यालोक' के व्याख्याकार रूप में 'श्रव्य-रस' की भी व्याख्या प्रस्तुत की। अपनी इन व्याख्याओं के द्वारा एक तरफ उन्होंने इन दिशाओं में किए गए प्रयासों का विशदीकरण एवं स्पष्टीकरण तो किया ही, दूसरी तरफ पर्याप्त दार्शनिक और साहित्य-दर्शनोचित गहराई दी।

अभिनवगुप्त से पूर्व नाट्यशास्त्र की नाट्य-रसीय व्याख्या अनेक व्याख्याकारों ने प्रस्तुत की थी। अभिनव ने उन सबकी विवेचना और आलोचना प्रायः दूसरे के द्वारा कराई और स्वयं भी की। इस पक्ष का विवरण ऊपर दिया भी जा चुका है। श्रव्य काव्य के क्षेत्र में भी 'रस' की विभिन्न रूपों में चर्चा चलती आ रही थी। अलंकारवादी एवं रीतिवादी आचार्यों ने काव्य-प्रयोजन के रूप में 'प्रीति' की चर्चा की थी और अन्य प्रसंगों में तो की ही थी—पर 'रस' को अन्य सौन्दर्य-स्रोतों की तुलना में फिर भी आपेक्षिक महत्त्व नहीं प्रदान किया। 'लोचन' में जो भरत-सूत्र से विभिन्न मत प्रस्तुत किए गए हैं और जिनमें केवल विभाव या केवल अनुभाव आदि को 'रस' बताया गया है—वे मत भी सम्भवतः श्रव्य-काव्यीय-रस से ही सम्बद्ध हैं। कारण यह है कि समस्त नाट्य में इस प्रकार अकेले ये अवयव नहीं मिल सकते। यद्यपि मानो इन्हीं लोगों की विवेचना या प्रत्यालोचना करते हुए काव्य-प्रकाशकार मम्मट ने यह कहा था कि जिन मुक्तक पद्यों में या अन्य काव्यीय स्थलों में रस-व्यंजक कोई एक ही अवयव वर्णित हो—वहाँ शेष का स्वयं आक्षेप कर लेना चाहिए। इस प्रकार रसनिष्पत्ति विभाव, अनुभाव एवं संचारी (वर्णित तथा आक्षिप्त) तीनों के ही योग से होती है। उद्‌भट ने तो इन सबके अतिरिक्त उसे 'स्वशब्द निवेद्य' भी माना था। रुद्रट ने इन सभी पूर्ववर्ती आचार्यों की अपेक्षा अन्य काव्यांगों के औचित्य-नियोजन पर तो दृष्टिपात किया ही—रस पर अपेक्षाकृत सर्वाधिक विवेचन किया। इन समस्त पूर्ववर्ती प्रयासों का एक समन्वयात्मक समारम्भ आनन्दवर्द्धन के ध्वन्यालोक में उपलब्ध होता है। ध्वन्यालोक में एक तरफ आनन्दवर्द्धन ने यह बताया है कि नाट्य एवं श्रव्य—उभयत्र काव्य का प्रतिपाद्य 'रस' ही है—पर वह न तो उद्‌भट की भाँति 'स्वशब्दनिवेदित' हो सकता है और

न शब्द-प्रमाण से भिन्न अनुमानादि प्रमाणों से प्राप्त। शब्दप्रमाण से यदि किसी शक्ति द्वारा प्राप्य है–तो वह अभिधा एवं लक्षणा से भिन्न व्यंजना द्वारा ही। मीमांसकों के 'यत्परः शब्दः' आदि न्याय भी रसावगति में अक्षम हैं। यद्यपि आनन्द ने व्यंजना की स्थापना में ध्वन्यालोक के सर्वाधिक पृष्ठ खरचे हैं–फिर भी उन्होंने अपने विषय में यह सावधान कर दिया है–"...रसादिव्यंग्यतात्पर्यये एवैषां युक्तमिति यत्नोऽस्माभिरारब्धो न ध्वनिप्रतिपादनमात्राभिनिवेशेन"–अर्थात् उनका जो कुछ भी विवेचन है वह केवल यह बताने के लिए कि अन्य समस्त सौन्दर्य-स्रोतों का तात्पर्य रस आदि (भाव) व्यंग्य अर्थ के प्रतिपादन में है न कि ध्वनि या उसकी मित्तिभूत व्यंजना के स्थापन में। आनन्दवर्द्धन ने शब्द, अर्थ, इतिवृत्त, गुण, अंलकार, रीति एवं वृत्ति आदि किस प्रकार रसोन्मुख होते हैं–इसका बहुत ही समुचित और सन्तुलित विवेचन किया है। ध्वनिवाद की इस स्थापना के विरोध में अनेक प्रकार के विचार आए–जिनमें से कतिपय अभिनव गुप्त के समसामयिक थे और कतिपय पूर्ववर्ती तथा परवर्ती। अभिनवगुप्त ने अपनी व्याख्या के माध्यम से पूर्ववर्ती विरोधियों का खण्डन किया–पर धनिक धनंजय, महिम आदि प्रायः समसामयिक विरोधियों का नाम नहीं लिया। भट्टनायक आदि कुछ ऐसे समसामयिक वृद्ध आचार्य अवश्य थे जिनका उन्होंने जमकर विचार किया और नामोल्लेखपूर्वक। आनन्द एवं अभिनव ने व्यंजना एवं रस विरोधियों पर इतना पुष्कल विचार प्रस्तुत कर दिया है कि उनसे संकेत लेकर परवर्ती समीक्षक भी ध्वनि विरोधियों का विरोध करते रहे।

इस प्रकार यद्यपि दृश्य एवं श्रव्य–उभयत्र रस की सर्वातिशायी प्रतिष्ठा मान ली गई थी–फिर भी अभिनवगुप्त ही क्या प्रायः सभी विचारक 'नाट्य-रस' को 'श्रव्य-रस' की अपेक्षा अधिक महत्त्व देते रहे हैं। अभिनवगुप्त को तो मानो श्रव्य काव्य में रस की प्रतिष्ठा के लिए तर्क देना पड़ा है। उन्होंने कहा है कि जिस प्रकार नाट्य में लोकधर्मी एवं नाट्यधर्मी के माध्यम से नाट्योचित रसनिष्पत्ति की जाती है उसी प्रकार श्रव्य काव्य में भी तत्स्थानीय स्वभावोक्ति तथा वक्रोक्ति के माध्यम से रसवार्ता चलाई जा सकती है। 'अभिनव भारती' में भी अभिनवगुप्त ने 'नाट्यमेव रसः' तक कह दिया है।

इस प्रकार आनन्दवर्द्धन ने यद्यपि रस की काव्यगत सर्वातिशायिता का चतुर्मुख विवेचन एवं विश्लेषण कर दिया था–पर उसे देखने के लिए 'लोचन' अभिनवगुप्त ने दिया। दूसरी ओर लोचन और अभिनव भारती–में उन्होंने इस रस निष्पत्ति प्रक्रिया को दार्शनिक गहराई, अनुभवसंगत विश्लेषण तथा सन्तुलित महत्त्व भी प्रदान किया।

रस-उपकरण और अभिनवगुप्त

भरत के रस-सूत्र एवं अन्य विवेचनों से यह स्पष्ट कर दिया गया है—रस के उपकरण हैं—विभाव, अनुभाव, संचारी। सूत्र में इनके साथ 'स्थायी' का ग्रहण नहीं किया गया है। अभिनवगुप्त ने उसका कारण यह बताया है कि यदि इन तीनों के साथ साथ स्थायी का ग्रहण होता—तो कदाचित् यह भ्रम हो सकता था कि विभावादि की भाँति स्थायी भी परकीय होता है। भरत ने उसको उपकरण से पृथक् कोटि में रखकर यह इंगित किया है कि वह सामाजिक गत उपक्रियमाण वासनात्मक तत्त्व है। इन उपकरणों से वही स्थायी वासना आस्वादगोचर होती है। अतः उसका अवगम औचित्यवश हो ही जाएगा।

भरत नाट्यशास्त्र में तो 'भाव' शब्द का प्रयोग कहीं-कहीं विभाव, अनुभाव के भी लिए कर लिया गया है, पर मुख्यतः सात्त्विक, संचारी एवं स्थायी के लिए ही उन्होंने 'भाव' शब्द का प्रयोग किया है। उन्होंने विभिन्न स्थलों में 49 भावों की गणना की है। अभिनवगुप्त ने स्पष्टतः केवल 'चित्तवृत्ति' के अर्थ में ही 'भाव' शब्द का प्रयोग किया है। 'भाव शब्देन तावत् चित्तवृत्तिविशेषा एवं विवक्षिताः' (अ. भा., प्र. भा., पृ. 343)। 'भाव' दो कारणों से भाव है—एक तो नटगत भाव अभिनय के माध्यम से 'भावन' या उत्पादन में निमित्त हैं और दूसरे सुगन्धित द्रव्य की भाँति सहृदय के चित्त को वासित करते हैं। निष्कर्ष वह कि भाव इसलिए भाव हैं कि वे 'भावन' या 'वासन' करते हैं।

लौकिक भाव से नाट्य या काव्य के भाव का व्यतिरेक स्पष्ट करते हुए अभिनव गुप्त ने कालिदास की 'शकुन्तला' के उस श्लोक को प्रस्तुत किया है जिसमें दुष्यन्त द्वारा दौड़ाए जाते हुए भयभीत मृग का वर्णन है। इस श्लोक के वाच्यार्थबोध के अनन्तर भयानक रस का मानस साक्षात्कार होता है। यहाँ का 'भय'—उस लौकिक 'भय' से भिन्न है, जो दुःखात्मक कोटि का होता है, जिसका कारण पारमार्थिक त्रासक होता है। स्वयं देशकाल आदि की सीमाओं में बद्ध होने के कारण लौकिक भयानुभवी व्यक्ति की भाँति काव्य या नाट्य का पात्र न तो देश, काल एवं व्यक्ति से नियमतः सम्बद्ध प्रतीत होता है और न तो उसे भय प्रतीति के अनन्तर उदित होनेवाली लौकिक ढंग की वृत्तियाँ ही नियन्त्रित रखती हैं। निष्कर्ष यह कि ग्राहक या पाठक सहृदय इस भय का निर्विघ्न (लौकिक विक्षेपक

तत्त्वों से हीन) भावन से प्रतीति करता है। यही 'निर्विघ्न प्रतीतिग्राह्य' स्थाय ही रस कहा जाता है। इस भयप्रतीति में ग्राहक सहृदय की आत्मा न तो अत्यन्त तिरस्कृत ही रहती है और न तो विशेषरूप से उल्लिखित ही। यहाँ की उद्‌बोधक सामग्री उद्‌बोध्य या आस्वाद्यभाव का सम्बन्ध वैसा ही सामान्य सम्बन्ध है—जैसा व्याप्तिग्रह में सामान्य धूम से सामान्य वह्नि का होता है। इस अवस्था में प्रतीत होनेवाला अद्‌भुत भोगावेश ही चमत्कार है। यह **साक्षात्कारात्मक** भी हो सकता है, **मानसप्रतीति** रूप भी हो सकता है, संकल्पात्मक भी हो सकता है और **स्मृतिरूप** भी हो सकता है—परन्तु इनकी विशेषता सर्वत्र यह होनी ही चाहिए कि वहाँ लौकिक विघ्नों के उदय की सर्वथा सम्भावना न हो। व्यावहारिक स्तर के प्रत्येक अनुभव में नियमतः लौकिक राग या द्वेष या तटस्थता रहती है—सामग्री वैयक्तिक होती है—पर अद्‌भुत भोगावेश या चमत्कारकारिणी प्रतीतियाँ इन विघ्नों से सर्वथा शून्य रहती हैं।

काव्य का यह 'भाव'—स्थायी भी होता है और व्यभिचारी या संचारी भी। अभिनव गुप्त ने नितान्त अनुभवसंगत ढंग से 'स्थायी' का स्वरूप बताया है। उन्होंने कहा है कि स्थायी तो नव ही हो सकते हैं। उसका कारण यह बताया है कि उत्पन्न हुआ प्राणी जन्मतः इतनी ही भावनाओं से या वासनाओं से युक्त होता है। सामान्यतः यह देखा जाता है कि प्रत्येक व्यक्ति दुःख के संश्लेष से डरता रहता है और सुख के आस्वाद का स्वागत करता है—अर्थात् हर व्यक्ति में स्मरण की इच्छा (रति) व्याप्त रहती है। हर व्यक्ति ऐसी वस्तु को चाहता है जिसमें उसकी मनोवृत्तियाँ रम कर तृप्त हो जाएँ—उसका अभाव दूर हो जाए—अपूर्णता हट जाए। इसी प्रकार यह भी मनुष्य की स्वभावगत विशेषता है कि वह दूसरों का **उपहास** करना चाहता है और अपने को महान् समझता है। इसी प्रकार प्रिय वस्तु के वियोग से सभी **शोक** संविग्न हो जाते हैं। इस वियोग या विच्छेद के मूल कारण का पता लग जाने पर स्वभावतः सभी **क्रोधाविष्ट** हो जाया करते हैं, पर जब वह देखता है कि प्रियवस्तु को अपने से विच्छिन्न करनेवाला यह व्यक्ति पराजेय नहीं है—तो उससे **'भय'** उत्पन्न होता है और यदि उसे पराजेय समझता है तो उसे दबाकर अपनी प्रियवस्तु को प्राप्त करने में उसे **'उत्साह'** भी होता है। इस प्रक्रिया में कभी-कभी प्राप्य वस्तु इस अवस्था की हो जाती है—कि उससे **घृणा** हो जाती है। इस प्रक्रिया में अपनी यदि सफलता हुई—तो वह विस्मयान्वित भी होता है और अन्ततः सभी परिणामों को देखकर उस वस्तु से वह सदा के लिए विरत हो जाता है—त्याग कर देता है और इसी में शाश्वत सुख समझता है। इस प्रकार इन नव भावों से सम्पन्न हर प्राणी हुआ करता है और स्वभावतः होता है—इसीलिए भरत ने 9 स्थायी भावों की चर्चा की है।

व्यभिचारी या संचारी का स्थायी भावों से अन्तर बताते हुए कहा गया है कि एक तो रसायन का उपयोग करनेवाले मुनियों में ये संचारी होते ही नहीं। जिन

कतिपय लोगों में होते भी हैं तो वहाँ कारणवश, कारण के नष्ट हो जाने पर यह कोई आवश्यक नहीं है कि वे संस्कार रूप में बने ही रहें। पर जहाँ तक उत्साह आदि स्थायी भावों का सम्बन्ध है—वे अव्यक्त अवस्था में भी संस्कार शेष तो रहते ही हैं। इसलिए ये संचारी-सूत्र में पिरोये हुए मणिगणों की भाँति उत्पन्न और विलीन होते रहते हैं। दूसरे स्थायी और संचारी-भावों में एक यह अन्तर भी स्पष्ट लक्षित होता है कि एक स्वभावगत अर्थात् नित्य होता है और दूसरा नैमित्तिक। किसी के सम्बन्ध में, उदाहरणार्थ, यह कहा जाए कि अमुक व्यक्ति नितान्त उत्साही है—तो इसमें किसी आगन्तुक निमित्त का प्रश्न नहीं उठाया जा सकता, परन्तु वही यदि कोई यह कहे कि आज अमुक व्यक्ति कुछ ग्लानि अनुभव कर रहा है—तो तुरन्त निमित्त की जिज्ञासा हो सकती है।

सात्त्विक भाव को भरत ने तो 'भाव' के ही अन्तर्गत गिना है और हेमचन्द्र ने भी उसी के अनुरूप व्याख्या की है। उन्होंने माना है कि व्युत्पत्ति की दृष्टि से देखा जाए तो कहा जा सकता है कि (सीदत्यस्मिन् मनः) सत्त्व 'प्राण' का ही दूसरा नाम है—उसी से निर्वृत्त होने के कारण इन भावों को सात्त्विक कहा जाता है। उनका विचार है कि पहले स्थायी संवेदनात्मक रूप में उल्लसित होते हैं—तदनन्तर वे आन्तर प्राणों पर छा जाते हैं और यद्यपि वे स्वभावतः साधु एवं सात्त्विक हैं—तथापि इनके स्वरूपाध्यास से वे प्राण कलुषित हो जाते हैं। कलुषित प्राण में जिस अंश की प्रबलता हुई वैसा ही प्रभाव पड़ता है—यदि प्राण में पृथ्वी का भाग प्रधान हुआ तो स्तम्भ, जल प्रधान हुआ तो अश्रु, तेज प्रधान हुआ तो प्रस्वेद, तेज के वेग रहित होकर प्रधान होने पर वैवर्ण्य, आकाश का भाग प्रधान होने पर प्रलय, वायु के मन्द, मध्य तथा वेगवान् होने पर रोमांच, कम्प तथा स्वरभंग होता है। दशरूपककार भी इन्हें सत्त्वमात्र से समुत्पन्न होने के कारण अन्य अनुभावों से भिन्न कोटि को बताते हैं। साथ ही विशेष प्रकार के सत्त्वस्थ मनोभाव मूलक होने के कारण इनकी भावरूपता का समर्थन औपचारिक रूप से करते हैं। 'सत्त्व' शब्द का अर्थ कुछ लोग प्राणीवाचक होने से जीवित शरीर को ही सत्त्व कहते हैं और शरीरभावों को ही सात्त्विक भाव कहना चाहते हैं। पर भरत ने परकीय सुख-दुख से भावित फलतः समाहित मन की स्थिति-विशेष को ही सत्त्व कहा है और उसी स्थिति से सात्त्विक भावों का सम्बन्ध जोड़ा है। जहाँ तक अभिनवगुप्त का सम्बन्ध है, उनका विचार है कि—"वाह्याश्च वाष्पप्रभृतयः"—अर्थात् ये सात्त्विक भाव बाह्य अर्थात् शारीर ही हैं।

रहे विभाव और अनुभाव—तो उनमें से विभाव के विषय में पहले यह कहा गया है कि प्राग्भरत यह मान्यता थी कि अभिनयाश्रय अर्थ का या अभिनेय अर्थ का विशिष्ट रूप से ज्ञान कराने वाले साधन को विभाव कहा जाता है। नाट्यशास्त्र में यह बताया गया कि 'अभिनय' का ही विशिष्ट ज्ञान कराने वाला साधन विभाव है। पर अभिनवगुप्त ने बताया कि काव्य में विभावादि की सार्थकता है—रसिक

में रसना व्यापार की निष्पत्ति। लोक में जो वस्तु उत्पादक होती है—कार्यजनक होती है—वह कारण कही जाती है, काव्य में वही वस्तु सामाजिक के स्थायी का 'विभावन' करती है—अतः वह विभाव कही जाती है। इसी प्रकार लोक में जो वस्तु किसी भी भाव का चिह्न या कार्य माना जाता है—वही जब काव्य में आ जाता है—तब उसका स्वरूप और उपयोग भिन्न हो जाता है—वह 'अनुभावन' करता है। लोक में जिस पात्र से उन कार्यों का सम्बन्ध होता है—उसके भावों का वह सूचक माना जाता है, जो भिन्न तटस्थ व्यक्ति उन कार्यों को देखता है—वह उनके द्वारा पात्रगत भाव का तटस्थ होकर अनुमान करता है। काव्य या नाट्य में इससे भिन्न स्थिति होती है। यहाँ न तो वे कार्य नटगत भाव के चिह्न हैं और न सामाजिक तटस्थ रहकर उन चिह्नों से किसी भाव का अनुमान मात्र करता है—वह तो विभाव समुचित चित्तवृत्ति से तन्मय हो जाता है—काव्य में यही 'तच्चित्तवृत्ति तन्मयीभवन' ही 'अनुभावन' है। यहाँ एक अन्तर ध्यान में और रखने का है—सामान्य या साधारण-रूप से प्रतीति कभी-कभी लोक में भी होती है और शास्त्र या पुराण से भी होती है—काव्य से तो होती है—पर प्रयोजन की दृष्टि से उनमें एक अन्तर होता है। एक-एक उदाहरण लें—प्रायः आजकल की बढ़ती हुई अनुशासनहीनता या उच्छृंखलता का किसी व्यक्ति विशेष द्वारा कोई नग्न प्रदर्शन देखा—तो इससे किसी सभ्य द्रष्टा में इस कोटि के दुष्ट-विशेष ही नहीं, दुष्टसामान्य पर क्रोध आएगा—और वह सोचेगा कि ऐसे लोगों से लोकमंगल का विघात होता है—फलतः इन्हें दण्डित होना चाहिए। इस प्रकार इस सामान्यपर्यवासायी बोध ने तटस्थ द्रष्टा में कर्त्तव्य बुद्धि पैदा की। इसी प्रकार शास्त्रों में माना किसी व्यक्ति विशेष द्वारा किसी कर्त्तव्य विशेष से उत्तम फलविशेष की उपलब्धि बताई गई—वहाँ पाठक सामान्यपर्यसयी निष्कर्ष निकाल सकता है कि इस तरह का कर्त्तव्य जो भी करेगा, वही ऐसा फल प्राप्त करेगा—फलतः कर्त्तव्य विशेष की ओर उन्मुख होता है, पर काव्य में तो प्रत्येक व्यक्ति वस्तु और कार्य सामान्य पर्यवसायी होकर साधारण रूप में प्रतीत होते हैं। इस प्रकार पूर्वोक्त दोनों सामान्य पर्यवसायी प्रतीतियाँ ग्राहक को कर्त्तव्य की ओर उन्मुख करती हैं—सक्रिय बनाती हैं, जबकि काव्य द्वारा होनेवाली सामान्यपर्यवसायी या साधारणीकृत प्रतीति 'रसचर्वणा' की ओर उन्मुख करती है—'विश्रान्ति' प्रदान करती है। अभिनव ने लोचन में स्पष्ट कहा है—"इह तु विभावाद्येव प्रतिपाद्यमानं चर्वतोविषयोन्मुखम् न च नियुक्तोऽहं करवाणि, कृतार्थोऽहमिति शास्त्रीयप्रतीतिसदृशमदः। तत्रोत्तरकर्त्तव्यौन्मुख्येन लौकिकत्वात्।" अर्थात् जिस प्रतीति से अव्यवहित कर्त्तव्य बुद्धि उत्पन्न हो—वह लौकिक है—और जिस प्रतीति से अव्यवहित 'चर्वण' का उदय हो—वह अलौकिक और काव्यात्मक प्रतीति है। 'चर्वणा' के अनन्तर 'व्युत्पत्ति' द्वारा कर्त्तव्यबुद्धि काव्य भी पैदा करता है—पर पहले 'रसात्मक' आस्वाद ही पैदा करता है। लौकिक प्रतीति में कर्त्तव्य बुद्धि के उदय से पूर्व 'चर्वणा' नहीं होती, काव्य में होती है। निष्कर्ष यह कि सामान्य पर्यवसायी प्रतीति की दृष्टि से कभी-कभी लौकिक और शास्त्रीय

प्रतीतियाँ भी काव्य प्रतीति की भाँति होती हैं–पर परिणाम उनका भिन्न होता है। आचार्य रामचन्द्र शुक्ल ने मनोविज्ञान की दृष्टि से रस पर विचार किया, अतः प्रेरक मनोवेगों की दृष्टि से सामान्य पर्यवसायी प्रतीति के काव्यगत और लोकगत रूपों में अन्तर नहीं किया।

प्रसंगतः यहीं यह प्रश्न भी खड़ा किया जा सकता है कि क्या रसात्मक स्थिति काव्य एवं नाट्य निरपेक्ष प्रसंगों में भी होती है? भरत, आनन्दवर्द्धन, भट्टतौत एवं अभिनवगुप्त की कतिपय पंक्तियाँ, कालिदास एवं भवभूति के कुछ श्लोक खण्ड इस प्रश्न पर स्वतन्त्र विचार करने की ओर उन्मुख करते हैं। भरत का कहना है–

यथा वीजाद्भवेद्‍ वृक्षो वृक्षात् पुष्पं फलं ततः।
एवं मूलं रसाः सर्वे तेभ्यो भावाः प्रवर्त्तिताः ॥

अभिनवगुप्त इसी की व्याख्या करते हुए कहते हैं–''एवं मूलवीजस्थानीयः कविगतो रसः, ततो वृक्षस्थानीयं काव्यम्, तत्र पुष्पस्थानीयः अभिनयादिनटव्यापारः, तत्र फलस्थानीयः सामाजिकरसास्वादः''–अर्थात् भरत की उक्त उक्ति द्वारा यह सिद्ध है कि मूलवीज स्थानीय **रस कविगत** है। कविगत साधारणीभूत संवित् ही रस है–इसी से काव्यपूर्वक नट व्यापार सम्पन्न होता है और तदनन्तर हृदय संवाद पूर्वक तन्मयीभवन या आस्वाद की स्थिति आती है। आनन्दवर्द्धन ने भी बताया ही है कि वाल्मीकि मुनि का शोक ही श्लोक रूप में परिणत हुआ था और वह शोक लौकिक नहीं–लोकोत्तर करुण रस का स्थायी भाव है। इनके अभिप्राय का भी स्पष्टीकरण करते हुए लोचनकार ने कवि वाल्मीकि की शोकानुभूति को लौकिक एवं दुःखात्मक नहीं, प्रत्युत लोकोत्तर एवं रसात्मक बनाया है। भट्टतौत ने भी स्पष्ट ही स्वीकार किया है–''नायकस्य कवेः श्रोतुः समानोऽनुभवस्ततः'' नायक, कवि एवं श्रोता सहृदय–तीनों की अनुभूति समान होती है। इस प्रकार जहाँ एक ओर यह स्पष्ट होता है कि कवि-गत भी रसानुभूति होती है, वहीं दूसरी ओर कतिपय ऐसे भी उदाहरण हैं जिनसे यह स्पष्ट होता है कि लौकिक नायक या पात्रों की भी लोकोत्तर स्मृतियाँ या साक्षात्कार रसात्मक होते हैं। उदाहरणार्थ–अभिनवगुप्त ने ही रस-विवेचन के प्रसंग में जहाँ यह बताया है कि भोगावेश ही चमत्कार है–यह भोगावेश चाहे साक्षात्कार रूप हो या मानस-प्रतीति रूप, संकल्पात्मक हो या स्मृतिरूप–किसी भी रूप में हो, होता है यह निश्चय ही लोक-विलक्षण ही। वहीं उन्होंने कालिदास का एक श्लोक उद्धृत किया है, जिसमें यह कहा गया है कि वहाँ लोकोत्तर स्मृति की बात कही गई है। यह लोकोत्तर-स्मृति लौकिक-स्मृति की तरह पूर्वानुभवमूलक नहीं है। यह प्रतिभानमय कही जाती[1] है। श्लोक इस प्रकार है–

1. (तच्चेतसा स्मरति) अत्र हि स्मरति-इति या स्मृतिरूपा दर्शिता सा न तार्किक-प्रसिद्धा, पूर्वमेतस्यार्थस्याननुभूतत्वात्। अपि तु प्रतिभानापरपर्यायसाक्षात्कारस्वाभावेयम् (पृ. 281) न च सा चर्वण, प्राङ्भानान्तरात्, येनाधुना स्मृतिः स्यात् (अ. भा. पृ. 286)

रम्याणि वीक्ष्य मधुरांश्च निशम्य शब्दान् पर्युत्सुको भवति यत्सुखितोऽपि जंतुः।
तच्चेतसा स्मरति नूनमबोधपूर्वं भावान्तराणि जननान्तरसौहृदानि ॥

अर्थात् महाराज दुष्यन्त के समक्ष रमणीय वस्तुएँ देखने को हैं—मधुर शब्द का श्रवण कर रहे हैं—फिर भी पता नहीं क्यों उनका मन भीतर-भीतर से कुछ घबरा-सा रहा है। निश्चय ही ऐसी स्थितियों में जन्मजन्मान्तर के संस्कार अनजाने उभर आते हैं और उनका प्रतिभान होने लगता है। ऐसे प्रतिभानमय साक्षात्कार में होनेवाली इस रूप की निर्विघ्न प्रतीति ही काव्यगत रस का स्वरूप है। इसी प्रकार भवभूति ने भी कहा है—"पुटपाकप्रतींकाशो रामस्य करुणो रसः"—राम लौकिक पात्र हैं और उनकी अनुभूति को 'रस' कहा गया है। अन्यत्र भी कालिदास का ही कथन है—(रघुवंश 24/25)।

"प्राप्तानि दुःखान्यपि दण्डकेषु संचिन्त्यमानानि सुखान्यभूवन्"—अर्थात् दण्डकारण्य के अनुभूत दुःख ही स्मर्यमाण होकर या भाव्यमान होकर सुखात्मक परिणति प्राप्त कर रहे हैं। 'उत्तर रामचरित' के प्रथम अंक में भी दुःखमयी अनुभूत घटनाओं के चित्रण द्वारा सीता का मनोविनोद किया जा रहा है। इन सब विवेचनाओं से यह स्पष्ट होता है कि केवल सहृदय एवं कवि में ही नहीं—**नायक** में भी रसानुभूति होती है।

इस स्थिति में हमारे समक्ष दो प्रश्न खड़े होते हैं—एक तो यह कि क्या लौकिक पात्र की भी अनुभूति किसी भी स्थिति में रसात्मक कोटि की हो सकती है? और दूसरा यह कि क्या काव्य एवं नाट्य की सामग्री से भिन्न सामग्री भी रसात्मक प्रतिक्रिया या लोकोत्तर प्रतिक्रिया ग्राहक के मानस-पटल पर पैदा कर सकती है? इसके साथ ही तीसरा प्रश्न यह भी निकल आता है कि रसात्मक प्रतीति का मूल ग्राहक की मनःस्थिति विशेष है या ग्राह्य वस्तु का रूप या दोनों?

ऐसा जान पड़ता है कि **'प्रतिभान'** की आलोक-परिधि में जो पदार्थ आ जाते हैं—वे अपना लौकिकस्वभाव (सुखदुःखरूपता-वैयक्तिकता) छोड़कर लोकोत्तर रूप गृहीत कर लेते हैं—'कवित्वबीज प्रतिभानम्' माननेवाले परिनिष्ठित आलंकारिकों की यह धारणा है। दार्शनिक शिरोमणि मधुसूदन सरस्वती का यह कहना है।

वोध्यनिष्ठा यथास्वं ते सुखदुःखादिहेतवः।
बोद्धृनिष्ठास्तु सर्वेऽपि सुखमात्रैकहेतवः ॥
अतो न करुणादीनां रसत्वं प्रतिहन्यते।
भावानां बोद्धृनिष्ठनां दुःखाहेतुत्वनिश्चयात् ॥

(भ. भ. र. 126, 230)

अर्थात् व्यक्तिगत लाभ या हानि के उत्पादक संसार के जो ठोस भाव हैं—वे तो लौकिक स्तरीय सुखात्मक या दुःखात्मक अनुभूति पैदा करते हैं—पर लौकिक चिन्ताओं से निर्मुक्त चित्त द्वारा चिन्तकनिष्ठ चिंत्यमान पदार्थ सुखात्मक प्रभाव

ही पैदा करते हैं। इससे यह भी निष्कर्ष निकाला जा सकता है कि चिन्तक की प्रतिभानशाकि लौकिक विघ्नों या चिन्ताओं से मुक्ति की दशा में ही उद्घाटित होती है। यदि मधुसूदन सरस्वती के अनुसार बोद्धृनिष्ठ भावप्रतीति को प्रतिभानात्मक (काव्यर्थनिष्ठा रत्याद्याः स्थायिनः सन्ति लौकिकाः। तद्बोद्धनिष्ठास्त्वपरे तत्समा अप्यलौकिकाः ॥3/4 काव्यार्थगत रत्यादि लौकिक हैं, पर ग्राहक प्रभाता में उद्बुद्ध स्थायी 'विलक्षण' हैं–अलौकिक हैं) प्रतीति या उसके आसपास मान लिया जाए–तो लगभग दोनों का अभिप्राय यही होगा कि विघ्नविरहित-प्रतिभान-गृहीत-भाव रसात्मक परिणाम ही पैदा करते हैं।

लेकिन यह 'प्रतिभान' क्या है–यह कौन-सा जादू का डंडा है, जिसके छूते ही लौकिक पदार्थ लोकोत्तर हो जाते हैं? कदाचित् इसी 'प्रतिभान' शक्रि के लिए आनन्दवर्द्धन ने 'तत्त्वार्थदर्शिनी बुद्धि' कहा है। उन्होंने कहा है–वाक्यार्थविमुख सहृदयों की 'तत्त्वार्थदर्शिनी बुद्धि में यह काव्यार्थ शीघ्र ही प्रतीत होना है। तत्त्वार्थदर्शिनी बुद्धि की या प्रतिभान की अभिनव गुप्त ने तीन विशेषताएँ बताई हैं–(1) अर्थों को आस्वादकर रूप अर्थात् सामान्य रूप में गृहीत करना जो भावना की भूमिका पर ही सम्भव है (2) अनुमान पटु होना (3) प्रतीति विश्रान्तिक्षम होना। इस प्रकार की तत्त्वार्थदर्शिनी विमल प्रतिभा होती है–वही रसिक कहा जाता है। अब इस स्थिति में यह भी एक विचारणीय बात उठ रही है कि सहृदय की यह तत्त्वार्थदर्शिनी बुद्धि काव्य एवं नाट्य द्वारा उपस्थापित सामग्री के ही सम्पर्क से सक्रिय होती है या अन्यथा भी? अभिनव गुप्त ने अनेक स्थलों में यह कहा है–"नाट्ये एव रसः, न तु लोके"–नाट्य को यदि काव्य का भी उपलक्षण मान लिया जाए (और माना भी गया है)–तो नाट्य एवं काव्य–दो ही से रसानुभूति हो सकती है–फिर अन्यथा रस प्रतीति किस प्रकार सम्भव है? और यदि अन्यथा भी रस प्रतीति न मानी जाए–तो वाल्मीकि की शोकानुभूति जो क्रौंचवध द्वारा उत्पन्न हुई है–रसात्मक किस प्रकार होगी? क्रौंचवध न काव्य था और न नाट्य–फिर होना क्या चाहिए? इस समस्या के सुलझाव के लिए फिर अनुभव-संगति के अनुरोधवश यह मानना पड़ेगा कि जिस प्रकार 'नाट्ये एव रसः न तु लोके'–में नाट्य को काव्य का उपलक्षण माना गया–अर्थात् नाट्य के साथ काव्य भी समझा गया, उसी प्रकार नाट्य एवं काव्य से भिन्न सामग्री भी–यदि वह रसोपयोगी है–तो समझी ही जानी चाहिए। यह भिन्न सामग्री यदि नाट्य और काव्यगत नहीं–तो लोकगत ही हुई। फिर लोकगत सामग्री लोकगत पात्र से ही सम्बद्ध होगी और तब उससे भी रसानुभूति होगी। इस प्रकार नायक एवं कवि तथा सहृदयग्राहक–तीनों की समानुभूति की भट्टतौत द्वारा कही हुई बात ठीक ही जान पड़ती है।

कुछ लोग यह आशंका खड़ी कर सकते हैं कि सहृदय की रसानुभूति

सर्वसम्मत है। कवि की प्रतिभा में स्फुरित भाव प्रतिभानक्रिया द्वारा लाए गए हैं, अतः उनमें भी रसानुभूति सम्भव है। कारण, यदि मूल में वह वस्तु ही नहीं रहेगी–तो ग्राहक अनुभव किसका करेगा? पर लौकिक पात्र या नायक में यदि रसानुभूति हुई, तो लोकानुभूति और रसानुभूति में अन्तर क्या होगा? अपना ख्याल यह है कि लोकानुभूति से लोकगत (काव्यस्तरीय) रसानुभूति को भिन्न इसलिए समझना चाहिए कि पहले स्थल में ग्राहक का चित्त व्यक्तिगत लाभ और हानि की भावना से वस्तु के ग्रहण एवं त्याग में प्रवृत्त होता है–इसीलिए ग्रहण के अनन्तर उसकी प्रवृत्ति या निवृत्ति होती है पर काव्य से नहीं। कभी-कभी लौकिक पात्र सामान्य की भूमिका से भी पदार्थों या घटनाओं को ग्रहण करता है–उसका चित्त भी वैयक्तिक भूमिका से ऊपर उठा रहता है फिर भी ग्रहण के अव्यवहित उत्तर काल में उत्पन्न मनोवेगवश कर्त्तव्य विशेष में ही उन्मुख होता है, न कि संविद्विश्रान्ति का अनुभव करता हुआ चर्वणा की ओर उन्मुख होता है। दूसरे, इस प्रकार की काव्यस्तरीय प्रतीति तभी समझनी चाहिए–जबकि ग्राहक सामान्य रूप में ग्राह्य का ग्रहण करता हुआ तन्मात्रविश्रान्त होकर कुछ क्षणों तक चर्वणलीन ही रह जाए। आचार्य रामचन्द्र शुक्ल ने रसानुभूति की दो ही शर्तें स्वीकार की हैं।

1. व्यक्तित्त्व का विलय 2. तथा सामान्य रूप से ग्रहण। शुक्लजी ने 'प्रतीति-विश्रान्ति' के तत्त्व को त्याग दिया है और उसका कारण है–मनोविज्ञान की दृष्टि से मनोवेगों की परिपुष्ट दशा को रसदशा मानना, जिसका अनिवार्य परिणाम है–कर्त्तव्य की ओर उन्मुख होना। निष्कर्ष यह कि काव्य एवं नाट्य से भिन्न स्थलों में रसानुभूति शुक्लजी भी मानते हैं और प्राचीन आलंकारिक भी, परन्तु अन्तर इतना ही है कि शुक्लजी लौकिक अनुभूति के असाधारण चिह्न–'कर्त्तव्योन्मुख्य'–को नहीं हटा पाते हैं–जबकि प्राचीन आलंकारिक उसको परवर्ती परिणाम तो भले ही मान लें–पर प्राथमिक और असाधारण फल-प्रतीति-विश्रान्ति या आस्वाद चर्वणा को ही मानते हैं। कर्त्तव्य की ओर उन्मुख करनेवाली अनुभूति व्यक्तिगत भूमिका और सामान्यगतभूमिका के चित्त में होती है–पर हैं दोनों ही लोकानुभूति ही। शुक्लजी ने सामान्यगतभूमिका को ही एकमात्र रसानुभूति की अनिवार्य शर्त मानकर विचार किया–इसीलिए उन्हें रस की एकमात्र आनन्दरूपता का भी विरोध करना पड़ा और उसको उन्हें अपनी मान्यता के अनुरूप परिभाषित करना पड़ा। रसविवेचन का क्षेत्र है–रसिक का प्रतीतिविश्रान्त आस्वाद, न कि कर्त्तव्य की ओर उन्मुख करनेवाला परिपुष्ट मनोवेग। उपचय या परिपोषवादी कतिपय प्राचीन आलंकारिक भी हैं (दण्डी, लोल्लट, भोज, रामचन्द्र गुणचन्द्र आदि) जो करुण आदि रसों को सुखदुःखात्मा कहते हैं–परन्तु शुक्लजी की भूमिका फिर भी मनोविज्ञान सम्मत है, अतः इन आलंकारिकों की भी परम्परा में वे नहीं रखे जा सकते। निष्कर्ष यह कि लोकानुभूति ने रसानुभूति के लिए शुक्ल सम्मत दो

ही नहीं, प्रत्युत तीन शर्तें अपेक्षित हैं। यदि लौकिक नायक में भी तीनों हैं तो उसे भी रसानुभूति हो सकती है।

आचार्य विश्वनाथ प्रसाद मिश्र ने भी 'नायकस्य कवेः श्रोतुःसमानोऽनुभवः स्मृतः'—पर विचार किया है, जिसका सारांश यह है—"जैसे कहनेवाला व्यक्ति (कवि) वैसे ही कहा जानेवाला व्यक्ति (लौकिक पात्र) तैसे ही सुननेवाले या देखने वाले व्यक्ति, समझने वाले या ग्रहण करनेवाले, पढ़नेवाले श्रोता, दर्शक, प्रेक्षक, सहृदय, या पाठक व्यक्ति। रामसीता व्यक्ति, तुलसीदास व्यक्ति, हम आप व्यक्ति अथवा विशेष ××× (फिर भी) रामसीता की अनुभूति न तुलसीदास की हो सकती है, न तुलसीदास की अनुभूति हमारी आपकी हो सकती है—यदि कोई सर्वसामान्य भावना न हो—तो राम, तुलसीदास और हम आप का एकीकरण नहीं हो सकता। ××× राम आदि के भाव बिम्ब हैं। तुलसीदास आदि रामकाव्य लिखनेवालों के हृदय में उस बिम्ब का प्रतिबिम्ब रहता है। ग्राहक उस प्रतिबिम्ब को अपने मानस में प्रतिबिम्बित करता है। इस प्रकार उनका एकीकरण हो जाता है। साहित्य की सत्ता प्रतिबिम्बित सत्ता है, प्रातिभासिक नहीं। साहित्य सत् का प्रतिबिम्ब है, असत् का भ्रम नहीं।" (वा. वि. पृ. 155, 56)

यद्यपि प्रस्तुत विचार मिश्रजी ने 'साहित्य में व्यष्टि और समष्टि'—पर विचार करते हुए प्रस्तुत किया है, पर इसका उपयोग भट्टतौत की उपर्युक्त पंक्ति की व्याख्या में भी किया जा सकता है और अत्यन्त प्रशंसनीय रूप से। नायक, कवि एवं श्रोता में एक सर्वसामान्यभावना की, समान भूमि की—नितान्त मनोरम व्याख्या है। पर नायक की अनुभूति लोकानुभूति ही हुआ करती है या कभी काव्यानुभूति की प्रकृति की भी होती है—इस प्रश्न पर इस विवेचन से कोई प्रकाश नहीं पड़ता। तदर्थ, आचार्य मिश्रजी की उस विवेचना को देखना होगा जिसमें उन्होंने प्रत्यक्षानुभूति और काव्यानुभूति में अन्तर किया है जहाँ उन्होंने 'काव्य का व्यतिरेक'—पर विचार किया है। काव्य के व्यतिरेक पर विचार करते हुए उन्होंने बताया है कि काव्य की अपनी विशेषता है—मन को रमाना, 'मुक्तावस्था' या 'अलौकिक आनन्द' की प्राप्ति कराना। वे मानते हैं कि काव्य का लक्ष्य ज्ञानवृद्धि (अनिवार्य) नहीं, प्रत्युत मनोवेगों को उत्तेजित करना है। इसी 'प्रत्यक्षानुभूति' और 'काव्यानुभूति' में अन्तर करते हुए उन्होंने कहा है कि काव्यानुभूति से प्रत्यक्षानुभूति का अन्तर यह नहीं है कि एक के भाव सुखात्मक और दुःखात्मक—दोनों होते हैं और दूसरे के केवल सुखात्मक, बल्कि अन्तर यह है कि प्रत्यक्षानुभूति या लोकानुभूति में सुखात्मक भावों में हमारा मन लगता है और दुःखात्मक भावों से हटता है जबकि काव्यानुभूति में दोनों में रमता है—इसीलिए काव्यानुभूति को प्रत्यक्षानुभूति से संस्कृत या परिष्कृत कहा जाता है।

स्पष्ट है कि आचार्य मिश्र के इस विवेचन पर एक तरफ ध्वनिवादी आचार्यों का प्रभाव है और दूसरी ओर आचार्य शुक्ल का—इसीलिए जहाँ एक ओर वे 'लोकोत्तर

आनन्द', 'अलौकिक आनन्द' जैसी शास्त्रीय पदावली का प्रयोग करते हैं तो वहीं दूसरी ओर वे 'मुक्तावस्था', 'मनोवेगों को उत्तेजित करना', 'दुःखात्मक अनुभूति में भी रमना'—इन शुक्लपदावलियों का भी प्रयोग करते हैं। इन दोनों धाराओं का ऊपर मौलिक विरोध प्रदर्शित किया गया है। अतः इस विवेचन को आगे न बढ़ाकर उपसंहार में इतना ही कहना है कि मिश्रजी ने भट्टतौत की पंक्तियों की निश्चय ही एक सहृदय हृदयग्राही व्याख्या तो प्रस्तुत की, परन्तु लोकानुभूति एवं काव्यानुभूति के पार्थक्य पर दो विरोधी विचारधाराओं को समन्वित करते हुए किसी एक तरफ अपना मत नहीं दिया। पर एक तरह से देखें तो उनका झुकाव काव्य के लक्ष्य—मनोरमण या लोकोत्तर आनन्द की ओर है। यदि उनका आन्तरिक झुकाव इसी ओर है—तो ध्वनिवादी आलंकारियों की 'प्रतीतिविश्रान्ति'—जैसी व्यावर्तक विशेषता की ओर अधिक केन्द्रित है और यदि ऐसा है—तो प्रस्तुत प्रसंग में एक निश्चयात्मक उत्तर और हृदयग्राही व्याख्या के लिए वे लेखक के श्रद्धा-पात्र हैं।

"नायकस्य कवेः श्रोतुः समानोऽनुभवस्ततः"—पर डॉ. नगेन्द्र ने भी अपने विचार प्रस्तुत किए हैं। साथ ही प्रसंगतः यह प्रश्न भी प्रस्तुत किया है कि क्या रस अनिवार्यतः भावानुभूति से भिन्न है?

पहले प्रश्न पर तो नाम मात्र का ही विचार है। 'रस' की स्थिति कहाँ-कहाँ हो सकती है—इस विषय पर विचार करते हुए एक स्थल पर उन्होंने भट्टतौत की यह पंक्ति 'रीतिकाव्य की भूमिका'—में प्रस्तुत की है और बताया है कि उक्त उद्धरण से इतना स्पष्ट होता है कि संस्कृत का आचार्य कवि के हृदयरस—से अवश्य परिचित था, परन्तु विधान रूप में कवि की अनुभूति को संस्कृत-साहित्य-शास्त्र में पृथक् ही रखा गया है। भट्टतौत का सिद्धान्त भी उपेक्षित ही रखा गया है। (पृ. 54) डॉ. साहब ने स्वतन्त्र विवेचन करते हुए विभिन्न निष्कर्ष दिए हैं। इस सम्बन्ध में यह ध्यान देने की बात है कि डॉ. साहब ने काव्य एवं नाट्य-सामग्री से भिन्न सामग्री भी रसोद्‌बोधक हो सकती है—या नहीं—इस दृष्टि से कोई विचार नहीं किया है। पर यह अवश्य कहा है—"अतएव नायक में रस की स्थिति साधारणतः विश्वसनीय सी लगती हुई भी अन्त में मिथ्या ही ठहरती है।" (पृ. 52) इसका अर्थ यही तो हो सकता है कि आपाततः वहाँ भले किसी को रसानुभूति हो, पर विचारतः वह सही नहीं जान पड़ेगी। कवि एवं सहृदय में तो रस की संस्थिति इन्हें भी स्वीकार्य है। पर डॉ. साहब ने इसी प्रसंग में दृश्य काव्य की दृष्टि से विचार करते हुए कहा है कि कवि-संवेद्य का उचित माध्यस्थ करने के लिए यह आवश्यक है कि रस की स्थिति नट में भी मानी ही जाए। उनकी सहृदयता के विरुद्ध आक्षेप अनुचित हैं। इस विषय में थोड़ा ध्यान और दिया जाना आवश्यक था। एक तो बहुत ऐसे आचार्य हैं जिन्होंने यह कहा है कि नट में सहृदयतावश

यदि रसानुभूति हो जाए—तो उसका नियमतः निषेध करना ठीक नहीं है (दशरूपक, 4 काव्यार्थ प्रकाश)। भट्टलोल्लट ने भी उद्भट का खण्डन करते हुए यह माना है कि वासनावेशवश नट भी रस का साक्षात्कार कर सकता है (अभिनव भारती)। हाँ, कुछ आचार्य स्वयं ऐसे हैं जो यह मानते हैं कि कवि के संवेद्य को प्रेक्षक तक पहुँचाने के लिए आवश्यक और अनिवार्य नहीं है कि नट-नट की दृष्टि से या हैसियत से अभिनय सम्पादन के लिए रसमग्न हो ही (रसगंगाधर) विपरीत इसके कतिपय आचार्य तो अभिनय में रसानुभूति को बाधक भी मानते हैं। सहृदय की हैसियत से यदि नट को रसानुभूति हो—तो इसमें किसी को कोई अड़चन नहीं है। हाँ, सात्त्विक भावों के अभिनय के लिए कतिपय आचार्यों ने भावानुभूति को आवश्यक बताया है (नाट्यशास्त्र, दशरूपक) शेष अभिनय तो शिक्षा और अभ्यासवश भी चले जाते हैं—चाहे मूलभावानुभूति न भी हो। इसलिए नट में अभिनय के लिए रसानुभूति का होना आवश्यक है—थोड़ा विचारणीय है।

दूसरी प्रारम्भिक समस्या यह है कि लोकानुभूति या अन्यविध अनुभूतियों तथा काव्यानुभूति का क्या अन्तर है—इस विषय पर भी डॉ. साहब ने जमकर विचार किया है। उन्होंने अनुभूत मात्र को तीन भागों में विभक्त किया है—ऐन्द्रिक, बौद्धिक एवं आध्यात्मिक। उन्होंने माना है कि काव्यानुभूति ऐन्द्रिक और बौद्धिक अनुभूति के मध्य की है, दूसरे काव्यानुभूति 'भावित' (Contempleted) अनुभूति है—जबकि अन्यविध अनुभूतियाँ तथाविध नहीं है। अनुभूति आनन्दात्मक ही होती है—क्योंकि अनुभूतियों के मधुर या आनन्दात्मक होने का इतना ही अर्थ है कि वे 'सन्तुलित' रूप से अनुभूत हों। काव्य का भावन व्यापार यही करता है—वह अव्यवस्था और असन्तुलन में व्यवस्था और सन्तुलन लाता है। निष्कर्ष यह कि रसात्मक अनुभूति के लिए डॉ. साहब दो कारण बताते हैं—

(1) काव्य से प्राप्त अर्थ सूक्ष्मबिम्ब होते हैं—अतः उनकी कटुता कम हो जाती है।
(2) भावन व्यापार द्वारा सन्तुलन आ जाता है—जिससे अनुभूति या संवेदन मधुर हो जाता है।

इस प्रकार शुक्लजी से भी आगे बढ़कर आई. ए. रिचार्ड्स तक से प्रभाव ग्रहण करते हुए इस विवेचन को और अधिक मनोवैज्ञानिक गहराई देते हैं।

अन्य कई समीक्षक तो ऐसे हैं कि जो काव्यानुभूति और लोकानुभूति में अन्तर ही नहीं मानते। कई मानते भी हैं तो रसानुभूति के लिए एक अतिरिक्त आन्तर शक्ति (कल्पना, सहजानुभूति आदि) की ही बात करते हैं। आज इन दोनों ही प्रकार की विचारधाराएँ अमान्य हैं। भारतीय आलंकारिकों ने भी इस तरह की बात नहीं मानी है। कल्पना कवि का मानस व्यापार है और प्रातिभज्ञान अन्तःकरण का ही निर्मल रूप है। अतः इनको पश्चिमी समीक्षकों की भाँति किसी

अतिरिक्त आन्तरिक शक्ति के रूप में मानना निरर्थक है। साथ ही यह तर्क भी अमान्य है कि यदि काव्यार्थक को ग्रहण करने के लिए अतिरिक्त इन्द्रिय नहीं–तो उसे लोकानुभूति से पृथक् अनुभूति ही क्यों स्वीकार किया जाए? कारण यह है कि वही ग्राहक आन्तरशक्ति या अन्तःकरण रसानुभूति में लोकानुभूति की अपनी प्रकृति छोड़ देता है। लोकानुभूति लाभ-हानि, राजद्वेष, अपना-पराया आदि की भावनाओं से संकीर्ण होता है–बद्ध होता में वह व्यक्तिगत है, काव्यीय सामग्री उसे इन संकीर्ण भावनाओं से उन्मुक्त कर देती है–वह मुक्त और निर्मल हो जाता है–तत्त्वार्थदर्शी हो जाता है–अतः उसके माध्यम से होनेवाली अनुभूति भी लोकोत्तर हो जाती है।

अस्तु। इस प्रकार मुख्य प्रश्न जो आरम्भ में उठाया गया है–वह यह है कि रसानुभूति का आश्रय कवि और सहृदय के अतिरिक्त क्या किसी स्थिति विशेष में कोई लौकिक पात्र भी हो सकता है? इस प्रश्न का उत्तर देने के लिए आनुषंगिक रूप में दूसरा प्रश्न यह खड़ा किया गया है कि रसानुभूति के लिए अनिवार्य अपेक्षित सामग्री क्या है? दूसरे प्रश्न के उत्तर से पहले प्रश्न का भी उत्तर मिल जाता है। दूसरे प्रश्न पर ऊपर तीन उत्तर प्रस्तुत किए गए हैं–प्राचीन आलंकारिकों का, आचार्य शुक्ल का, डॉ. नगेन्द्र का। प्राचीन आचार्यों ने तीन शर्तें बताई हैं–

(1) सामान्य या साधारण रूप से सामग्री का ग्रहण (सहृदयता सह कृतभावनावश)

(2) अनुमान पाटव

(3) चर्वणौन्मुख्य (न कि कर्त्तव्यौन्मुख्य)

आचार्य शुक्ल ने सामान्य रूप में गृहीत सामग्री से उत्तेजित और सत्कर्मप्रवर्त्तक मनोवेगों की दृष्टि से रस विचार किया–अतः उन्होंने दो ही कारण माने–

(1) व्यक्तित्त्व का विलयन तथा

(2) सामान्य रूप से ग्रहण।

डॉ. नगेन्द्र आई. ए. रिचाड्र्स से प्रभावित हैं–अतः उन्होंने दो कारण बताए–

(1) गृहीत सामग्री का सूक्ष्म और बिम्बात्मक होना।

(2) उसका भावन व्यापार का विषय बनना।

इन तीन कोटि के विचारकों में से जहाँ तक शुक्लजी का सम्बन्ध है–स्पष्ट है कि उन्होंने रस विवेचन का केन्द्र लोकव्यवहार में स्थित उदात्तचेता और सहृदय के उस परिपुष्ट मनोवेग को बनाया है–जो अव्यवहित उत्तर-काल में सत्कार्य की प्रेरणा देता है। उन्होंने कहा भी है–"इस जगत् और जीवन के अनेक रूपों और व्यापारों पर विमुग्ध होकर जब मनुष्य अपने को भूल जाता है और उन्हीं में तन्मय हो जाता है–तो वही हृदय की मुक्तावस्था काव्यानुभूति या रसदशा कहलाती है और इस अवस्था की अनुभूति का प्रकाशन ही कविता है। वे यह भी मानते हैं

कि रस का कार्य है मनोवेग उत्पन्न कर कर्म की ओर उन्मुख करना। दूसरी ओर शुक्लजी यह भी कहते हैं निर्वैयक्तिक होने के कारण रस सुखदुःखात्मक कोटि का होकर भी वह क्षोभकारक नहीं होता—इसीलिए 'रस' कहा जाता है और उस स्थिति में सत्त्वोद्रेक के कारण अनुभूति 'संविद्विश्रान्ति' कोटि की प्रतीति होती है। पर जब शुक्लजी रस-प्रतीति को मनोमय कोश से ऊपर की नहीं मानते, तब इनकी 'संविद्विश्रान्ति' और अभिनव गुप्त की 'संविद्विश्रान्ति' में केवल शब्द-साम्य ही है। इसके लोकगत पक्ष पर अधिक झुकाव रहने के कारण ही वे कल्पित रूप विधान को ही नहीं, स्मृत एवं प्रत्यक्ष रूप विधान को भी रसानुभूति की सामग्री मानते हैं। स्पष्ट है कि डॉ. नगेन्द्र केवल सूक्ष्मबिम्ब या भावित रूपविधान पर ही अपनी दृष्टि केन्द्रित करते हुए शुक्लजी से अपना प्रस्थान पृथक् कर लेते हैं। इनकी मानी हुई रसोपयोगी शर्तें प्रत्यक्ष लोक में काव्यानुभूति की स्थिति को कभी नहीं पहुँचा सकतीं—क्योंकि लोकगत सामग्री सूक्ष्म एवं बिम्बात्मक तो होगी नहीं। शुक्लजी की रसोपयोगी शर्तें अवश्य ऐसी हैं जो लोकगत सामग्री को भी रसानुभूति के अनुकूल साबित कर पाती हैं। पर शुक्लजी भी प्राचीन आलंकारिकों से अपना प्रस्थानभेद तब कर ही लेते हैं जब वे निर्वैयक्तिक अनुभूति को चर्वणापर्यवसायी न मानकर कर्त्तव्यौन्मुख्यपर्यवसायी कह देते हैं—जहाँ वे चर्वणापर्यसायी मानते हैं—वहाँ लगभग एक हो भी सकते हैं। निष्कर्ष यह कि शुक्लजी के अनुसार तो कभी किसी लोकपात्र में भी काव्यनाट्येतर सामग्री से रसानुभूति होती है या हो सकती है, पर डॉ. नगेन्द्र के मत से नहीं हो सकती है। प्राचीन आलंकारिकों के मत से भी यदि कोई लोकगत-पात्र उनकी शर्तें पूरा करता है तो रसानुभूति का आश्रय हो सकता है—इसमें वे प्राचीन आलंकारिक कोई प्रतिबन्ध नहीं खड़ा करते। अतएव वाल्मीकि काव्यनाट्येतर-सामग्री के रूप में ही क्रौंच-वध की घटना को लेकर भी रसमग्न हो जाते हैं उसी रसमग्नता का उच्छलन 'मा निषाद...' के रूप में अनायास हो जाता है—बाद में जब उनकी विवेकशक्ति जागृत होती है तो इस शाप पर वे पश्चात्ताप करते हैं। काव्यनिर्माण की यही आदर्शप्रक्रिया है कि अनायास रसानुभूति उच्छलित होकर (बिना वितर्क के) वाणी का रूप ग्रहण कर ले। यह भी सम्भव है कि यदि कोई कवि-स्वभाव न हुआ तो रसात्मक अनुभूति में मग्न होकर ही रह जाए, यदि कोई असहृदय और अभावुक हुआ—तो इस प्रकार के दृश्य से द्रवित भी नहीं हो सकता। सारांश यह कि रसानुभूति का आश्रय सर्वसामान्य नहीं हो सकते—उक्त शर्तें पूरी करने की क्षमता जिनमें हो—वही हो सकता है।

इसी प्रसंग में एक दूसरा सवाल यह खड़ा होता है कि क्या स्मृत रूपविधान भी रसात्मक अनुभूति में निमग्न कर सकता है? प्राचीन आलंकारिक इस विषय में क्या सोचते हैं? इस विषय पर विचार करते हुए अभिनवगुप्त ने कालिदास

का उदाहरण दिया है जिसमें यह बताया गया है कि दुष्यन्त की जन्मान्तरीयवासना का प्रतिभानमय साक्षात्कार रसानुभूति के ही स्तर का है। दण्डकारण्य का पूर्वानुभूत क्लेश स्मृति में आकर सुखकर बन गया है—यह भी उसी कालिदास ने कहा है। भवभूति का चित्रपट भी उदाहरण है। आचार्य रामचन्द्र शुक्ल ने भी स्मृत रूपविधान को रसानुभूति का साधन स्पष्ट ही माना है। शुक्लजी भी ऐसी प्रतीतियों में 'कर्त्तव्यौन्मुख्य' की बात नहीं कर सकते—यहाँ तो 'तन्मयता' (प्रतीति विश्रान्ति) माननी ही पड़ेगी। इस प्रासंगिक चर्चा के अनन्तर हम प्रस्तुत विषय पर आते हैं।

अभिनवगुप्त और रसस्वरूप

अभिनवगुप्त ने रस का स्वरूप अनेक स्थलों पर विवेचित किया है और कहा है–

(1) अलौकिक-चर्वणा-व्यापार-गोचरो लोकोत्तरोऽर्थः रसः।

(2) सर्वथा रसनात्मकवीतविघ्नप्रतीतिग्राह्यो भाव एव रसः।

(3) विभावादिभिः सामाजिकधियि संयोगमासादितवद्भिः अलौकिक निर्विघ्नसंवेदनात्मक चर्वणागोचरतांनीतोऽर्थः, चर्व्यमाणतैकसारो ननु सिद्धस्वभावः तात् कालिक एव नतु चर्वणातिरिक्तकालावलम्बी, स्थायीविलक्षण एव रसः।

इन उद्धरणों के द्वारा उन्होंने बताया है कि भाव ही रस है, पर वह स्थायी भाव से विलक्षण है–फलतः लोकोत्तर है। यह भाव 'रस' तब कहा जाता है जब लौकिक विघ्नों से रहित लोकोत्तर संवेदना या चर्वणा का विषय होता है। चर्वणा एक प्रकार का बोध या प्रतीति ही है, पर लौकिक प्रतीतियों से विलक्षण है। कारण यह है कि लौकिक प्रतीति लौकिक प्रकृति के उपायों से उत्पन्न होती है और चर्वणात्मक अलौकिक प्रतीति अलौकिक विभावादि उपायों से उत्पन्न होती है। लौकिक प्रकृति के उपाय वे हैं–जिनका सम्बन्ध व्यक्तिविशेष से हो और व्यक्तिविशेष निजी लाभ या हानि की दृष्टि से जिनका उपयोग करें। रसनात्मक अलौकिक प्रतीति के जो उपाय हैं–उनसे व्यवहारोपयोगी किसी प्रकार की लाभ-हानि नहीं होनेवाली है–उनका उपयोग तो केवल रसात्मक संवेदन में है।

रसात्मक संवेदन आनन्दमयी प्रतीति है। अभिनवगुप्त के अनुसार 'आनन्द' का मूल रूप यों है–"स्वरूपस्य स्वात्मनः परिपूर्णनिजस्वभावप्रकाशनमेव परामर्शमयतां दधदानन्द इत्युच्यते"–आत्मस्वरूप का ही परामर्श आनन्दात्मक प्रत्यय है। आत्मा का स्वरूप है–'पूर्ण'। पूर्णताबोध ही आत्मस्वरूप का बोध है। व्यावहारिक भूमिका पर–भेद की भूमिका पर–प्रतिक्षण अभावग्रस्त प्रमाता आत्मेतर वस्तुओं की ओर उन्मुख रहता है–उसी की प्राप्ति से उसे क्षण भर के लिए 'पूर्णता' बोध होता है–यही पूर्णताबोध–आत्मपरामर्श है–(क्षणिक) आनन्दबोध है। यह आनन्दबोध, जो पूर्णताबोध या आत्मपरामर्श वश हुआ है–क्षण भर भी नहीं टिक पाता, कारण यह है कि उसी समय वही प्रमाता दूसरे प्रकार के अभाव-बोध से पीड़ित हो जाता है–अपूर्णता का अनुभव करने लगता है–जो पूर्णताबोध या आत्मपरामर्श का विरोधी है। काव्य की भूमिका में जो आनन्दानुभूति होती है–वहाँ भी आत्मपरामर्श पूर्वक

संविद्-विश्रान्ति ही मूलकारण है—पर व्यावहारिक भूमिका की अपेक्षा यहाँ का आनन्दबोध अपेक्षाकृत एक तो स्थिर होता है, दूसरे लौकिक प्रयोजनों (अर्जन-विसर्जन, हानि-लाभ) से अन्तःकरण उन्मुक्त रहता है, अतः परिष्कृत और उच्चकोटि का भी होता है। तीसरे जितने प्रकार के विषय या भाव माध्यम होते हैं—वे 'साधारण्य' सम्पन्न होते हैं—साधारणीकृत होते हैं। इनकी अनुभूतिवश संविन्मुखी-प्रमाता अपनी सर्वतोमुखी 'पूर्णता' के संकोचक कंचुकों को भूल जाता है—उसकी अपरिमित प्रभातृता या 'पूर्णता' उन्मीलित हो जाती है—चिति का महाविस्फार हो जाता है—इस स्थिति के अनुभव गोचर होने से आनन्द का स्थिर प्रवाह चलने लगता है। लेकिन यह स्थिति तभी तक रहती है—जब तक विभावादि की प्रतीति बनी रहती है। व्यंजक सामग्री के विलयन के साथ काव्य की यह आनन्दमयी भूमिका भी विलीन हो जाती है। साधनोपलब्ध पारमार्थिक भूमिका का 'पूर्णता-बोध'—शाश्वत और स्थिर प्रकृति का होता है—अतः आनन्दानुभूति की वह काष्ठापन्न स्थिति है। इस प्रकार यह स्पष्ट है कि काव्यानन्द वैषयिक और पारमार्थिक आनन्द के बीच का है। पर इसके साथ यह भी काश्मीरिक-आगामिकों की धारणा है कि रसास्वाद के लिए द्वैत की भूमिका आवश्यक है—अन्यथा आस्वाद-आस्वाद्य और आस्वादक की अपेक्षित भूमियाँ न होंगी और न होंगी तो रसास्वाद न होगा। जिस प्रकार इसके लिए द्वैत-भेद—आवश्यक है, उसी प्रकार 'अद्वैत' भी। यह 'पूर्णताबोध' की अद्वैतस्थिति ही है—जो आनन्दमयी है—यदि यहाँ 'पूर्णता' विरोधी (अपूर्णता) परामर्श रहा—तो सम्यक् आत्मपरामर्श ही न होगा और सम्यक् आत्मपरामर्श न होगा—तो संविद्-विश्रान्ति या आनन्दबोध न होगा। सवाल खड़ा किया जा सकता है कि ऊपर एक तरफ तो यह कहा गया है कि रस-बोध के लिए 'द्वैत' की स्थिति आवश्यक है और दूसरी तरफ 'अद्वैत' की—दोनों ही बातें (जो परस्पर विरोधी हैं—) किस प्रकार सम्भव हैं? अभिनवगुप्त का विचार है—कि यह स्थिति प्रत्यभिज्ञादर्शन की दृष्टि से ही सम्भव है—जहाँ 'अद्वैत' में भी 'द्वैत' है—पर वह आस्वादबोध के लिए 'स्वातन्त्र्य' वश कल्पित है—वहाँ केवल 'पूर्णता' है—या 'पूर्णतैक स्वभाव' है—यही कारण है कि सबकी सम्मिलित रूप में आनन्दमय एक रूपात्मक प्रतीति ही होती है। अभिनवगुप्त की इसीलिए यह मान्यता है कि सच्चा रसास्वाद न एकांन्ततः 'द्वैत' मतवालों की दृष्टि से संगत हो सकता है और न एकान्ततः 'अद्वैत' मतवालों की ही दृष्टि से। यद्यपि आगमिक प्रत्यभिज्ञावादी भी 'अद्वैती' ही है—पर इसके 'अद्वैत' का अर्थ है—दो की समरस स्थिति। यहाँ अद्वय की स्थिर एवं शान्त सतह पर द्वैत की लहर क्रीड़ा करती रहती है—जो 'स्वातंत्र्यमयी' इच्छात्मिकाशक्ति की वायु से प्रसूत होती है। यह लहर आकारतः भिन्न प्रतीत होती हुई भी तत्त्वतः भिन्न नहीं है। अद्वैत में द्वैत का यही अर्थ है। इसी दृष्टि से रसास्वाद की संगत व्याख्या सम्भव है। अस्तु।

—काव्यानन्द का अन्यत्र विश्लेषण करते हुए अभिनवगुप्त ने यह भी बताया

है कि वैषयिक-आनन्द और काव्यानन्द में यह अन्तर है कि पहले में 'प्रमातृभाग' की और दूसरे में 'विमर्श' भाग की प्रधानता[1] रहती है। ('विमर्श' ही 'चमत्कार' या 'आनन्द' रूप है–वही प्रकाश का 'प्राण' है।) इसीलिए पहली स्थिति के–वैषयिक आनन्द के भोक्ता के लिए इन आगमिकों ने 'भुंजान' जैसे पारिभाषिक शब्द का प्रयोग किया है। परन्तु दूसरी स्थिति काव्यसौन्दर्यसंवेदन के लिए 'विमर्श', (क्रिया) भाग की प्रधानता को ध्यान में रखकर 'रसन' शब्द का प्रयोग किया है। 'विमर्श', 'रसन', 'चर्वणा', 'संविद्विश्रान्ति', 'चमत्कार'–सभी परस्पर पर्याय हैं।

वस्तुतः 'रस' शब्द के व्युत्पत्ति मूलक दो अर्थ हैं–''रस्यत आस्वाद्यतेऽसौ रसः'', तथा ''रसनं रसः''–। पहली स्थिति में रस्यमान या चर्व्यमाण वासना को 'रस' कहा गया है–जो काव्य या नाट्य आदि द्वारा प्रस्तुत की गई सामग्री से उद्बुद्ध होकर होती है। 'रस' की एक वह काष्ठापन्न दूसरी स्थिति भी है जहाँ उद्बुद्ध वासना पुनः अपने पूर्वरूप 'संस्कार' में लीन हो जाती है–वहाँ आत्मा के केवल आनन्दपक्ष का अनुभव होता है–वहाँ आत्मा अन्तर्मुख होकर स्वरूपविश्रान्त रहता है। आनन्द, रसना, विमर्श, चमत्कार, शक्ति–ये सब पर्याय ही हैं। वास्तव में यही दूसरी स्थिति 'रस' की काष्ठापन्न स्थिति है। पहली स्थिति को ध्यान में रखकर कहा गया है–''स्थायी विलक्षणो रसः''। अर्थात् यह रसात्मक आनन्द केवल 'स्थायी' नहीं है–वरन् विभावादि संवलित स्थायी का पानक रसन्यायेन अनुभूत आनन्द है। इसमें रस-सामग्री एक आनुपातिक सन्तुलन में मिलकर एकान्वित प्रतीत होती है–किसी भी अवयव का उद्रिक्त या पृथक् से आस्वाद नहीं होता–विपरीत इसके सब मिलकर एक विलक्षण प्रकार का आस्वाद पैदा करते हैं। यदि कोई अंश उद्रिक्त होकर पृथक् रूप में आस्वाद्य हुआ–तो उसकी प्रधानता हो जाएगी–फलतः वहाँ उसी 'भाव' का व्यवहार किया जाएगा–अर्थात् वहाँ भाव-ध्वनि का व्यवहार होने लगेगा, रसध्वनि का नहीं।

श्री क्रान्तिचन्द्र पाण्डेय जी ने अभिनवगुप्त के 'स्थायी विलक्षणो रसः' का अभिप्राय वही बताया है कि जैसा कि ऊपर कहा गया है, पर त्र्यंबकदेशपांडे ने उसकी व्याख्या दूसरे ढंग से की है। उनका कहना है कि भरत जिस 'स्थायी' को रस कहना चाहते हैं–वह लौकिक स्थायी से विलक्षण है–कारण, लौकिक स्थायी व्यक्तिसम्बद्ध है, पर रसानुभूति में उपादेय स्थायी 'साधारणीकृत' है। फिर भी जो कहीं-कहीं 'स्थायी रसीभवति'–जैसे प्रयोग हैं–वे औपचारिक प्रयोग हैं। वहाँ 'स्थायी' शब्द का प्रयोग लौकिक स्थायी के समान होने के कारण किया गया है। मधुसूदन सरस्वती ने भी इन्हीं साहित्यिकों के मत को ठीक ही उपस्थित करते हुए कहा है–

---

1. 'प्रभातृभागमेव प्रधानतया विमृशन् भुञ्जान इत्युच्यते। ...हृदयेन परामर्श लक्षणेन प्राधान्यात् व्यपदेश्या व्यवस्थितस्यापि प्रकाशभागस्य वेद्यविश्रान्तस्यानादरणात् सहृदयतेत्युच्यते-इति निर्विघ्नास्वादरूपा च रसना। (ई. प्र. वि. द्वि.)

काव्यार्थनिष्ठा रत्याद्याः स्थायिनः सन्ति लौकिकाः।
तद्बोद्धृनिष्ठास्त्वपरे तत्समा अप्यलौकिकाः ॥

प्रेक्षक-गत रस्यमान स्थायी लौकिक स्थायी के समान होने पर भी अलौकिक है। इसीलिए रसविवेचन का विषय व्यक्तिगत मनोविकार नहीं, प्रत्युत व्यक्तिसम्बन्ध से विच्छिन्न लोकोत्तर भाव है।

पर इन दोनों व्याख्याओं में कोई विरोध नहीं है—स्थायी गत वैलक्षण्य के पृथक्-पृथक् हेतु बताए गए हैं—यह अवश्य है कि पाण्डेयजी की अपेक्षा देशपांडेजी की व्याख्या अभिनवगुप्त के अधिक नजदीक और साहित्यिक है।

इसी प्रसंग में यहीं एक और प्रश्न खड़ा होता है कि विभावादि सामग्री के सम्यक् योग होने के बाद विलम्बसह रसनिष्पत्ति होती है—अथवा विभावादि प्रत्यय के साथ साथ अविलम्ब? अभिनव की मान्यता क्या है?

अभिनव का उक्त विषय में अभिमत क्या है—यह जानने के लिए उनका वक्तव्य इस प्रकार है—

"न हि गमनक्रियावत् पर्यन्ते रसनक्रिया निष्पद्यते, अपितु प्रथम एवावसरे। स च विभावसाक्षात्कारात्मक एव।"

अ.भ.पृ. (549)

अर्थात् अभिनवगुप्त मानते हैं कि रस प्रत्यय एक झटिति प्रत्यय है—जो विभाव प्रतीति के साथ-साथ होता है। विलम्ब होना रस प्रतीति के लिए एक विघातक चीज है। यहाँ तो विभावादि का साक्षात्कार हुआ कि रसना व्यापार निष्पन्न हुआ और यह अखण्ड रूप से अन्त तक चलता रहता है। पार्यन्तिक निष्पत्तिवादी आचार्य दूसरे हैं जो मानते हैं कि विभाव से वासना का आस्वादयोग्य अंकुरण होता है, अनुभव से यह प्रतीतियोग्य होती है और संचारी से उपचित होकर सम्यक् रसनिष्पत्ति के रूप में परिणत हो पाती है। इस मत से पर्यन्त में रसनिष्पत्ति मानी जाती है। इसी प्रसंग में अभिनव उन लोगों का भी निराकरण करते हैं जो रस को दुःखात्मक मानते हैं। अभिनव गुप्त तो स्वीकार करते हैं कि रस केवल आनन्दात्मक होता है। आनन्द के लिए आत्मपरामर्श पूर्वक संविद्विश्रान्ति आवश्यक है। संविद् की अविश्रान्ति से चंचलता रहती है, राजस् विक्षेप रहता है—आत्मा इच्छा और अभाव से पीड़ित रहती है, दुःख की इसीलिए स्थिति सदा बनी रहती है, पर विभावादि की काव्योचित प्रक्रिया से जब प्रमाता संविद्विश्रान्ति की स्थिति में प्रत्येक रसानुभव काल में पहुँच जाता है—तब दुःखरूपता के लेश की भी सम्भावना कहाँ? अतःकरुण आदि सभी रसों में आनंदमयता सम्भव है।

ऊपर कहा जा चुका है कि लोकोत्तर भाव ही निर्विघ्न प्रतीति से गृहीत होकर 'रस' कहा जाता है—अतः यह आवश्यक है भावगत लोकोत्तरता के मूल 'साधारण्य'

की व्याख्या की जाए। साथ ही यह भी बताया जाए कि वे लौकिक विघ्न कौन से हैं—जिनसे रहित प्रतीति का गोचर लोकोत्तर भाव हुआ करता है।

साधारण्य एवं अभिनव गुप्त—वैसे तो साधारण्य का विचार अन्यत्र सविस्तार किया ही गया है, यहाँ केवल उस सम्बन्ध में दो एक बातें कहनी हैं। साधारण्य के विषय में चार प्रश्न हैं—पहला यह कि साधारण्य का प्रयोजन, दूसरा साधारणीकृत प्रतीति का स्वरूप तीसरा, साधारणीकरण किस-किस का, और चौथा यह कि साधारणीकरण किससे?

रसोपयोगी पदार्थ तब तक रसोपयोगी हो ही नहीं सकते—जब तक असाधारण का निर्मोक उतार न दें, अतः काव्य का वांछित प्रभाव उत्पन्न करने के लिए 'साधारण्य' आवश्यक है—देश, काल एवं व्यक्ति विशेष के सम्बन्ध से उत्पन्न होनेवाली रसोपयोगी पदार्थ की प्रतिबन्धक सीमाओं का अपवारण आवश्यक है। लौकिक स्तर पर उपयोगी पदार्थ तभी उपयोगी हो सकते हैं—जब वे अपनी असाधारण (नियमतः देश काल एवं व्यक्ति के सम्बन्धों की) परिधि में हों—अन्यथा लौकिक दृष्टि से वैयक्तिक भूमिका पर उनका उपयोग ही नहीं हो सकता। व्यावहारिक धरातल पर शृंगार की तृप्ति के लिए उपभोग्य सामग्री का नियमतः स्वसम्बद्ध प्रतीति होनी ही चाहिए, नियमतः शत्रु एवं तटस्थ से सम्बन्ध का परिहार होना ही चाहिए—रस की लोकोत्तर भूमिका पर यही नियम घातक है—वहाँ न तो आत्मा का विशेष रूप में उल्लेख और न तो अनुल्लेख ही आवश्यक है—पर स्वपरभाव के **नियमतः सम्बन्ध या असम्बन्ध का प्रच्यव** आवश्यक है, अर्थात् सामान्य रूप से सम्बन्ध या असम्बन्ध प्रतीत हो भी तो कोई हानि नहीं। अभिनव गुप्त के मर्मज्ञों का तो यहाँ तक कहना है कि साधारणीकृत रूप में भी व्यक्ति का बोध अनुभव संगत है—यदि रसानुभूति के सन्दर्भ में व्यक्ति विशेष (शकुन्तला एवं सीता) का बोध सर्वथा हट जाए और सामान्य नायिका के रूप में एकरूप प्रतीति हो तो इन दोनों को आलम्बन बनाकर होनेवाली प्रतीति में कोई अन्तरबोध ही न होना चाहिए—और अनुभव इसके विपक्ष में है। यदि सीता और शकुन्तला—दोनों से स्त्रीसामान्य का ही बोध हो तो दोनों शब्द परस्पर पर्याय हो जाएँगे, अतः अनुभवसिद्ध प्रातिस्विक या वैयक्तिक रूप का अपलाप समुचित नहीं है। साधारणीकरण का प्रयोजन केवल इतना ही है कि वह रसोपयोगी पदार्थों के सम्बन्ध में प्रतिबन्धक मात्र सम्बन्धांश का विस्मरण या अज्ञान पैदा करा दे। यद्यपि प्रदीपकार, प्रभाकार आदि ने 'व्यक्तिबोध' का अन्तःसमर्थन ही किया है—तथापि यह एक विलक्षण स्थिति है कि व्यक्तिगर्भित प्रतीति को भी साधारणीकृत या सामान्य प्रतीति—कहा जाता है—व्यक्ति और साधारण-सामान्यतः एकदम विरुद्ध जान पड़ता है। पर यहाँ एक बात ध्यान देने की है—कि यहाँ का 'साधारण' बिलकुल 'सामान्य' (सर्वसाधारण से सम्बद्ध) का पर्याय नहीं है—यह उससे कुछ भिन्न अर्थ वाला है। ध्वन्यालोककार

ने भी चतुर्थउद्योत में काव्यगत मौलिकता पर विचार करते हुए यह कहा कि काव्योक्तिगत वैचित्र्य की उपपत्ति 'विशेष'–निरपेक्ष नहीं हो सकती। जो हो, स्पष्ट विध्यात्मक रूप में इसका विचार थोड़ा जटिल ही है।

लोकोत्तर भाव के साधारण्य की भूमिका की आवश्यकता तो रसात्मक परिणति के लिए आवश्यक ही है–लौकिक स्तरीय विघ्नों का न होना भी आवश्यक है–तभी तो वीत विघ्न प्रतीति ग्राह्य लोकोत्तर भाव-रस कहा जा सकता है। वे सात विघ्न इस प्रकार हैं–

1. सम्भावनाविरह : सम्भावना का वास्तविक अर्थ है–कल्पना–वह विधायक और ग्राहक दोनों प्रकार की ली जा सकती है। यदि कवि में रसोपयोगी विधायक कल्पना न हुई–वह अशक्त रहा–तो रसोपयोगी सम्भाव्य सामग्री का ग्रथन ही कठिन हो जाएगा और ग्राहक में ग्राहिणी शक्ति का अभाव हुआ–तब भी रसनिष्पत्ति न हो सकेगी।

2. स्वपरगतदेशकालविशेषावेश : इस विघ्न का सम्बन्ध केवल रसिक या ग्राहक से है–कुछ 'गोपनेच्छ' रसिक होते हैं–जो काव्य पढ़ते समय इस बात पर सोचते रहते हैं कि कहीं कोई इस देश-काल में मुझे देख तो नहीं रहा है।

3. निजसुखादिविवशीभाव : कभी-कभी ऐसा भी होता है कि ग्राहक का मन अपने निजी या वैयक्तिक सुख, दुःख से इतना ग्रस्त रहता है कि नाट्यरस की ओर पूरा उन्मुख नहीं हो पाता।

4. प्रतीत्युयाय वैकल्य : रस प्रतीति के उपकरण ही यदि अधूरे हों–तो रस प्रतीति किस प्रकार सम्भव है?

5. स्फुटत्वाभाव : रससामग्री की प्रत्यक्षायमाण स्फुट प्रतीति आवश्यक है–यदि ऐसा नहीं हुआ–तो यह भी एक विघ्न है।

6. अप्रधानता : काव्य में कुछ चीजें प्रधान होती हैं और कुछ अप्रधान–यदि प्रधान की जगह अप्रधान को असन्तुलित महत्त्व मिल गया–तो भी रस प्रतीति विघ्नित हो जाएगी।

7. संशययोग : कुछ निमित्त या प्रभाव–इस प्रकार के होते हैं कि जो अनेक भावों से सम्बद्ध होते हैं–ऐसी संशयास्पद सामग्री भी रसप्रतीति के अनुरूप नहीं होती।

अहंकारशृंगार सिद्धान्त

अभिनवगुप्त और मम्मट के बीच एक सर्वथा विलक्षण रस-सिद्धान्त भोजराज ने प्रस्तुत किया। इनके सिद्धान्त से मिलते-जुलते विचार **'भावप्रकाशन'** एवं शारदातनय के **'अग्निपुराण'** में भी मिलते हैं। डॉ. डे का मत है कि **'अग्निपुराण'**—से ही भोज ने इस प्रकार के रस सम्बन्धी विचार लिये हैं, परन्तु म. म. काणे एवं डॉ. राघवन आदि मनीषियों ने इसका विरोध किया है और अग्निपुराण के उस रस विवेचन सम्बन्धी मत को परवर्ती माना है। शारदातनय तो 12-13वीं शताब्दी के आलंकारिक हैं। इस प्रकार इस क्रम में भोजराज का स्थान ही सर्वप्रथम आता है। इस प्रसंग में यह भी स्मरणीय है कि इन लोगों के विचार कुछ दूर तक मिलते-जुलते ही कहे जा सकते हैं—यों वे परस्पर पर्याप्त मात्रा में भिन्न हैं। उनके स्रोत भी भिन्न-भिन्न हैं। उदाहरणार्थ—स्वयं ही शारदातनय ने अपना मूलस्रोत किसी 'योगमाला संहिता' नामक ग्रन्थ को बताया है। अस्तु। इस प्रसंग में सबसे पहले हम भोजराज का मत लें।

भोजराज

इन्होंने अपने विशिष्ट मत का संकेत तो 'सरस्वती कण्ठाभरण' में ही कर दिया था, पर उस पर पुष्कल विचार 'शृंगारप्रकाश' में किया। 'सरस्वती कण्ठाभरण' में उन्होंने अपना मत इस प्रकार व्यक्त किया है—"काव्य इसलिए कमनीय होता है कि उसमें रस का योग होता है। रस, अभिमान, अहंकार एवं शृंगार—ये सब परस्पर पर्याय हैं। यह अहंकार रसिक मानव की अन्तरात्मा में एक विशिष्ट अदृष्ट से उत्पन्न होता है। यही 'अहंकार' आत्मगत सम्यक् गुणों की उद्भूति में एकमात्र कारण होता है। इस अहंकार या शृंगार के अस्तित्त्व से ही कवि निर्मित सृष्टि रसमयी प्रतीत होती है—और इसके अभाव में सारा का सारा कवि-निर्माण फीका हो जाता है।"

इस विवेचन से यह स्पष्ट है कि भोजराज 'अहंकार' को ही शृंगार-रस कहते हैं। अतः सबसे पहले यह देख लेना आवश्यक है कि इस 'अहंकार' का स्वरूप क्या है?

'सरस्वती कण्ठाभरण' तथा 'शृंगारप्रकाश'—दोनों कृतियों में उन्होंने जो अपने विचार प्रस्तुत किए हैं उनको देखने से शृंगार के सम्बन्ध में 'अहंकार' के त्रिविध

रूप सामने आते हैं–(1) एक स्थल पर वे 'अहंकार' को दूसरे स्थल पर (2) अहंकृत या **'अहंकार के गुणविशेष'** (गुणविशेसमहंकृतस्य) को और तीसरे स्थल पर (3) एक विशिष्ट प्रकार के अहंकार को शृंगार मानते हैं। परन्तु जब वे कहते हैं कि रस या शृंगार 'रसिक' मात्र में ही होता है–तो यह मानना ही होगा कि रसिक मात्र में (प्राणिमात्र में नहीं) रहने वाला 'रस' या 'अहंकार' प्राणिमात्र में रहने वाले अहंकार से विशिष्ट प्रकार का है। यह विशिष्ट प्रकार का (सात्त्विक) अहंकार जहाँ रहता है–वहीं 'रस' का आस्वाद होता है। अतः यह 'अहंकार' जहाँ एक तरफ प्राणिमात्र में रहने वाले 'अहंकार' (अहंबोध का निश्चायक) से विशिष्ट प्रकार का है–वहीं अहंकार के उस गुणविशेष से भिन्न है जिसके कारण ग्राहक में 'अहंकार या ममकार' की संकीर्णमनोवृत्ति पैदा होती है। अहंकार का एक स्वरूप वह है जिससे रस-प्रतीति में व्याघात पैदा करने वाली 'ममकार' (अपना पराया) की संकीर्ण वृत्ति पैदा होती है–पर भोज का 'अहंकार' वह है जहाँ व्याघात की बात दूर रहे–वह स्वयं रसात्मक है और अन्य भावों का मूल है। अतः यह अहंकार एक विशिष्ट प्रकार का सात्त्विक-अहंकार है। यह विशिष्ट 'अहंकार' अपनी 'पुण्यविशेषजन्मा' सत्त्वमयता के कारण रसात्मक परिणति प्राप्त करता है। भोज ने कहा है कि 'विशिष्ट प्रकार का अहंकार' या 'रस' केवल सत्त्वात्माओं में ही होता है। ये सत्त्वात्मा वे हैं जिनमें 'काव्याभ्यास' है, 'प्राक्तनपुण्यादि' है, 'अमलधर्मविशेष' है। ऐसे ही गुणों से समन्वित व्यक्ति रसिक कहे जाते हैं और उन्हीं में 'रस' या 'विशिष्ट अहंकार' की स्थिति होती है।

अहंकार के सम्बन्ध में दूसरा प्रश्न यह है कि इस तरह की परिकल्पना भोज की नितान्त मौलिक है या किसी प्रकार के दार्शनिक एवं आलंकारिक पूर्ववर्ती विचारों से समर्थित है।

इतना तो स्पष्ट परिलक्षित होता है कि वे जब 'सरस्वतीकण्ठाभरण' में पूर्वाचार्यों का यह श्लोक उद्धृत करते हैं–

''शृंगारी चेत् कविः काव्ये रसमयं जगत्।
स एव चेदशृंगारी नीरसं सर्वमेव तत् ॥''

तब अन्वयव्यतिरेक द्वारा वे अपना यह मन्तव्य प्रस्तुत करते हैं कि 'रस' तो शृंगार ही है। अनुभव एवं प्रयोग–से भी यह सिद्ध है कि निर्विशेषण 'रस' शब्द का प्रयोग यदि किसी अर्थ का बोध करता है तो वह 'शृंगार' ही है। किसी व्यक्ति को 'रसिक' कहा जाए–तो सामान्यतः वह 'शृंगारी' ही माना जाता है। भरत मुनि भी जब यह कहते हैं कि 'न हि रसादृते कश्चिदर्थः प्रवर्तते'–तो 'रस' को एकवचन में प्रयुक्त कर वे भी 'रस की एकता' की ओर ही इंगित करते हैं। आनन्दवर्द्धन का तो उपर्युक्त वक्तव्य ही भोज ने उद्धृत कर दिया है। अभिनवगुप्त

ने भी 'अभिनवभारती' में नव स्थायी भावों की अनुभवसंगत व्याख्या करते हुए कहा है कि प्राणीमात्र सुखाभिलाषी होने के कारण रिरिंसा से व्याप्त होता है। इस प्रकार 'राग' या 'रति' एक तो जन्मजात और प्राणिमात्र में रहने वाली होती है—दूसरे 'रागी' ही प्रवृत्तिमार्गी होता है—सांसारिक या सामाजिक होता है—अतः अन्यविध स्थायी उसी में उत्पन्न हो पाते हैं। निष्कर्ष यह कि 'रति' को व्यापक महत्त्व अभिनव भी देते हैं। इतना अवश्य है कि भोज ने जिस 'शृंगार' या 'अहंकार' को लिया है—वह पुरुष एवं स्त्री के बीच ही सीमित रहने वाली 'रति' या शृंगार नहीं है—वह तो इसका मूल है। भोज फिर भी यही मानते हैं कि अन्य लोग यदि किसी 10 या 12 या 49 भावों को गौण या प्रधान रूप में रस कहते हों तो कहें, पर अपनी रसमयता के कारण यदि कोई 'रस' कहा जा सकता है तो वह केवल 'शृंगार' है। भोज के अनुरूप परवर्ती आलंकारिकों ने भी उनकी व्याख्या की है। मानो शारदातनय ने 'भाव प्रकाशन' में उन्हीं के अनुरूप बोलते हुए कहा है—

> **"मनसो ह्लाजननः स्वादो रस इति स्मृतः।**
> **शृङ्गारस्य स युज्येत तस्य हलादात्मकत्वतः ॥**
> **अन्येषां रसता प्रायः सिद्धा केनापि हेतुना।"**

'स्वाद' है मानसिक आह्लाद और उसे ही 'रस' कहा जाता है। 'रस' की इस प्रकृति को देखते हुए यह प्रतीत होता है कि यह विशेषता तो केवल 'शृंगार' में ही है—कारण, वही एकमात्र आह्लादमय है। अन्य भावों या रसों में अपेक्षिक आह्लादमयता होने के कारण उन्हें रसप्राय—रस जैसा ही—कह सकते हैं—रस ही नहीं। 'साहित्यरत्नाकर' कार धर्मसूरि ने भी भोजराज के मन्तव्य को स्पष्ट करते हुए यह कहा है—"रस्यते (आस्वाद्यते) इति व्युत्पत्त्या रसशब्दस्य सुखास्वादरूपः शृङ्गार एवार्थो युक्तः। सुखस्यैवास्वाद्यत्वात्। इतरेषां तु सुखास्वादरहितानां प्रत्युतानवधिक दुःखानुभवसंभिन्नानां करुणादीनां रसशब्दार्थतैव न घटते—इत्यभिप्रायेण **शृङ्गारप्रकाशे भोजराजो व्याजहार**"—अर्थात् व्युत्पत्ति की दृष्टि से देखने पर यही स्पष्ट प्रतीत होता है कि 'रस' शब्द का अर्थ है—सुखास्वाद और इस अर्थ में केवल 'शृङ्गार' ही रस कहा जा सकता है। आस्वाद्य तो सुख ही होता है। करुण आदि अन्य रसों में दुःखात्मक अनुभव का भी संभेद होता है—अतः 'रस' शब्द के अर्थ की दृष्टि से विचार करें—तो इन्हें तो 'रस' संज्ञा ही नहीं दी जा सकती। भोज भी अन्यत्र 'रस' शब्द के प्रयोग को 'बटयक्षवत्' लोक-प्रसिद्धिमात्र मानते हैं। परवर्ती आचार्यों में से कवि कर्णपूर गोस्वामी, वीरेश्वर एवं शिंगभूपाल ने भी भोजराज के मत की चर्चा की है—पर पहले ने तो लगता है कि स. कं. देखा ही नहीं, अन्यथा वे 11 रसों के व्याख्याता के रूप में भोज का उल्लेख न करते। शिंगभूपाल की भी लगभग यही स्थिति जान पड़ती है। वीरेश्वर ने भोज की भाँति रसोक्ति को रमणीयतम

माना है। इस प्रकार भोज की श्रृंगार सम्बन्धी मान्यता का पोष पूर्ववर्ती एवं परवर्ती साहित्यिकों के विचारालोक में इस प्रकार किया जा सकता है।

उपर्युक्त अन्यान्य आलंकारिकों में से आनन्दवर्द्धन की कारिका को स्पष्टतः उद्धृत करके भोज ने अपना प्रेरणास्रोत तो स्पष्ट कर दिया है (यद्यपि 'स एव वीतरागञ्चेत्' की जगह 'स एव चेदशृङ्गारी' कर दिया है)–फिर भी वे काश्मीरिक आलंकारिकों की (खासकर अभिनवगुप्त आदि) रस-निष्पत्ति से सम्बद्ध अन्य मान्यताओं को स्पष्ट ही नहीं मानते। इसलिए अपनी स्थापना का सम्बन्ध वे इन लोगों से न जोड़कर सीधे अलंकारवादी आचार्य दण्डी से जोड़ते हैं। दण्डी की ही भाँति भोज भी 'रस' को अलंकार मानते हैं। दण्डी की ही भाँति काश्मीरियों की प्रतिष्ठित परम्परा से हटकर–यदि उनके टीकाकार नृसिंहभट्ट का वक्तव्य मान लिया जाए, तो सम्भव है कि वे यह भी मानते रहे हों कि वास्तव में 'रस' की स्थिति लौकिक पात्र-गत ही होती है–काव्य में वह गौण और परिभाषिक है। इस प्रकार दण्डी के प्रति आस्था रखकर या अपने मत को दण्डी–के अनुरूप स्थापित कर अपना प्रामाण्य स्थिर करनेवाले भोज दण्डी के रसवदलंकार से सम्बद्ध कारिका को उद्धृत करते हैं और उसकी अपने अनुरूप व्याख्या प्रस्तुत करते हैं–

ऊर्जस्वि रूढाहंकारः रसवद्रसपेशलम्।
प्रयः प्रियतराख्यानं युक्तोत्कर्ष च तत्त्रयम्॥

यद्यपि यहाँ दण्डी ने ऊर्जस्वी, रसवत् एवं प्रेयान्–तीन अलंकारों की चर्चा की है–पर भोज ने इसमें निहित सूक्ष्म संकेत को विषयीपरक दृष्टि से गृहीत किया है और बताया है कि दण्डी ने इस कारिका में एक ही रस की तीन कोटियाँ बताई हैं–परा, मध्यमा और उत्तरा कोटि। उनका कहना है कि दण्डी ने 'ऊर्जस्विरूढ़ाहंकार' द्वारा जो आशय व्यक्त करना चाहा है–वह इस प्रकार है–"अहंकार की पराकोटि उसकी वह (रूढ़ या) सूक्ष्म अवस्था है जिसमें तात्कालिक निमित्त के आ जाने से वासना विकसित होती है। इस विकास के फलस्वरूप तमोनिर्भेद होता है और तमोनिर्भेदवश स्थायी-से असंसृष्ट सुप्तावस्था के अनन्तर जगे हुए व्यक्ति की भाँति अभिमान प्रथम प्रादुर्भूत होता है। यही अहंकार है। यह अहंकार आत्मविशेषनिष्ठ होता है, जिसकी उत्पत्ति में उत्कृष्ट अदृष्ट ही निमित्त है। जन्म जन्मान्तर के अनुभव से उत्पन्न संस्कार ही इसकी जड़ मजबूत करते हैं। यही वह मूल बीज है जिससे आत्मगत समग्र उत्कृष्ट गुण उत्पन्न होते हैं। अभिमानियों के हृदय में मानमय विकार रूप में जागरित होनेवाले रस की यह परा कोटि है।"

दण्डी ने 'रसवद्रसपेशलम्' से रस की उस मध्यमाकोटि की ओर निर्देश किया है जिसके लिए प्रसिद्ध भरत सूत्र की उपादेयता है। विभाव, अनुभाव और संचारी से परिपुष्ट होनेवाले स्थायी भाव ही 'रूढ़ाहंकार' की मध्यमा कोटि हैं। इन्हीं के

लिए रसवदलंकार का प्रयोग किया जाता है। पराकोटि में जो अहंकार रत्यादि-निरपेक्ष और स्वरूपतः प्रतिष्ठित रहता है वही अपनी मध्यमाकोटि में रत्यादि से संसृष्ट होकर अनेकधा आविर्भूत होता है।

"प्रेयः प्रियतराख्यानम्"—द्वारा उसी अहंकार की 'उत्तमाकोटि' दण्डी ने कही है। उन्होंने यहाँ यह कहना चाहा है कि रति समस्त भावों में मूर्द्धन्य है—वह काष्ठापन्न स्थिति को जब पहुँचती है—तब मध्यमा कोटि की 'भाव रूपता' का अतिक्रमण कर जाती है और वही 'प्रेम' रूप में परिणत होती है। इस स्थिति में अन्य भाव भी काष्ठापन्न दशा में पहुँच जाते हैं—फलतः उनकी भी चरम परिणति रसात्मक रूप में ही हो जाती है। सभी भावों की काष्ठापन्न दशा में रसात्मक परिणति ही होती है—सबका पर्यवसान 'प्रेम' में ही होता है। प्रेम सर्वत्र व्याप्त रहने वाला तत्त्व है—तभी सभी भावों के प्रति यह कहा जाता है या कहा जा सकता है कि अमुक व्यक्ति रणप्रिय, अमर्षप्रिय, रतिप्रिय, हासप्रिय आदि है। यहाँ भेद की भूमिका में भी सर्वत्र प्रियता अनुस्यूत रहती है।

इस प्रकार भोजराज ने 'शृंगार' को एकमात्र रस माना और उसकी तीन कोटियाँ निर्धारित कीं। साथ ही यह भी बताया कि शृंगार, अहंकार, अभिमान और रस—ये सब परस्पर पर्याय हैं। ये चारों शब्द एक ही रस्यमान तत्त्व के विभिन्न पक्षों का स्पष्टीकरण करते हैं। उदाहरणार्थ, एक ही व्यक्ति के इन्द्र, शक्र एवं पुरन्दर ये तीन नाम हैं—पर तीनों व्यक्ति की तीन विशेषताओं पर प्रकाश डालते हैं—इन्द्र शब्द से उसकी ऐश्वर्यशालिता, शक्र से उसकी सामर्थ्य तथा पुरन्दर से पुरदारण की कर्तृता व्यक्त होती है। उसी प्रकार 'शृंगार' (शृंगं रीयते) शब्द यह सूचित करता है कि उसमें रस्यमान-तत्त्व की सबसे अधिक काष्ठापन्न स्थिति होती है। 'अभिमान' शब्द द्वारा उस मूल तत्त्व की वह विशेषता सूचित होती है जिससे दुःखप्रद वस्तु भी सुखात्मक अभिमत होती है। 'रस' तो स्पष्ट ही उस तत्त्व की रस्यमानना सूचित करता है। 'रस' शब्द का अर्थ यही एक तत्त्व है—न कि 9, 10, 12 या 49 भाव। वे सब समकक्ष हैं—वे सबके सब भावना का विषय होने के कारण 'भाव' ही कहे जा सकते हैं, रस नहीं। रस तो भावनापथ का अतिक्रमण करके निष्पन्न होनेवाला तत्त्व है—वह भावना के परे है। भावना का विषय वह मूल अहंकार तब होता है—जब अपनी अभिमानात्मिका वृत्ति द्वारा वह स्थायी या संचारी आदि भावों से संसृष्ट होकर तदाकार परिणाम प्राप्त कर लेता है। इनसे असंसृष्ट मूल स्थिति में वह भावना अगोचर रहता है। वही स्थिति रसात्मक है। इन चारों शब्दों में 'अहंकार' का अर्थ किया गया है—'येनाहं क्रियते'—जिसके द्वारा अहं का या स्वात्मा का बोध हो। जिस प्रकार वस्तु का निश्चयात्मक बोध बुद्धि के द्वारा सम्भव है—इसी प्रकार आत्मचेतना का निश्चायक अहंकार है। यही रस्यमान होकर रस कहा जाता है। वस्तुतः अभी इसका और भी स्पष्टीकरण आवश्यक है। अहंकार का यह स्वरूप

क्या किसी दर्शन से सम्भव है?

भोज की एक दार्शनिक कृति है—तत्त्व प्रकाशिका। यह द्वैतवादी सिद्धान्त-शैवागम के अनुसार लिखी गई है, उसमें 'अहंकार' का स्वरूप बताते हुए यह कहा गया है कि वह **संरम्भरूप** है। प्राणादि वायु का प्रवर्त्तक होने के कारण जीवन निमित्त भी माना गया है। इसे आत्मचेतना का निश्चायक या अहंबोध का निमित्त भी कहा गया है। यह 'अहंकार'—आत्माश्लाघा की वृत्ति नहीं, अहंबोध की स्थिति का बोधक है। सभी दार्शनिक यह मानते हैं कि इस 'अहंकार' के संघटक हैं—सत्त्व, रज एवं तम। द्वैतागमवादी इसका कार्य केवल प्रकाशन, करण एवं आवरण ही नहीं मानते प्रत्युत विभिन्न (भावन) भाव भी मानते हैं। जब भोज यह कहते हैं कि "यद्यपि शृंगार एव रको रसस्तथापि तत्प्रभवा एव रत्यादयः अभिमानः रत्यादीनां निमित्तम्।"—अर्थात् अहंकारात्मक शृंगार से ही रत्यादिभाव प्रसूत होते हैं—तो सम्भवतः वे उपर्युक्त दर्शन से प्रभावित हैं।

डॉ. राघवन् एवं श्री कान्तिचन्द्र पाण्डेय—दोनों ही मान्य विवेचकों ने भोजराज के 'अहंकार' को मूल 'काम'—या 'आत्मरति' 'आत्म-काम' के रूप में निश्चित किया है। देखना यह है कि 'अहंकार' से आत्मरति या आत्मकाम का आशय किस प्रकार लिया गया?

भोज यह स्वीकार करते हैं—'रसन्त्विह प्रेमाणमेवामनन्ति' अर्थात् रस तो 'प्रेम' को ही कहा जाता है, क्योंकि अन्ततः सभी भाव काष्ठापन्न स्थिति में 'प्रेम' पर्यवसित ही होते हैं। यही 'प्रेम' विभिन्न विषयों से सम्पृक्त होकर भेद की भूमिका में विभिन्न भावों के रूप में प्रतीत होता है और अपनी विषय-निरपेक्ष अखण्ड एवं अभेद की भूमिका पर एक होता है। यही अपने सूक्ष्म रूप में 'अहंकार' है—आत्म-रति या आत्म-काम है। इसी के कारण हम दुखात्मक वस्तुओं को भी सुखात्मक रूप में अनुभूत करते हैं। यद्यपि यह आत्मरति या आत्मकाम की मूल भावना प्राणिमात्र में रहती है, पर इसमें उस सात्त्विक वैशिष्ट्य का आविर्भाव सबमें नहीं रहता जिसके कारण रसात्मक आस्वाद आता है। यह वैशिष्ट्य तो कतिपय सत्त्वात्मा में ही होता है, जो जन्म-जन्मान्तर के पुण्यपाक वश आविर्भूत होता है। इसीलिए एक जगह 'अहंकार' को आत्मरति या आत्मकाम कहते हुए भी अन्ततः राघवन् को यही कहना पड़ता है—"Ahankar, a peculiar faculty with which a few blessed men are endowed", This is all definitely taken as Bhoja's, contribution", इसीलिए प्राणिमात्र में व्याप्त आत्मरति या आत्मकाम के पर्याय रूप में 'अहंकार' की स्थापना देते हुए विवेचकों को रस की दृष्टि से सीमित रसिक में विद्यमान अहंकार को 'सात्त्विक-अहंकार' कहना पड़ता है। अपनी सत्वोद्रिक्तता के कारण ही रस पुण्यलब्ध आत्मशक्ति का रसात्मक आस्वाद भी सम्भव है।

यह तथ्य तो विभिन्न पुराणों, वेदों, उपनिषदों से समर्थित है कि एक ही

मूल कामना या इच्छा विभिन्न विषयों में रंगकर नाना भावात्मक–परिणति प्राप्ति करती है। भरत भी कहते हैं–''प्रायेण सर्वभावानां कामान्निष्पत्तिरिष्यते'' प्रायः काम से ही समस्त भावों की निष्पत्ति हुई है। इस प्रकार समस्त आलंकारिक और दार्शनिक सन्दर्भ में बहुत कुछ परम्परा समर्थित होने पर भी कुछ इनकी अपनी नूतन उद्‌भावनाएँ हैं ही। वे इस प्रकार कही जा सकती हैं–

(1) अहंकार, शृंगार, अभिमान एवं रस-परस्पर पर्याय हैं।

(2) अहंकार आत्मरति या आत्मकाम का पर्याय होते हुए भी रसात्मक परिणति के लिए पुण्यपरिपाक जन्य सात्त्विकता सापेक्ष है। अतः सामान्यतः प्राणिमात्र में रहते हुए भी रसात्मक परिणति की दृष्टि से केवल रसिकमात्र ये ही रह सकता है।

(3) 'रस' तो केवल भावनातिक्रान्त तथाविध 'अहंकार' ही हो सकता है, शेष स्थायी भाव या संचारी भाव–सभी इसलिए समकक्ष हैं कि सभी भावनागोचर हैं। भावना गोचर होने के कारण या तो फिर सभी रस कह लिए जाएँ–या फिर सभी भाव। उचित यही है कि भावना भाव्य होने के कारण 'भाव' ही कहे जाएँ।

(4) अहंकार की तीन कोटियाँ हैं–पूर्वा, मध्यमा एवं उत्तमा। पहले में अहंकार सूक्ष्मावस्था होता है। दूसरे में वह भावात्मक खण्ड भूमिका पर आता है और तीसरे में प्रकर्षयुक्त होकर पुनः 'प्रेम' की आखण्ड भूमिका पर आ जाता है।

(5) आभावनोदयमनन्यधिया जनेन यो भाव्येत मनसि भावनया स भावः।
यो भावनापथमतीत्य विवर्तमानः साहंकृते हृदि परं स्वदते रसोऽसौ ॥

भोज की इस कारिका से भावास्वाद या रसास्वाद की प्रक्रिया पर भी प्रकाश पड़ता है। इसमें चार क्रम बताए गए हैं–

(1) **''अनन्यधिया''**–भावक की पहले सब तरफ से मुक्त होकर मूल भाव्य विषय पर आत्मकेन्द्रण करना पड़ता है।

(2) **''भावनया भाव्यते''**–केन्द्रण के अनन्तर भावना का व्यापार प्रारम्भ होता है।

(3) **''आभावनोदयं भावः''**–जब तक यह भावना व्यापार सक्रिय रहता है–तब तक भाव-दशा रहती है।

(4) **''भावनापथमतीत्य रसः''**–भेद या खण्ड की भूमिका पैदा करनेवाले भावों से असम्पृक्त स्वरूपतः अखण्ड सात्त्विक अहंकार का आस्वाद भावनाव्यापार से परे का है–वही स्थिति वस्तुतः रसास्वाद की है।

अग्निपुराण एवं रतिशृंगार सिद्धान्त

जैसा कि पहले कहा गया है कि विचारकों की धारणा है कि अग्निपुराण के इस अंश पर भोज का प्रभाव है–पर जब हम इसमें विवेचित रस-विमर्श को देखते हैं तो यह स्पष्ट जान पड़ता है कि जहाँ एक ओर दोनों में कई अन्तर हैं–वहीं दूसरी ओर पुराणोचित परिष्कार भी दिखाई देता है। पुराणोचित परिष्कार से हमारा तात्पर्य यह है कि भोज के विवेचन को इन्होंने काश्मीरी परम्परा से आती हुई अद्वैती विचारधारा का मेल करा दिया। पर यह अद्वैत शैवागम सम्मत न होकर वेदान्त-सम्मत है। भट्टनायक एवं अभिनव ने इस दिशा में संकेत दिया ही है। अग्निपुराणकार के रस विवेचन का निष्कर्ष यह है–

"उपनिषद् या वेदान्त में कहा गया है कि सृष्टि का मूल तत्त्व ही अक्षर, परमब्रह्म, सनातन, अज, विभु एवं चिदानन्दमय है। आनन्द उसी का स्वभाव है–जो कभी-कभी व्यक्त होता है। उसकी इसी 'व्यक्ति' को 'चैतन्य चमत्कार या रस' कहते हैं। इसी तत्त्व का आद्य विकार 'अहंकार' है, उससे अभिमानात्मिका वृत्ति उत्पन्न होती है–जिसके माध्यम से लोकानुभव होता है। इस अभिमान से 'रति' उत्पन्न होती है और वही रति व्यभिचारी आदि के संयोग से परिपुष्ट होकर शृंगार कही जाती है।"

इस विवेचन में भोज के 'अहंकार' को चिदानन्दमय ब्रह्म का प्रथम विकार कहा गया है। भोज ने 'अहंकार' को प्राकृत-विकार कहा था–और उसके सात्त्विक रूप की रसात्मक परिणति मानी थी। भोज ने इस प्रकार जहाँ रसात्मक परिणति की सीमा प्रकृति के सात्त्विक विकार 'अहंकार' को ही मान लिया है–वहाँ अग्निपुराणकार रस की आनन्दमयता को चिदानन्दमय ब्रह्म की 'व्यक्ति' मानते हैं और उसको आत्मा की भूमिका पर रखते हैं। पर यह 'व्यक्ति' कदाचित्क है–इससे यह निष्कर्ष निकाला जा सकता है कि वह नैमित्तिक है–जब वह निमित्त रहता है–तभी 'व्यक्ति' होती है। अग्निपुराणकार के मत से इस 'व्यक्ति' या ब्रह्म के 'सहजानन्दमय स्वभाव' के निरावरण के लिए दो चीजें अपेक्षित हैं–एक तो यह कि 'अहंकार' अपनी अभिमानात्मिका वृत्ति द्वारा रति (आदि) स्थायी भाव से संसृष्ट हो और दूसरा यह कि व्यभिचारी आदि से इसका सम्यक् योग हो। इस प्रकार अग्निपुराण की इस व्याख्या में जहाँ एक ओर 'अहंकार' का उल्लेख उसे भोजराज

के पास ले जाता है, वहाँ अक्षर ब्रह्म का अद्वैती वेदान्तियों के। इसी के साथ जब वे 'व्यज्यते' शब्द का प्रयोग करते हैं–तब आनन्दवर्द्धन और अभिनवगुप्त की व्यंजना का भी संकेत देते हैं। और 'व्यभिचार्यादि संयोगात्' द्वारा भरत सूत्र की भी याद दिलाते हैं। इस प्रकार अग्निपुराण की इस व्याख्या पर विभिन्न प्रभाव लक्षित होते हैं। भरत से इनका समर्थन वहाँ भी दिखाई पड़ता है–जहाँ 'रति-शृंगार को धर्म, अर्थ, काम एवं मोक्ष–में विभक्त किया गया है (धर्मार्थकाममोक्षेश्च शृङ्गार उपचीयते)।'

भोज से अग्निपुराण का अन्तर कई भूमिकाओं पर लक्षित होता है। पहला तो यह कि दार्शनिक दृष्टि से भोज सांख्य, न्यायदर्शन तथा सिद्धान्तशैवागम के अनुरूप कतिपय धारणाएँ व्यक्त करते हैं। सत्व का उल्लेख सांख्य के अनुरूप, बुद्धिसुखदुःखादि का आत्मगुण के रूप में उल्लेख न्याय के अनुरूप तथा अहंकार से विभिन्न भावनाओं की प्रसूति सिद्धान्तशैवागम के अनुरूप कहा जाता है। अग्निपुराणकार की दृष्टि अद्वैतदर्शन की ओर है। दूसरा अन्तर यह है कि भोज ने जहाँ 'अहंकार' को शृंगार कहा है और मूल रस माना है वहाँ इन्होंने 'रति' की परिपुष्ट स्थिति को 'शृंगार' कहा है। इसलिए इनका 'रति-शृंगार' भोज के 'अहंकार-शृंगार' से भिन्न है। तीसरे जहाँ भोज ने शृंगार की तीन कोटियाँ मानी हैं–वहाँ इन्होंने ऐसी कोई बात नहीं की है। चौथे, जहाँ भोज ने 49 भावों को भाव ही कहा है–वहाँ ये व्यभिचारी आदि से परिपुष्ट स्थायियों को रस की कोटि में रखना चाहते हैं। पाँचवें वे शृंगार की प्राथमिक एवं परवर्ती (पुष्टरति) दो स्थितियाँ बताते हैं–वहाँ ये पुष्टरति को ही शृंगार कहते हैं और कहते हैं कि शेष हासादि 'अहंकार' से नहीं परिपुष्ट 'रति' के ही प्रभेद हैं। हास आदि 'रति-शृंगार' के ही भेद हैं–जो सत्त्व सापेक्ष अपने-अपने स्थायी भावों से निष्पन्न होते रहते हैं। अग्निपुराण के 'तद्भेदाः काममितरे हासाद्या उपजायते'–इस कथन से यह भी स्पष्ट है कि वे रति-शृंगार के हास आदि का प्रभव मानते हैं जबकि भोज अपने 'अहंकार-शृंगार' से रति के साथ हास आदि 49 भावों को समुत्पन्न कहते हैं। संक्षेप में अग्निपुराणकार की यही धारणा है।

शारदातनय और रस-विमर्श

जिस प्रकार 'अग्निपुराण' पर अत्यन्त धुँधली समानता के कारण कतिपय विवेचकों ने भोज के साथ उसका भी विवेचन किया है, उसी प्रकार शारदातनय की भी व्याख्या इस सन्दर्भ में धुँधली समानतावश ही की जाती है।

भोज की भाँति ये अहंकार और श्रृंगार को पर्याय नहीं मानते। विपरीत इसके वे अग्निपुराण की भाँति 'रति श्रृंगार' सिद्धान्त को मानते हैं। वे मानते हैं कि

या चेयमिच्छा जगतां सिसृक्षोः परमात्मनः।
विषयात्क्ता रतिः सैव श्रृङ्गार इति गीयते ॥

मूल 'काम' या 'इच्छा' जगत् स्रष्टा परमात्मा की है। परमात्मा की जो इच्छा सृष्टि-निर्माण के मूल में रहती है—वह उस समय विषय का अभाव होने से निर्विषय या सर्वविषय रहती है। वही 'इच्छा' सृष्टि का निर्माण हो जाने पर विभिन्न सांसारिक विषयों से उपरोक्त होकर 'रति' कही जा सकती है—यही 'रति' अन्ततः 'श्रृंगार' कही जाती है। इसी के साथ उन्होंने यह भी कहा है—

मनसो ह्लादजननः स्वादो रस इति स्मृतः।
श्रृङ्गारस्य स युज्येत तस्य ह्लादात्मकत्वतः।
अन्येषां रसता प्रायःसिद्धा केनापि हेतुना ॥

अर्थात् मनोगत 'ह्लाद' का उत्पन्न होना ही 'स्वाद' है और उसे ही 'रस' कहा जाता है। 'रस' वस्तुतः श्रृंगार को ही कहना चाहिए, क्योंकि सर्वथा ह्लाद की स्थिति तो वहीं सम्भव है। अन्य तो औपचारिक रूप से रसकल्प होने से—रस कह दिए जाते हैं—वास्तविक रूप से नहीं। इस उक्ति में श्रृंगार के अतिरिक्त अन्य रसों को भाव मानने वाले भोज के समकक्ष शारदातनय पहुँच जाते हैं। फिर भी वे 'अहंकार' को श्रृंगार नहीं कहते। हाँ, इस सन्दर्भ में 'अहंकार' का उल्लेख अवश्य करते हैं। वे मानते हैं कि परमात्मा या आत्मा में ये तीन प्रभाएँ होती हैं—ज्ञानप्रभा, आनन्दप्रभा एवं कियाप्रभा। आन्तर ज्ञान सवं आनन्द स्वयं आस्वादमय या आस्वात्मा है। यह आनन्द या ज्ञान उन वाह्य वस्तुओं के सम्पर्क से अपने को अहंकार या अभिमान के रूप में अभिव्यक्त करता है—जिसका हमें अनुभव होता है, जिनके

सम्पर्क में हमारा मन आह्लादित होता है। क्रिया-शक्ति द्वारा ही जीव अपनी प्राणन-शक्ति प्राप्त करता है। वस्तुतः ज्ञान और आनन्द (जीवगत) सत्त्व के ही परिणाम हैं। त्रिगुणात्मिका प्रकृति से ही महान् अहंकार, अभिमान, पंचतन्मात्राएँ, दस इन्द्रियाँ और मन–सभी प्रकट हुए हैं। इस प्रक्रिया को मानकर शारदातनय ने यह कहा है कि 'अहंकार' की ही वृत्ति 'अभिमान' है। यही अभिमान तत्तद् इन्द्रियों के द्वारा गृहीत वाह्य विषयों से उपराजित होता है और विभावादि भेदवश श्रृंगारादि के रूप में परिणत होता है। अपने इस विवेचन में शारदातनय 'अहंकार' की बात करते हैं और भोजराज से मिलते-जुलते मालूम होते हैं।

भोजराज की भाँति वे भी कहते हैं कि अहंकार रसमात्र के अनुस्यूत रहने वाला मूल तत्त्व होता है। जब मन में रजोगुण उद्रिक्त रहेगा–तब वह सक्रिय होगा–अर्थात् किसी बाह्य वस्तु में प्रवृत्त होगा–यदि वह वाह्य वस्तु ललित स्वभाव की हुई तो वहाँ 'अहंकार श्रृंगार' कहा जाता है। इस प्रकार यद्यपि शारदातनय बहुत कुछ भोजराज के समकक्ष दिखाई पड़ते हैं–परन्तु भोज से इनका सर्वथा भेद भी द्रष्टव्य है। शारदातनय रस को एक मनोवृत्ति मान रहे हैं–जो भावनाराज्य के अन्तर्गत है–भोज इस स्तर की मनोवृत्ति को 'रस' नहीं कहते। वे तो भावनाराज्य से परे स्थायी असंसृष्ट 'अहंकार' को रस मानते हैं। दूसरी बात यह भी है कि अपनी इस विवेचना का मूल किसी अज्ञात 'योगमाला संहिता' को मानते हैं। यद्यपि डॉ. राघवन् उसमें सन्देह करते हैं। तीसरी बात यह भी कि शैवागम-सम्मत राग, कला एवं विद्या–जैसे तीन ऐसे तत्त्वों की भी चर्चा करते हैं, जिसका भोज ने कोई उल्लेख नहीं किया। यद्यपि ये तत्त्व शैवागम में उल्लिखित हैं–पर इनका जो स्वरूप बताया गया है–वह कुछ विलक्षण ही है। हो सकता है कि 'योगमाला संहिता' के अनुरूप उनका स्वरूप हो। वे मानते हैं कि ये सब आत्मस्थित गुण विशेष हैं–जिनसे जीवात्मा दुःखात्मक वस्तुओं को भी सुखात्मक रूप में ग्रहण करता है।

अभिनव गुप्त की रस व्याख्या के अनन्तर रस पर विचार करनेवाले दो कोटियों के दिखाई पड़ते हैं–एक तो आलंकारिक आचार्य और दूसरे साम्प्रदायिक या दार्शनिक आचार्य। अभिनव गुप्त के परवर्ती आलंकारिकों में भी दो प्रकार के हैं–एक तो वे जो भोजराज की भाँति अपना स्वतन्त्र राग अलापते हैं और दूसरे वे जो इनका 'अभिव्यक्तिवाद' मान लेते हैं। अभिव्यक्तिवादी व्याख्या को मानकर भी चलने वाले आचार्य दो तरह के दिखाई देते हैं–एक तो वे, जो अभिनव गुप्त की आगमिक पृष्ठभूमि को नहीं छोड़ते और दूसरे वे जो अद्वैत वेदान्त की पृष्ठभूमि पकड़ लेते हैं। एक दूसरी दृष्टि से पुनः ये लोग दो प्रकार की व्याख्याएँ–अभिव्यक्तिवाद को मानकर भी प्रस्तुत करते हैं–पहले वे लोग हैं–जो विभावादि प्रतीति के साथ अक्रमपूर्वक रसास्वाद को चित्तवृत्तिमयी स्थिति का मानते हैं और दूसरे वे हैं–जो विभावानुभावसंचारी की सम्मिलित प्रतीति के फलस्वरूप पर्यन्त में ही रसास्वाद की

स्थिति को स्वीकार करते हैं।

यहाँ हम पहले साम्प्रदायिक-दृष्टि से रस पर या भक्ति-रस पर विचार करनेवाले आचार्यों का मत प्रस्तुत करना चाहेंगे। साथ ही यह भी देखना चाहेंगे कि साहित्यिकों का उन पर क्या प्रभाव और साहित्यिक या आलंकारिक उनसे कहाँ तक प्रभावित हैं? इस प्रकार की पारस्परिक उपकृति के कारण ही काव्य-रस के प्रसंग साम्प्रदायिक-रस की विवेचना की जा रही है। गौड़ीय मत के साम्प्रदायिक विवेचक भी एक तरफ **औपपत्य-शृंगार** को सर्वश्रेष्ठ मानते हुए भरत की सहमति उद्धृत करते हैं–

बहु वार्यतेयतः सा यत्र प्रच्छन्नकामुकत्वं च।
या च मिथो दुर्लभता सा परमा मन्मथस्य रतिः ॥

और दूसरी तरफ आलंकारिक आचार्यों द्वारा निरूपित विभावादि पारिभाषिक पदावली और अन्य प्रक्रियाएँ भी गृहीत कर लेते हैं। भक्ति रस के सन्दर्भ में साहित्यिकों की साधारणीकरण वाली प्रक्रिया, लगता है–उपेक्षित कर दी गई है। वहाँ तो उपास्य या आराध्य आलम्बन–जिस विशिष्ट रूप का है–उसी रूप में प्रतीत हो–यही आवश्यक है। इस प्रकार जहाँ एक ओर साम्प्रदायिक, आलंकारिकों से प्रभावित हैं–वहाँ दूसरी ओर आलंकारिक भी साम्प्रदायिकों से प्रभावित हैं, क्योंकि 'साहित्यसार' प्रणेता अच्युत राय ने 'भक्ति' की रसरूपता स्वीकार की है–इतना अवश्य है कि उसे 'शान्त' से पृथक् नहीं माना है। वस्तुतः भक्ति के सम्बन्ध में आलंकारिकों और साम्प्रदायिकों का यही अन्तर है कि आलंकारिक साधनभक्ति को 'भाव' और साध्य-भक्ति को रस मानकर भी शान्त में ही अन्तर्भुक्त कर लेते हैं–जबकि साम्प्रदायिक 'शान्त' को भक्ति रस का एक प्रभेद मान लेते हैं।

जहाँ तक रस की साम्प्रदायिक व्याख्या के ऐतिहासिक उद्‌भव और विकास का सम्बन्ध है–साम्प्रदायिक और आलंकारिक–उभयविध वाङ्मय में इसकी चर्चा काफी पहले से चली आ रही है। एक तरफ शाण्डिल्य एवं नारद अपने-अपने भक्ति शास्त्रों में 'भक्ति' के रसात्मक स्वरूप का उल्लेख करते हैं और दूसरी तरफ दण्डी आदि आलंकारिक ही 'प्रेयान्' के रूप में उसका संकेत देने लगते हैं। शाण्डिल्य ने तो स्पष्ट ही कहा है–"द्वेषप्रतिपक्षभावाद् रस शब्दाच्च रागः"। इनसे टीकाकारों में स्वप्नेश्वर सूरि ने भी 'रसश्च रागः' कहा है और नारायण तीर्थ ने तो 'भक्तिचन्द्रिका' में मधुसूदन सरस्वती से प्रभावित होकर अपेक्षाकृत और लम्बा विचार किया है। काश्मीरी आगमिकों में उत्पलाचार्य ने भी अपने 'शैव स्त्रोत रत्नावली' में कहा है–

"जयन्ति भक्तिपीयूषरसासववरोन्मदाः"
आत्मारामाश्च मुनयो निर्ग्रन्था अप्युरुक्रमे।
कुर्वन्त्यहैतुकीं भक्तिमित्थंभूतगुणो हरिः ॥111

वैष्णवों के उपजीव्य ग्रन्थ भागवत में भी अभेद भक्ति या ज्ञानोत्तरा भक्ति की चर्चा आई है। इस प्रकार आलंकारिकों द्वारा दबे स्वर में और साम्प्रदायिकों द्वारा खुले स्वर में जिस 'भक्ति' का उल्लेख होता आ रहा था—अभिनव गुप्त में साहित्यिक दृष्टि से विवेचित हुआ है। 'अभिनव भारती' में इन्होंने कहा है—"एवं ते नवैव रसाः एवं भक्तावपि वाच्यम्"—अर्थात् रंजनाधिक्य एवं पुमर्थोपयोगिता की दृष्टि से रस नव ही हो सकते हैं—अन्य रसों का इन्हीं में से अन्तर्भाव हो जाता है। भक्ति के सम्बन्ध में भी यही बात है। निष्कर्ष यह कि 'भक्ति' की पृथक् रसरूपता वे नहीं मानते—शान्त ही में उसे अन्तर्भूत समझते हैं। अतएवेश्वरप्रणिधानविषये भक्तिश्रद्धे मतिस्मृतिधृत्युत्साहाद्यनुप्रविष्टेऽस्यैवांगानीति न तयोः पृथग् रसत्वेन गणनम्।" यद्यपि कुछ लोग कह सकते हैं कि "शान्त का स्थायी भाव निर्वेद या वैराग्य है और भक्ति का राग—फिर रागात्मिका भक्ति का विरागात्मक शान्त में अन्तर्भाव किस प्रकार? इसीलिए आनन्दवर्द्धन ने 'ध्वन्यालोक' में और अभिनव गुप्त ने उसकी टीका 'लोचन' में 'शान्त' का स्थायी भाव 'शम' माना है और शम की अभावात्मक व्याख्या करनेवालों का विरोध करते हुए उसे 'समस्ततृष्णाक्षयसुखात्मा' कहा है। अर्थात् बताया है कि 'शम' भावात्मक तो ही है—वह 'सुखात्मक' भी है। समस्त वाह्य विषयों से उपरति का भी एक सुख है, यही सुख 'शम' है। इस प्रकार रागात्मिका भक्ति और शमस्थायी शान्त—दोनों ही सुखात्मक प्रकृति के हैं—फलतः साहित्यिक दृष्टि से भक्ति का शान्त में अन्तर्भाव मान लेना अनुचित नहीं—सर्वथा उचित है। अभिनव ने 'अभिनवभारती' में इस 'शान्त का रस-विवेचन किया है और बताया है कि निर्वेद नहीं, शम ही शान्त का स्थायी भाव है।' यदि 'शम' के अर्थ में ही कोई निर्वेद का प्रयोग करता हो—तो कोई क्षति नहीं। तत्त्वतः तो अभिनव ने निर्वेद और वैराग्य में अन्तर बताया है। (फिर भी निर्वेद को वे स्थायी नहीं कहना चाहते।) अन्ततः तो अभिनव ने (तत्त्वज्ञान) शम को आत्मरूप मानकर ही उसे शान्त का स्थायी माना है। साथ ही यह भी बताया है कि वह अन्य रसों की भाँति अभिनेय भी हो सकता है। उन्होंने 'शान्त' को ही समस्त अन्य रसों का मूल स्रोत और विलयाश्रय कहा है। शम को स्थायी का स्थायी माना है। अस्तु, साहित्यिकों (और आगमिकों के) के मूर्द्धन्य आचार्य अभिनव गुप्त का यही शान्त के विषय में मत है।

इस प्रकार आलंकारिकों में साधन-भक्ति को सभी ने एक स्वर से 'भाव' कोटि का ही माना है। दूसरी ओर साम्प्रदायिक आचार्यों ने 'भक्ति' की ही रसरूपता पर विचार करना आरम्भ किया। 11वीं शती में श्रीधर स्वामी ने 'भागवत भावार्थ दीपिका' में भक्ति की रसरूपता पर विचार किया—पर वहाँ कोई विस्तार नहीं है। वे मानते हैं—

"शान्तः सप्रेमभक्तिकः"

13वीं शताब्दी में वोपदेव ने कदाचित् पहले-पहल भक्तिरस का थोड़ा अधिक विशदीकरण किया। इन्होंने अपनी कृति 'मुक्ताफल' में पहले तो नवों रसों को भक्ति में ही अन्तर्भूत किया और यह सिद्ध किया कि पूर्व स्वीकृत भावों में से ऐसा कोई भी भाव नहीं है, जिसमें भक्ति का अन्तर्भाव किया जा सके। भक्ति का स्थायी भाव है—'भगवन्मनोनिवेश'। इसी की निष्पत्ति रसात्मक होती है।

अद्वैत दर्शन के आचार्य मधुसूदन सरस्वती ने भी 'भगवद्भक्तिरसायन' में भक्ति-रस पर पुष्कल विचार किया है। उन्होंने एक ओर साहित्यिकों की रस-निष्पत्ति पर विचार किया है और दूसरी ओर उसकी तुलना में भक्ति-रस पर। उन्होंने बताया है कि रसानुभूति उसी की हो सकती है जिसकी चित्तवृत्ति द्रुतिशील हो। अद्रुतिशील चित्तवृत्ति वालों को रसास्वाद सम्भव नहीं। साहित्यिकों ने विभिन्न प्रकार की वासनाओं को 'स्थायी' माना है। मधुसूदन सरस्वती का विचार है कि द्रुतिशील चित्तवृत्ति वाले सहृदयों के अन्तःकरण का विषय से सम्बन्ध होने पर अन्तःकरण लाक्षा की भाँति पिघल जाता है और पिघला हुआ अन्तःकरण विषयाकार परिणाम प्राप्त करता है। इस प्रकार इनका यह विचार है कि द्रुतचित्तनिक्षिप्त वस्तु का आकार ही संस्कार, वासना या भावना शब्द से व्यवहृत होता है। अतः स्थायी भाव का तात्पर्य वस्तु का यही आकार (चित्तगत) समझा जाना चाहिए। अद्वैत वेदान्त मत के अनुसार अन्तःकरण पंचीकृत तन्मात्रा का परिणाम है—अतः पार्थिव तन्मात्रा के अंश में द्रुति सर्वथा सम्भव है—फलतः उक्त प्रक्रिया पर अद्वैत वेदान्त की सृष्टि-प्रक्रिया को ध्यान में रखकर कोई दोष नहीं निकाला जा सकता। कहा जा सकता है कि यदि 'वस्तु का आकार' ही स्थायी भाव है—तो आलम्बन और 'स्थायी भाव'—में अन्तर क्या होगा? इसका भी उत्तर देते हुए यह कहा गया है कि आलम्बन और स्थायी भाव में बिम्ब एवं प्रतिविम्ब का-सा अन्तर है। ग्राह्य वस्तु या उसका आकार यदि बिम्बस्थानीय है तो अन्तःकरण पर पड़ी हुई उसकी छाप प्रतिबिम्बस्थानीय है। अतः इस स्थापना में कोई अड़चन नहीं। इस प्रकार अन्तःकरण से प्रतिबिम्बित 'वस्तु का आकार' या 'तदाकाराकारित अन्तःकरण की वृत्ति' ही वस्तुतः किसी रस का स्थायी भाव है।

साहित्यिकों द्वारा निरूपित वे समस्त रस जिनका स्थायी भाव परमात्मा से भिन्न 'वस्तु का आकार' है—निश्चय ही उन सबमें 'जड़ता' का मिश्रण होगा। इस जाड्यविमिश्रित वस्तुगत आकार में सत्त्व, रज एवं तम—तीनों का मिश्रण होगा। फलतः जितनी मात्रा में सत्त्वोद्रेक होगा—उतनी ही मात्रा में आवरणभंग वश प्रकाशित आत्मानन्द अनुभूतिगम्य होगा। इसीलिए कान्ता आदि विषयों को लेकर न केवल साहित्य या काव्य में ही, प्रत्युत लोक में भी जो आनन्दाभूति होती है—वहाँ आनन्दांश का हेतु सुखचिद्घन आत्मरूप ही है। भेदमय जगत् में कार्य के आकार से स्वकीय माया वश वही सर्वत्र आवृत्त होकर स्थित रहता है। अद्वैत वेदान्तियों

ने तो माना ही है कि संसार की प्रायः प्रत्येक वस्तु में पाँच रूप प्रतीत होते हैं—सत्ता, प्रकाश, आनन्द, नाम एवं रूप। पहले तीन तो आत्मरूप हैं—जो सत्य का ज्ञान न होने से कहीं का कहीं जान पड़ते हैं। मायीय वस्तु में सत्ता की प्रतीति-अस्तित्त्व की झलक आत्मागत 'अस्तित्त्व' या सत्ता की झलक है। वह वस्तु का अपना धर्म नहीं है। जैसे, सन्निहित जवाकुसुम का आरुण्य दर्पण का आरुण्य भ्रमवश जान पड़ सकता है—वही स्थिति किसी भी मायीय वस्तुगत सत्ता, प्रकाश या आनन्दमयता की समझनी चाहिए। हाँ, नाम और रूप—दो चीजें अवश्य ऐसी हैं—जो मायीय वस्तु के अपने धर्म हैं। निष्कर्ष यह कि लौकिक या साहित्यिक—किसी भी वस्तु से जो सुखोपलब्धि है—वह आत्मगत या आत्मरूप सुख की ही मिश्रित उपलब्धि है मिश्रित उपलब्धि कहने का अभिप्राय यह है कि उस अनुभूति में आत्मा की प्रकाशानन्दमयता तो है ही, रज एवं तम अंश का भी मिश्रण है, प्राकृत सत्त्व का भी परिणाम है। फलतः चाहे साहित्यिक रस हो—या लौकिक—सर्वत्र ही **जाड्यविमिश्रित आनन्दांश** ही होगा—शुद्ध और केवल आनन्दांश की अनुभूति इनमें सम्भव नहीं है।

यद्यपि लौकिक एवं साहित्यिक—उभयविध अनुभूतियों में जाड्यविमिश्रित आनन्दमयता—ही होती है—इसीलिए दोनों एक ही प्रकृति के हैं—ऐसी बात नहीं। मधुसूदन सरस्वती—दोनों में अन्तर भी मानते हैं। एक अन्तर तो यह है कि लौकिक वस्तुएँ लौकिक उपादेयता या हेयता जैसे परिणामों की ओर ग्राहक की मनःस्थिति को शीघ्र मोड़ देती हैं—फलतः लोक में चित्तगत विक्षेप या चांचल्य या तो समाप्त नहीं होता या हुआ भी तो केवल तत्क्षण के लिए। पर साहित्य में लौकिक हेयता या उपादेयता से मन मुक्त रहता है। अतः उसके स्तर से यह कुछ परिष्कृत होता है। परन्तु विषय या आलम्बनगत सातिशयतावश साहित्यिक अनूभूति में भी तारतम्य मानते हैं। लौकिक अनुभूति से काव्यगत अनुभूति को पृथक् मानने का एक कारण वे और भी देते हैं—जिसके करुण आदि दुःखमय मनोवृत्तियों की सहृदयहृदय साक्षिक आनन्दरूपता समर्थित होती है। तर्क यों है—

बोध्यनिष्ठा यथास्वं ते सुखदुःखादिहेतवः।
बोद्धृनिष्ठावस्तु सर्वेऽपि सुखमात्रैकहेतवः ॥

अर्थात् लोकगत वाह्य वस्तुएँ अपनी-अपनी प्रकृतिगत संघटक विशेषता के कारण सुखात्मक या दुःखात्मक अनुभूति उत्पन्न करती हैं—पर वे ही भाव जब प्रेक्षक या सहृदयगत होते हैं—तब केवल सुखात्मक रूप से ही प्रतिक्रिया उत्पन्न करते हैं।

काव्यार्थनिष्ठा रत्याद्याः स्थायिनः संन्त्यलौकिका।
तद्बोद्धृनिष्ठास्त्वपरे तत्सभा अप्यलौकिकाः ॥ भ.र. 3/4

इस प्रकार साहित्यिक रस का निरूपण करते हुए उन्होंने बताया कि जिन

साहित्यिकों ने व्यंजित अन्य संचारियों के साथ देवादिविषयिणी रति को 'भाव' कहा है–उन लोगों का आशय यह है कि देवगण भी एक प्रकार के जीव ही हैं–अतः उनसे सम्बद्ध 'राग' भाव-कोटि का ही हो सकता है। परन्तु जहाँ एक परमात्मविषयक राग की बात है–उसे 'रस' कोटि का मानना ही चाहिए। अन्य क्षुद्ररसों के सामने भगवद्रति परिपूर्ण रसमयी है–अन्यरस यदि खद्योतप्रभ हैं तो भगवद्गति सूर्य की प्रभा की भाँति उनसे नितान्त बलवती है। साक्षात् सुखविरोधी क्रोध, शोक एवं भय आदि यदि रस कहे जा सकते हैं–और उनके अस्तित्त्व में अनुभव की दुहाई दी जा सकती है–तो उसी अनुभव के बल पर उसकी अपेक्षा सहस्त्रगुण आनन्दमयी भक्ति को रस क्यों नहीं माना जा सकता? जड़ लोगों की बात अलग है–पर थोड़ा भी समझदार इस तथ्य से विरत नहीं हो सकता।

'भक्ति' शब्द के दो अर्थ उन्होंने बताए हैं–1. भावव्युत्पत्ति द्वारा 2. करणव्युत्पत्ति द्वारा। भावव्युत्पत्ति द्वारा प्राप्त अर्थ है–''भजनमन्तःकरणस्य भगवदाकारतारूपं भक्तिः'' अर्थात् साध्यभक्ति का स्वरूप है–अन्तःकरण की वृत्ति की स्थिर भगवदाकार स्थिति। उन्होंने उसे और स्पष्ट करते हुए कहा है–

''द्रुतस्य भगवद्धर्माद् धारावाहिकतां गता।
सर्वेशे मनसो वृत्तिर्भक्तिरित्यभिधीयते ॥ (136)

भगवान के गुण श्रवण से काम-क्रोध आदि द्वारा द्रुत हुई ग्राहक की अन्तःकरणवृत्ति जब धारावाहिक रूप में भगवदाकार बनी रहती है–वही साध्य भक्ति का स्वरूप है। वेदान्त मत में विषयाकार परिणाम ही 'वृत्ति' शब्द का अर्थ माना जाता है। निर्गुण भक्तियोग का यही लक्षण है कि भगवान के विषय में भक्त की वृत्ति अविरल और अनवरत एक-सी प्रवाहित रहे। यही वृत्ति विभावादि के योग से सम्यक् रसरूपता को प्राप्त होती है। जहाँ स्वयं परमानन्दमय भगवान ही मनोगत होंगे–वहाँ परिणति भी आनन्दात्मक होगी–यही आनन्दात्मक परिणति ही तो रसानुभूति है। यहाँ अन्य साहित्यिक रसों की भाँति जाड्य का मिश्रण सर्वथा है ही नहीं। इस प्रकार भक्ति रस की परमानन्दरूपता निर्विवाद है। दूसरी व्युत्पत्ति 'भज्यतेऽनया सा भक्तिः' है–अर्थात् भक्ति शब्द का दूसरा अर्थ वे साधन हैं–जिनसे भक्त की वृत्ति भगवदाकार बन पाती है। यह साधन भक्ति रस नहीं है। साध्यभक्ति ही रस रूप है। 'रसो वै सः'–श्रुति इसी के लिए है। यहाँ नित्यसुख की अभिव्यक्ति है। म.स. ने इस भक्ति के दो रूप बताए–केवल एवं मिश्र। पहले के अन्तर्गत तीन हैं–विशुद्ध, वत्सल एवं प्रेयान् तथा श्रृंगार यदि अमिश्रित भी हो–तो भी वह बलवत्तर है और सबको आत्मसात् करे तो बात ही क्या?

मधुसूदन सरस्वती ने समाधिसुख की ही भाँति भक्तिसुख को स्वीकार किया था और मोक्ष की भाँति उसे भी एक स्वतन्त्र पुरुषार्थ माना था, परन्तु गोस्वामी बन्धुओं

ने समाधिगत ब्रह्मानन्दानुभूति से भक्तिसुख परार्द्धगुना से भी कहीं अधिक माना और कहा कि भक्ति सुखाम्भोधि के सामने तो वह कण बराबर भी नहीं है। यह भक्ति सुखाम्भोधि या भक्ति रस ही गौड़ीयमत के आचार्यों के यहाँ अधिकारी भेद से भिन्न-भिन्न रूप में विवेचित किया गया है। भक्तिरसामृतसिंधु में—शान्त, दास्य, सख्य एवं वात्सल्य के साथ मधुर का भी उल्लेख है—पर वहाँ 'मधुर' रस का स्वरूप विवेचन है। उसका कारण यह है कि जो अधिकारी भक्त तो हैं, पर 'भागवत-रति' से भी लौकिक-रति के साम्य वश पराङ्मुख रहते हैं—उनके लिए इसका कोई उपयोग नहीं है। इसीलिए यह दुरूह तथा रहस्यमय मानी गई है—फलतः उज्ज्वल नीलमणि में स्वतन्त्र रूप से भक्तिरसराज 'मधुर रस' का विस्तृत विवेचन किया गया है। इसके आश्रय विशिष्ट कोटि के सहृदय-भक्त ही हो सकते हैं। भक्त का स्वरूप बताते हुए जीवगोस्वामी ने कहा है—''तद्भावभावितस्वान्ताः कृष्णभक्ता इतीरताः'' अर्थात् भक्त वे हैं—जिनका अन्तःकरण भगवद्भाव से उद्वेलित हो। इनके अन्तःकरण में जो भगवद्भाव या कृष्णविषयिणी रति है—वही विभावादि से परिपुष्ट होकर 'मधुर' रस रूप को प्राप्त होती है। कृष्णरति या मधुरारति ही कृष्ण एवं मृगाक्षी के संभोग का आदि कारण है।

मिथो हरेर्मृगाक्ष्याश्च संभोगस्यादिकारणम्।
मधुरापरपर्याया प्रियतारव्योंदिता रतिः ॥

यद्यपि उज्ज्वल नीलमणि में यह कहा गया है कि यहाँ आलम्बन कृष्ण और उनकी वल्लभाएँ हैं। जीवगोस्वामी ने कहा है कि विद्वानों ने कृष्ण तथा कृष्ण-भक्तों को आलम्बन तो कहा ही है—आश्रय भी कहा है। इन दोनों उक्तियों की समन्वित व्याख्या यदि प्रस्तुत की जाए—तो कहा जा सकता है, जब गोपीभाव को भावनावश अपने अन्तःकरण में उतार लेनेवाला भक्त उस 'रस' का आश्रय हो सकता है, तो स्वयं गोपीगण क्यों नहीं आश्रय हो सकती हैं? और अन्ततः इस 'रति' का काष्ठापन्न रूप महाभाव स्वरूपा राधा कृष्ण, की ही तो चिन्मयी निजी ह्लादिनीशक्ति है—जो रसमयी है, तो उससे तादात्म्यापन्न कृष्ण क्यों नहीं रसाश्रय या रसात्मा होंगे? इसीलिए इनकी आलम्बन और आश्रय—उभयरूपता सम्भव है। अपने अचिन्त्यभेदाभेद वादी दर्शन के अनुसार ये लोग विष्णुपुराण के उस विवेचन को स्वीकार कर लेते हैं—जहाँ यह कहा गया है कि परतत्त्व की त्रिविध शक्तियाँ हैं—बहिरंगा, तटस्था एवं अन्तरंगा। अन्तरंगा की भी तीन विधाएँ हैं—संधिनी, संवित् एवं ह्लादिनी। मधुर रस का स्थायी भाव मधुरा रति ही प्रौढ़दशा को पहुँचाने पर 'महाभाव' दशा को प्राप्त होती है। वस्तुतः यह रति भी तीन प्रकार की कही गई है—साधारणी, समञ्जसा और समर्था। पहली द्विविध रति में स्वसुखार्थ भी उद्यम होता है, परन्तु अन्तिम 'समर्था' में सारा उद्यम केवल कृष्ण को सुखी बनाने की भावना से होता है।

वल्लभाचार्य ने भी 'काम' एवं 'प्रेम' का अन्तर बताते हुए यही कहा कि पहले में 'स्वमुख' की और दूसरे में 'तत्सुख' की भावना प्रधान रहती है। यही 'समर्था' रति अपनी प्रौढ़ दशा में 'महाभाव' अभिधा प्राप्त करती है–जिसे विमुक्त एवं श्रेष्ठभक्त भी ढूँढ़ते रहते हैं। इस 'रति' के दृढ़तावश कई स्तर होते हैं–प्रेम, स्नेह, मान, प्रणय, राग, अनुराग एवं भाव। साधारणी रति की सीमा है–प्रेमा रति, समञ्जसा की सीमा है–स्नेह से अनुराग पर्यन्त और समर्था 'भाव' रूपा होती है। इनमें से जिस स्तर का प्रेम जिसमें उत्पन्न होता है–उसी स्तर का उसके प्रति प्रेम कृष्ण में भी उदित होता है। इन सात स्तरों में से भी प्रत्येक स्तर के कई उपस्तर होते हैं–जैसे

1. प्रेम (इक्षुदण्ड की भाँति है) = तीन स्तर हैं–प्रौढ़, मंद एवं मध्य
2. स्नेह (इक्षुरस की भाँति है) = तीन स्तर हैं–कनिष्ठ, मध्यम, श्रेष्ठ
3. मान (गुड़ की भाँति है) = दो स्तर हैं–उदात्त एवं ललित
4. प्रणय (खण्ड की भाँति है) = दो स्तर हैं–मैत्र एवं सरव्य
5. राग (शर्करा की भाँति है) = दो स्तर हैं–नीलिमा एवं रक्तिमा–(कौसुम्भ माञ्जिष्ठ)
6. अनुराग (सिता की भाँति है) = विविध क्रियामय–परस्पर वशीभाव, प्रेमवैचित्य आदि।
7. भाव (सितोपला की भाँति है) = महाभाव स्वरूप के दो भेद–रूढ़ एवं अधिरूढ़ (मोहन, मादन)

रति की चरमकाष्ठा 'भाव' या 'महाभाव' की भी चरमपरिणति उसकी 'अधिरूढ़' दशा का 'मादन' नामक स्थिति है–जिसके लिए रूप गोस्वामी ने कहा है–

सर्वभावोद्गमोल्लासी मादनोऽयं परात्परः।
राजते ह्लादिनीसारो राधायामेव यः सदा॥ 202

यह 'मादन' योग है–जिसके विलासस्वरूप सहस्त्रविध लीलाएँ नित्य होती रहती हैं। इस लीला के विभिन्न रूप हैं–प्रकट लीला, अप्रकट लीला, कुंजलीला और उससे भी बढ़कर निकुञ्जलीला आदि। इस प्रकार की रति का परिपुष्ट रूप जो शृंगार है–वह भी दो प्रकार का है–दाम्पत्य एवं औपपत्य। यहाँ औपपत्य शृंगार ही सर्वश्रेष्ठ है। मधुरा रति के इस परिपुष्ट औपपत्य-शृंगार में पूर्व-पूर्व के भाव भी अनुस्यूत रहते हैं। अर्थात् इसमें शान्त, दास्य, सरव्य एवं वात्सल्य भी अन्तर्भूत रहते हैं।

इस प्रसंग में दो प्रश्न ये भी विचारणीय हैं कि इन लोगों द्वारा विरचित जो साम्प्रदायिक रंग के काव्य हैं–उनके अध्ययन से उत्पन्न होनेवाला रस तथा 'लीला'

में अनुभूत होनेवाला–रस एक ही प्रकृति के हैं या भिन्न? दूसरा प्रश्न यह है कि लीला का अभिप्राय क्या है और वह रसात्मक क्योंकर हो पाता है?

जहाँ तक साम्प्रदायिक दृष्टि से भक्त-कवियों द्वारा लिखे हुए काव्यों से रसनिष्पत्ति का सम्बन्ध है–वह सम्भव है। सम्भव इसलिए, एक तो वह उस कृति का ही मूल उत्स-भक्ति कवि की भक्ति-भावना है–दूसरे ग्राहक भी सहृदय और भक्त हैं–अतः अनुरूप संस्कार या कृष्णविषयिणी रति नामक स्थायी भाव उसमें स्थित ही है। फलतः भक्ति काव्यों के अध्ययन से भक्त मानस में भक्तिरस का आस्वाद सम्भव है। कीर्त्तन या लीलागर्भित पदगान से भक्तगण समाधिस्थ होते देखे गए हैं। भागवत को समाधि रचना कहा जाता है। शुक जैसे भक्त भागवत रस का पान करते-करते प्रतिश्लोक पर समाधिस्थ हो जाया करते थे।

'लीला-राज्य' में साधकों का प्रवेश सम्भव है। भगवान की लीला प्रकट एवं अप्रकट–दो प्रकार की है। दोनों ही उनकी महामाया का विलास है। कहा गया है–

''अस्या आवरिका शक्तिर्महामायाखिलेश्वरी''

इसी महामाया या योगमाया की अन्तर्भूता शक्ति माया है–वह भी दो प्रकार की है–जगतत्सृष्टि के लिए तथा कृष्णलीला के लिए। पहली अनित्य है–दूसरी नित्य। लीला-शोक विशुद्ध सत्त्वमय अप्राकृत लोक है–वहाँ का सब कुछ दिव्य या अप्राकृत है। वहाँ के समस्त सम्बन्ध स्वरूपतः चिदानन्दमय हैं। अतः वहाँ की आनन्दमयता स्वरूपतः सिद्ध है।

भक्ति-रस की चर्चा केवल अद्वैतवेदान्ती मधुसूदन सरस्वती या अन्य वैष्णव भक्तों तथा आचार्यों ने ही की है–सो नहीं, काश्मीरिक आगमिकों ने भी इस रस की चर्चा की है। म.म. पं. गोपीनाथ कविराज जी ने इस विषय की बड़ी ही सारगर्भित और महत्त्वपूर्ण विवेचना की है। शांकर अद्वैतवादी के अनुसार 'अद्वैत' का अर्थ है–द्वैत विरोधी एक ही तत्त्व की स्थिति और आगमिक-अद्वयवादियों का अद्वैत दो की समरस स्थिति है। शांकर अद्वयवाद के अनुसार भक्ति द्वैतमूलक है, पर यह तब निश्चय ही साधनरूपा अज्ञानमूलक भक्ति है–आगामिकों की अद्वयभक्ति ज्ञानमूलक भक्ति है। वारकरी सन्तों ने भी इसी ज्ञानोत्तरा भक्ति की चर्चा की है–निर्गुनिएँ सन्तों में भी यही अभेद-भक्ति है। यही साध्य-भक्ति है। शांकर अद्वैती मधुसूदन 'भगवदाकार अन्तःकरण की वृत्ति'–को साध्य-भक्ति कहते हैं। मेरे पास कोई प्रमाण नहीं है जिससे यह सिद्ध कर सकूँ या बता सकूँ कि इनकी भक्ति आहार्य द्वैतमूलक अतः आगमिकों की ही भाँति है–या अनाहार्य द्वैतमूलक? वैसे मधुसूदन सरस्वती स्वीकार करते हैं कि 'भक्ति' मोक्ष की ही भाँति पाँचवाँ पुरुषार्थ है। दूसरे निर्गुण भक्तियोग की भी चर्चा की है (भ.र. 137) है। शंकराचार्य का

निम्नलिखित श्लोक (यदि वह उन्हीं का है) अवश्य ज्ञानोत्तरा (आहार्यद्वैतमूलक) भक्ति का, अद्वैती भक्ति का संकेत देता है।

सत्यपि भेदापगमे नाथ तवाहं न मामकीनस्त्वम्।
सामुद्रो हि तरंगः क्वचन समुद्रो न तारंगः ॥

आगमिक तो भक्ति एवं ज्ञान का समरसीभाव को ही 'पूर्णता' की उपलब्धि मानता है। वे आहार्यद्वैतमूलक भक्ति को समर्थना देते हैं। भक्ति के लिए–भक्ति-रस के लिए 'द्वैत' की आवश्यकता बताते हैं–चाहे वह वास्तव में हो या अवास्तव। आगमिक, शंकर उसे (साध्य-भक्ति को) आहार्यद्वैतमूलक ही मानते हैं। शंकराचार्य ने ऊपर कहा है कि भेदापगम हो जाने पर भी अद्वय की स्थिति आ जाने पर भी जो जीव और परमात्मा का सम्बन्ध है–वह वैसा ही है जैसा समुद्र और तरंग का–फिर भी तरंगे ही समुद्र की कही जाएँगी, न कि समुद्र तरंगों का। गौड़ीय भक्त दार्शनिकों ने भी स्वीकार किया है कि 'आत्माराम' भी इस साध्यभक्ति के लिए–भक्ति के रस के आस्वाद के लिए–लालायित रहा करते हैं–इससे यह निष्कर्ष निकाला जा सकता है कि ये अचिन्त्यभेदाभेदवादी दार्शनिक ज्ञानोत्तर भक्ति स्वीकार करते हैं–आगमिक प्रभाव इन पर भी अवश्य है। परन्तु एक बात गौड़ीय भक्तों एवं आगमिकों के बीच अन्तर के रूप में अवश्य उल्लेखनीय है और वह यह हैं कि आगमिक भक्ति रस स्वीकार करते हैं–पर भक्ति का मूल रूप वे 'दास्य' ही मानते हैं और उसे कल्पित द्वैत के धरातल पर आस्वाद्य मानते हैं–''भक्त्यर्थं कल्पितं द्वैतमद्वैतादपि सुन्दरम्''। समरस या अद्वय की स्थिति पर पहुँच जाने के बाद भी भेद की कल्पना का प्रयोजन? प्रयोजन कुछ नहीं केवल 'स्वभाव का स्वरस'। गौड़ीय भक्तों ने भी तथाविध वासना को ही कारण बताया है। आगमिकों में भी 'शान्त' के बाद ही 'दास्य' का उन्मेष माना गया है। 'शान्त' वास्तविक दास्यात्मक भक्ति के उन्मेष की पूर्वावस्था है–वहाँ दास्यात्मक भक्ति का आहार्य द्वैत पूर्णतः परिस्फुटित नहीं रहता। चैतन्य मत वाले 'सख्य', 'वात्सल्य' एवं 'माधुर्य' भी मानते हैं–पर जहाँ एक ओर आगमिकों का 'दास्य' भाव 'माधुर्य' तक में अनुस्यूत है–उसी तरह चैतन्य मत सम्मत 'माधुर्य' की अन्ततः फलरूप में आभासात्मक स्थिति यहाँ भी स्वीकार्य है। दूसरे इन्हीं चैतन्यानुयायियों ने कहा है–कृष्णदास अभिमाने ये आनन्दसिन्धु कोटि ब्रह्मसुख न हे तार एक बिन्दु मुनि से चैतन्यदास आर नित्यानन्द–दास भाव सम न हे अन्यत्र आनन्द (चै.च. 154) भागवान में भी दासाभाव की महिमा है (1/5/16 भागवत) जहाँ तक साहित्यिक आलंकारिकों का सम्बन्ध है वे 'शान्त' को तो 'रस' मानते हैं–पर 'भक्ति' के विषय में विसम्मत हैं। स्वयं अभिनव उसे स्वतन्त्र रस के रूप में स्वीकार नहीं करते–'शान्त' रस के अन्तर्गत ही मानते हैं, साधनभक्ति को तो सर्वदा वे 'भाव' कोटि का ही मानते

हैं—पर 'साध्य भक्ति' को रसात्मक मानकर भी 'शान्त' से पृथक् उसका अस्तित्त्व मानना नहीं चाहते। साहित्यसार प्रणेता अच्युतराय ने इसकी विशद विवेचना प्रस्तुत की है और यही माना है कि साध्यभक्ति शान्त रस के अन्तर्गत है और साधनभक्ति 'भाव' रूप है। भक्त दार्शनिक शान्त को स्वयं भक्ति का एक भेद मानते हैं। इसके मूल में दोनों का दृष्टिभेद है। अभिनवगुप्त या आनन्दवर्द्धन के अभिप्राय को स्पष्ट करते हुए हेमचन्द्र ने शान्त रस के विषय में साहित्यिकों का अभिमत स्पष्ट किया है। उन्होंने बताया कि शान्त या स्थायी 'शम' है और शम 'समस्ततृष्णाक्षय' जनित 'सुख' है। यह 'सुख' आत्मस्वरूप ही है—जो सत्त्वसमुद्रेक वश होनेवाली 'स्वरूपस्थिति' के कारण अनुभूत होता है। हर सहृदय को सांसारिक अभावों की पूर्ति वेला में इस सुख का समय-समय पर बोध होता रहता है—फलतः इसका अपलाप नहीं किया जा सकता है। प्राकृत भूमिका के सहृदय भी इसका अनुभव करते हैं—अतः शान्त के साधनों के अभिनय या वर्णन से उसका परितोष भी सम्भव है। भक्ति को भी इन आगमिकों ने माना है कि वह आवरणभंग जनित आत्मरूप का समुन्मेष ही है। आत्मा का चिद्रूप यदि 'ज्ञान' है—तो आनन्दरूप-भक्ति। अतः आत्मस्वरूप में दोनों का सामरस्य है। पर साहित्य में प्राकृत सहृदय द्वारा भी 'शान्त' के ही रूप में 'भक्ति' का उल्लेख किया जा सकता है। साहित्य की सीमा में यही सम्भव है। साम्प्रदायिक या साधक भक्त 'भक्ति' की प्रधानता स्वीकार करेंगे ही—निष्कर्ष यह कि शान्त में भक्ति को साहित्यिक अपनी काव्योचित सीमा को ध्यान में रखकर मानेंगे, जबकि दार्शनिक 'भक्ति में शान्त' को रखकर अपनी रुचि और दृष्टि का परिचय दे सकेंगे।

कविकर्णपूर गोस्वामी ने अपने 'अलंकार कौस्तुभ' में 'प्रेम-रस' को ही मूर्द्धन्य माना है और उसी में सब रसों को समाहित किया है—कहा है—

> **उन्मज्जन्ति निमज्जन्ति प्रेम्ण्यखण्डरसत्त्वतः।**
> **सर्वे रसाश्च भावाश्च तरंङ्गा इव वारिधौ ॥** (132)

इन्होंने प्रेम को अंगी और श्रृंगार को अंग माना है। जो भी हो, अन्ततः विचार करने से साहित्यिकों और भक्तों में जो विरोध प्रतिभासित होता है—वह दृष्टिभेद वश है—भूमिका भेद वश है।

अभिनवगुप्त के अनन्तर यद्यपि एक तरफ अहंकार श्रृंगार-सिद्धान्त जैसी व्याख्याएँ आईं और दूसरी तरफ साम्प्रदायिक भक्ति रसपरक विवेचनाएँ—पर आलंकारिकों द्वारा कोई व्याख्या स्वीकृत हुई—तो वह अभिनवगुप्त की 'अभिव्यक्तिवादी' व्याख्या ही। परन्तु परवर्ती आचार्यों ने अभिनवगुप्त की दार्शनिक पृष्ठभूमि बदल दी—जिसकी चरम परिणति पण्डितराजजगन्नाथ द्वारा यदि प्रस्तुत मम्मट या अभिनवगुप्त के मत को प्रस्तुत करने में दृष्टिगोचर होती है। पण्डितराज ने कुल

11 व्याख्याएँ प्रस्तुत की हैं—जिनमें से तीन का सम्बन्ध तो भरतसूत्र से कथपति बिठाया ही नहीं जा सकता, शेष 8 का सम्बन्ध भरतसूत्र से प्रदर्शित किया जा सकता है। उन आठ मतों में भी चार मत तो पूर्ववर्ती लोल्लट, शंकुक, नायक एवं अभिनव जैसे प्रसिद्ध व्याख्याकारों के ही हैं, शेष रहे चार। उनमें से एक का मत है कि विभावादि तीनों मिलकर रसात्मक परिणति प्राप्त करते हैं। तीनों में जो चमत्कारकारी हो—वही रस है। तीसरा मत 'नव्य' का कहा गया है जिसमें यह बताया गया है, कि वेदान्तियों की अनिवर्चनीय ख्याति का सहारा लेना रस-व्याख्या के लिए अनिवार्य है। उसमें कहा गया है कि काव्य या नाट्य में सहृदयता वश एक ऐसी रसोपयोगी 'भावना' उत्पन्न होती है—जिसके कारण पाठक अपने को आश्रय या नायक से अभिन्न समझ लेता है और तब नायक के आलम्बन उसके अपने आलम्बन हो जाते हैं—इस प्रकार इस मत में 'साधारण्य' की आवश्यकता ही नहीं है। इस प्रकार कल्पितनायकत्व से ढँकी हुई अपनी आत्मा में उसी प्रकार साक्षिभास्य आलम्बन विषयिणी अनिर्वचनीय रति आदि भावों की रसात्मक उत्पत्ति होती है जिस प्रकार अज्ञान से ढँके हुए शुक्तिका खण्ड में रजत खण्ड की। चौथा मत ऐसा है जो तीसरे मत वालों की भाँति न तो अनिर्वचनीय ख्याति का और न तो व्यंजनाव्यापार का सहारा लेता है, परन्तु उपर्युक्त 'भावनात्मक' दोष की सत्ता अवश्य स्वीकार करता है जिसके कारण वह मानता है कि पाठक नायक से उक्त दोष जनित भ्रम वश अपने को अभिन्न मान लेता है—काव्यार्थ की भावना वश वह रसमय नायक से अपने को अभिन्न समझता है। यही समझ समझी जानेवाली वस्तु की लोकोत्तर विशेषता वश रस कही जाती है।

कुछ लोग मानते हैं कि इन चारों मतों में से तीसरा मत ही पण्डितराज का अपना मत है, क्योंकि 'नव्या' का मत कहा गया है। परन्तु विचार करने पर यह बात समुचित प्रतीत नहीं होती। 'नव्याः' प्रतीक द्वारा वे अन्य लोगों का भी मत प्रस्तुत करते हैं, जैसे—अप्पय दीक्षित के ही मत को उसी रसगंगाधर में उन्होंने एकत्र 'नव्याः' प्रतीक से कहा है। दूसरे जिन-जिन स्थलों पर रस की प्रयोगिक योजना और व्याख्या की है—वहाँ इस व्याख्या का उन्होंने अनुसरण नहीं किया। अतः मनीषियों की तो धारणा यह है कि पण्डितराज की आस्था मम्मट एवं अभिनवगुप्त के मत में ही है, परन्तु श्रुति (रसो वैः सः) के अनुरोध से थोड़ा संशोधन उन्होंने प्रस्तुत किया है। अर्थात् जहाँ अभिनव गुप्त ने यह माना था कि चित् संवलित स्थायी रस है, वहाँ पण्डितराज ने कहा—स्थायी विशिष्ट चित् ही रस है—एक ने रस में जहाँ स्थायी को प्रधानता दी, वहीं दूसरे ने श्रुति का अनुरोध मानकर 'चित्' को प्रधानता दी।

दूसरी बात जो पण्डितराज के विषय में कहना है—वह यह है कि उन्होंने मम्मट एवं अभिनव की रस व्याख्या पर अद्वैत वेदान्त का रंग किस प्रकार चढ़ाया

है? मम्मट की रस सम्बन्धी मूल पंक्ति है–

"व्यक्तः स तैर्विभावाद्यैः स्थायी भावो रसः स्मृतः।"

अर्थात् विभावादि के द्वारा व्यक्त विभावादि संवलित स्थायी भाव ही रस है। 'व्यक्त' का अर्थ है–व्यक्तिगोचर और व्यक्ति का 'भग्नावरणचित्'। अर्थात् होता है–स्थायी भाव ही रसात्मक रूप से परिणत, परन्तु जब वह चित्-प्रकाश्य हो। चित् प्रकाशक तभी होगा जब स्थायी (प्रकाश्य) और चित् (प्रकाशक) के बीच का आवरण भग्न हो जाए। आवरण भग्न होने के लिए 'अलौकिक व्यापार' (व्यंजना) स्वीकार किया गया है, उस अलौकिक व्यापार को सक्रिय करने के लिए विभावादि की सम्मिलित प्रतीति आवश्यक है। इन विभावादिकों की उपस्थिति समुचित और ललित सन्निवेश से चारु जान पड़ने वाले काव्य द्वारा होती है। और काव्योचित ग्रहण सहृदयता सहकृत भावना-विशेष वश होती है। इस प्रकार काव्योपस्थापित तथा भावनागृहीत विभावादि की सम्मिलित प्रतीति के फलस्वरूप उदित अलौकिक व्यापार के जब चित् का (स्थायी विषयक) आवरण भंग हो जाता है–तब वह उस दीप का-सा हो जाता है, जिस पर वे शराव (कसोरा) का ढक्कन हटा दिया गया हो–फलतः जिस प्रकार वह निरावृत दीप अपने स्वरूप को प्रकाशित करता ही है–सन्निहित पदार्थों को भी प्रकाशित करता है–वही स्थिति निरावृत्त चैतन्य की भी हो जाती है। वह स्वस्वरूपभूत आनन्दांश को तो प्रकाशित करता ही है–स्थायी को भी प्रकाशित करता है। इस प्रकार विभावादि संवलित स्थायी तथा आत्मा का चिदंश एवं आनन्दांश–इन सबकी सम्मिलित प्रतीति ही रस-प्रतीति है। इस प्रकार चिद्विशिष्ट स्थायी ही मम्मट एवं अभिनवगुप्त के मत से रस-प्रतीति का स्वरूप है।

पण्डितराज ने 'रसो वै सः'–इस श्रुति का अनुरोध स्वीकार करते हुए उपर्युक्त निष्कर्ष में यह संशोधन करना चाहा है कि 'चिद्विशिष्ट स्थायी'–नहीं, बल्कि 'स्थायी-विशिष्ट चित्' ही रस है। पहले मत में 'चित्' को विशेषण और दूसरे संशोधित पक्ष में 'स्थायी' ही विशेषण और 'चित्-विशेष्य' है। निष्कर्ष यह है कि जहाँ मम्मट एवं अभिनव 'स्थायी' को प्रधानता दे रहे हैं–वहाँ पण्डितराज 'चिद्'[1] को। परन्तु पण्डितराज के अनुसार भरत का अभिप्राय कहाँ तक स्पष्ट होगा–जहाँ

---

1. पण्डितराज ने रस की एक दूसरी प्रक्रिया भी प्रस्तुत की है–जिसमें बताया गया है कि रस-प्रतीति का प्राण है–शीघ्रतापूर्वक प्रतीति। (विभावादि सम्मिलित प्रतीति-सापेक्ष) एक 'अलौकिक व्यापार' की रस-प्रतीति के लिए कल्पना–विलम्बकारी होने के कारण निरर्थक है। अतः मानना यह चाहिए कि विभावादि-प्रतीति के साथ-साथ रस-प्रतीति होने लगती है। यह स्थिति समाधिगत योगी की उस चित्तवृत्ति से तुलनीय है–जो स्वरूपानन्दाकार होती है। रसात्मक स्थिति में इतना ही विशेष है कि यहाँ की स्थायी से उपहित स्वस्वरूपानन्दाकार चित्तवृत्ति उत्पन्न होती है।

लिखा गया है कि स्थायी भाव ही रस है? वैसे तो 'रसनं रसः' जैसी व्युत्पत्ति के आधार पर पार्यन्तिक रूप में अभिनव ने भी चिन्मयी विमर्श शक्ति को ही शुद्ध रूप में रस कहा है।

आधुनिक युग

यद्यपि पण्डितराज जगन्नाथ के बाद भी अच्युतराय, कर्णपूर गोस्वामी आदि अनेक प्रौढ़ आलंकारिक हो गए हैं, परन्तु कोई अनाविष्कृत नवीन वैचारिक पृष्ठभूमि उनके द्वारा प्रस्तुत की गई हो—ऐसी बात नहीं। भारतीय चिन्तन धारा के आधुनिक युगीन चिन्तकों में चिन्तनफलक विस्तृत हुआ, नवीन सरणि गृहीत हुई, विज्ञान-विधाओं की सहायता ली गई। इन आधुनिक चिन्तकों में एक ओर तो डॉ. भगवानदास, पण्डित केशवप्रसाद मिश्र, (पण्डित चन्द्रबली पाण्डेय) आदि हैं—जिन लोगों ने पातञ्जल दर्शन का भी सहारा लिया है। पूर्ववर्ती व्याख्याकारों ने अप्रस्तुत रूप में 'समाधि' की चर्चा अवश्य की थी, परन्तु प्रस्तुत रूप में उसका विनियोग या विचार नहीं किया गया था। 'अभिनव भारती' में प्रसंगगत कतिपय योग सूत्रों का उल्लेख अवश्य किया गया है।

'द्विवेदी-अभिनन्दन-ग्रन्थ' में डॉ. भगवानदास ने 'रस-मीमांसा'—शीर्षक एक लेख लिखा है, जिसमें उन्होंने यह प्रतिपादित किया है कि 'अस्मिता' ही रस है। यह समस्त विशेष रसों में व्याप्त एक तत्त्व है—'रस' यदि 'परा' जाति है तो नवभेद में से प्रत्येक उसकी अपरा जाति। अपरा जातियों के भी व्यक्तिशः (हास्य के छः भेदों की भाँति) अनेक भेद सम्भव हैं। अपने इसी उपर्युक्त आशय को स्पष्ट करते हुए आगे यह बताया है कि अबुद्धिपूर्वक—अनिच्छिापूर्वक—'स्वाद' नहीं, किन्तु बुद्धिपूर्वक, इच्छापूर्वक आस्वाद की अनुशमी चित्तवृत्ति का नाम 'रस' है। भाव (Emotion) का अनुभव—आवेग का अनुभव रस नहीं है, किन्तु उस अनुभव का स्मरण, प्रतिसंवेद, आस्वादन, रसन—रस है (भावस्मरणं रसः) और आस्वादन का रूप यह है—मैं क्रोधवान् हूँ, मैं करुणावान् हूँ, मैं शोकवान् या अनुशोकवान् हूँ अर्थात 'मैं हूँ'—यही रस का सारतत्त्व है। 'व्यवसायात्मक' ज्ञान तो पशु में भी है, पर 'अनुव्यवसायात्मक' का परिस्फुट रूप तो मानवगत ही है—फलतः 'मैं हूँ'—गर्भित अनुव्यवसायात्मक ज्ञान की मानव में स्थिति होने से 'रस' की स्थिति उसी में पुष्कलरूप से मानी गई है। विभिन्न दर्शनों में इसी को अनुव्यवसाय (ज्ञान, इच्छा, क्रिया का फलात्मक बोध) प्रतिसंवेदन, प्रत्यभिज्ञान, प्रत्ययानुपश्यता, निजबोध, प्रत्यक् चेतना एवं आलयविज्ञान कहा जाता है—सामान्यतः ये सभी निर्विशेष, अखण्ड, एकरस एवं अन्तर्मुखीन वृत्ति के ही अर्थ में प्रयुक्त हैं। इस 'मैं हूँ'—में जो आनन्द का अंश है—वही रसबुद्धि है, वही रस का पर्याय है। 'अहमस्मि'—यही सन्मय, चिन्मय, आनन्दमय—रस है। आत्मा का अनात्मा के बहाने आस्वादन—नटन

है—अतः नाटक श्रेष्ठ काव्य है।

'अहम्' आत्मा का अपरोक्ष नाम है। तन्त्र शास्त्र के अनुसार 'अहम्' के अन्तर्गत सर्वस्व है—अतः वह भूमा हैं, भूमा ही सुख है—निरपेक्ष आनन्द है। 'अहं' की इस विश्वम्भरता या भूमा के आस्वादन से बढ़कर और कौन-सा आनन्द हो सकता है। इस 'अहम्' में अस्मि' में आनन्दांश 'रस' है—यही कहा गया है। यहाँ ध्यान में यह रखना चाहिए कि 'अहं परमात्मा एवं जीवात्मा—दोनों का बोधक है, यद्यपि दोनों में भेद उपाधि मात्र है—इसी प्रकार 'अस्मिता' का भी सम्बन्ध दोनों से है—जीवात्मा से भी और परमात्मा से भी। विद्या और अविद्या—परमात्मा में भी है, जीवात्मा में भी, परन्तु जीवात्मा में जो अविद्या है—उससे देहात्मबोध की भावना दृढ़ है, परमात्मा की अविद्या इस प्रकार का देहात्मबोध पैदा करनेवाली नहीं है। अविद्या पंचपर्वा है—अविद्या, अस्मिता, राग, द्वेष और 'अभिनिवेश'। विद्या के साथ रखनेवाली पारमार्थिक या पारमात्मैक अस्मिता है, पर अविद्या के साथ रहनेवाली अस्मिता जैवात्मिक या व्यावहारिक है। 'अहमेन व मत्तोऽन्यत्'—यह विद्या और 'देहात्मबोध' अविद्या है।

पारमार्थिक 'अस्मिता' पारमार्थिक रस या ब्रह्मानन्द है और व्यावहारिक अस्मिता लौकिक काव्य साहित्य से सम्बन्ध रखनेवाले 'आनन्द' का पर्याय है। इसी दृष्टि से विवेचन का फल है कि साहित्यदर्पणकार की कारिका का उन्होंने निम्नलिखित ढंग से संशोधन किया—

सत्त्वोद्रेकादखण्डस्वप्रकाशानन्दरूपकः।
वेद्यांतरस्पर्शयुतो ब्रह्मास्वादविवर्त्तकः।
असामान्यचमत्कारप्राणः सहृदयैरिह।
स्वाकारवदभिन्नत्वे नायमास्वाद्यते रसः॥

इनके मत में साहित्यरस ब्रह्मास्वाद का सहोदर नहीं, नकल है प्रतिबिम्ब (उलटा) है।

जीवात्मक मनुष्य की अस्मिता से राग-द्वेष लगे हुए हैं—एक ही अस्मिता या अहंकार से इस राग-द्वेष मय द्वन्द्व की उत्पत्ति हुई है। देहात्मबोध में निहित अविद्या के साथ जो 'अस्मिता' के पोषक हैं—उनकी ओर 'राग', 'काम' और 'आकर्षण' तथा जो विरोधक हैं—उनसे द्वेष, क्रोध एवं आकर्षण तत्काल उत्पन्न होते हैं। ठीक कहा है—

(महाभारत)

मुनेरपि वनस्थस्य स्वकर्माण्यनुतिष्ठतः।
उत्पद्यन्ते त्रयः पक्षाः मित्रोदासीनशत्रवः॥

'अहं' की वृद्धि (भूमा का अनुभव) ही सुख है और ह्रास-दुःख।

सर्वं परवशं सुखं सर्वमात्मवशं सुखम् ॥

परन्तु सुख, दुःख सापेक्ष एवं सातिशय हैं—निरपेक्ष एवं निरतिशय नहीं। इस प्रकार इनका रस-सम्बन्धी विवेचन साहित्य की सीमा का ध्यान न रखकर दर्शन-मुखर हो गया है।

इस रस सम्बन्धी इस विवेचन में कई निराकरणीय बातें कही गई हैं—उनमें से पहली बात यह है कि 'अस्मिता' ही रस है। अपने अभिप्राय को स्पष्ट करते हुए डॉ. साहब ने कहा है कि भाव (Emotion) का अनुभव नहीं, स्मरण रस है और समस्त विध भावस्मृतियों में अनुस्यूत एक तत्त्व है—अहन्ता या अस्मिता। यद्यपि यह 'अहन्ता' या 'अस्मिता'—पारमात्मिक भी होती है और जैवात्मिक भी—पर जैवात्मिक अस्मिता में निहित आन्तरांश ही रस है—साहित्यगत रस जैवात्मिक अस्मिता ही है। 'अस्मिता' सर्वाधिक सत्त्वप्रधान है, पर काव्य प्रक्रिया से जब उस पर के आवरण का शमन हो जाता है—तो उसकी रसात्मक परिणति होती है।

इस विवेचन में प्रत्येक विध अनुव्यवसाय में स्थित 'अस्मितांश' को ही रस कहा गया है—जो भोजराज द्वारा 'शृंगार प्रकाश' में प्रस्तुत किए गए तर्कों का अनुगमन करनेवाला है। वहाँ भी एक तर्क अपनाया गया है कि प्रत्येक अनुभव में 'अहं' अनुस्यूत रहता है। इसलिए यह मत एक तो सर्वथा मौलिक हो—यह बात नहीं।

दूसरी बात यह है कि इस विवेचन में पातंजल योग दर्शन की 'अस्मिता' और तन्त्रों की 'अहंता'—को जो एक कर दिया गया है—वह भी विचारतः ठीक नहीं जान पड़ता। पातञ्जल की 'अस्मिता' अविद्या का एक पर्व है—जिसका स्वरूप यह है—

"दृग्दर्शनशक्त्योरेकात्मतेवास्मिता"

अर्थात् दृक् (पुरुष) एवं दर्शन (बुद्धि) की अविद्यानिमित्त एकात्मकताभास ही 'अस्मिता' है। पर प्रतिसंवेदन या अनुव्यवसायमात्र में अनुस्यूत 'अहं' को भी मानो 'अस्मिता' से अभिन्न समझकर उसे 'आत्मा' का बोधक स्वीकार करते हैं और आगमिकों की दृष्टि से 'अहन्ता' की उस व्याख्या की स्मृति दिलाते हैं—जहाँ विश्व भर को शक्ति-रूपेण अपने भीतर समाहित करनेवाली वर्ण समष्टि ('अ' से 'ह' तक) अखण्ड रूप से विद्यमान है। इस दृष्टि से तो इनकी व्याख्या 'विमर्श' या 'अहंता' को रसात्मक मानने वाली आगमिकों की व्याख्या के पास पहुँच जाती है—जबकि पातंजल सम्मत 'अस्मिता' द्वारा भोज के पास पहुँचकर भी उनसे पृथक्, जाने क्या कहते हैं। फिर इस दृष्टि से अविद्या-पर्व 'अस्मिता' और शक्ति समष्टि रूपा 'अहंता'—कहाँ तक पर्याय और एकरूप हैं?—यह विचारणीय ही है।

तीसरा विचारणीय पक्ष यह भी है कि 'अस्मिता' का पारमात्मिक और

जैवात्मिक अन्तर बताते हुए जैवात्मिक-स्तर के आनन्दमय पक्ष को 'रस' बताते हुए साथ में साहित्यदर्पणकार का संशोधन प्रस्तुत करते हुए—साहित्यिक रस को दार्शनिक रस या ब्रह्मनन्द से तो पृथक् किया—परन्तु यह नहीं विश्लेषित किया कि अन्य लौकिक सुख से काव्यसुख का अन्तर क्या है? मतलब यह कि इसमें दार्शनिक छौंक ज्यादा है। इस प्रकार इस मत में समन्वय की सनक ने अनेक अतिरिक्त और अन्तर्विरोध प्रस्तुत किए हैं।

पातञ्जलदर्शन की ही भूमिका पर दूसरी व्याख्या पं. केशवप्रसाद मिश्र और श्री चन्द्रबली पाण्डेय जी ने प्रस्तुत की है।

आचार्य केशवप्रसाद मिश्र की रस व्याख्या

मिश्र जी ने रूपान्तरित 'मेघदूत' की भूमिका में पातञ्जलदर्शन की पृष्ठभूमि पर रस की व्याख्या प्रस्तुत की है--उस दृष्टि से रस की व्याख्या के लिए उन्होंने उसी दर्शन के दो शब्द लिए हैं--मधुमती भूमिका और परप्रत्यक्ष। बताया है कि मधुमती भूमिका चित्त की वह विशेष दशा है जिसमें वितर्क की सत्ता नहीं रह जाती। उनके मत से शब्द, अर्थ एवं ज्ञान की असंकीर्ण या पृथक् प्रतीति वितर्क है और अपृथक् प्रतीति निर्वितर्क--पहली सवितर्क और दूसरी निर्वितर्क। काव्य की दृष्टि से निर्वितर्क समापत्ति या पर-प्रत्यक्ष का विशदीकरण करते हुए बताया है कि वस्तु-वस्तु का सम्बन्ध और वस्तु के सम्बन्धी का पृथक् अनुभव--वितर्क है और अपृथक् अनुभव निर्वितर्क। इस प्रकार काव्य भूमिका पर सहृदय गत सात्त्विकता के फलस्वरूप उदित हुई निर्वितर्क समापत्ति (परप्रत्यक्ष, मधुमती भूमिका) में सम्बन्ध और सम्बन्धी तो विलीन हो जाते हैं--वस्तु मात्र का निर्विशेष प्रत्यय होने लगता है--जो सहृदय मात्र के हृदयागत भाव का आलम्बन बन जाता है। यह स्थिति साधनावश नहीं, स्वभावगत सात्त्विकता के उद्रेक से होती है। सत्त्व की इस उद्रिक्त स्थिति में चित्त का विक्षेप शान्त हो जाता है--एक विषयागाहिनी निरोधावस्था (एकाग्रयावस्था--कहना अधिक उपयुक्त है)--आ जाती है फलतः विक्षेपवश पड़ा हुआ आत्मा के आन्तर रूप का आवरण हट जाता है--और फिर तो भेद में भी अभेद और दुःखकर वस्तुएँ भी सुखद प्रतीत होने लगती हैं। भेद मूलक ससीमभूमिका समाप्त हो जाती है और असीम या भूमिका सुख मिलने लगता है। यही रसास्वाद या ब्रह्मस्वाद सहोदर की स्थिति है--इस प्रकार हम मिश्र जी के मन्तव्य को रख सकते हैं।

इस व्याख्या में कई तरह की त्रुटियाँ हैं--जिनमें से पहली त्रुटि यहाँ यह है कि 'वितर्क' का स्वरूप पातंजलदर्शन-सम्मत विश्लेषण से भिन्न कोटि का कहा गया है। योगदर्शन में वितर्कात्मक-प्रतीति में शब्द, अर्थ एवं ज्ञान को संकीर्ण और निर्वितर्क या परप्रत्यक्ष में असंकीर्ण प्रतीति कही गई है। इस सैद्धान्तिक वक्तव्य के विरुद्ध एक तो यहाँ यह कहा गया है कि परप्रत्यक्ष में असंकीर्ण या पृथक्-पृथक् प्रतीति नहीं होती। दूसरे इसके समानान्तर काव्य के क्षेत्र में उसका अभिप्राय यह लगाया गया है कि शब्द, अर्थ और ज्ञान की पृथक्-पृथक् प्रतीति न होना--वस्तु, वस्तु के सम्बन्धी एवं उनके पारस्परिक सम्बन्ध का पृथक्-पृथक् ज्ञान न होना

है—अथवा सम्बन्धी और सम्बन्ध विस्मरण पूर्वक वस्तुमात्र का ज्ञान होना है। पर यह सब मूलविवेचन से पर्याप्त दूर जा पड़ता है। इसी प्रकार 'एक विषयावगाहिनी निरोधावस्था'—जैसे प्रयोग भी वदतोव्याघात सम्पन्न हैं। विरोधावस्था निर्विषय होती है—अतः यहाँ कहना चाहिए था—एक विषयावगाहिनी एकाग्रयावस्था। इसी प्रकार अन्य भी शास्त्रीय त्रुटियाँ इस मत में विद्यमान हैं।

इसी प्रकार यह कहना भी संगत नहीं है कि काव्यप्रक्रिया में भी चित्त की वही मधुमती अवस्था होती है—उसी प्रकार की ऋतम्भरा प्रज्ञा का उदय होता है—जैसा कि योगीजन साधना से प्राप्त करते हैं। इस विषय में विस्तृतविवेचन 'साधारणीकरण' के सन्दर्भ में किया गया है। अतः उसका पुनः उल्लेख नहीं किया जा रहा है।

पं. चन्द्रबली पाण्डेय ने भी इस मत के विपक्ष में अपना मत व्यक्त किया है और कहा है कि रसानुभूति की भूमि 'मधुमती' नहीं, प्रत्युत 'विशोका' है। मधुमती भूमिका का जो और जिस प्रकार का वर्णन योगदर्शन में किया गया मिलता है—उससे स्पष्ट लक्षित होता है कि वह ऐश्वर्य भूमि है, आनन्द भूमि नहीं। पाण्डेजी ने दूसरा तर्क मिश्रजी के विपक्ष में यह दिया है कि रस को अतीन्द्रिय कहा जाता है और 'विशोका' ही अतीन्द्रिय भूमि है—अतः उसे ही रसभूमि मानना संगत जान पड़ता है। विशोका भूमि भूतेन्द्रियजयी भूमि है—जहाँ योगी भूत एवं इन्द्रिय पर विजय प्राप्त कर चुका रहता है—कदाचित् इसीलिए पाण्डेजी उसे अतीन्द्रिय भूमि मानते हैं।

वस्तुतः सीधी-सी बात यह है कि योग की विभिन्न भूमियों में रसभूमि का कोई ऐक्य है ही नहीं—अतः इस विषय में विचार करना ही व्यर्थ है। वे भूमियाँ साधनालम्ब भूमियाँ हैं—उनके विशेष फल हैं। दोनों में यदि साम्य है—तो केवल इतना ही कि उभयत्र सत्त्व का उद्रेक रहता है जिसका अनिवार्य परिणाम प्रकाशानन्दमयी संवित् का उदय है—इसके अतिरिक्त और किसी भी प्रकार का साम्य योगसाधनालभ्य भूमियों का काव्यसाधनालभ्य भूमियों से नहीं है।

इस प्रकार अब तक कुल तीन वैचारिक पृष्ठभूमियों का उल्लेख किया गया—(1) भरत की अनुभवसंगत भूमि, (2) दार्शनिक भूमि, (3) साम्प्रदायिक भूमि।

अर्थात्

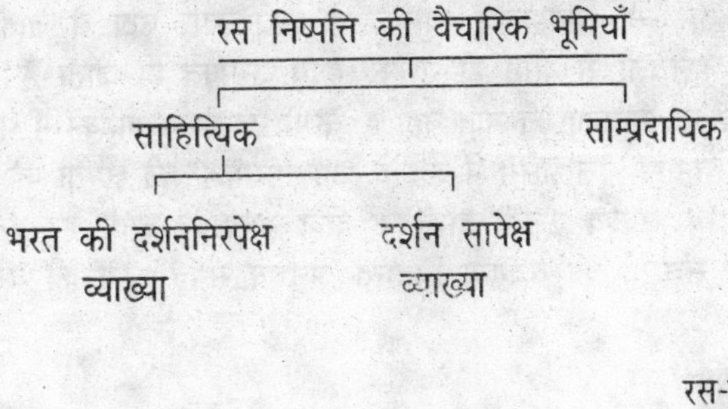

इन तीनों प्रकार की वैचारिक भूमियों में से साम्प्रदायिक-भूमि का साम्प्रदायिक दृष्टि से चाहे जितना महत्त्व हो—असाम्प्रदायिक साहित्यिक या सहृदय जन के लिए उसका वह महत्त्व नहीं है। अतः काव्य या नाट्य से उत्पन्न तथा सहृदय मात्र ग्राह्य सार्वजनीन प्रतीति की व्याख्या करते समय केवल सम्प्रदायबद्ध दृष्टि को महत्त्व नहीं दिया जा सकता। यह प्रतीति इस प्रकार की है—जिसका अनुभव सबको होता है। अतः सबके अनुभव की व्याख्या भी सार्वभौम भूमिका पर करनी आवश्यक है—अनुभव संगत भूमिका पर करनी आवश्यक है। इस सन्दर्भ में उन लोगों की व्याख्याएँ तो सर्वथा अग्राह्य हैं जिन लोगों ने सामाजिक दृष्टि से विचार ही नहीं किया। सामाजिक गत रस-निष्पत्ति की व्याख्या भी जिन विभिन्न दर्शनों के अनुसार की गई है—उन सबमें दो बातें समान हैं—पहली यह कि काव्यीय सामग्री या रसोचित सामग्री की प्रकृति व्यवहारोपयोगी सामग्री की प्रकृति से भिन्न होती है—फलतः दूसरी बात यह भी मानी गई है कि उनकी अनिवार्य परिणति भी व्यावहारिक परिणति से भिन्न प्रकृति की अर्थात् 'रसात्मक' मानी गई है। यह दूसरी बात है कि यह रसात्मक परिणति केवल सुखात्मक है या सुखदुःखोभयात्मक,—पर अन्ततः सुखात्मक परिणति सभी मानते हैं या सुखसंभेद सभी मानते हैं। इन दो बातों के अतिरिक्त तीसरी बात भी प्रायः सभी मानते हैं—और वह है रसानुभव काल में सहृदय के अन्तःकरण का व्यवहारोपयोगी (क्षोमकारी) हलचलों या विलेपों से मुक्त होना।

सारा विवाद केवल इन तीनों स्थितियों तक पहुँचने की प्रक्रिया का है। इन तीनों में से जहाँ तक रसानुभव काल में व्यावहारिक हलचलों से मुक्त हृदय की बात है—इस विशेय में कोई विशेष मतभेद नहीं है। एक स्तर के व्यावहारिक विक्षेपों को दबा देने की क्षमता रसोचित सामग्री और ग्राहक के स्वभाव में निहित है। वैसे अभिनव गुप्त ने व्यावहारिक विक्षेपों को ही विघ्न के नाम से कहा है और उसका शमन रसोचित सामग्री एवं परिवेश को दिया है। ग्राहक के स्वभाव का योग अपने-आप मान्य हो जाता है—क्योंकि रसानुभूति के लिए कुछ विशेषताएँ ग्राहक में उन्होंने मान ही ली हैं। कहा ही है कि सहृदय में एक तो पर प्रतीति का आनुभानिक पाटव हो—दूसरों के हृदय को शीघ्र समझने की क्षमता हो, दूसरे उसका हृदय विमल प्रतिभाशाली हो, फलतः अनुमान गृहीत भाव की शीघ्र संवादी स्थिति प्राप्त हो जाए, वह तन्मय हो जाए। यही तन्मयी भवन ही रसानुभव है ग्राहक सहृदय की यह क्षमता उसे व्यावहारिक भूमिका से शीघ्र ऊपर उठा ले जाती है विघ्नों से—लौकिक हलचलों से शीघ्र ही उसका हृदय उन्मुक्त हो जाता है। इस प्रथम स्तर पर कोई दार्शनिकता की बात नहीं है—सभी उदाराशय ग्राहकों में यह विशेषता निहित होती है। हाँ, इस प्रसंग में जब वे 'आत्मपरामर्श' की क्षमता को 'सहृदयता' कहते हैं— तब अवश्य उनकी दार्शनिक दृष्टि उदग्र हो जाती है—अन्यथा भावों (स्थायी एवं संचारी) की व्याख्या नितान्त अनुभव संगत भूमि की वस्तु है।

दूसरी देन है—दार्शनिक व्याख्याकारों की—साधारणीकरण प्रक्रिया—लौकिक उपयोग में आनेवाली व्यावहारिक सामग्री रसोचित सामग्री से की प्रकृति का भिन्न होना। उन विचारकों से जो इस तथ्य का विरोध करते हैं—उनसे मेरा ऐकमत्य नहीं है—अर्थात् मेरा ऐकमत्य उनसे बिल्कुल नहीं है जो यह मानते हैं कि व्यवहारोपयोगी या हानिलाभोपयोगी व्यावहारिक सामग्री एवं रसात्मक परिणति प्रदान करनेवाली रसोचित सामग्री की प्रकृति में कोई अन्तर नहीं है। इसीलिए उनका मत भी नितान्त उपेक्ष्य है जो रोजमर्रे के सामान्यलौकिक अनुभवों से रसात्मक अनुभव का अन्तर नहीं स्वीकार करते। व्यवहारोपयोगी वस्तु और रसोपयोगी वस्तु की प्रकृति में स्पष्ट अन्तर है कि पहले का ग्रहण या त्याग हम अपनी व्यक्तिगत लोकोपयोगी हेयता या उपादेयता की दृष्टि से करते हैं—या लौकिक हानि-लाभ में अनुपयोगी वस्तुओं से तटस्थ रह जाते हैं, परन्तु रसोपयोगी किसी भी वस्तु से हम अपना लगाव या बचाव किसी लौकिक प्रयोजन से नहीं करते—अधिकतर उस रसोपयोगी सामग्री में यह क्षमता भी नहीं होती कि वे सांसारिक योग-क्षेम की लौकिक उपयोगिता दर्शक को प्रदान करें—अतः अन्तर तो मानना ही होगा।

दार्शनिक व्याख्याकार रसोपयोगी प्रकृति तक ले आने की प्रक्रिया में मतभेद अवश्य करेंगे—कोई उसे 'भावना' वश मानेगा, कोई 'व्यंजना' वश। दार्शनिकों में यह भी मतभेद मिलेगा कि साधारणीकृत-रसोपयोगीरूप—की प्रतीति किस तरह की है—भट्टनायक उसे 'निर्विशेष' कहेंगे, अभिनव, षड्विध लौकिक प्रतीतियों से सर्वथा विलक्षण करके रह जाएँगे, उस प्रतीति में न तो आत्मा का विशेषतः उल्लेख ही मानेंगे और न अनुल्लेख ही, 'प्रदीपकार' उसे असाधारण और साधारण से भिन्न 'संवधिविशेषीय' रूप से प्रतीत न मानकर भी प्रतीत मानेंगे, प्रभाकार इनका विश्लेषण करते हुए कहेंगे कि व्यक्तिरूप से भी यदि वह प्रतीत हो—तो कोई क्षति नहीं, केवल नियमतः किसी से उसका लगाव नहीं ज्ञात होना चाहिए—आदि, आदि—फिर भी इन दोनों ही बातों में से जहाँ तक पहली का सम्बन्ध है—इतना तो अवश्य ही मान्य है कि, है कोई-न-कोई सामग्री एवं ग्राहक की विशेषता—जिसके फलस्वरूप सामग्री अपनी रसोपयोगी प्रकृति धारण कर लेती है—वह भावना हो, व्यंजना हो—कुछ भी हो। विवाद नाम में नहीं—उसके अर्थ में होता है। वैसे सामग्री के इस अप्रकाशित रूप को प्रकाशित या व्यंजित करनेवाली क्षमता यदि 'व्यंजना' (प्रकाशन) कही जाए—तो यह भी अनुभवसंगत बात ही होगी।

जहाँ तक दूसरी बात अर्थात् उन पदार्थों की प्रतीति के स्वरूप और उसके विश्लेषण का सम्बन्ध है—उसमें भी कोई दार्शनिकता नहीं—बल्कि अपना-अपना अनुभव ही पृष्ठभूमि में रखा गया है—जिसको जहाँ तक जैसा लगा—उसने वहाँ तक उसे स्पष्ट किया—उन विवेचनाओं में कोई मौलिक मतभेद नहीं है।

दार्शनिक विवेचनाओं से प्राप्त तीसरा विवेच्य निष्कर्ष है—रसात्मक अनुभूति

की प्रकृति का। ऊपर यह मान लिया गया है कि रसोपयोगी सामग्री की प्रकृति व्यावहारिक-सामग्री की प्रकृति से भिन्न है—अतः उसकी फलात्मक परिणति की प्रकृति भी भिन्न होगी—जिसे रसात्मक कहा जाता है। दार्शनिक व्याख्याकारों में से—कोई उसे अनात्मकी भूमिका पर और कोई आत्मा की विशिष्ट भूमिका पर प्रतिष्ठित करते हैं। प्रायः द्वैतवादी अवैदान्तिक दार्शनिक व्याख्याकारों में से तार्किक (महिमशंकुक) सुखात्मक प्रतिक्रिया पैदा करने का सारा उत्तरदायित्व काव्यीय प्रक्रिया और उसकी सामग्री में स्वभावतः मानते हैं—अनुभवसिद्ध मानते हैं। फलतः तार्किक होकर भी स्वभाव के सम्बन्ध में तर्क-वितर्क स्वीकार नहीं करते—पर यहाँ के आनन्द को आत्मा का धर्म (जो वस्तु की स्वाभाविक परिणति वश उत्पन्न है) मानेंगे—आत्मा का स्वरूप नहीं। सांख्य एवं पातंजल दर्शनानुरोधी व्याख्याकार भी रसात्मक सुख को अनात्म या प्राकृत भूमि के ही 'सत्त्व गुण' की परिणत मानते हैं—काव्य-सामग्री या तो सत्त्वसमुद्रेक के कारण है—या उस पर पड़े हुए मलावरण का निवारक है। सुखात्मक अनुभव का एक मात्र यही रास्ता ही है—अतः उसी में काव्य सामग्री का विनियोग स्वीकार करना होगा। वेदान्तियों में द्वैतवादियों की व्याख्या प्रायः साम्प्रदायिक है (यद्यपि अब उन पर आगमिक अद्वैत का प्रभाव है)—पर तो भी वे लोग आत्मा को आनन्दमय मानते हैं—अतः रस को आत्मसुख का ही उन्मीलन मानते हैं। वेदान्तियों में अद्वैतवादी व्याख्याकार भी काव्यानन्द को आत्मरूप ही मानते हैं—काव्यसामग्री का उपयोग उस पर पड़े हुए आवरण के भंग में है। आगमिक अद्वैतवादी आत्मा की विमर्श नामक चिन्मयी शक्ति का विस्फार ही काव्यानन्द बताते हैं और काव्य का उपयोग उसके सकोचक कंचुकों के विस्मरण में बताते हैं—पर परमार्थिक आनन्द से पृथक् रखने के लिए उस आत्मभूत या अनात्मभूत सुखात्मक संवित् के साथ विभावादि संवलित स्थायी का एकरस मिश्रण भी स्वीकार करते हैं। आगमिक अद्वयवादी अभिनव फिर भी 'स्थायी भाव' या वासना को ही महत्त्व देते हैं। जबकि पण्डितराज आत्मा तत्त्व की। निश्चय ही अद्वयवादी भूमिकाओं की व्याख्या में पण्डितराज की अपेक्षा अभिनव सार्वभौम-भूमिका पर अधिक ग्राह्य हैं। अभिनव की दार्शनिकता रस की सीमा में कुछ अवश्य प्रविष्ट हैं—पर अनुभव संगत सार्वभौम विवेचना का अंश भी कम नहीं है। दार्शनिकता कम होने के कारण—दार्शनिक पदावली का कम उल्लेख होने के कारण—उस पर परवर्ती व्याख्याकारों ने मनमाना रंग चढ़ाया। फिर भी उनके दार्शनिक आग्रहों को छोड़कर दो बातें सार्वभौम भूमिका पर ग्रहण की जा सकती हैं—एक तो यह कि वासनात्मक स्थायी भाव का आस्वादन ही रस है और दूसरा कि तदर्थ मानस-विक्षेप का शमन या संविद्-विश्रान्ति, मानसिक चांचल्य की शान्ति—रसोपयोगी सामग्री पर मन की एकाग्रता—आवश्यक है। इस प्रकार अभिनव गुप्त दार्शनिकता-शून्य इन सामान्य निष्कर्षों की अव्याहत स्वीकृति आज का भी विवेचक स्वीकार कर सकता है।

उपर्युक्त तीन सामान्य निष्कर्ष–विशिष्टता सम्पन्न सहृदय, रसोपयोगी सामग्री का विभावादि रूप लौकिक प्रकृति से विलक्षण–तथा व्यंग्य स्थायी की रसरूपता–भरत की अनुभवसंगत व्याख्या में भी मौजूद है। इस दृष्टि से कहा जा सकता है कि **लौकिक विघ्नों से मुक्त सहृदय के हृदय में लोकोत्तर प्रकृति की विभावादि सामग्री से जगाई हुई वासना का आस्वादन ही काव्यरस है।** समस्त प्राचीन व्याख्या से एक अविसम्मत निष्कर्ष यही मिलता है। इस प्राचीन व्याख्या की दार्शनिक विवेचनाओं से असन्तुष्ट होकर ही वैज्ञानिकता के प्रभाव में चलनेवाला आधुनिक युग मनोविज्ञान का सहारा लेकर विश्वसनीय व्याख्या करने की ओर उन्मुख हुआ है। इसका आरम्भ हिन्दी में आचार्य शुक्ल की रस-मीमांसा से होता है।

इसके पूर्व की शुक्लजी द्वारा विवेचित रस-सम्बन्धी विचार प्रस्तुत किया जाए–यह भी स्पष्ट कर देना आवश्यक है कि दार्शनिक व्याख्याकारों की दृष्टि और विशिष्ट स्थापनाएँ क्या हो चुकी थीं–

1. अलंकार शास्त्र का विवेच्य सामाजिक गत 'रस' है, (वैसे कविगत और किन्हीं विशिष्ट व्यक्तियों में लोकगत भी हो सकता है)–इसीलिए रस विवेचन का विषय रसिक या सामाजिक द्वारा आस्वाद्य रस का स्वरूप और प्रक्रिया है–न कि व्यक्तिगत मनोविकार। इसीलिए रस को लौकिक स्थायी से विलक्षण कहा गया है।
2. रस-प्रतीति 'प्रवृत्ति विश्रान्त' नहीं, 'चर्वणा विश्रान्त' होती है।
3. रस-प्रतीति की अन्ततः आनन्दात्मक परिणति के विषय में कोई मतभेद नहीं है–कतिपय रस आरम्भ में भले दुःखमय प्रतीत हों। अभिनव के मत में सभी रस आनन्दात्मक ही होते हैं–क्योंकि दुःख–मूल संविद् की अविश्रान्ति के बदले सुखमूल संविद् की विश्रान्ति ही–सर्वत्र रसमात्र में विद्यमान होती है।
4. रस-प्रतीति आत्मा के स्वरूपभूत आनन्द के अनावरण से निष्पन्न होती है।
5. रस-प्रतीति समस्त अन्यविध व्यावहारिक प्रतीतियों से पृथक् है।
6. रस-प्रतीति प्रतिभानमय प्रतीति है।
7. रस-प्रतीति निरतिशय और अखण्ड होती है–उसमें कोई कोटि नहीं।
8. रस-प्रतीति में साधारणीकरण की प्रक्रिया अनिवार्य है–और साधारणीकरण विभाव, अनुभाव, संचारी, स्थायी के साथ प्रमाता का भी होता है। साधारणीकरण का अर्थ है–उक्त तत्त्वों का अपने असाधारण रूप में प्रतीत होनेवाले सम्बन्धियों से सम्बन्ध विशेष के स्वीकार या परिहार के नियम का अनध्यवसाय।
9. व्यंजक विभावादि की प्रकृति लोकगत कारणादि की प्रकृति से भिन्न होती है।

'रस' की लगभग ये ही शास्त्रीय मान्यताएँ हैं। आधुनिक विवेचक दार्शनिक भूमि पर पनपने वाली इन प्राचीन शास्त्रीय मान्यताओं को आज के विज्ञानयुग में जीनेवाले समीक्षक के लिए युगोपयोगी और सन्तोषकर नहीं मानते। वे मानते हैं कि समस्त मानस अनुभूतियों का विश्वसनीय विश्लेषण तो मनःशास्त्र या मनोविज्ञान ही कर सकता है–अतः उसी का अनुसरण करते हैं। यद्यपि अन्य अद्यतन समीक्षक इसके विपक्ष में भी हैं। स्वयं शुक्लजी बहुत दूर तक रस विवेचन मानसविज्ञानियों की विचारधारा के अनुरूप करते हैं–पर उनके अन्धानुसारी तो नहीं ही हैं–'रसात्मक बोध के विविध रूप'–में उन्होंने स्वयं अनेक मनोविज्ञान विपक्षी तर्क दिए हैं। वे नहीं मानते कि स्वप्न सिद्धान्त को काव्य के विषय में भी लागू किया जाए। क्या कभी यह सम्भव है कि काव्य में वर्णित शोक-भावना तद्विषयक–अतृप्ति का उद्गार है? शुक्लजी नहीं मानते कि कामवासना की तृप्ति ही काव्य लक्ष्य है–आदि-आदि। इसी प्रकार आचार्य हजारीप्रसाद द्विवेदी भी मानते हैं कि जो मनोविज्ञान अभी प्रयोगकाल में है, जिसकी अनेक निष्पतियाँ विज्ञान की अन्य शाखाओं से उपलब्ध निष्पत्तियों से विरोध खाती हैं–ऐसी अपूर्ण और अमान्य वैज्ञानिक शाखा को आधार बनाकर रस-निष्पत्ति का विवेचक ठीक नहीं है। आचार्य नन्ददुलारे वाजपेयी भी इसीलिए परम्परागत दार्शनिकों की अनुभवसंगत उपपत्तियों तथा सौन्दर्य शास्त्रीय आधारों को कहीं–अधिक अपनाते हैं। उन्होंने कवि की दृष्टि से काव्यपक्ष पर विचार करते हुए यह कहा कि अपने व्यापक रूप में 'भावाश्रित रूप'–एक मनोवैज्ञानिक पदार्थ है–पर रस विवेचन में मनोविज्ञान का कोई उपयोग नहीं किया। फिर भी रस-मीमांसा सम्बन्धी नवीन प्रयासों में मनोवैज्ञानिक पृष्ठभूमि पर किए गए प्रयास उल्लेखनीय हैं। इनमें सर्वप्रथम शुक्लजी उल्लेखनीय हैं।

(i) शुक्लजी का रस-दर्शन आंशिक रूप से मनोविज्ञान पर और आंशिक रूप से उनके लोकदर्शन पर आधारित है। मनोविज्ञान पर आधारित होने के कारण जहाँ वे एक ओर व्यक्तिगत मनोविकारों या मनोवेगों के रूप में स्थायी भाव के विश्लेषण से रस-विमर्श का आरम्भ करते हैं–वहाँ दूसरी ओर अपने लोक-दर्शन के अनुरूप उसकी चरम परिणति व्यक्ति सत्ता का लोकसत्ता में विलयन तथा फलतः सत्कर्म में प्रवृत्ति–मानते हैं। भरत ने 'भाव' शब्द की व्युत्पत्ति बताते हुए जो दो विकल्प–भवन्तीति भावाः–उत भावयन्ति इति भावाः–प्रस्तुत किए थे उसमें से पहला मनोवैज्ञानिकों का प्रस्थान बिन्दु है और दूसरा शास्त्रीय आचार्यों का। मनोवैज्ञानिक 'भवन' पक्ष का और शास्त्रीय आचार्य 'भावनपक्ष'–का समाश्रयण लेते हैं। मनोवैज्ञानिक स्थायी-मनोवेग या मनोविकार का क्या स्वरूप है–यह स्पष्ट करते हुए आगे बढ़ते हैं–जबकि शास्त्रीय आचार्य रसप्रक्रिया की निष्पत्ति

पर सीधे उतर आते हैं–इसीलिए उसके 'भावन' पर से अपना निर्वचन आरम्भ करते हैं–यह प्राचीन और नवीन विचारों का प्रथम दिग्भेदक बिन्दु है। मनोवैज्ञानिक दृष्टि से 'भाव' का विश्लेषण करते हुए उन्होंने स्वीकार किया है कि 'निग्नेत्र बोध, अनुभूति और वेगयुक्तप्रवृत्ति'–इन तीनों के गूढ़ संश्लेषण का नाम भाव है (रसमीमांसा)। शुक्लजी ने व्यावहारिक दृष्टि से स्थायी भाव या भाव को दो कोटियों में वर्गीकृत किया है–सुखात्मक कोटि तथा दुःखात्मक कोटि। इन दोनों कोटियों में आनेवाले आठ स्थायी भावों की चर्चा उन्होंने की है। निर्वेद को अभावात्मक स्वीकार किया है। तुलसीदास के विवेचन के प्रसंग में शान्त का भी उल्लेख किया है। 'भक्ति' के स्वरूप की उनकी अपनी लोकादर्शमूलक व्याख्या है। वे मानते हैं कि ब्रह्म के सत्स्वरूप की व्यक्त प्रवृत्ति धर्म है और धर्म की रसात्मक अनुभूति भक्ति है। उन्होंने जगत् के बीच हृदय के सम्यक् प्रसार में ही भक्ति का प्रकृत लक्षण माना है। इस प्रकार भक्ति द्वारा भी अन्ततः उपासक का लक्ष्य अपने व्यक्तित्त्व की सियाराममय चराचरजगत् में विलीन कर देना ही है। निष्कर्ष यह कि वे काव्य साधना और धार्मिक साधना का एक ही लक्ष्य मानते हैं–भेद केवल प्रस्थान का है। वे मानते हैं कि काव्य की दृष्टि से जो सुन्दर है, धर्म या भक्ति की दृष्टि से वही 'मंगल' है। इस प्रकार भावनिरूपण में उनकी लोकादर्श सम्बन्धी धारणा भी सक्रिय है–यह स्पष्ट है। स्थायी भाव के अतिरिक्त उन्होंने संचारियों की भी मनोवैज्ञानिक दृष्टि से व्याख्या प्रस्तुत की है। चकपकाहट–जैसे नवीन संचारी की ओर भी इंगित किया है। और उन्हें सुखात्मक, दुःखात्मक एवं उदासीन कोटियों में वर्गीकृत किया है।

(ii) भावों के निरूपण की भाँति रस के अवयवों के व्याख्यान में भी शास्त्रीय निरूपण से इनकी कतिपय उल्लेखनीय विशेषताएँ हैं। अन्य अवयवों में संचारी का उल्लेख तो ऊपर किया जा चुका है–अवशिष्ट रहे–विभाव एवं अनुभाव। इनमें भी अनुभाव का तो नहीं, विभाव के विश्लेषण पर अधिक बल दिया है। विभाव का निरूपण करते हुए उन्होंने कई नयी मौलिक बातें कही हैं–जो उन्हें शास्त्रीय प्रस्थान से भिन्न करती हैं। काव्य कल्पना की सफलता वे इसी के चित्रण में मानते हैं। काव्य में वे विभाव का इतना अधिक महत्त्व स्वीकार करते हैं कि उसी के आधार पर रस की पूर्ण निष्पत्ति मान लेते हैं। विभाव का निरूपण करते हुए ही (क) प्रकृति का आलम्बन होना, (ख) प्रबन्ध काव्य का आपेक्षिक महत्त्व, (ग) लोकगत विभाव तक व्याप्ति (घ) बिम्ब-ग्रहण या संश्लिष्ट चित्रण का सिद्धान्त–जैसी स्थापनाएँ उन्होंने मौलिक रूप से प्रस्तुत की हैं। विभाव के स्वरूप की व्याप्ति शुक्लजी

ने शास्त्रीय व्याप्ति से बढ़ा दी है। वे काव्य एवं नाट्यगत ही 'विभाव' की चर्चा नहीं करते, लोक-स्तर पर भी या लौकिक क्षेत्र में भी विभाव की स्थिति मानते हैं–शर्त इतनी ही है कि उसमें लोक सामान्य धर्मों की स्थिति हो। विभाव के स्वरूप का ही विस्तार करते हुए शुक्लजी ने विभिन्न रूप विधानों की बात कही है। उन्होंने कहा है–(1) प्रत्यक्ष रूप विधान, (2) कल्पित रूप विधान, एवं, (3) स्मृतरूप विधान, (4) स्मृत्याभास रूप, (5) प्रत्यभिज्ञान रूप, (6) प्रत्यभिज्ञाताभास रूप, (7) अनुमानाश्रित प्रत्यभिज्ञात रूप–ये सभी रूप भावव्यंजक या रसोद्बोधक रसमग्नकर्ता हो सकते हैं–आवश्यक इतना ही है कि एक ओर जहाँ द्रष्टा की दृष्टि राग-द्वेष से रहित और हृदय उन्मुक्त हो–दूसरी ओर उन रूपों में समान भाव जगाने के अनुरूप लोकसामान्य धर्मों की संस्थिति हो। इस प्रकार शुक्लजी विभावपक्ष के अन्तर्गत उन सब प्रस्तुत वस्तुओं और व्यापारों को लेते हैं जो हमारे मन में सौन्दर्य, माधुर्य्य, दीप्ति, क्रान्ति, प्रताप, ऐश्वर्य, विभूति इत्यादि की सम्भावनाएँ उत्पन्न करती हैं। प्राचीन शास्त्रीय परम्परा विभाव की इतनी अधिक व्याप्ति स्वीकार नहीं करती। व्यावहारिक क्षेत्र में प्रायः उदारचेता मानव करुण परिस्थितियों में पड़े हुए व्यक्ति को देखकर व्यक्तिबद्ध भूमिका से ऊपर उठ जाता है और उस व्यक्ति के दुःख से भर जाता है–उस लोक में अपने व्यक्ति को लीन कर देता है–और सद्यः परोपकार रत हो जाता है। आचार्य शुक्ल इस सत्कर्मप्रवर्तक उन्मुक्त मनोवेग की जो दुःखात्मक कोटि का होते हुए भी–

(iii) व्यक्तिबद्ध भूमिका की भाँति क्षोभ कारण नहीं है–रसात्मक अनुभव ही कहेंगे, पर प्राचीन आलंकारिक इस अनुभूति को रसात्मक नहीं मानेंगे। शुक्लजी ने रसात्मक अनुभव को भी मानवी प्रवृत्ति और निवृत्ति का मूल हेतु माना है–यह उनकी मनोवैज्ञानिक दृष्टि है–शास्त्रीय आचार्य रसात्मक अनुभव का पर्यवसान 'चर्वणौन्मुख्य' में मानेंगे–कर्त्तव्यौन्मुख्य–में नहीं। शुक्लजी स्पष्ट कहते हैं–"क्रोध, भय, जुगुप्सा और करुणा के सम्बन्ध में साहित्य प्रेमियों को शायद अड़चन दिखाई पड़े, क्योंकि इनकी वास्तविक अनुभूति दुःखात्मक होती है। रसात्मक प्रतीति आनन्दस्वरूप कही गई है–अतः दुःखरूप अनुभूति इसके अन्तर्गत कैसे ली जा सकती है–यह प्रश्न कुछ अड़चन डालता दिखाई देगा। पर 'आनन्द' शब्द को व्यक्तिगत सुखभोग के स्थूल अर्थ में ग्रहण करना मुझे ठीक नहीं जँचता। उसका अर्थ मैं "हृदय का व्यक्तिबद्धदशा से मुक्त और हल्का होकर अपनी क्रिया में तत्पर होना ही उपयुक्त समझता हूँ।" पर साथ ही वे यह भी मानते हैं कि हृदय मुक्त होने से वह दुःखात्मक अनुभूति भी रस कही जाती है।

(iv) शुक्लजी की शास्त्रीय मान्यता से चौथी विलक्षणता रसोपकरणों के वैकल्य या असामग्र्य में भी रस की पूर्ण निष्पत्ति मानने में है। काव्यप्रकाशकार ने इस प्रश्न पर विचार करते हुए कहा है कि यद्यपि कतिपय रचनाओं में केवल विभाव, या केवल अनुभाव या केवल संचारी की स्थिति हो सकती हैं–पर इसका अर्थ यह नहीं समझना चाहिए कि वहाँ अन्य अवयवों से निरपेक्ष रहकर ही रस-निष्पत्ति हो जाती है, वरन् अवशिष्ट अवयवों का आक्षेप कर लिया जाता है–इस प्रकार रस-निष्पत्ति के लिए सभी अवयव आवश्यक हैं। इसके विपक्ष में शुक्लजी की मान्यता कहीं-कहीं यह भी प्रकट हुई है कि जैसे सामान्यतः रस निष्पत्ति में भले ही विभावादि रसावयवों का स़म्यक् योग प्रपानक रस की भाँति अखण्ड रसानुभव पैदा कर दे–पर यह बात नियमपूर्वक नहीं कही जा सकती। 'रसमीमांसा' में उन्होंने 'लज्जा' के सभी अवयवों की उपस्थिति में भी रस-निष्पत्ति का अभाव और प्रकृति के संश्लिष्ट चित्रण में अन्य अवयवों के न रहने पर भी रस की निष्पत्ति होना माना है–इस प्रकार यदि शास्त्रीय पदावली में कहा जाए तो कहा जा सकता है कि रसानुभव एवं रस के कार्य कारण भाव सम्बन्ध के खण्डनार्थ व्यतिरेक व्यभिचार और अन्वय व्यभिचार दोनों ही प्रदर्शित किया है। शास्त्रीय मान्यता इससे बिल्कुल भिन्न है।

वैसे शुक्लजी दध्यादि न्याय, प्रपानक रस न्याय का उल्लेख करते हुए यह स्वीकार करते हैं कि सभी अवयवों से संयोग होने पर रस का ज्ञान उस समूहालम्बनात्मक ज्ञान से भिन्न है–जिसमें भिन्न-भिन्न विषय पृथक्-पृथक् रूपबोध कराते हैं–फलतः उनके अनुरूप प्रपानक रस का ही दृष्टान्त स्वीकार किया जाना चाहिए–जिसके अनुसार सभी को अपृथक् रूपेण एक रस अनुभूति स्वीकार की जानी चाहिए। शुक्लजी रस प्रतीति को ध्वन्यालोककार की भाँति घट प्रदीप न्याय से नहीं, प्रत्युत साहित्य दर्पणकार की भाँति दध्यादिन्याय से मानते हैं।

(v) रस की निष्पत्ति प्रक्रिया या साधारणीकरण की प्रक्रिया के विषय में शुक्लजी किस प्रकार शास्त्रीय मान्यताओं से भिन्न हैं–इसका विशद विवेचन अन्यत्र (साधारणीकरण वाले खण्ड में) किया गया है–अतः उसकी पुनरावृत्ति अनावश्यक है।

(vi) मनोविज्ञान का ही प्रभाव होने के कारण शुक्लजी ने रसानुभव की शास्त्रीय मान्यता के विपक्ष में उसे 'मनोभय' कोश का ही स्वीकार किया है–आत्मरूप नहीं। रसानुभूति की अत्यधिक व्याप्ति मान लेने के कारण शुक्लजी शास्त्रकारों की भाँति सर्वथा आत्मानन्द के निरावृत्त प्रकाशानन्दमय रूप को नहीं मानते। वे उसे लोकगत सात्त्विक अनुभूति के पृथक् मानने

को कथमपि प्रस्तुत नहीं हैं। यद्यपि वाल्मीकि एवं राम जैसे सात्त्विकतम पात्रों में रस की संस्थिति शास्त्रकारों ने भी कही है—पर शास्त्रकारों ने उन्हें स्वयं अलोकसामान्य भूमिका का व्यक्ति भी माना है—क्या उसी भूमिका का स्पर्श सामान्य उदारचेता मानव भी कर सकता है? यदि विज्ञान का युग इन सब बातों को अनास्थेय मानता है—तो उनकी चर्चा में दृष्टान्त के रूप में विरोध करने के लिए लाना समुचित नहीं है।

(vii) शुक्लजी ने रसानुभूति का कोई सीमित क्षेत्र नहीं माना है—शर्त उनकी यही है कि (i) सामग्री सामान्य रूपेण गृहीत हो। (ii) व्यक्तित्त्व का विलयन हो।

शास्त्रीय आचार्य भी इन शर्तों का विरोध नहीं करते—परन्तु शुक्लजी रसानुभूति से सम्बद्ध पात्र या उन्मुक्त हृदय वाले उदार चेतना सहृदय मानव को लाभ या हानि कराने में प्रवृत्त करा सकते हैं—शास्त्रीय आचार्य नहीं। शास्त्री पद्धति तो यह मानती है कि रसोचित या सामग्री रसोचित-व्यक्ति के लाभ-हानि में नहीं—बल्कि उससे रसमग्न होकर अनायास गृहीत व्युत्पत्ति जीवनोपयोगी तथ्यों का ग्रहण कर लोक भूमिका पर बाद में अन्य व्यक्तियों या वस्तुओं के प्रति उसका प्रयोग किया जाना चाहिए। रसानुभूति काल में प्रवृत्ति-निवृत्ति का प्रश्न शास्त्रीय आचार्य सर्वथा अनुत्थाप्य मानते हैं—शुक्लजी नहीं।

(viii) शुक्लजी ने रस की दो कोटियाँ या श्रेणियाँ निर्धारित की हैं—उत्तम रस दशा और मध्यम रस दशा। उत्तम रस दशा वह है जहाँ ग्राहक आश्रय से तादात्म्यापन्न हो जाए और मध्यम वह जहाँ वह तटस्थ रहे। दूसरी दशा का विश्लेषण करते हुए शुक्लजी ने कहा है कि इस दशा का हमारे यहाँ के साहित्यशास्त्रों में निर्वचन या विवेचन नहीं हुआ है। उनके अनुसार न तो यहाँ आश्रय के साथ ग्राहक का तादात्म्य होता है और न उसके आलम्बन का साधारणीकरण। पर एक दृष्टि से तादात्म्य और साधारणीकरण सम्भव भी है। उन्होंने कहा है—''तादात्म्य कवि के उस अव्यक्त भाव के साथ होता है जिसके अनुरूप वह पात्र का स्वरूप संघटित करता है।'' शास्त्रीय दृष्टि से कहना चाहें तो यह रस की मध्य दशा भाव, भावाभास एवं रसाभास के अन्तर्गत आ सकती है।

(ix) शुक्लजी रसात्मक अनुभूति को प्रत्यक्षानुभूति या वास्तविक अनुभूति से भिन्न नहीं मानते। वे मानते हैं कि यह भी एक प्रकार की लौकिक अनुभूति है--अन्तर यदि कुछ बताया जा सकता है तो केवल इतना ही कि वह एक उदात्त या अवदात्त कोटि का सात्त्विक अनुभव है। यदि उसे अलौकिक कहा जा सकता है तो केवल इतने ही अर्थ में।

(x) शुक्लजी रसानुभूति और सौन्दर्यानुभूति–दोनों में अपनी पृथक् सत्ता की प्रतीति का विसर्जन मानते हैं। शुक्लजी अन्तःकरण या अन्तस्सत्ता की तदाकार (विषयाकार) परिणति को सौन्दर्यानुभूति मानते हैं। जो वस्तु ग्राहक के हृदय पर जितना शीघ्र छा जाए–वह उतना ही सुन्दर है। सुन्दर वस्तु से भिन्न 'सौन्दर्य' नाम की कोई चीज नहीं है–अतः शुक्लजी के अनुसार सौन्दर्य वस्तुगत ही हो सकता है। इस प्रकार शुक्लजी सौन्दर्य संवेदन और रस-संवेदन को–एक ही कोटि की चीज मानना चाहते हैं।

(xi) प्राचीन आचार्यों की भाँति शुक्लजी के समक्ष रसादर्शों से निर्मित होनेवाली रचनाएँ ही नहीं थीं–ऐसी रचनाएँ और प्रवृत्तियाँ भी थीं–जो रस को कलाकृति में विकेन्द्रित करती जा रही थीं। पात्र रसरूढ़ियों से हटते जा रहे थे और ऐसे अनादर्शपात्रों से संकुल साहित्यिक कृतियाँ भी आने लगी थीं। 'रस' वाद का सम्बन्ध 'समष्टि' 'सामान्य'–से ही है–'व्यष्टि' और 'विशेष' से नहीं–अतः शुक्लजी के समक्ष यह भी प्रश्न था कि या तो वे अपने रसवादी प्रतिमान को अव्याप्त मानें या 'व्यष्टि' और 'विशेष' का आग्रह मानकर चलनेवाली कृतियों को अकाव्य घोषित करें, उन 'कल्पना' निर्मित 'रूपों' से भरी हुई कलावृत्तियों को खिलवाड़ बताएँ–जिसे अनुभूति का योग न मिला हो। शुक्लजी का स्पष्ट उत्तर है कि अनुभूतिहीन कल्पना का रूपविधान मन का रञ्जन चाहे करें–पर काव्योचित मनोरमण करने में सर्वथा अशक्त है। इसी प्रकार उन्होंने 'विशेष' या 'व्यक्तिवैचित्र्य' का आग्रह रखकर चलनेवाली रचना को काव्य की दृष्टि से व्यर्थ ही कहा है। रस की जगह शीलवैचित्र्य या अन्तः प्रकृति वैचित्र्य को केन्द्रगामी रखनेवाली कृतियों से जो समष्टि–प्रभाव उत्पन्न होता है–शुक्लजी के अनुसार उसे त्रिधा विभक्त किया गया है–(1) आश्चर्यपूर्ण प्रसादन, (2) आश्चर्यपूर्ण अवसादन, तथा (3) कुतूहल मात्र। सात्त्विक वर्ग का चरित्र रहा तो प्रथम स्थिति, तामस रहा तो दूसरी स्थिति और किसी वर्ग में न आनेवाला रहा–तो तृतीय स्थिति। तीसरी स्थिति के चरित्र को पश्चिमी समीक्षकों ने 'अद्वितीय' माना है और माना है कि यही नूतन सृष्टिकारिणी कल्पना का सबसे उज्ज्वल उदाहरण है।

संक्षेप में शुक्लजी की रस-सम्बन्धी यही धारणा है। उपर्युक्त विवेचन से यह स्पष्ट है कि उनके अनुसार प्रवृत्ति और निवृत्ति ही प्राणी की सप्राणता का लक्षण है और उस प्रवृत्ति तथा निवृत्ति का लोकमंगलोन्मुख होना–मानवता का। प्रवृत्ति और निवृत्ति मनोवेगों पर निर्भर है–इसीलिए मनोवेगों का स्थान जीवन में सर्वोपरि है। बुद्धि प्रवर्तिका नहीं होती–मनोवेगों की सहायिका मात्र होती है। काव्य का लक्ष्य इसी मनोवेग को सदाचारों में प्रवृत्ति की ओर और कदाचारों से निवृत्ति की

ओर उन्मुख करना है। इस प्रकार आदर्श और नैतिक–दृष्टि से काव्य सर्वथा मानवोचित सद्वृत्तियों के परिष्कार का साधन है–हृदय को मुक्त–दशा में ले जाने का साधन है। हृदय की मुक्तदशा एक अवदात स्थिति ही है–जो लोकमंगलोचित कर्त्तव्य में पर्यवसित होती है। यह अवदात–मनोवृत्ति ही रसात्मक मनोवृत्ति है–यह सुखात्मक भी हो सकती है और दुःखात्मक भी। दुःखात्मक होकर भी क्षोभ कारण इसलिए नहीं होती–कि उसका सम्बन्ध वैयक्तिक (लाभ या) हानि से नहीं होता।

शुक्लजी की रस-विवेचना का महत्त्व यह है कि उसमें किसी अबुद्धिगम्य तर्क का उपयोग नहीं है–कोई ऐसी साम्प्रदायिक या 'दार्शनिक' दृष्टि नहीं है–जो 'आत्मा' 'अनात्मा'–के रहस्यमय स्तरों से सम्बद्ध व्याख्या करती हो। फलतः उसकी युगानुरूपता में कोई सन्देह नहीं है। पर इतना अवश्य है कि लोक मांगलिक और मनोवैज्ञानिक दृष्टि उन्हें काव्योचित लीक से हटा नहीं सकी है–यह कहना कठिन है। शुक्लजी क्षोभ का कारण हृदय का राग-द्वेष से वद्ध होना मानते हैं–और अक्षोभात्मक या आनन्दात्मक स्थिति प्राप्त करने के लिए राग-द्वेष से उसकी मुक्ति। ऐसी स्थिति–अवदातस्थिति–लोकानुभूति, प्रत्यक्षानुभूति भी हो सकती है और काव्यानुभूति भी। शुक्लजी के मत से काव्यानुभूति का उक्त प्रकार की लोकानुभूति या प्रत्यक्षानुभूति से कोई व्यतिरेक नहीं है–जो एक खटकने की चीज है। मेरा अपना मत अभिनव गुप्त के उस निर्णय के अनुरूप है–जो प्रत्यक्षानुभूति तथा काव्यानुभूति की सात्त्विक और अवदात स्थितियों में भी यह व्यतिरेक स्थापित करता है और कहता है कि काव्यानुभूति तत्काल चर्वणापर्यवसायी होती है–तत्काल प्रवृत्ति पर्यवसायी नहीं। फलतः शुक्लजी के उस विश्लेषण के भी मैं पक्ष में नहीं हूँ–जो काव्य के आनन्दपक्ष की प्रमुखता का अनुरोध नहीं मानता। शुक्लजी का यह मत भी मुझे चिन्त्य जान पड़ता है कि रस-प्रतीति दुःखात्मक होती है। जब वे दुःख का क्षोभ-मूल राग-द्वेष के बन्धन को मानते हैं–और सात्त्विक दशा में वह बन्धन विगलित हो जाता है–तो दुःख निदान के निरोध पर भी दुःखात्मक स्थिति रस की क्यों मानी जाए? हाँ, कथमपि यह अवश्य कहा जा सकता है कि फिर उसे अदुःखात्मक माना जाए, आनन्दात्मक नहीं–फलतः रस और आनन्द पर्याय हैं–यह मान्यता ठीक नहीं। वस्तुतः यह निर्णय शुक्लजी को इसीलिए मानना पड़ा है कि वे काव्यानुभूति और लोकानुभूति का व्यतिरेक नहीं मानते अन्यथा रस की आनन्दात्मक प्रकृति में कोई त्रुटि दिखाई न पड़ती।

यहीं यह प्रश्न भी प्रस्तुत होता है कि यदि शुक्लजी लोकानुभूति और काव्यानुभूति का व्यतिरेक अस्वीकार करते हैं–तो विभाव, अनुभाव एवं संचारी जैसी लोकोत्तर संज्ञाओं का भी विरोध करना चाहिए था–उन्हें इसकी जगह यह भी संशोधन करना चाहिए था कि उन्हें कारण, कार्य और सहकारी ही कहना चाहिए। इस संज्ञा का आविष्कार रस सामग्री की लोक–व्यतिरेकी प्रकृति को ही ध्यान में रखकर प्राचीन

आचार्यों ने किया था।

विभाव विश्लेषण से प्रसूत जो अनेक शुक्ल-सिद्धान्त हैं–उनमें से जहाँ तक प्रकृति को आलम्बन मानने का सवाल है–उसके आह्लादकारी सौन्दर्य का प्रश्न है–मैं समझता हूँ इसमें किसे अड़चन है। हाँ, नव रसों की कोटि से उसे भी एक समस्तरीय रसानुभूति मानने में आवश्यक विचार करना होगा। प्रकृति का भी काव्य द्वारा प्रत्यक्ष प्रमाण संश्लिष्ट चित्र यदि स्वतन्त्र भी आह्लादकारी हो–तो इसमें किसे विरोध है? रहा यह कि प्राचीन आचार्यों की यह कमी है–कि उन लोगों ने प्रकृति के 'आलम्बन' रूप की भी चर्चा क्यों नहीं की–तो उस विषय में स्पष्ट नहीं कहा जा सकता है कि वे लोग प्रकृति सौन्दर्य में समुद्भूत रागमूलक उत्फुल्लता की रस कोटिक या रस-स्तरीय निष्पत्ति नहीं मानते–भावात्मक रस दशा भले ही मानते रहे हों।

प्राचीन आचार्यों पर यह आक्षेप भी ठीक नहीं है कि उन लोगों ने 'बिम्बग्रहण' की चर्चा कहीं नहीं की। शब्द शक्ति या अमिधा निरूपण के प्रसंग में इस कोटि का अर्थ-ग्रहण अविवेच्य है–कारण वहाँ तो 'सामान्य' वाचक शब्दों के सामान्य या 'जाति' रूप अर्थ का विवेचन अवसरोचित है। 'कमल' शब्द के उदाहरण से जिस मूर्त-अर्थ के ग्रहण की चर्चा की है–वह शब्द की सामर्थ्य का नहीं, ग्राहक की ग्रहणशक्ति का वैशिष्ट्य है। वाक्य द्वारा जो संश्लिष्ट चित्र मिलते हैं उनकी भी चर्चा पद या शब्द-शक्ति के सामर्थ्य के सन्दर्भ में उचित नहीं है। पर महिमभट्ट ने 'स्वभावोक्ति' की स्थापना करते हुए कहा है कि शब्द से दो प्रकार के अर्थ मिल सकते हैं–परोक्षात्मक और प्रत्यक्षायमाण। स्वभावोक्ति में निरूपित वाच्य द्वारा उपस्थापित यह प्रत्यक्षायमाण अर्थ संश्लिष्ट चित्र ही है–बिम्बग्रहण ही है। अतः प्राचीन आचार्यों ने सर्वथा इसकी चर्चा ही नहीं की–यह कहना तो ठीक नहीं है–परन्तु हाँ, इतना विस्तार उन लोगों ने नहीं दिया है।

शुक्लजी का यह मत है कि भावव्यंजना में समर्थ विभाव पक्ष का जो धारावाही चित्र प्रबन्ध में सम्भव है वह प्रगीत और मुक्तक में नहीं–अतः प्रबन्ध की स्थिति मुक्तक तथा प्रगीत से सुतरां श्रेष्ठतर है–आँख मूँदकर स्वीकार नहीं किया जा सकता। प्राचीन आचार्यों ने कहा कि एक-एक मुक्तक भी इस तरह के बन जाते हैं कि उनसे सैकड़ों प्रबन्ध की रस धारा प्रवाहित हो सकती है। हाँ, प्रगीत में 'विशेष' का आग्रह चाहे जो करे–पर यदि अदम्य अनुभूति का स्रोत उसकी रचना-प्रक्रिया में निहित है–तो उसकी रसात्मकता में भी क्या सन्देह है–हाँ, यह अवश्य है कि वह प्रबन्ध की भाँति उतनी देर तक ग्राहक को रस-मग्न नहीं रह सकता। पर काव्य में 'मात्रा' की तुलना में क्या 'गुण'–को हीनतर घोषित करना–यह उचित है? यहाँ मुक्तक एवं प्रबन्धगत रस चर्वणा की तारतम्यता पर विचार करना आवश्यक है।

भावव्यंजक विभावात्मक वस्तु या व्यक्ति की कल्पनागत मूर्ति को शुक्लजी

'व्यक्ति' रूप ही मानते हैं–तन्निहित आलम्बनत्वधर्म को अवश्य लोक-सामान्य स्तरीय स्वीकार करते हैं। 'व्यक्ति' की कथमपि स्थिति तो प्राचीन आचार्य भी मानते हैं–पर उसकी वैयक्तिकता निर्धारक सीमाओं की नियमतः प्रतीति को बाधक मानते हैं।

रूप विधान के विभिन्न रूप, रस-प्रतीति के लिए अपेक्षित दो भूमिकाएँ, मनोमयकोश तक ही रस की स्थिति–जैसी स्थापनाएँ रस की लोक तक व्याप्ति स्वीकार करने के ही फलस्वरूप आई हैं। ऊपर के विवेचन से यह स्पष्ट है कि मैं इसे रस की व्याप्ति नहीं–प्रतिव्याप्ति मानता हूँ।

इस प्रकार व्यावहारिक लोकादर्श की निजी धारणाओं तथा कतिपय अनुकूल पड़ने वाली मनोवैज्ञानिक स्थापनाओं के आधार पर शुक्लजी ने जो रस विवेचन प्रस्तुत किया–उसने रस के स्वरूप को सर्व-सामान्य की बुद्धिसंगत भूमिका तो दी, परन्तु उसकी 'व्याप्ति' इतनी बढ़ाई, उसका उपयोग इतना आदर्शपर्यवसायी कर दिया–कि 'रस' अपनी साहित्यिक सीमा को लाँघ–सा गया।

मनोवैज्ञानिक पृष्ठभूमि पर किए गए रस-विश्लेषण के इस सन्दर्भ में कतिपय अन्य आधुनिक विवेचकों का मतोलेख भी अवसरोचित जान पड़ता है। ऐसे विवेचकों में डॉ. छैलबिहारी गुप्त (Psycological studis in Rasa) तथा डॉ. नगेन्द्र (रीतिकाव्य की भूमिका) विशेषतः उल्लेख्य है।

डॉ. गुप्त और रस विवेचन

डॉ. गुप्त ने अपने उपर्युक्त प्रबन्ध के पूर्वार्द्ध में काव्य की प्राच्य–प्रतीच्य परिभाषाएँ प्रस्तुत करते हुए यह दिखाया है कि उनमें से अनेक क्या अधिक ऐसी हैं जो 'आनन्द' या 'काव्यानन्द' का उल्लेख करती हैं। 'काव्यानन्द' की पूर्वी और पश्चिमी व्याख्याओं को भी ऐतिहासिक अनुक्रम में रखने का प्रयास किया है और उन सबमें अनेक विघ त्रुटियों तथा युगोचित विश्वसनीयता का अभाव प्रदर्शित किया है। फलतः आगे यह बताने की कोशिश की है कि वस्तुतः 'काव्यानन्द' की संघटक या आवयविक मनोवृत्तियाँ (Component feelings of poetic relish) कितनी हो सकती हैं और उनके आस्वाध्य होने में क्या-क्या कारण (Determining elements of poetic relish) हैं। कृति के उत्तरार्द्ध में (Feeling, emotion तथा Sentiment) का अन्तर स्पष्ट करते हुए रस के परम्परागत उपकरणों और भेद-प्रभेदों की चर्चा की है।

इनके विवेचन की मूल-दृष्टि अनुभवाश्रित और मनोवैज्ञानिक है–फलतः इस दृष्टि वे विवेचन करने से पूर्व उनके लिए यह आवश्यक है पूर्वागत शास्त्रीय व्याख्यानों की त्रुटियाँ उल्लिखित करें। शास्त्रीय व्याख्यानों की दो मूलभूत सैद्धान्तिक आधारों–साधारणीकरण तथा 'रस' की आनन्दरूपता की आलोचना करते हुए कहा

है कि भट्टनायक की 'भावना' जिस 'ताटस्थ्य' के निवारणार्थ कल्पित की गई है, वह उससे सम्भव नहीं है। सम्भव इसलिए नहीं है कि पात्र चाहे जिस भी साधारणीकृत स्थिति में जा आएँ—प्रेक्षक के व्यक्तित्त्व और उनकी मनःस्थिति से पात्र का व्यक्तित्त्व और मनःस्थिति सदा भिन्न ही रहेगी—उनका ऐक्य कभी सम्भव नहीं। प्रेक्षक अपने व्यक्तित्त्व के अंगरूप में उन्हें कथमपि अंगीकार नहीं कर सकता। इसी प्रकार जो 'भाव' पात्रों द्वारा समुचित सूचक उपकरणों द्वारा प्रकाशित किए गए हैं—उनकी स्थिति भी न तो अनुकार्यगत, न पात्रगत, न साधारणीकृत पात्रगत और न प्रेक्षक आत्मगत ही मान सकता है—फिर 'भावकत्व' की नवीन कल्पना पूर्ववर्ती व्याख्याकारों की व्याख्या में स्थित ताटस्थ्य दोष को कहाँ तक हटा सकी? आगे उन्होंने अपने सिनेमा के अनुभव और निरीक्षण के आधार पर शास्त्रसम्मत साधारणीकरण द्वारा उत्पादित प्रतीति पर भी विचार किया है और कहा है कि यदि साधारणीकृत प्रतीति का अर्थ समस्त सम्बन्धों से विच्छिन्न सामान्य प्रतीति ही है—तो यह और भी आपत्तिजनक है। कारण यदि ऐसा समझा जाए—तो विभिन्न नायक-नायिका का वर्णित शृंगार नायिका मात्र का समझे जाने से भिन्न-भिन्न का न होकर अभिन्न का ही हो जाएगा। जबकि प्रेक्षक का अनुभाव इसके विरुद्ध जाता है। 'स्वप्न वासवदत्तम्'—में वासवदत्ता का भी शृंगार है और पद्मावती का भी—यदि दोनों अपना व्यक्तित्त्व खोकर सामान्यरूप से ही प्रतीत होने लगें—तब जो अनुभव होगा—और जो अनुभव है—दोनों की संगति क्या होगी? इसी प्रकार रंगमंच पर अभिनीत शृंगार का सम्बन्ध (नट-नटी) दुष्यन्त और शकुन्तला से सम्बद्ध न समझा जाए—तो प्रेक्षक की समझ में फिर आया क्या? एक तीसरी आपत्ति यह भी है कि जो प्राचीन रसशास्त्री यह मानते हैं कि उस काल में रसोपयोगी वस्तुओं की ही प्रतीति में प्रेक्षक तल्लीन रहता है—अन्य बातों का ख्याल ही उसे नहीं रहता—यह भी तर्कसंगत नहीं—काव्य में ऐसी तमाम बातें वर्णित रहती हैं जिनकी समानता व्यक्तिगत जीवन की घटनाओं में मिलती हैं—फलतः सादृश्यवश व्यक्तिगत जीवन की घटनाओं का स्मरण कौन रोक सकता है? चौथी आपत्ति यह भी है कि काव्य में 'भावकता' का आधान जिस काव्योचित सुन्दर शैली से आती है—वह शैली प्रस्तुत वस्तु और व्यक्ति की वैयक्तिता को ही और उत्तरोत्तर स्पष्ट करती जाएगी—और परिणाम यह होगा कि 'साधारण' की अपेक्षा 'विशेष' ही उभड़ता जाएगा—जो साधारणीकरण के विरोध ही में जाएगा।

यही स्थिति 'भोगकृत्व' की भी है—इस व्यापार की व्याख्या एक दार्शनिक भित्ति पर खड़ी है—जिसका मनोविज्ञानसम्मत व्याख्या से कोई सम्बन्ध नहीं। रसास्वाद एक लौकिक प्रतीति है—लोकोत्तर नहीं। फलतः इसका विचार हमें अपने रोजमर्रे के अनुभव के आधार पर करना चाहिए। 'सत्त्वगुण' का पता नहीं, उन्हें यह भी पता नहीं कि किस प्रकार सत्त्व का उद्रेक मन को 'तल्लीन' और अतिरिक्त

विषयों से व्यावृत्त रखता है। उन्हें यह भी ज्ञात नहीं कि किस प्रकार उसकी परिणति केवल रसात्मक होती है। उन्हें इतना पता है कि उन्होंने मंच पर कुछ देखा है, काव्य में कुछ पढ़ा है और उसने मन पर कुछ प्रभाव डाला है–अतः उन्हें उचित जान पड़ता है कि इसको समझने के लिए मनोविज्ञान ही सक्षम हो सकता है।

ये लोग काव्यास्वाद को जो ब्रह्मानन्दसहोदर कहते हैं–वह और भी फिजूल की चीज है। कारण एक तो राकेश जी यह नहीं मानते कि काव्य से सदा आनन्दात्मक प्रतिक्रिया ही प्रत्याशित है। दूसरे उसकी तुलना ऐसी वस्तु से करना जो रहस्यमय और असंवेद्य है।

इस प्रकार भट्टनायक का मत सर्वथा अग्राह्य है–क्योंकि उसकी सभी आधारभूमियाँ खण्डित हैं।

इसी के साथ अभिनवगुप्त का भी सिद्धान्त देख लें। अभिनवगुप्त की मान्यताएँ राकेश जी के अनुसार यों हैं–

(i) रसात्मक परिणति प्राप्त करनेवाला स्थायी भाव प्रेक्षक या सहृदयगत सूक्ष्म वासनात्मक संस्कार है।

(ii a) यह भाव सप्तविध विघ्नों से शून्य प्रतीति का विषय है।

(ii b) विभावादि साधारणीकृत रूप में प्रतीति होते हैं।

(iii) इस स्थिति में 'अभिव्यक्त' स्थायी आनन्दात्मक काव्यास्वाद कहा जाता है।

(iv) काव्य का लक्ष्य एकमात्र आनन्दैकघन प्रत्यय है।

इन चारों पक्षों में से पहले के विषय में उन्हें कोई खास आक्षेप नहीं करना है–क्योंकि वे अनुभवसंगत हैं। विचारणीय इतना ही है कि उनका स्थायी और संचारी का विभाग और नियमित संख्या कहाँ तक स्वीकार्य है? दूसरे की समीक्षा भट्टनायक की विवेचना से ही की जा चुकी है। तीसरा पक्ष, जो भट्टनायक से भिन्न है–वह यह है कि साधारणीकृत विभावादि से प्रेक्षकगत साधारणीकृत स्थायी का अभिव्यक्तिपूर्वक आस्वाद होता है।

यह तीसरा खण्ड भी त्रिधा विभाजित किया जा सकता है।

(i) पहला यह कि प्रेक्षक के अन्तःकरण में सुप्त स्थायी वासना साधारणीकृत विभावादि से जगाई जाती है।

(ii) अभिव्यक्त स्थायी भी किसी से सम्बद्ध नहीं, बल्कि साधारणीकृत है।

(iii) प्रेक्षक का रसास्वाद तन्मान्त्रविश्रान्ति में है।

पहले अंश को लेकर उनका कहना है कि अभिनवगुप्त ने अपनी समस्त विवेचना में यह स्पष्ट किया कि विभावादि किस प्रकार प्रेक्षक सहृदय की लुप्त वासना को जगाते हैं। यद्यपि अनुभव आदि का प्रयोग यह सूचित करता है कि 'भाव' (Emotion) वहाँ है–पर वे प्रेक्षक तक किस प्रकार आ पाते हैं प्रश्न यह

है विभावादि सामग्री का सीधा सम्बन्ध 'आश्रय' या पात्र' से है–जहाँ 'भाव' स्थित हैं–न कि प्रेक्षक से। फलतः प्रेक्षकगत आस्वाद का प्रश्न अनुतरित्त ही रह जाता है। वास्तविकता भी यह है कि हम दर्शक या पाठक को ठीक-ठीक उन्हीं 'भावों' में मग्न होते हुए नहीं देख पाते–जिनका प्रदर्शन मंच पर या वर्णन काव्य में होता है–बहुत हुआ तो यदि दर्शक का दृष्टिकोण काव्यवर्णित 'पात्र' सहानुभूतिमय हुआ–तो उसे प्रेम-क्रिया में सफल होते देखकर प्रसन्न मन हो सकता है और यदि उसे पीड़ित या व्यथित देखता है–तो उस पर करुण हो सकता है–न कि स्वयं 'रति' या 'शोक' का ही अनुभव करने लगेगा, हाँ यदि वे दृश्य उसके व्यक्ति-जीवन से सम्बद्ध उसी प्रकार के संस्कारों को उभार सके–तो बात दूसरी है–उन्हीं भावों का वे अनुभव कर सकते हैं। लेकिन अभिनवगुप्त के मत से तो रसानुभव काल में प्रेक्षक का मस्तिष्क सभी लौकिक विघ्नकारी प्रतीतियों से उन्मुक्त रहता है फलतः इस प्रकार की सम्भावना ही नहीं हो सकती। इसके अतिरिक्त हर पात्र के प्रतिप्रेक्षक की सहानुभूतिमयी दृष्टि ही हो–यह आवश्यक और सम्भव नहीं है। सम्भव है वह पात्र से अप्रसन्न हो जाए और विरोधी रुख ग्रहण कर ले–और फलतः उसके मानस पर उलटी ही प्रतिक्रिया हो। कहा जा सकता है कि साधारणीकृत विभावादि स्व-पर मूलक अनुकूल-प्रतिकूल की भावना से ऊपर उठा ले जाते हैं और प्रेक्षक को पात्र से एकात्म्य करा देते हैं–पर यह इसलिए सम्भव नहीं है कि साधारणीकृत रूप में सामग्री का अस्तित्त्व केवल काव्योचित कल्पना जगत् में ही है–और इस रूप में वह सामग्री कोई प्रतिक्रिया नहीं उत्पन्न कर सकती। और साधारणीकरण के अर्थ का पहले खण्डन किया ही जा चुका है। इस प्रकार काव्य-सामग्री ग्राहक की सुप्त-वासना को जगा ही नहीं सकती–तब दूसरा प्रश्न अपने आप समाप्त हो जाता है–जहाँ यह कहा गया है कि जगा हुआ स्थायी भाव भी वैयक्तिक सम्बन्धों से मुक्त हो जाता है।

अच्छा, यह मान भी लिया जाए कि 'भाव जग गया'–फिर भी यदि उसको प्रेक्षक व्यक्तिगत माने–तो अड़चन क्या है? यह अड़चन ही यदि प्रेक्षक उस श्रृंगारानुभूति को यदि व्यक्तिगत समझेगा–तो लज्जा का अनुभव करेगा–सर्वथा असंगत है। कारण यह है कि अभिनव के अनुसार तो वह 'तन्मात्रविश्रान्त' है–'वेद्यान्तर' से सम्पर्क ही उसका छूट गया है–रसोपयोगी चीजों से अतिरिक्त और कुछ उसके ध्यान में है ही नहीं–फिर कैसी अड़चन?

अच्छा, जो भी हो जगी हुई सुप्त वासना–या तो प्रेक्षक की 'व्यक्तिगत' अनुभूत हो सकती है या 'सामान्य' रूप से अनुभूत हो सकती है या 'परिष्कृत' रूप में। अनुभव और निरीक्षण पहले पक्ष (व्यक्तिगत) में जाते हैं–जबकि अभिनवगुप्त इसे सर्वथा अस्वीकार करते हैं। यदि वह 'सहानुभूति' वश आनन्दाबन्ध करता है–तो वह सहानुभूति उनकी अपनी है–यदि स्मरणवश अपना ही 'भाव'

पुनः स्मृत करता है—तो भी निस्सन्देह वह उसी का है। निष्कर्ष यह कि जगी हुई सुप्तवासना प्रेक्षक की अपनी निजी रूप में ही अनुभूत होती है।

जहाँ तक तृतीय अंश का सम्बन्ध है—अभिनव एक ओर यह मानते हैं कि प्रेक्षक मनोविश्रान्ति उद्‌बुद्ध फलतः आस्वाद्य 'स्थायी भाव' में होती है। पर जब हम देखते हैं कि अभिनव समस्त आनन्द का मूल पुनः-पुनः 'संविद्‌विश्रांति' को कहते हैं—तब 'जगे हुए स्थायी भाव'—का क्या महत्त्व है—यह स्पष्ट नहीं होता। अभिनव 'संविद्‌विश्रान्ति' के लिए 'वीतविघ्नता' की भी चर्चा करते हैं—इस प्रकार महत्त्व तो इन दोनों तत्त्वों को मिलता है। इस स्थापना के लिए अभिनव सांख्य दर्शन का सहारा लेते हैं—जो यह मानता है मन की अविश्रान्ति दुःख का और विश्रान्ति सुख—का एकमात्र कारण है। पर साधारणीकृत प्रतीति पर विचार करते हुए यह ऊपर कहा जा चुका है कि काव्य में भी पात्र अपना वैयक्तिक रूप त्याग नहीं करता और सांख्यदर्शनानुसार अभिनव भी स्वीकार करते हैं—कि पदार्थमात्र अपनी वैयक्तिक भूमिका में गृहीत होकर मनश्चांचल्य ही पैदा करते हैं—जो दुःख का कारण है। अतः यदि अभिनव के सामने उनका विश्लेषण कर दिया गया होता—तो डॉ. राकेश के अनुसार वे लज्जित होते और अपना मत वापस ले लेते।

चौथे अंश के सम्बन्ध में यह बताया जाएगा कि काव्य का ग्रहण हम सदा आनन्द प्राप्ति की आशा से ही नहीं करते—अतः उसका लक्ष्य एकमात्र आनन्दानुभूति है ठीक नहीं।

परवर्ती शास्त्रीय व्याख्याकारों में नाट्यदर्पणकार का यह मत इन्हें कुछ संगत जान पड़ता है जिसमें उन्होंने काव्यभावों को सुखात्मक और दुःखात्मक—दोनों प्रकार का माना है। यदि वे भाव अनुकूल वेदनीय हैं—तो सुखात्मक और प्रतिकूल वेदनीय हैं तो दुःखात्मक। रीतिकालीन हिन्दी साहित्य के आचार्यों ने इस पर एक समर्थ आचार्य की दृष्टि से कोई बहुमूल्य और विचारणीय पक्ष ही नहीं प्रस्तुत किया। बीसवीं शती में 'गद्य' विद्या का आविर्भाव हो जाने पर रस-सम्बन्धी कुछ विचार आए, पर उनमें भी आरम्भिक चिन्तनगत मौलिकता नहीं दिखाई देती। बाबू श्यामसुन्दर दास तो यहाँ तक क़हते हैं कि 'रस' सिद्धात को पश्चिमी मनोविज्ञान कभी समझा ही नहीं जा सकता। डॉ. राकेश को उपाध्याय हरिऔध जी की भी इस स्थापना पर तरस ही अधिक आया है कि उन्होंने एक सापवाद दृष्टान्त के द्वारा यह कहा है कि सभी रस आनन्दात्मक ही हैं। इसी सन्दर्भ में उन्होंने आचार्य शुक्र के मौलिक चिन्तन का भी उल्लेख किया है, पर दुःख इस बात पर प्रकट किया है कि उन्होंने उसे भारतीय अलंकारशास्त्र ही परम्परा का ही कहा है। शुक्लजी की रस कोटियों को भी उन्होंने निराधार और अतर्कसंगत बनाया है। डॉ. भगवान दास के 'भावस्मरण रसः'—को आनन्दसिद्धान्त से असम्बद्ध एक विलक्षण व्याख्यान मात्र मानकर उपेक्षित कर दिया है। पश्चिमी समीक्षकों के सम्बन्ध में उनकी धारणा

है कि उन लोगों ने 'रस' या काव्यानन्द की विभावादिसम्बद्ध व्याख्या ही नहीं की है, उनकी विवेचनोन्मुखी दृष्टि भिन्न है। अन्य पाश्चात्य विवेचकों में भी कितने ऐसे कहे गए हैं कि जो ट्रेजेडी से सुखानुभूति नहीं मानते।

इस प्रकार अनेक पूर्वी और पश्चिमी मतों की आलोचना करते हुए उन्होंने अपनी दृष्टि से पहले तो यह बताया है कि काव्य का लक्ष्य एकमात्र आनन्दानुभूति नहीं है–परम्परा केवल गड्डरिका-प्रवाह से ऐसा कहती चली आई है। आँख खोल निजी अनुभव के आधार पर इसका विचार करना आवश्यक है कि सुखदुःखमयी अनुभूतियों का प्रकाशन करनेवाला काव्य पाठक के मन पर किन-किन रूपों की प्रतिक्रिया छोड़ जाता है। दूसरी बात इस प्रसंग में उन्होंने यह निवेदित की है कि **काव्य-रस** है क्या वस्तुतः।

काव्य का लक्ष्य एकमात्र आनन्द नहीं है अथवा आनन्द समस्त काव्य विधाओं का लक्ष्य नहीं है। उन्होंने अपने पक्ष को स्पष्ट करते हुए कहा है कि मानव मन विविध प्रकार की रुचियों और प्रवृत्तियों का भण्डार है, वह एकमात्र अहंवादी प्रकृति का या आत्मकेन्द्रित प्रकृति का ही नहीं होता। यह भी नियम है कि उसकी प्रवृत्ति केवल सुखद कार्यों या घटनाओं में ही होती है–दुःखमय कार्यों या घटनाओं में भी कभी-कभी बड़ी सदाशयतापूर्वक प्रवृत्त होता है। अपने से सम्बद्ध व्यक्ति के दुःख में तो वह सदाशयता के साथ मनोयोगपूर्वक प्रवृत्त होता ही है–उसकी गहरी अनुभूति भी करता है–दूसरों के भी दुःख में मानवीयता वश उन्मुख और प्रवृत्त होता है। काव्य या नाट्य द्वारा उपस्थित सामग्री जब तक उसे अवास्तविक और कृत्रिम जान पड़ेगी–तब तक तो उसकी मानस प्रतिक्रिया भी अनुरूप नहीं उत्पन्न होगी पर ज्यों ही यह काव्य या नाट्य है यह भावना चेतन-मानस की सतह से उतर जाती है–तो लौकिक प्रतीति और इस प्रतीति में कोई अन्तर नहीं होता–बल्कि कहें तो कह सकते हैं कि लौकिक घटना से भी अधिक वास्तव और गहरी प्रतीति होती है। लौकिक घटना कभी-कभी सकपट भी सम्भव है–काव्य में यह असम्भव है। अतः लौकिक प्रतीति की भाँति काव्य-नाट्य की प्रतीति भी सुखदुःखमयी ही होती है दोनों में कोई अन्तर नहीं है... "Nothing is left there to differentiate between the experiences of reality and its representative" [78 Page] काव्य और नाट्य की करुण घटनाओं से निकलते आँसू को आनन्दजनित वही मान सकता है–जिसे अपने अनुभव पर स्वयं विश्वास नहीं है। इस प्रकार वे इस निष्कर्ष पर पहुँचे हैं–"This is how pleasure cannot be considered to be the end of all poetry" [79]। साथ ही उन्होंने दो तर्क और भी इस पक्ष में दिए हैं और वे इस प्रकार हैं कि यदि काव्य से सर्वत्र आनन्द ही मिलता तो क्षयरोगी को केवल आशा का संचार करनेवाली पुस्तक ही क्यों दी जाती? हृदय रोग से पीड़ित व्यक्ति को डॉक्टर करुण काव्यों को पढ़ने से क्यों रोकते?

उनका फिर प्रश्न यह है कि तब काव्यास्वाद का रहस्य क्या है? इसका उत्तर देते हुए उन्होंने बताया है कि यह हमारी 'रुचि' (Interest) है—जो हमें काव्य या नाट्य की ओर उन्मुख करती है। जिस वस्तु में हम रुचि लेते हैं, उस पर हमारा मन स्वयं केन्द्रित हो जाता है। इस प्रकार जहाँ तक काव्य का सम्बन्ध है, रुचि (Interest) एवं आस्वाद (Relise) समानार्थक है। 'रुचि' आपेक्षिक दृष्टि से अन्तःकरण की स्थायी वृत्ति है यही जब सक्रिय होती है—तो हमे 'आस्वाद' (Relish) कही जाती है। निष्कर्ष यह कि "Relish is nothing but a manifestation of interest" [81] यदि किसी काव्यखण्ड में हमारी रुचि है—हमें निश्चय ही आस्वाद्य होगी। इस प्रकार राकेशजी के अनुसार पूर्ववर्ती मतों या व्याख्यानों में यह दोष था कि वे यह नहीं बता पाते थे कि 'रस' क्यों है और वह जिस प्रकार निष्पन्न होता है। डॉ. राकेश की व्याख्या में यह दोष नहीं है।

इस प्रसंग में उन्होंने यह भी बताया है कि काव्यास्वाद की परिधि में परिगणित होनवाली मानसिक वृत्तियाँ कौन-कौन-सी हो सकती हैं। उन्होंने कुल छः प्रकार की काव्यजनित-मानस-प्रतिक्रियाएँ बताई हैं—

(i)	Sympathetic feelings	सहानुभूतिमयी मनोवृत्ति
(ii)	Antipathetic feelings	प्रकृतिविरुद्ध मनोवृत्ति
(iii)	Recollectional of Reminiscential feelings	स्मरणसम्बन्धी मनोवृत्ति
(iv)	Curiocity	जिज्ञासा या कुतूहल की वृत्ति
(v)	Reflectional feellings	वैचारिक मनोवृत्ति
(vi)	Critical feelings	आलोचनात्मक मनोवृत्ति

काव्य या नाट्य द्वारा प्रस्तुत रुचिकर्षी घटनाओं से सहानुभूतिमयी मनोवृत्ति ही पैदा होती है और जब तक उसकी कृत्रिमता का प्रतिमान नहीं होता, तब तक उसका लौकिक अनुभव से कोई अन्तर नहीं माना जा सकता। इसके साथ ही यह भी ध्यान में रखने की बात है कि सहानुभूतिमूलक भावना ही पैदा होगी—न कि वही मूलभाव जो काव्य या नाट्य द्वारा संकेतित है।

प्रतिकूल मनोवृत्ति ऐसे 'आश्रय' के अभिनय द्वारा पैदा होगी—जिसके आचरण में हिंस्र और क्रूर आचरण निहित हो, जिसके प्रति आरम्भ से ही हममें या प्रेक्षक में घृणा और वितृष्णा उत्पन्न हो गई हो।

कभी-कभी ऐसा भी ऐसी है कि जिन घटनाओं का सामना हमने अपने जीवन में किया है—उसी तरह की घटनाएँ (सुखद या दुःखद) काव्य या नाट्य में भी वर्णित हो सकती हैं। फलतः सम्भव है कि इन स्मारक दृश्यों को देखकर हमारे सुप्त संस्कार और विस्मृत आलम्बन—सभी जग जाएँ और केवल सहानुभूति या विरोध का नहीं, प्रस्तुत वास्तविक भावानुभूति होने लगती है—यह अनुभूति स्मरणात्मक होती है।

जिज्ञासा या कुतूहलात्मक मानस प्रतिक्रिया तब उत्पन्न होती है जब हम

जासूसी उपन्यास या तिलस्मी साहित्य पढ़ते हैं। विषय-सामग्री के अनुरूप इसकी मात्रागत तारतम्य भी हो सकता है। पर ऐसा साहित्य एक बार ज्ञात हो जाने पर पुनः अजिज्ञास्य हो जाता है—फलतः जब तक उसकी स्मृति बची हुई है तब तक उसे नहीं पढ़ा जाता।

कतिपय साहित्यिक कृतियाँ ऐसी भी होती हैं—जो किसी उपस्थापित समस्या के सम्बन्ध में पाठक के मानस पर विचारात्मक प्रतिक्रिया पैदा करती हैं। काव्य, नाटक, उपन्यास और कथा—आज विविध मानवीय समस्याओं को केन्द्र में रखकर लिखे जाते हैं।

कभी-कभी पाठक या प्रेक्षक के मन पर आलोचनात्मक या विश्लेषणात्मक प्रतिक्रिया भी होती है—पर यह तब होती है जब वह जानता है कि यह काव्य या नाट्य द्वारा प्रस्तुत कृत्रिम सामग्री है। इस स्थिति में हम उसकी प्रशंसा या निन्दा करने को उन्मुख होते हैं और हमारी आलोचनात्मक प्रवृत्ति उदग्र हो जाती है।

आगे डॉ. राकेश ने उपर्युक्त मानस प्रतिक्रियाओं को उत्पन्न करने में योग देनेवाली सामग्री का अपने ढंग से निरूपण प्रस्तुत किया है। निरूपण इस प्रकार है—

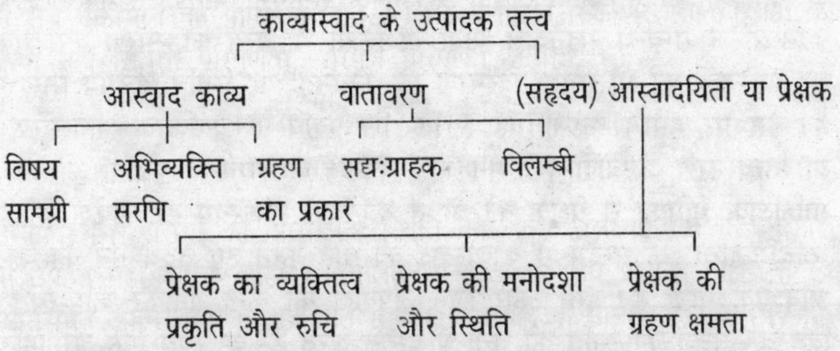

इस प्रकार निजी अनुभवों और निरीक्षणों के आधार पर काव्यास्वाद की मनोवैज्ञानिक और व्यावहारिक व्याख्या डॉ. राकेश द्वारा प्रस्तुत की गई है।

उपर्युक्त समस्त विवेचन पर विचार करने के लिए आवश्यक है कि हम उसकी कतिपय स्थापनाओं को लें, जो इस प्रकार हो सकती हैं—

(क) साधारणीकरण यदि व्यक्तितत्त्व का सर्वथा विलयन है—तो यह अनुभव एवं तर्क से बेमेल है।

(ख) काव्यास्वाद की व्याख्या अबुद्धिगम्य दार्शनिक पदावली से नहीं होनी चाहिए।

(ग) काव्यास्वाद एकमात्र आनन्दात्मक नहीं है। वह षड्विध है। काव्यास्वाद व्यापक अर्थ में, इसीलिए, प्रेक्षक की रुचि का प्रकाशन है।

(घ) काव्यास्वाद लोकानुभूति से किसी प्रकार भिन्न नहीं है।

(ङ) काव्यास्वाद के उत्पादक तत्त्वों का वर्गीकरण एक नये ढंग से हो।

इन सभी पक्षों में प्रबलतम खण्डनात्मक पक्ष है--साधारणीकरण सिद्धान्त का सर्वतोमुखी विरोध। अतः सबसे पहले उसी पर दिए गए डॉ. राकेश के तर्कों पर विचार आवश्यक है।

भट्टनायक के भावकत्व के विपक्ष में उनका पहला तर्क यह है कि काव्यास्वादकाल से पूर्व साधारणीकरण द्वारा आश्रय एवं प्रेक्षक के व्यक्तित्त्व एवं मनःस्थिति को अभिन्न कहना सर्वथा असम्भव है–यह कभी हो ही नहीं सकता कि प्रेक्षक आश्रय को अपने ही व्यक्तित्त्व का एक अंग समझे। हमारा कहना यह है कि डॉ. राकेश की यह उक्ति परम्परागत साधारणीकरण के स्वरूप से कोई सम्बन्ध नहीं रखती। कारण यह है कि साधारणीकरण का स्वरूप बताते हुए किसी ने यह स्वीकार ही नहीं किया है कि प्रेक्षक अपने 'व्यक्तित्त्व' का पूरा स्मरण रखता है। प्रेक्षक काव्यास्वाद में जब स्वयं को भूल जाता है–अपने अस्तित्त्व का ही विस्मरण कर जाता है–तब उसका अंग कौन होता है या नहीं–इसका ही उसे क्या बोध?

इस पर डॉ. राकेश की यह आपत्ति है कि काव्यास्वाद में अपने 'व्यक्तित्त्व के विस्मरण' की या 'वेद्यान्तरस्पर्शशून्यता' की जो बात कही जाती है–वह भी असंगत है। कारण, काव्य-सामग्री प्रेक्षक की समानुभूतियों को–व्यक्तिगत बीती घटनाओं से सम्बन्ध रखनेवाले भावों या किसी भी वस्तु का स्मरण करा सकती है। व्यक्तित्त्व का भी सर्वथा विस्मरण रहे–नियमतः यह स्थिति अनुभव सिद्ध नहीं है। इस पर हमारा कहना यह है कि इस प्रकार के वैयक्तिक भावस्मरण या व्यक्तित्त्वस्मरण आस्वादोन्मुखी मन को विकेन्द्रित करनेवाले हैं–फलतः आस्वाद की साहित्यिक भूमिका से प्रेक्षक को वंचित करनेवाले हैं। स्वयं डॉ. राकेश ने अपने 'रुचिसिद्धान्त' के सन्दर्भ में काव्यस्वाद की बात करते हुए तदर्थ मन का केन्द्रण आवश्यक माना है। इस प्रकार जिन अपवादों को केन्द्र बनाकर काव्यस्वाद के विघटक–तत्त्वों की स्मृति की चर्चा ये प्रस्तुत करते हैं--वह स्वयं एक असाहित्यिक दलील है। इन विघ्नकारी स्मृतियों के बावजूद काव्यास्वाद की बात न तो परम्परा ही स्वीकार करती है और न कोई स्वस्थचेता विचारक ही।

तीसरी आपत्ति डॉ. राकेश की यह है कि यदि साधारणीकरण का अर्थ काव्य द्वारा उपस्थापित आलम्बनादि रूप में प्रस्तुत व्यक्ति (नारी-नर) आदि का सर्वथा 'सामान्य' रूप से ज्ञान होना ही है–तो 'वासवदत्ता' और 'शकुन्तला'–को आलम्बन बनाकर वर्णित किए शृंगार में अन्तर ही क्या होगा? क्योंकि दोनों ही 'सुन्दरी' सामान्य के रूप में ही गृहीत होंगी–एक ही रस के विभिन्न कृतियों का आलम्बन-भेद से भेद ही नहीं होगा–पर क्या अनुभव इसका साक्षी है? हमारा कहना है कि परम्परागत साधारणीकरण के विमर्शक आचार्यों में से आचार्य रामचन्द्र शुक्ल ने तो स्पष्ट ही कहा है कि साधारणीकरण 'व्यक्ति' का नहीं, उसके धर्मों का होता

है, वह तो 'विशेष' ही बना रहता है। (यद्यपि व्यक्ति के उस 'व्यक्ति' रूप का मैं विरोधी हूँ जो लौकिक योगक्षेम की भावना से अपनी समस्त सीमाओं से जमकर जकड़ा हुआ है।) अतः आचार्य शुक्ल तो स्पष्ट ही 'व्यक्ति' रूप का बना रहना स्वीकार करते हैं। रहे प्राचीन आचार्य, तो उनमें भट्टनायक की तो अपनी मूल कृति ही अनुपलब्ध है अतः उनको छोड़कर अभिनवगुप्त की धारणा को देखें और विचार करें कि क्या वे काव्यालम्बन के 'व्यक्ति' रूप से सर्वतोमुखी विलयन की बात कहते हैं?

अभिनव ने काव्योपस्थापित आलम्बन की प्रतीति को षड्विध लौकिक प्रतीतियों से भिन्न मानते हुए यह स्वीकार किया है कि वे महज यह नहीं मानते कि काव्योपस्थापित आलम्बन का नियमतः किसी से सम्बन्ध या असम्बन्ध है, अर्थात्, यदि वह अनियमतः किसी से सम्बन्ध या असम्बन्ध प्रतीत भी हो–तो कोई क्षति नहीं। इनके इसी अभिप्राय को स्पष्ट करते हुए 'प्रदीप' एवं 'प्रभाकर' ने स्पष्ट स्वीकार किया है कि साधारणीकरण का जहाँ एक ओर यह अर्थ है कि वह किसी से नियमतः सम्बद्ध या असम्बद्ध नहीं है वहीं दूसरी ओर यह भी अर्थ है कि वह सर्वसाधारण से सम्बद्ध नहीं है–सामान्य (वेश्या की भाँति या सार्वजनिक वस्तु की भाँति) नहीं है। 'प्रदीप' एवं 'प्रभाकार' ने अभिनवगुप्त का आशय स्पष्ट करते हुए स्पष्ट कहा है–'एवं च वाक्यार्थबोधे सम्बन्धिविषयत्वानुभवोऽपि न विरुध्यते। संसर्गबोधे सम्बन्धी न विषयः किन्तु परार्थस्मरण एवेत्यनुभवविरेधाद्विचारासहत्वाञ्चानुपादेयम्'–अर्थात् 'शकुन्तला' की प्रतीति 'दुष्यन्त की ही पत्नी' के रूप में नियमगर्भ प्रतीति न होकर 'शकुन्तला दुयन्त की पत्नी' है–इस रूप में हो भी तो भी काव्यास्वाद में कोई क्षति नहीं है। बल्कि ऐसी ही प्रतीति होनी विचार एवं अनुभव से समर्थित है। प्रदीपकार के इस आशय को स्पष्ट करते हुए प्रभाकार ने कहा है कि अभिनव गुप्त ने अपने साधारणीकरण का स्वरूप स्पष्ट करते हुए यह बताया है कि वे उन लोगों के मन का विरोध करते हैं जो यह मानते हैं कि सीता आदि काव्य-प्रयुक्त-शब्द आरम्भ में तो जनक से सम्बन्ध उनकी पुत्री–के रूप में प्रतीत होती है–पर बाद में काव्य की महिमावश जनक आदि के सम्बन्ध का परित्याग कर केवल एक स्त्री के रूप में प्रतीत होती है। इस प्रकार अभिनव गुप्त के अन्य व्याख्याकारों ने भी सुन्दरी सामान्य के रूप में साधारणीकृत प्रतीति का विरोध किया है और कहा है कि इस प्रकार तो सीता और शकुन्तला–पर्यायवाची शब्द हो जाएँगे, कारण यह है कि दोनों शब्द अन्ततः एक ही अर्थ 'सामान्यनायिका'–का बोध कराते हैं। निष्कर्ष यह कि 'व्यक्ति रूप–किसी सम्बन्धी से सम्बन्ध रूप में–आलम्बन आदि की प्रतीति काव्यास्वाद में विघातक नहीं है–बल्कि उतना तो रहना ही चाहिए–अन्यथा अनुभव भेद असंगत हो जाएगा। अभिनव ने अन्यत्र यह भी कहा है काव्यास्वाद में न तो आत्मा का विशेषतः उल्लेख ही रहता है और न अनुल्लेख ही।

अब, इस स्थिति में दूसरा सवाल यह खड़ा हो सकता है कि फिर इस रूप में प्रतीत सीता और शकुन्तला–जनकपुत्री और दुष्यन्तपत्नी–प्रेक्षक या पाठक सहृदय की वासना को किस प्रकार जगा सकती है? डॉ. राकेश का तो विचार यह है कि प्रेक्षक ठीक उसी भाव का अनुभव नहीं करता–जिसका 'आश्रय' कर रहा है–वह तो सहानुभूति के माध्यम से सुखी या दुःखी भर हो सकता है। वस्तुतः डॉ. राकेश का यह कथन दुःखद भावों में 'आश्रय' के साथ तो कहा जा सकता है, पर श्रृंगार जैसे भावों के आश्रय के साथ नहीं, क्योंकि उसमें मग्न 'आश्रय' को वास्तव समझकर–व्यक्तिविशेष का समझकर कोई प्रेक्षक, जो डॉ. के अनुसार अपने व्यक्तित्त्व का भी बोध रखे हुए है और काव्योचित सरणि से और अधिक व्यक्तित्व की उभरी हुई रेखाओं वाले पात्रों का भी बोध रखे हुए है–कैसे सहानुभूति के माध्यम से सुखी हो सकता है? यदि वह सभ्य है तो उस घटना को वास्तव समझकर उधर देखेगा ही नहीं और अवास्तव समझता है तो काव्यास्वाद का सहानुभूति के माध यम से सवाल ही नहीं खड़ा होता। इसी प्रकार शोकसंविग्न चित्त 'आश्रय' को देखकर उत्पन्न प्रेक्षक की मानस-प्रतिक्रिया पर भी विचार करना चाहिए कि प्रेक्षक में सहानुभूतिवश केवल दुःखमयी क्षोभकारक प्रतीति ही होती है–या वह दुःख किसी विशेष प्रकार की वासना का उभार है और वह वासना का उभार क्या अन्ततः दुःखकर ही है? मंच पर यदि हरिश्चन्द्र नाटक हो रहा हो–रोहिताश्व का शव पड़ा हो, हरिश्चन्द्र निष्ठुरतापूर्वक शैव्या से कर माँग रहे हों–तो इस दृश्य को देखकर केवल हम दुःखी भर होंगे–या 'शोक' का अनुभव करेंगे और आँसू बहाएँगे? इसी प्रकार वीभत्स का अभिनय देखकर हममें केवल दुःख की सामान्य भावना पैदा होगी या जुगुप्सा? भयानक का अभिनय देखकर हमें 'भय' का अनुभव होगा या सामान्यतः दुःख का? रावण के अत्याचारों पर क्रुद्ध होते हुए राम का अभिनय देखकर क्या हम प्रेक्षक-क्रोध का अनुभव नहीं करते? निश्चय ही हम प्रेक्षक या सहृदय पाठक इन भावों का अनुभव करते हैं। इसी के साथ दूसरा प्रश्न यह लगा हुआ है कि ये दुःख कोटि के भाव अनुभूति होकर क्षोभकारक होते हैं या नहीं–मन को अशान्त करते हैं या नहीं? आचार्य रामचन्द्र शुक्ल का विचार तो यह है कि दुःखकोटि के भाव भी सुखद तो नहीं, पर क्षोभ कारक नहीं होते। कारण यह है कि उन घटनाओं से व्यक्तिगत उसे कुछ लेना-देना नहीं है। डॉ. राकेश भी इस काव्यानुभूति का लोकानुभूति से अन्तर न मानते हुए भी इतना अन्तर कह गए हैं कि मंचस्थ अत्याचारी से प्रेक्षक अपनी हानि समझता–तो उसे मारने को दौड़ पड़ता–पर यह होता नहीं। प्रेक्षक व्यक्तिगत हानि-लाभ या राग-द्वेष से बद्ध हो लौकिक भूमिका में इन वस्तुओं को ग्रहण नहीं करता–यही कारण ये घटनाएँ दुःखद होकर भी क्षोभकारक नहीं होतीं, मन को अशान्त और विक्षिप्त नहीं रखतीं। स्वयं डॉ. राकेश भी मानते हैं कि काव्य नाट्य की सामग्री में प्रेक्षक अपने स्वाभाविक वैशिष्ट्य-वश

रुचि लेता है और मन को एकाग्र रखता है। फिर भी वे मानते हैं कि लोक की दृष्टि से दुःखात्मक भाव दुःखद रूप में ही अनुभूत होते हैं।

इस स्थिति में हमारे सामने तीन मत हैं—क्या चार मत हैं—डॉ राकेश जैसे लोग लौकिक और काव्यीय सामग्री—यदि दुःखप्रद कोटि की है—तो वे अन्त तक दुःखद प्रतिक्रिया ही पैदा करेंगी। आचार्य शुक्ल जैसे लोग दुःखद सामग्री को भी काव्य या नाट्य में दुःखद मानते हैं—पर क्षोभकारक नहीं मानते। संस्कृत के आचार्यों में दो दल हैं--एक तो दुःखद सामग्री को आरम्भ में दुःखद ही मानते हैं—पर उसकी पार्यन्तिक परिणति रसात्मक मानते हैं—अर्थात्‌दुःख के साथ सुख भी मानते हैं। चौथा शास्त्रीय वर्ग वह है जो सुख-ही-सुख मानता है, कारण दुःख मूल मन की अशान्ति वहाँ नहीं है।

इन चारों मतों में अपना विचार कम-से-कम उन लोगों के साथ तो निश्चय है जो पार्यन्तिक परिणति रसात्मक मानते हैं। रस का अर्थ 'आनन्द' ही है। आनन्द या सुख का व्यापक अर्थ है—अनुकूल वेदनीयता। दुःख का अर्थ—प्रतिकूल वेदनीयता। अनुकूल वेदनीयता सामग्री में मानव की नैसर्गिक प्रवृत्ति देखी जाती है और प्रतिकूल वेदनीय से निवृत्ति। यदि करुण आदि भावों की उद्‌बोधक सामग्री अनुकूल वेदनीय न होती—तो प्रेक्षक की प्रवृत्ति ही करुण प्रधान काव्यों और नाटकों की ओर क्योंकर जाती? डॉ. राकेश कह सकते हैं कि मानव का स्वभाव है कि वह दूसरों के सुख ही में नहीं, दुःख में भी रुचि ग्रहण करता है—मनोयोग देता है। अतः यह कोई अनिवार्य नहीं है कि प्रवृत्ति अनूकूल वेदनीय भावों की सामग्री ही में होती है, प्रतिकूल वेदनीय भावों की सामग्री में नहीं। ठीक है—मान लिया तर्क। तो भी यह सवाल खड़ा होता है कि क्या व्यावहारिक भूमिका पर दुःखद सामग्री को कोई सहृदय उसी रुचि से ग्रहण करता है—जिस रुचि से करुण काव्य या नाट्य को? एक तो व्यावहारिक भूमिका के करुण दृश्यों को घटित होने की कामना कोई दुष्ट ही कर सकता है—सहृदय नहीं, जबकि करुण काव्य की सृष्टि या करुण नाट्य की सृष्टि या प्रदर्शन करनेवाले को कोई दुष्ट नहीं कह सकता। दूसरा अन्तर यह भी है करुण काव्यों से मनोरंजन का अनुभव यदि न होता—तो समय और द्रव्य खर्च करके उसमें कोई सहृदय मनोयोग क्यों देता? व्यावहारिक करुण घटनाओं में प्रवृत्ति मनोरंजन नहीं परोपकार की भावना से होती है—यह अवश्य है कि हास द्वारा होनेवाले मनोरंजन और करुण द्वारा होनेवाले मनोरंजन में अन्तर है। निष्कर्ष यह काव्य या नाट्य का करुण अभिनय अन्ततः सुखपर्यवसायी अवश्य होता है—आरम्भ में भले ही सहृदय अपने अनुभव भेद से सुखात्मक प्रतिक्रिया को ग्रहण करें या मत करें। डॉ. राकेश यहाँ भी कह सकते हैं कि यदि करुण काव्य का प्रभाव सुखकर होता, तो क्षयरोगियों या हृदयरोगियों को इससे दूर क्यों रखा जाता? तो इसका उत्तर है—करुण की रसात्मक परिणति जिन सहृदयों में मानी

जाती है—उनमें कुछ आवश्यक भूमिका या वैशिष्ट्य का होना हर रसास्वादयिता सहृदय के लिए यह आवश्यक है कि उसका ग्राहक अन्तःकरण इन लौकिक विघ्नों से मुक्त हो। यदि लौकिक विघ्नों से ग्राहक का हृदय मुक्त नहीं है तो करुण ही क्यों शृंगार भी आनन्दप्रद नहीं हो सकता। किसी सहृदय के पेट में नाटक देखते समय यदि पेट में चूहे कूदने लगें, या उससे पूर्व उसके घर में कोई मृत्यु हो गई हो—तो क्या सहृदय की शृंगार में भी प्रवृत्ति होगी? सम्भवतः कभी नहीं। इसलिए ऐसे कुतर्कों से पूर्व तो यही देख लेना चाहिए कि ग्राहक सहृदय में सहृदय की विशेषताएँ हैं या नहीं—रस ग्रहण की भूमिका है या नहीं? अस्तु, यह मानना पड़ेगा कि व्यावहारिक करुण घटनाओं की मानस प्रतिक्रिया और काव्य-जगत् की करुण घटनाओं की मानस प्रतिक्रिया में अन्तर है। अन्तर इतना ही नहीं है कि राग-द्वेष से निर्मुक्त-हृदय सहृदय को काव्य-जगत् की करुणा क्षोभकारक भर प्रतीत नहीं होती, वरन् अन्त-अन्त तक तो उसी अनुभूति मे मन रमना चाहता है। मनोरमण की ही दृष्टि से सहृदय काव्य या नाट्य के करुण जगत् में प्रविष्ट होता है। मनोरमण की सामग्री सुखद प्रभाव न प्रकट करे यह मानने की बात नहीं है। अतः इस भाव या रस को सुखात्मक मानना मेरी दृष्टि में ठीक ही है। इस प्रकार करुण द्वारा मनोरंजन से हमारा मतलब—मनोरमण से ही है।

तथापि शृंगार का प्रश्न अभी ज्यों-का-त्यों ही बना हुआ है। वहाँ 'व्यक्ति' रूप में—रामादि सम्बद्ध रूप में—सीतादि आलम्बन के बोध के बावजूद 'आश्रय' का-सा शृंगार-बोध पाठक किस प्रकार करेगा? इस विषय में डॉ. राकेश से ही यह पूछा जा सकता है कि काव्य या नाट्य-सामग्री में वे प्रेक्षकों में किस तरह का बोध मानना चाहते हैं—सुखात्मक या दुःखात्मक? निश्चय ही सुखात्मक कहेंगे। पुनः प्रश्न यह है कि यह सुखात्मक-प्रतिक्रिया उस सामग्री के व्यक्ति की भूमिका पर वास्तव बोध द्वारा ही सम्भव है—या उससे निरपेक्ष? निरपेक्ष प्रतिक्रिया तो सम्भव ही नहीं है—अतः सापेक्ष की मानना होगा और तब यही मानना होगा कि जो कुछ मंच पर हो रहा है—उसे हम परकीय शृंगार के रूप में ग्रहण करते हैं और सुखात्मक अनुभव करते हैं। पर यदि मंचस्थ शृंगार का दृश्य लौकिक शृंगार के दृश्य से (जब तक वास्तव प्रतीत होता है) सर्वथा एक प्रकृति का है—तब तो कोई सभ्य उसे देखना न चाहेगा—लेकिन अनुभव यह है कि लोग अपने को एक तरफ 'सभ्य' होने का गौरव अनुभव करते हैं और दूसरी ओर जो परकीय शृंगार को परकीय समझकर भी ग्रहण करते हैं और सुखी होते हैं? होना तो यह चाहिए कि लज्जित होकर विमुख हो जाएँ। डॉ. राकेश इस आक्षेप पर उत्तर यह दे सकते हैं कि काव्यास्वादकाल में सहृदय का मन इस प्रकार के विघ्नकारी अड़चनों से मुक्त रहता है। इसीलिए उन्होंने स्थायी के साधारणीकरण की अनावश्यकता को स्वीकार करते हुए कहा ही है कि सहृदय शृंगार का अनुभव करता हुआ भी दूसरों से लज्जा का

या गोपन का प्रयास नहीं करेगा; क्योंकि उस समय वह तन्मय रहता है–इधर-उधर दो प्रतिबन्धक प्रतीतियों से मुक्त रहता है। फिर उन्हीं के इस तर्क को लेकर यदि परम्परागत स्थापना मान ली जाए–तो क्षति क्या है?

वस्तुतः तर्क को अनुभवानुसारी होना चाहिए–यदि शृंगार के अभिनय में एक तरफ हमें यह अनुभव है कि आलम्बन का आंशिक रूप अप्रतिबन्धकारी व्यक्तिगत रूप से प्रतीति होती है–तो यह भी मानना पड़ेगा और दूसरी ओर शृंगारिक वासना प्रेक्षक आस्वाद्य करता है तो तदनुरूप भी तर्कना करनी होगी–अर्थात् वह 'व्यक्ति' रूप में प्रतीत शृंगारिक मंचस्थ आलम्बन ठीक उसी प्रकृति का नहीं ही है–जिस प्रकृति की लौकिक भूमिका पर परकीय नारी होती है–अन्यथा वही प्रतिक्रिया लोक में भी होती। पर जब प्रतिक्रिया भेद है–तो आलम्बन-व्यक्ति का भी स्वरूप-भेद मानना ही होगा। इसी भिन्न रूप में प्रतीति को साधारणीकृत-प्रतीति कहना गलत नहीं है। व्यक्ति की लौकिक और काव्यीय भूमिका के अन्तर को इसी शब्द द्वारा स्पष्ट किया जा सकता है। इस अन्तर का जो अपलाप करता है–वह अपने अनुभव को भी नहीं समझ पाता। इस प्रकार काव्य के साधारणीकरण की समस्या तो अस्वीकार की ही नहीं जा सकती और साधारणीकृत रूप में सामग्री की प्रतीति होने पर आश्रय के भाव का सजातीय भाव सहृदय भी अनुभव कर सकता है। ऐसे भाव के अनुभव में सहृदय अपना मनोरमण करता है और मनोरमण आनन्दात्मक अनुभूति है अतः काव्यास्वाद आनन्दात्मक होता ही है।

इस स्थिति में भी डॉ. राकेश की ओर से पुनः दो प्रश्न खड़े किए जा सकते हैं–एक तो यह कि आस्वाद की दार्शनिक व्याख्या क्या इस विज्ञानयुग की बुद्धि को ग्राह्य है? दूसरा यह है कि क्या आज का सारा काव्यरूप एकमात्र आनन्दात्मक प्रतिक्रिया ही पैदा करता है?

जहाँ तक पहले प्रश्न का सम्बन्ध है–उस विषय में यह कहा जा सकता है कि विवादगोचर विषय यह है कि काव्योचित सामग्री की प्रतिक्रिया आनन्दात्मक है या नहीं? उपर्युक्त तर्क से यदि उसकी आनन्दात्मकता सिद्ध है–तो सवाल केवल उसकी व्याख्या का रह जाता है। व्याख्या बुद्धि पर निर्भर करती है और बुद्धि प्रतिव्यक्ति भिन्न हो सकती है। क्या मनोविज्ञान को अपनाकर काव्यास्वाद की व्याख्या करनेवाले आचार्य शुक्ल, डॉ. राकेश, नगेन्द्र एवं आई.ए. रिचार्ड्स–सभी एकमत हैं? विज्ञान का आश्रयण करके व्याख्यान करनेवाले जब एकमत नहीं हैं और फिर भी उनका सम्मान है, तो दर्शन का सहारा लेकर चलनेवाले यदि भिन्न-भिन्न मत के हैं–तो उनका बहिष्कार क्यों? कहा जा सकता है कि आज आत्मा और सत्त्वगुण जैसी चीजें अबुद्धिगम्य हैं, पर मनोविज्ञान की चीजें अबुद्धिगम्य नहीं हैं–ठीक है जो मनोविज्ञान जानता है उसके लिए यह कथन सही है। पर क्या विज्ञान भी 'हाइपोथीसिस' से सूना है? हाइपोथीसिस स्वयं इण्टूइशन पर

आधारित है और इण्टूइशन—स्वयं रहस्यमय नहीं है? युग विज्ञान का है—यह एक दूसरी बात है—पर क्या दर्शन मुखर नहीं है? अस्तु, विवाद वास्तविकता में नहीं है—काव्य की आनन्दात्मक प्रक्रिया में नहीं है—तर्कात्मक प्रस्थानों में—व्याख्यानों में है। तो यह गन्तव्य का मार्ग भेद शाश्वत है—सदा रहेगा। मनोविज्ञान की अनेक स्थापनाएँ जब आज ही अग्राह्य हो रही हैं—तो सदा-सदा के लिए ग्राह्य रहेंगी—यह कौन कह सकता है। रहा अपना अनुभव और निरीक्षण—वह भी अपना-अपना है। प्रसन्नता इतनी ही है कि वस्तु में विवाद नहीं है।

दूसरा सवाल यहीं यह खड़ा होता है कि क्या आज काव्य अपने विविध रूपों में सहृदय पाठक के अन्तःकरण पर एक ही प्रकार की आनन्दात्मिका प्रतिक्रिया उत्पन्न करता है? डॉ. गुप्त ने इस प्रश्न का उत्तर देते हुए कुल छः प्रकार की मनोवृत्तियों का निर्देश किया है—(Sympathetic feeling) सहानुभूतिमयी मनोवृत्ति, प्रतिकूल मनोवृत्ति, जिज्ञासा या कुतूहल, स्मरणात्मक, चिन्तनात्मक, आलोचनात्मक।

सहानुभूतिमयी मनोवृत्ति को डॉ. गुप्त सुखात्मकवृत्ति की कोटिका कहते हैं—पर परम्परागत अर्थ से उसे भिन्नार्थक भी बताते हैं। अभिनवगुप्त प्रभृत्ति प्राचीन आलंकारिकों ने यह स्वीकार किया है। काव्य में साधारणीकृत प्रतीति के माध्यम से सहृदय ग्राहक उसी कोटि की वासना का आस्वाद लेता है जिसकी रसात्मक-परिणति मूलतः कवि को सर्जना के क्षणों में हो चुकी रहती है और जिस परिणतमनोवृत्ति को वह कल्पित 'पात्र' में रखकर ग्राहक तक पहुँचाना चाहा है, परन्तु डॉ. गुप्त इससे अपने प्रस्थान का पार्थक्य स्थापित करते हुए यह कहना चाहते हैं कि साधारणीकरण की प्रक्रिया काव्य में सम्भव नहीं है, फलतः पात्रगत वर्णित 'भाव' या 'रस' का (अथवा तत्सजातीय का) सहृदय ग्राहक-गत सुखात्मक आस्वाद असम्भव है। हाँ, यह अवश्य है कि काव्यार्थभावनावश सहृदय ग्राहक काव्य-सामग्री की अवास्तविकता को चेतनस्तर पर नहीं आने देता—फलतः उसे वास्तविक ही समझता है। इस तर्क के आधार पर डॉ. गुप्त यह भी कहना चाहते हैं कि तब काव्य-प्रतीति और लौकिक-प्रतीति में कोई भेदक-रेखा खींची नहीं जा सकती। यही कारण है कि वे यह मानते हैं कि जिस प्रकार लौकिक सुख-दुःखोत्पादक घटनाओं के उपभोक्ता को देखकर दूसरा सहृदय व्यक्ति सहानुभूतिवश सुख या दुःख का अनुभव करता है—काव्य या नाट्य भी बिल्कुल वैसी ही प्रतीति होती है।

अभिनव गुप्त-सम्मत आनन्दात्मक-काव्यास्वाद से डॉ. गुप्त-सम्मत काव्यास्वाद के प्रथम प्रकार का जो अन्तर ऊपर स्पष्ट किया गया है—मैं उससे पूर्णतः असहमत हूँ। ऊपर यह तो स्पष्ट स्थापित किया ही गया है कि साधारणीकरण की प्रक्रिया मानना इसलिए अनिवार्य है कि उसके बिना अनुभव की संगति ही नहीं बैठ सकती। यह भी बताया जा चुका है कि काव्य या नाट्य द्वारा उद्दिष्ट 'मनोरमण' और लौकिक

सुखदुःखानुभूति–दोनों पृथक्-पृथक् वस्तुएँ हैं। फलतः दोनों अनुभूतियाँ एक नहीं हैं। इस क्रम में यह भी मानना अनिवार्य और आवश्यक है कि सहृदय ग्राहक उसी जाति की वासना का स्थिरचित्त द्वारा आस्वाद लेता है–जो मूलतः सर्जना के क्षणों में कवि के मानस में प्रवाहित रहा है। अतः डॉ. गुप्त का यह कहना कि ग्राहक किसी भी स्थिति में रसाश्रय पात्रगत वर्णित उसी 'भाव' का आस्वाद नहीं लेता, वरन् केवल सहानुभूतिमूलक सुख या दुःख का अनुभव करता है–सर्वथा अंतर्क संगत और अनुभव विरुद्ध है।

'काव्यास्वाद' की परिधि में उन्होंने दूसरी मनोवृत्ति–विरुद्ध या प्रतिकूल मानस प्रतिक्रिया की कही है। उदाहरण के लिए काव्य वर्णित उस पात्र को–जो निर्ममता और निष्ठुरतापूर्वक एक-से-एक जघन्य कृत्य करता चला जा रहा है–लिया जा सकता है। ऐसे पात्र का काव्यात्मक वर्णन या अभिनय देखकर पात्र के प्रति ग्राहक सहृदय के मानस पर घृणा आदि की विरोधी प्रतिक्रिया उदित होगी। शुक्लजी ने ऐसे ही स्थलों को मध्यम-कोटि की रस-दशा कहा है। डॉ. गुप्त ने शुक्लजी की इस तरह की कोटि-निर्माण-कल्पना का खण्डन किया है। अस्तु, ऐसी कोटि-कल्पना के पक्ष में तो मैं भी नहीं हूँ–परन्तु यदि काव्य द्वारा उत्पादित इस प्रकार के भावों को डॉ. गुप्त लौकिक स्तर का और मनोरमण पर्यवसायी नहीं मानेंगे–तो इस स्थापना से मैं अपना मतभेद प्रकट करता हूँ मैं यह स्वीकार करता हूँ कि काव्य वर्णित 'भाव'–चाहे अपने आश्रय के प्रति ग्राहक में औन्मुख्य पैदा करे या वैमुख्य–पूर्णतः 'मनोरमण' की क्षमता रखता है। आपाततः यह एक परस्पर विरुद्ध जान पड़ती है कि भावाश्रय से विमुख ग्राहक तदाश्रित 'भाव' में रमेगा कैसे? खलनायक से विरोधी रुख रखकर भी तदाश्रित कलाकृति में ग्राहक का मन रम सकता है? कल्पना कीजिए कि एक ऐसी लघु-कथा है जिसमें किसी मनुष्य का दानवीय पार्श्व ही चित्रित किया गया है–क्या हम उस कृति में अपना मन नहीं रमाते? यशपाल की 'परदा' कहानी में जो 'आगा' आया है–सूद पर कर्ज देनेवाला–क्या उसे हम रुचिपूर्वक नहीं पढ़ते? पढ़ते हैं,–यह एक भिन्न बात है कि काव्य की इस प्रकार की सामग्री मन पर एक ज्वलनकारी प्रभाव डालती है। भारतीय प्राचीन आलंकारिकों ने 'रस' का विवेचन करते हुए यह कहा है कि कतिपय रस द्रवकारी प्रतिक्रिया मन में पैदा करते हैं। जबकि कतिपय ज्वलनकारी। पहली कोटि के मधुर रस हैं और दूसरी कोटि के दीप्त अथवा ओजस्वी। निष्कर्ष यह कि कलाकृति वही है जिसमें मन रमे, प्रभाव मधुर भी पड़ सकता है और ज्वलनकारी भी। आचार्य विश्वनाथ प्रसाद मिश्र ने अपने वाङ्मय-विमर्श में भी इसी 'मनोरमण' की क्षमता को काव्य का अनिवार्य शर्त माना है। इस प्रकार कहने का आशय यह कि ऐसे 'भाव' भी यदि काव्योचित ढंग से पात्र में वर्णित हैं–तो उनकी ग्राहक मनोगत परिणति भी रसात्मक हो सकती है।

काव्यास्वाद के अन्तर्गत तीसरे प्रकार की मनोवृत्ति है—जिज्ञासा या कुतूहल। कुतूहल भी मन की वृत्ति है—जिसकी निवृत्ति आनन्दकर होती है। काव्य में बाह्य घटनाएँ 'कुतूहल' वर्द्धक होती हैं—परन्तु वर्णित 'भाव' रमणकारी। फलतः जिस कृति का लक्ष्य कुतूहल वर्द्धन ही होगा—वह घटना प्रधान होगी—और स्थूल कोटि की ही कही जाएगी। तिलस्मी और जासूसी उपन्यास कुतूहल वर्द्धक ही होने के कारण स्थूल श्रेणी की रचना कहे जाते हैं। 'कौतुक' का उल्लेख भारतेन्दु हरिश्चन्द्र ने भी नाटक के लक्ष्य का निरूपण करते हुए किया है। काव्यास्वाद की सीमा में इसका समावेश 'विस्मय' के अन्तर्गत किया जा सकता है।

काव्यास्वाद में चौथी मनोवृत्ति कही गई है—स्मरणात्मिका। यद्यपि अभिनवगुप्त आदि प्राचीन आलंकारिकों ने भी 'स्मरण' को काव्यास्वादमय कहा है—पर उसे 'लोकोत्तर प्रतिभानमय'—स्वीकार करके। डॉ. गुप्त का स्मरण—उससे भिन्न है। इनका विचार यह है कि काव्य में जो घटनाएँ वर्णित रहती हैं—उनसे कभी-कभी व्यक्तिगत जीवन की घटनाएँ भी स्मरण हो आती हैं—यह स्मरण की काव्यास्वाद की सीमा में लिया जा सकता है। मैं इससे इसलिए सहमत नहीं हूँ कि इस प्रकार का स्मरण तो प्रेक्षक को काव्य-जगत् से हटाकर वैयक्तिक अनुभवों की ओर मोड़ देनेवाला है—फलतः काव्य से सीधी उत्पन्न होनेवाली आस्वादात्मक प्रतिक्रिया में इसे एक विघ्नकारी तत्त्व के रूप में ही लेना चाहिए—न कि विपरीत इसके स्वयं उस विघ्नकारी या व्यवधायक प्रतीति को ही स्मरणात्मक मान लेना चाहिए।

काव्यास्वाद की सीमा में आनेवाली पाँचवीं मनोवृत्ति बताई गई है—विचारात्मक इस अवसर पर आचार्य विश्वनाथ प्रसाद मिश्र का वह विवेचन स्मरण आता है जहाँ उन्होंने बताया है कि मानव-मन की मूलतः या अभिमानात्मिकावृत्ति को छोड़कर तीन वृत्तियाँ और हैं—जिज्ञासा, अनुसंधित्सा तथा रिरंसा। बुद्धि वृत्ति का सम्बन्ध है—जिज्ञासा से, चित्तवृत्ति का अनुसंधित्सा से तथा मनोवृत्ति का रिरंसा से, अतः पहले का विचार से, दूसरे का स्थूल घटनाओं से और तीसरे का भाव से सम्बन्ध है। पहली मनोवृत्ति का प्रमुख व्यापार निबन्ध और आलोचना में, दूसरी का कहानी और उपन्यास में और तीसरी का काव्य और नाटक में होता है। अतः काव्य या साहित्य का जो अंश विचारात्मक प्रतिक्रिया पैदा करता है—वह निबन्धात्मक होगा—जिसकी सर्जना के मूल में ही उसकी स्थिति है। भावप्रधान साहित्य की विधाएँ भी ज्ञानवर्द्धक होती हैं—पर उनका पहला और प्रमुख प्रभाव तन्मयता या मनोरमण का होता है। बाद में उस रास्ते अनायास आत्मसात् हुआ विचार या ज्ञान उद्रिक्त सात्त्विक मनोभाव का अनुगामी होकर आता है। इस प्रकार कहने का अभिप्राय यह कि विचारात्मक-प्रतिक्रिया निबन्धात्मक काव्यविधा से सीधा सम्भव है—वह भी यदि विचारात्मक हुआ। कुछ ऐसे भी निबन्ध हैं जिनकी सर्जना के मूल में भावोच्छ्वास ही होता है—वहाँ ग्राहक भी उसी प्रकार की मनोवृत्ति का आस्वाद करेगा।

सवाल यहाँ यह खड़ा होता है कि काव्य निर्माण के मूल में किस प्रकार की मनोवृत्ति को अधिक सक्रिय होना चाहिए—भावात्मक या विचारात्मक या अनुसन्धात्मक या तीनों अथवा तीनों की सहमति होने पर भी किसी एक का प्रामुख्य? वस्तुतः उक्त तीन विकल्पों में से किसी भी काव्यविधा का निर्माण करने में न तो पहली स्थिति सम्भव है और न दूसरी—सम्भव है तो केवल तीसरी। इसीलिए काव्य के लिए यह आवश्यक है कि या तो 'भाव' ही प्रतिपाद्य हो या प्रतिपाद्य का अंग हो। किसी-न-किसी रूप में वस्तुगत या शैलीगत भावात्मकता का योग नितान्त आवश्यक है। घटनाप्रधान जासूसी और तिलस्मी उपन्यासों से भावोत्तेजक शैली रहती है—अतः विचार-प्रधान या विचारोत्तेजक काव्यरूपों के विषय में यह विचारणीय है कि यदि 'भाव' तत्त्व का योग वहाँ वस्तु एवं शैली में से एक रूप में भी नहीं है—तो उसे काव्य माना जाना चाहिए या नहीं? आज प्रत्येक ललित निबन्धकार यह स्वीकार करता है कि ऐसे निबन्धें की यात्रा में बुद्धि के साथ हृदय का भी—विचार के साथ भाव का भी—योग होना ही चाहिए—अन्यथा वह साहित्यिक निबन्ध न होकर शास्त्रीय या वैज्ञानिक निबन्ध हो जाएगा। कहने का अभिप्राय यह है कि काव्य या साहित्य की प्रशस्त सीमा में किसी कलाकृति को रखने के लिए आवश्यक है कि उसमें भावात्मकता का योग अनिवार्य हो। वैसे परम्परावश केवल कौतुक एवं चमत्कारकारी कृतियाँ भी कलाकृतियाँ कही ही जाती हैं। पर विचारात्मक कृति, जिसकी सर्जना के मूल में केवल बुद्धि वृत्ति ही सक्रिय हो—को काव्य रूपों में परिगणित करना कठिन है। अतः काव्यास्वाद के अन्तर्गत भावा संवलित 'विचारात्मक' प्रतिक्रिया का ग्रहण पूर्णतः चिन्त्य है।

छठीं और अन्तिम मनोवृत्ति है—आलोचनात्मक। ऐसा प्रभाव प्रेक्षक की ग्रहण-शील मनोवृत्ति के रूप में नहीं, समीक्षणशील मनोवृत्ति की उद्रिक्तावस्था में ही सम्भव है। इस प्रभाव को आस्वाद की ग्रहण-प्रक्रिया की सीमा से बाहर रखना होगा। कृति में क्या ठीक है या गलत—इस प्रकार की आलोचनात्मक प्रतिक्रिया 'ग्राहक' नहीं 'समीक्षक' के मन में उदित होगी—फलतः उसे स्पष्ट ही काव्यास्वाद के ग्रहण की सीमा से पृथक् रखना होगा।

डॉ. गुप्त के पूर्वार्द्ध-प्रबन्ध का अन्तिम विवेच्य है—आस्वादोत्पादक अवयवों की नूतन विवेचना। वहाँ केवल वर्गीकरण एक भिन्न ढंग से है—वर्गीकृत सामग्री कोई ऐसी नहीं है—जो अविवेचितचर हो—पहले विवेचित न की गई हो। यहाँ आस्वादोत्पादक हेतुओं का त्रिधा विभाजन किया गया है—आस्वाद्य, वातावरण एवं सहृदय। परम्परागत दृष्टि से समस्त रस-उपकरण को विभाव, अनुभाव एवं संचारी के अन्तर्गत रखा गया है। साथ ही काव्य में ये स्वयं अर्थरूप हैं—और शब्द द्वारा प्रस्तुत किए जाते हैं। उनका सुन्दरीकरण करने के लिए काव्योचित सरणि की भी चर्चा। अर्थरूप सामग्री एवं सरणि के अतिरिक्त ग्रहण प्रक्रिया की भी चर्चा

'व्यंजना' के रूप में हुई ही है। इस प्रकार आस्वाद्य के अन्तर्गत आनेवाली सामग्री का यही पूरा रूप है। रंगमंच का साज-संभार, काव्य-पाठ का समारंभ-वातावरण के अन्तर्गत विवेचित ही है। रहा प्रेक्षक, सो सहृदय की रसग्राही क्षमता के प्रकारों पर विचार किया ही जा चुका है। प्रेक्षक की प्रकृति और रुचि का ही विचार करते हुए 'इदानीन्तनी' और 'तदानीन्तनी' वासना की बात आई है। प्रेक्षक की आस्वादनालीन मनोवृत्ति और दशा के विरोधी तत्त्वों का सात विघ्नों के अन्तर्गत और अनुरोधी तत्त्वों का क्षमता के अन्तर्गत विचार किया ही जा चुका है।

इस प्रकार डॉ. गुप्त की व्याख्या के सम्बन्ध में जो मनोविज्ञानसम्मत प्रक्रिया अपनाई गई है—उसका स्वरूप उनके अपने अनुभवों और निरीक्षणों पर आधारित है—जो विवादास्पद है। दूसरे अभिनव गुप्त की मान्यता को वे पूर्णतः आत्मसात् भी नहीं कर सके हैं। इस स्थिति में निष्कर्ष रूप मैं यह कह सकता हूँ कि डॉ. गुप्त का मत चिन्त्य है। मनःशास्त्र को जहाँ तक प्रभावग्रहण प्रक्रिया के विश्लेषण में आधार बनाने की बात है—वह स्वयं अभी अपने प्रयोग काल में होने से अपरिपक्व है।

मनोविज्ञान के आलोक में रसास्वाद की व्याख्या प्रस्तुत करनेवाले तीसरे विद्वान् हैं—डॉ. नगेन्द्र।

डॉ. नगेन्द्र ने जो रस-विवेचना प्रस्तुत की है—उसका पूर्वार्द्ध पौरस्त्य एवं पाश्चात्य रस-विवेचन अथवा काव्यानन्द का विश्लेषण है—पर अन्ततः मनोविज्ञान सम्मत व्याख्या प्रस्तुत करने की ओर ही उन्मुख हुए हैं। इस दृष्टि से अपना विश्लेषण प्रस्तुत करते हुए उन्होंने पहले तीन प्रश्न प्रस्तुत किए हैं—

1. क्या रस अनिवार्यतः आनन्दमयी चेतना है?
2. क्या रस अनिवार्यतः भांवानुभूति से भिन्न है?
3. क्या यह आनन्द अभी तक निराला है?

पहले प्रश्न का समाधान देते हुए उन्होंने कहा है कि आनन्द के विषय में मनोविज्ञान के दो मत हैं—हेडोनिक और हॉरमिक। पहला मानता है कि जीवन की समस्त क्रियाएँ आनन्दोन्मुख हैं—जीवन की सभी क्रियाओं का लक्ष्य आनन्द-प्राप्ति है। दूसरे मत के अनुसार क्रियाएँ अपना लक्ष्य आप ही हैं। पहला मत आनन्दवादी और दूसरा सार्थकतावादी है। परन्तु डॉ. नगेन्द्र दूसरे मत का विश्लेषण करते हुए मानते हैं कि अब सार्थकतावादी यह मानते हैं कि तृप्तिकारी अन्तर्वृत्तियों का समन्वय आनन्द नहीं है तो है क्या? इस प्रकार पहले प्रश्न का समाधान देते हुए वे पूर्वी और पश्चिमी दृष्टियों से अवरोधी रूप में यह स्वीकार करते हैं कि काव्य-रस अनिवार्यतः आनन्दमयी चेतना है—इसका विरोध किसी प्रकार नहीं हो सकता।

आचार्य शुक्ल और डॉ. गुप्त इस दृष्टि से इनसे भिन्न हैं। शुक्लजी

काव्यास्वाद को सुख-दुःखात्मक मानते हुए भी राग-द्वेष मुक्त हृदय द्वारा आस्वाद्य होने के कारण लोकानुभूति की भाँति दुःखात्मक पक्ष को क्षोभकारक नहीं मानते, जबकि डॉ. गुप्त क्षोभकारक भी मानते हैं। डॉ. नगेन्द्र आई.ए. रिचार्ड्स का मत मानते हैं और काव्यास्वाद को स्वच्छन्दतावादी अन्य समीक्षकों की भाँति अनिवार्यतः आनन्दमयी चेतना स्वीकार करते हैं।

दूसरा प्रश्न यह है कि क्या काव्यानुभूति अनिवार्यतः भावानुभूति (लोकानुभूति) से सर्वथा भिन्न है? इस विषय में वे शुक्लजी और डॉ. गुप्त से अपना प्रस्थान भिन्न कर देते हैं। वे स्पष्ट कहते हैं कि रस का आनन्द भाव (Emotion) से भिन्न है–जबकि शुक्लजी मुक्त हृदय द्वारा भाव (Emotion) के अनुभव को ही रसानुभव कहते हैं। डॉ. गुप्त का कहना है–"Poetic-Relish is a mental phenomenon and is composed of the feelings which are evoked in the mind of the perceivor as a psycological reaction to his perceptions of poetry" [83 Page] काव्यास्वाद एक मनोगोचर वस्तु है, जो काव्यदर्शन की प्रतिक्रिया से उत्पन्न प्रेक्षक-गत विभिन्न वृत्तियों का संघटित रूप है। डॉ. नगेन्द्र भावानुभूति से काव्यानुभूति को सर्वथा भिन्न मानते हैं और कारण बताते हैं कि जहाँ भावानुभूति कटु भी हो सकती है–वहाँ रसानुभूति कभी नहीं। अतः वे इस भेद को आधुनिक मनोविज्ञान का आलोच्य नहीं मानते और कहते हैं कि इसे उसके विरुद्ध कुछ नहीं कहना है। यहाँ यह स्पष्ट है कि मनोविज्ञान को ही आधार बनाकर तीन विवेचक तीन तरह की बात करते हैं।

अस्तु। डॉ. नगेन्द्र ने तीसरे प्रश्न का उत्तर देते हुए कहा है कि सचमुच यह एक विचारणीय प्रश्न है कि काव्यानन्द भौतिक-कोटि का है या आध्यात्मिक। अपना निर्णय देने से पूर्व वे पुनः पूर्वी और पश्चिमी मतों का हवाला देते हैं–पर उनमें से प्रत्येक को मनोविज्ञान की कसौटी पर खरा उतार नहीं पाते–फलतः वे मानते हैं कि आज का विवेचक काव्यानन्द की प्राचीन व्याख्याओं से असन्तुष्ट है। अतः काव्यानन्द की मनोविज्ञान सम्मत व्याख्या प्रस्तुत करने के लिए वे अनुभूतिमात्र का विभाजन इस प्रकार करते हैं–भौतिक और आध्यात्मिक। भौतिक के अन्तर्गत ऐन्द्रिय और बौद्धिक। डॉ. नगेन्द्र काव्यानुभूति को जहाँ एक ओर ऐन्द्रिय नहीं कहना चाहते वहाँ दूसरी ओर आध्यात्मिक भी नहीं मानना चाहते। पर इसीलिए इसे लोकोत्तर एवं अनिर्वचनीय कहना भी ठीक नहीं। अतः मनोविज्ञान की परिधि के भीतर ऐन्द्रिय एवं बौद्धिक अनुभूतियों के भीतर ही काव्यानुभूति का स्वरूप निर्धारित करना होगा। उसके लिए अतिरिक्त इन्द्रिय के न होने से इन्ही बाह्य या अन्तःकरण की अनुभूतियों में से ही किसी की अनुभूति मानना होगा। वे मानते हैं कि ऐन्द्रिय अनुभूति का कतिपय अंश (रोमांच, अश्रु आदि) काव्यानुभूति में भी होता है–पर उतना स्पष्ट और तीव्र नहीं होता। इस मात्रा-भेद का कारण

घटना का प्रत्यक्ष नहीं बल्कि भावित (Contemplated) अनुभव है। फलतः डॉ. नगेन्द्र मानते हैं कि काव्यानुभूति है तो ऐन्द्रिय अनुभूति ही, पर साधारण नहीं, किन्तु भावित अनुभूति है। इस अनुभूति में ऐन्द्रिक और बौद्धिक अनुभूति के तत्त्वों का लवणनीर संयोग है।

'अनुभूति' के स्वरूप का यदि विश्लेषण किया जाए–तो वह एक प्रकार का संवेदन (Sensation) ही ठहरेगा। अतः काव्यानुभूति एक प्रकार का संवेदन ही है–पर यह स्थूल और प्रत्यक्ष न होकर सूक्ष्म और बिम्ब रूप होता है। डॉ. साहब ने विषयगत स्थूलता या सूक्ष्मता के मात्रा भेद से संवेदन के तीन भेद–ऐन्द्रिय, स्मरणात्मक तथा बौद्धिक–माना है। स्मरण तथा बौद्धिक संवेदन के मध्य एक संवेदन और स्वीकार करते हैं–उसे वे भावन का अनुभव कहते हैं। और बताते हैं कि वह न तो स्मृति का प्रत्यक्ष अनुभव है और न बुद्धि का सूक्ष्म। भावन का अनुरूप ही काव्यानुभूति है–जहाँ विषय न तो स्थूल एवं प्रत्यक्ष होने के कारण ऐन्द्रिय या तीव्र अनुभूति पैदा करते हैं और न तो बौद्धिक अनुभूति-गत नितान्त अरूप ही होते हैं। यहाँ के विषय की दो विशेषताएँ होती हैं–एक तो यह कि बिम्बात्मक सूक्ष्म है और दूसरे यह कि वह भावित।

अन्तिम बात इस प्रसंग में उन्होंने यह बताई है कि अनुभूतियों या संवेदन में सामंजस्य या अन्विति स्थापित हो जाती है तो हमारी अनुभूति मधुर होती है। सामंजस्य या अन्विति लाना काव्यगत 'भावन' व्यापार का फल है। भावन व्यापार का अर्थ ही है–अव्यवस्था में व्यवस्था लाना और अव्यवस्था या असन्तुलन में व्यवस्था या सन्तुलन लाना ही आनन्द है। अन्यत्र डॉ. नगेन्द्र ने यह भी माना है कि आनन्द की स्थिति अपने अन्तर में ही है–इसे स्वदेश का अध्यात्मदर्शी और विदेश का मनोवैज्ञानिक–दोनों मानते हैं। भारतीय दर्शन सुख को अपनी ही आत्मा का विस्तार मानता है...उसमें आनन्द को अपनी ही अस्मिता वृत्ति का आस्वादन कहा गया है...विदेश का मनोवैज्ञानिक भी आनन्द को अन्तर्वृत्तियों का सामंजस्य (Systematization of Impulses) ही मानता है।

उपर्युक्त विवेचन द्वारा यह तो स्पष्ट है कि डॉ. नगेन्द्र काव्यानुभूति को अनिवार्यतः आनन्दमयी चेतना मानते हैं–पर फिर भी इसके साथ और प्रश्न जुड़ा हुआ है और वह यह है कि वह आनन्दमयी चेतना आरम्भ से ही अनुभूतिगोचर होने लगती है या पार्यन्तिक-परिणति के रूप में उचित होती है? यद्यपि इस आनन्दमयी चेतना का स्पष्टीकरण करते हुए उन्होंने प्रसंगतः हृदय-रस, आत्मसुख, अस्मितानुभव–जैसी दर्शनिक पदावलियों का भी प्रयोग किया है–परन्तु युगानुरूप आस्था मनोवैज्ञानिक प्रक्रिया एवं पदावली में है व्यक्त की है। उन्होंने माना है कि काव्य संवेदन को मधुर बनाने का मूल कारण है–भावन व्यापार (Contemplation)। भावन व्यापार यदि एक ओर काव्य ग्राहक के मानस-पटल पर प्रस्तुत किए गए

विषय को भावित करता है तो डॉ. साहब के अनुसार दूसरी ओर संवेदन-गत अव्यवस्था में व्यवस्था लाता है—अथवा यह कहा जा सकता है कि भावित एवं बिम्बात्मक सूक्ष्म-विषयों की ही यह महत्ता है कि वे संवेदनों में सामंजस्यात्मक परिणति अनिवार्य रूप से ला देते हैं। इन दोनों विकल्पों में से जो भी उनका अभिमत हो—पर इतना तो स्पष्ट है कि वे मानते हैं कि भावन व्यापार काव्य-विषय को भावित करता हुआ प्रतिक्रिया वश उत्पन्न संवेदनाओं में सामंजस्य और अन्विति लाता है। एतदर्थ यह आवश्यक है जब तक संवेदन अनेक न होंगे—तब तक (अनेक सापेक्ष) सामंजस्य कैसे होगा? पर यह स्थिति काव्य-विषयों के आते ही सम्भव है—अतः आनन्दमयी चेतना के लिए अपेक्षित दोनों तत्त्व—विषय का सूक्ष्म और भावित होना तथा भावन व्यापार का सक्रिय होना—जब आरम्भ में ही अपना अस्तित्त्व प्राप्त कर लेते हैं, तब तत्सापेक्ष आनन्दमयी चेतना का भी उद्भव आरम्भ से ही स्वीकार करना अयुक्तिसंगत नहीं है। फिर इस निष्कर्ष पर आने के बाद अभिनवगुप्त की उस स्थापना से कोई अन्तर नहीं आता (और न आना डॉ. साहब को अभीष्ट ही होगा) कि काव्य या नाट्य के अध्ययन एवं दर्शन से अविलम्ब रसास्वाद की अनुभूति आरम्भ हो जाती है। विवाद केवल प्रक्रिया और स्वरूप का है।

डॉ. साहब 'प्रक्रिया' के सन्दर्भ में मनोवैज्ञानिक दृष्टि से 'भावन' का उल्लेख करते हैं। 'भावन' व्यापार का अर्थ कदाचित् प्रेक्षक के मन का वेद्यान्तरसम्पर्क शून्य होकर काव्य-सामग्री पर एकाग्र होना है—उसी काव्य-सामग्री से मन का तन्मय हो जाना है—एकाग्र होकर काव्य-सामग्री का मन द्वारा ग्रहण है। जिस वस्तु में यह क्षमता हो कि मन को शीघ्र तदाकार परिणत कर दे—वह उतना ही सुन्दर है। ''सौन्दर्य के प्रभाव से इन सभी प्रकार के मनोवेगों में पारस्परिक सामंजस्य सम्भव है। मनोवेगों की सन्तुलित और व्यवस्थित अवस्था को आई.ए. रिचार्ड्स एवं उनके सहयोगियों ने साइनेस्थेसिस (Synaestheses) कहा है और उसके आधार पर सौन्दर्य की परिभाषा दी है।''[1] निष्कर्ष यह कि 'भावन' नामक काव्य-व्यापार का अर्थ काव्य-सामग्री पर का मन केन्द्रण है और इसी प्रक्रिया से सौन्दर्य ग्रहण है—गृहीत सौन्दर्य अपना प्रभाव मनोवेगों के सामंजस्य में दिखाता है। यही अवस्था साइनेस्थेसिस की अवस्था है—यही आनन्दप्रद मनोदशा है। इस प्रकार यदि डॉ. नगेन्द्र का यही अभिप्राय है—तो वे निश्चय ही आई.ए. रिचार्ड्स के अनुगामी हैं। पर आई.ए. रिचार्ड्स के विचारों से अनेक साहित्यशास्त्रियों एवं दार्शनिकों ने अपना मतभेद प्रकट किया है। डॉ. रामअवध द्विवेदी जी ने कहा है कि रिचार्ड्स ने स्नायुमण्डल एवं मस्तिष्क की क्रियाओं का जो चित्र खींचा है—वह अभी तक सर्वस्वीकृत नहीं हो पाया है। दूसरे जिस गेस्टाल्ट मनोविज्ञान का सहारा उन्होंने लिया है—वह अभी तक अपनी प्रयोगावस्था में ही है।

---

1. साहित्य-सिद्धान्त—डॉ. रामअवध द्विवेदी—पृ. 176

अगला प्रश्न यह भी खड़ा होता है कि यह 'भावन' भट्टनायक के 'भावकत्व' या 'भावन' से भिन्न है या अभिन्न? यदि भिन्न है (क्योंकि इसका कार्य साधारणीकरण नहीं, बल्कि अव्यवस्था में व्यवस्था लाना है) तो भी प्रश्न है कि क्या 'भावन' के अतिरिक्त 'भावना' की आवश्यक रस-प्रक्रिया के अन्तर्गत डॉ. नगेन्द्र को है या नहीं? हाँ, पण्डितराज जगन्नाथ ने 'भावना' का प्रयोग करते हुए इसका अर्थ बताया है–'पुनः पुनः अनुसंधान'। आनन्दवर्द्धन ने भी 'प्रत्यभिज्ञान' का अर्थ पुनः-पुनः अनुसन्धान ही बताया है। अतः 'भावना' और 'प्रत्यभिज्ञान' से अभिन्न अर्थ में डॉ. नगेन्द्र के 'भावन' को लिया जा सकता है और कहा जा सकता है कि भावित विषय–पुनः-पुनः अनुसंहित विषय–आस्वादोपयोगी रूप में आ जाता है–साधारणीकृत रूप में आ जाता है। इस प्रकार डॉ. नगेन्द्र का 'भावन' व्यापार काफी व्यापक है–जिसके अन्तर्गत भट्टनायक की 'भावना' भी समाहित है। इसी के साथ यह भी कहा जा सकता है कि यदि एक ओर 'भावन' का कार्य विषय को भावित करना–भावित करके आस्वादोपयोगी बनाना है–दूसरी ओर अव्यवस्था में व्यवस्था लाकर आनन्द का अनुभव कराना भी है–अर्थात् इनका 'भावन' काव्य सामग्री को रसोपयोगी स्थिति में लाकर इसके द्वारा मनोवेगों में सन्तुलन पैदा कराने तक फैला हुआ है। यह है डॉ. नगेन्द्र की भावन-प्रक्रिया। परन्तु उसका विनियोग जिस 'साइनेस्थेसिस' में किया गया है–वह स्वयं पर्याप्त चिन्त्य है।

अगली बात इनके मत में वह भी विचारणीय है कि क्या हृदयरस, आत्मसुखानुभूति, अस्मिता का अनुभव और मनोवेगों में सामंजस्य–समानार्थक हैं। यह ठीक है कि ये सब 'आनन्दात्मक' अनुभूतियाँ ही हैं–पर इन दार्शनिक पदावलियों से जो कुछ, जिस स्तर और जिस मात्रा का समझा जाता है–क्या उनमें अभेद और एकरूपता मानी जा सकती है? ये सब प्रश्न हैं–जो डाँ. नगेन्द्र के मत को पढ़कर मन में जगते हैं।

शेष दो विकल्पों में से एक यह है कि क्या भावानुभूति और काव्यानुभूति भिन्न हैं या अभिन्न? यहाँ वे भावानुभूति से काव्यानुभूति को भिन्न मानते हुए जान पड़ते हैं–व्यावहारिक जगत् की अनुभूति से काव्यानुभूति को भिन्न मानते प्रतीत होते हैं–इस विषय में कोई विवाद नहीं। पर इसके बावजूद भी वे काव्यानुभूति को निराला या अभौतिक अनुभूति नहीं मानते। अभिनवगुप्त आदि भी जो काव्यानुभूति को लोकोत्तर कहते हैं वह व्यावहारिक–अनुभूति से उसकी विलक्षणता को लेकर ही।

स्वच्छन्दतावादी कवि आलोचक और काव्यानुभूति

स्वच्छन्दतावादी कवि–आलोचकों एवं समीक्षकों में हम पुनः आनन्दवादी या रसवादी प्रवृत्ति की दार्शनिक-पृष्ठभूमि पर उन्मीलित होती हुई विवेचनोन्मुखी दृष्टि को देखते हैं। हर स्वच्छन्दतावादी कवि या आलोचक अपनी प्रकृति में संश्लेषणात्मक होता है–इसलिए उसे संश्लेष में सौन्दर्य-दर्शन होता है। समस्त बाह्य जगत् को अपनी संश्लिष्ट आभ्यन्तरिक प्रकृति के अनुरूप अविच्छेद रूप में देखता है–अपने हृदय की अदम्य और उद्वेल भाव-धारा से एकमेव अनुभव करता है। वह इस तथ्य में आस्था रखता है कि वाह्य 'रूप' सागर की लहर सूक्ष्म 'भाव' धारा का ही परिणाम है– 'भाव' स्थूल होकर अनायास 'रूप' में और 'रूप' सूक्ष्म होकर अनायास 'भाव' में पर्यवसित हो जाता है। कवि का 'भाव' जगत् 'रूप' में अभिव्यक्त होता है और 'रूप' पुनः ग्राहक सहृदय के हृदय में 'भावात्मक' परिणति प्राप्त कर लेता है। आदि (कवि) और अन्त (ग्राहक) में वही सूक्ष्म एवं एक मध्य (काव्य) में 'बहु' (रूप) हो जाता है। 'एक' के 'बहु' होने में 'रमण' की भावना निहित है–रसमयता स्पंदित है।

स्वच्छन्दतावादी कवियों की घनसंश्लिष्ट भाव धारा की आनन्दमयी अदभ्य उफान में तो सभी एक मत हैं ही–जहाँ तक आलोचकों की बात है–उन्हें भी देखें। आचार्य वाजपेयी रसवादी समीक्षक हैं। वे काव्य को अनिवार्य भूमि या मूल उत्स 'भाव' को स्वीकार करते हैं और उसे काव्य रूप में रूपायित करने का साधन एक मात्र 'कल्पना' को स्वीकार करते हैं। वे मानते हैं कि सौन्दर्य-संवेदन रसात्मक अनुभूति की अव्यवहित पूर्ववर्ती भूमि है। काव्य में यह स्थिति आरम्भ से ही शुरू हो जाती है। काव्य की सर्जना या ग्रहण की मनोदशा में वे किसी प्रकार का आनुपातिक क्रम, भेद या विच्छेद्यता को असाहित्यिक तत्त्व स्वीकार करते हैं। वे लोकानुभूति से काव्यानुभूति को सर्वथा भिन्न स्वीकार करते हैं। वे इस रसात्मक या आनन्दमयी काव्य परिणति को 'सविद-विश्रान्ति' की भूमिका को स्वीकार करते हैं।

आचार्य हजारीप्रसाद द्विवेदी काव्य का लक्ष्य जिस 'महाएकता' की अनुभूति को मानते हैं–उसका साक्षात्कार 'रसानुभूति' में ही स्वीकार करते हैं और रसानुभूति के लिए 'कवि की अनुभूति का साधारणीकरण' अंगीकार करते हैं।

डॉ. नगेन्द्र ने काव्य के प्रयोजन पर विचार करते हुए 'आनन्द' को काव्य का परम प्रयोजन प्रतिपादित ही किया है और उसे ही रसानुभूति कहते हैं। रस-निष्पत्ति प्रक्रिया में वे मनोवैज्ञानिक दृष्टि अपनाते हैं—फिर भी 'दर्शन' की सर्वथा अवहेलना नहीं कर पाते। मनोवैज्ञानिक दृष्टि अपनाने पर भी वे अन्य मनोवैज्ञानिकों की भाँति रसानुभूति को सुख-दुःखमयी—नहीं स्वीकार कर पाते।

इस प्रकार 'काव्यास्वाद' के निरूपण में एक तरफ मनोविज्ञान की दृष्टि आचार्य शुक्ल आदि से अपनाई जाती है—तो दूसरी ओर शास्त्रीय और स्वच्छन्दतावादी विवेचक पुनः उसी दार्शनिक दृष्टि को ग्रहण करते हुए दिखाई देते हैं। कहा जा सकता है कि फिर 'शास्त्रीय' और 'स्वच्छन्दतावादी'—समीक्षकों के प्रतिमानों में अन्तर क्या हुआ? तो अन्तर यह नहीं कि रीतिवादी 'रस' की उपेक्षा करते थे और स्वच्छन्दतावादी रसोन्मुखी काव्यसौन्दर्य को काव्य का सर्वस्व नहीं मानते थे—अन्तर यह है कि जहाँ रीतिवादी 'प्रतिभा' को परम्परागत रूढ़ियों या नियमों से सम्बद्ध व्युत्पत्ति और अभ्यास से नितान्त निगड़ित करके उसकी नूतन सम्भावनाओं के पंख काट देते थे—या कम-से-कम उसे निष्क्रिय बना देते थे—वहाँ स्वच्छन्दतावादी 'प्रतिभा' में काव्योचित सौन्दर्य की अनन्त सम्भावनाओं का अस्तित्त्व मानकर उसे उस व्युत्पत्ति और अभ्यास से सर्वथा मुक्त कर देना चाहते थे—जो परम्परागत रूढ़ियों से बुरी तरह चिपकती जा रही थी। वैसे भाव-पक्ष का महत्त्व दोनों ही स्वीकार करते थे। रीतिवादी पूर्ववर्ती महाकवियों के सौन्दर्य-स्रोतों को ही सौन्दर्योत्पादन की सीमा मान लेते थे—और उसी सरणि को व्युत्पत्ति और अभ्यास द्वारा ग्रहण करने का उपदेश देते थे। फल यह होता था कि 'सरणि' का ही अभ्यास और उसी का प्रयोग मुख्य होता जा रहा था—मूल भावतत्त्व उपेक्षित होता जा रहा था इस अतिवादी प्रवृत्ति की प्रतिक्रिया स्वच्छन्दतावादियों में हुई—वे पुनः 'सरणि' वाद को छोड़कर मूलतत्त्व काव्योचित सौन्दर्य एवं भाव की ओर मुड़े—उसकी प्रधानता दी और माना कि यदि कवि प्रतिभावान् है—तो अनायास और नित नूतन वाग्भंगियों से उस भाव समुद्र को रूपायित करता रहेगा। इस प्रकार भाव-पक्ष की दृष्टि से देखा जाए, तो यह मानना ही पड़ेगा कि इन लोगों के भाव-पक्ष का नहीं, उस पर निर्मोक की भाँति फैली हुई रूढ़ियों का विरोध किया और प्रतिभागत अनन्त सम्भावनाओं के प्रति अपनी आस्था प्रकट की। यही कारण है कि हर 'स्वच्छन्दतावादी कवि अथवा आलोचक 'हृदयवाद' का सच्चा सन्देशवाहक है, 'काव्य-सौन्दर्य' का सात्त्विक-उपासक है, 'प्रतिभा' या 'कल्पना' को एकमात्र सर्वश्रेष्ठ घोषित करनेवाला है। 'हृदयवादी' होने का एक अनिवार्य परिणाम यह हो सकता है कि उसमें आध्यन्तरिकता (Subjectivity) उभड़ती जाए और वह बाह्य जगत् में आध्यन्तरिक-छाया देखने लगी। पर यह सम्भावना आलोचक में नहीं, कवि में ही अधिक सम्भावित है। कारण सच्चे आलोचक में बहुमुखी बुद्धि का उद्रेक आवश्यक है।

आचार्य शुक्ल की मनोवैज्ञानिक पृष्ठभूमि पर पल्लवित होनेवाली रस-विवेचना से असहमत होकर ही एक तरफ पं. केशवप्रसाद मिश्र आदि ने पुनः उसकी दिशा शुद्ध दार्शनिक भूमि की ओर मोड़ दी, दूसरी ओर जयशंकर प्रसाद एवं आचार्य वाजपेयी जैसे स्वच्छन्दतावादी कवि और समीक्षक अभिनवगुप्तीय दिशा की ओर उत्तरोत्तर आस्थावान् होते गए।

रस-विवेचन का जो प्राचीन ढाँचा है—उस पर पुनः विचार करने की आवश्यकता विवेचकों को इसलिए भी महसूस हुई कि एक तो प्राचीन काव्य-रूपों की अपेक्षा नये काव्य रूप आ चुके थे। दूसरे यह कि काव्य वस्तु में भी वैविध्य आता जा रहा था। तीसरे यह कि भावोत्तेजक सामग्री के ग्रहण की दृष्टि भी बदलती जा रही थी। चौथे आदर्श एवं जीवन मूल्यों में तेजी से परिवर्तन होता जा रहा था। रस-सामग्री-गत औचित्य निर्वाह सामाजिकता या सामाजिक रुचि का निर्वाह है—कलागत बदली हुई समष्टि रुचियों का विनियोग है और समष्टि या समाज स्वयं काफी बदलता जा रहा था। फलतः ये सभी ऐसे अनिवार्य परिवर्तन आते जा रहे थे कि रस-विवेचन का युगानुरूप पुनः विश्लेषण आवश्यक था, उसकी व्याप्ति-अव्याप्ति का विचार जरूरी था, उनके उपकरण एवं प्रक्रिया का पुनः सांगोपांग विलोकन अनिवार्य था।

काव्य के कुछ वृहद्रूप—प्रबन्ध काव्य, नाटक, उपन्यास हैं और कुछ लघु रूप प्रगीत, कहानी, रेखाचित्र, ललित निबन्ध, रिपोर्ताज, एकांकी। जिस प्रकार प्राचीन काव्यरूपों में 'रस' को ही सर्जना के क्षण में केन्द्रगत रखकर अन्य समस्त उपकरणों का शास्त्रनिर्धारित रीति से आदर्शोन्मुखी विनियोग होता था—वैसा अब नहीं सम्भव था। काव्य वस्तु का 'संभाव्य' होना तब भी आवश्यक था और अब भी, परन्तु तब ग्राहक या स्रष्टा के अनेक विध परम्परागत आस्था और विश्वास थे, आज वे उठते जा रहे हैं—अतः आस्था और विश्वास संवलित प्राचीन ग्राहक या स्रष्टा के लिए जो 'संभाव्य' था आज के वैज्ञानिक युग के ग्राहक और स्रष्टा के लिए वह 'संभाव्य' नहीं रहा। आज 'आस्था और विश्वास' पर बुद्धि हावी होती जा रही है—फलतः काव्य वस्तु और काव्य-प्रतिपाद्य में बड़ी तेजी से परिवर्तन आ रहा है। आज की 'काव्य वस्तु' बुद्धिग्राह्य होती है, आज का 'चरित्र' मानवीय—दोष एवं गुण युक्त—होता ही है, आज की 'भाषा' में कृत्रिमता का अनाग्रह होना ही चाहिए। आज साहित्यकार प्रत्येक काव्यविधा के निर्माण क्षेत्र में रस-मग्न ही रहे—रसमयी मनोवृत्ति को ही रूपायित करे—यह सम्भव नहीं है, आज काव्यरूपों में 'रस' या 'भाव' का केन्द्रीय और समन्वयी स्थान 'चरित', 'समस्या', 'घटना' या कोई भी वस्तु लेती है—अतः ग्राहक पर पड़े समष्टि-प्रभाव का ग्रहण 'रस' प्रधान दृष्टि से ही करना अविवेक है। अतः प्राचीन युग से इस युग में होनेवाले इन अनिवार्य अन्तरों को ध्यान में रखकर अब 'रसवाद' की परिधि को व्यापक करना

पड़ेगा या उसे 'अव्याप्त' मानना होगा। कदाचित् इसीलिए ये स्वच्छन्दतावादी समीक्षक 'रस' से अधिक व्याप्ति 'सौन्दर्य' में देखते हैं--यह अवश्य है कि वह 'सौन्दर्य' भावानुगामी हो ही। इस स्थिति में मेरा विचार यह है कि यदि हमें इस वर्द्धमान काव्यरूपों और काव्य-वस्तुओं को 'रसवाद' की परिधि में रखना है–तो हमें यह मानना होगा कि आज इस 'रसवाद' का अर्थ इतना ही न लें कि वह 'प्रतिपाद्य' रूप में ही गृहीत हो, बल्कि 'सरणि' रूप में भी गृहीत हो। अर्थात् या तो हम उस रचना को रसमय कहेंगे जिसमें 'रस' या 'भाव' या 'भावानुगामी सौन्दर्य' ही प्रतिपाद्य हो अथवा उस रचना को भी हम रसमय कहेंगे जिसमें भावोत्तेजक-सरणि से भावेतर तत्त्व प्रतिपाद्य हों। उभयरूपों में 'भाव' या 'मनोवृत्ति'–की सर्वथा उपेक्षा करके लिखा जानेवाला वाङ्मय प्रशस्त–काव्य नहीं होगा और चाहे हीन कोटि का हो या सर्वथा अकाव्य ही हो या जो भी हो। निष्कर्ष यह कि अब हमें 'रस' को प्रतिपाद्य और प्रतिपादक–साध्य एवं साधन–दोनों रूपों में देखना होगा और उसकी उत्तेजक सामग्री में युगोचित औचित्य को परखना होगा।

अस्तु। अब हमें स्वच्छन्दतावादी कवि और समीक्षकों की रस विवेचना देखनी चाहिए।

जयशंकर प्रसाद और उनका रस-विवेचन–

(i) 'प्रसाद' जी की धारणा है कि भारतीय विचारधारा दो प्रकार की है–सहज और तर्कप्रतिष्ठ। पहली आनन्दवादी है जबकि दूसरी दुःखवादी। बाद में चलकर अध्यात्म क्षेत्र की भाँति काव्य-चिन्तन के क्षेत्र में भी इनका मिश्रण हुआ है। आनन्दवर्द्धन की काव्य-चिन्तना में रसवादी और उक्ति-वैचित्र्यवादी-धाराओं का मिश्रण हुआ है। फिर भी 'प्रसाद' जी के अनुसार प्राधान्य 'ध्वनि' का ही रहा। यह इनके व्याख्याता अभिनवगुप्त थे जिन्होंने पुनः अभेदमय आनन्द पथ वाले शैवाद्वैत के अनुसार काव्य में रस की पूर्ण प्रतिष्ठा की। उन्होंने रस का पूर्ण चमत्कार समरसता में स्वीकार किया। यहाँ वासनात्मक रूप से स्थित रति आदि वृत्तियों में ब्रह्मास्वाद की कल्पना की गई। सभी वृत्तियों की प्रमातृपदविश्रान्ति जैसी आगमिक-व्याख्या रस की एकरूपता भी सिद्ध कर देती है। जब यह रस बुद्धिवादियों के पास गया तो वहाँ भी पण्डितराज आदि के विवेचनों को देखने से पता चलता है कि उन लोगों में भी रसमयता के लिए चैतन्य की भिन्नता को अभेदमय करने का प्रयास है।

(ii) सहज धारा वाले नाट्य को ही मुख्यतः काव्य मानते थे और उससे रस की आक्षेप-निरपेक्ष चतुर्विध अभिनयों द्वारा निष्पत्ति स्वीकार करते थे जबकि तर्कप्रतिष्ठ धारा वाले उक्तिवैचित्र्यमय वाचिक काव्य से आक्षेप-सापेक्ष रस-निष्पति की बात करने लगे।

(iii) सहज धारा वाले कृति को सुखान्त होना आवश्यक मानते थे जबकि

तर्क प्रतिष्ठ या विकल्पात्मक मनन धारा वाले दुखान्त होना स्वीकार करते थे।

(iv) संकल्पात्मक–अनुभूति वाले रस की दोनों सीमाएँ–शान्त और 'शृंगार'–स्वीकार करते थे, जबकि विकल्पात्मक मनन धारा वाले 'शृंगार' को ही। और आगे चलकर इन लोगों ने उसका नाम 'मधुर' रख लिया। इन अनागमिकों की द्वैतमूला भक्ति थी–इसीलिए उसे रस रूप प्राचीन रसवादियों ने नहीं माना। आगमिकों की भक्ति अद्वैतमूलक थी। अनागमिकों की भक्ति विरहोन्मुख थी, आगमिकों की संयोगोन्मुख। भेद-मूलक भक्ति होने के कारण ही उज्ज्वल नीलमणि की धारा में परकीया भाव का प्राधान्य रहा। हिन्दी के अन्य काव्यों में चिरविरहोन्मुख प्रेम वाली रस धारा ही प्रवाहित रही। किन्तु उसमें रस की पूर्णता नहीं थी–इन परवर्ती रस-विवेचकों में वह आगमिक व्याख्या–जहाँ सभी भावों या वृत्तियों में अहंपूर्णता मानी गई थी–विशृंखल हो गई। फिर भी रस अपने स्वरूप में नाट्यों की अपनी वस्तु थी और उसी में आत्मा की मूल अनुभूति पूर्णता को प्राप्त हुई थी।

(v) शुक्लजी की इस धारणा का कि रस की एक हीन-कोटि भी होती है–जिसमें ग्राहक रसाश्रय या भावाश्रय से तटस्थ रहता है–'प्रसाद' जी विरोध करते हैं और कहते हैं कि यह स्थिति अपना स्वतन्त्र अस्तित्त्व ही नहीं रखती–प्रयुक्त रसात्मक–धारा के अंग-रूप में आती है–फलतः उसको पृथक् करके तदर्थ एक अलग कोटि का निर्धारण किसी भी दृष्टि से युक्तियुक्त नहीं है।

(vi) 'नाटकों में रस का प्रयोग' शीर्षक निबन्ध में भी रस पर विचार करते हुए नाट्य-स्थिति के सम्बन्ध में पूर्वी और पश्चिमी प्रतिनिधि विचारों को प्रस्तुत किया है। बताया है कि पश्चिम के लोगों ने नाट्य को अनुकरणात्मक माना है और भारतीयों ने नाट्य में दार्शनिक-सत्य को महत्त्वपूर्ण बताया है। भरत ने 'आत्माभिनयनं भावः' कहा है–अर्थात् आत्मा का अभिनय भाववैचित्र्य है–आत्मा क्रीडार्थ भाववैचित्र्य में साकार होता है और 'भाव' साधारणीकरण की भूमिका पर पुनः आत्म-विश्रान्त होते हैं। 'प्रसाद' जी मानते हैं कि 'रस' की स्थिति नट, कवि एवं ग्राहक–तीनों में है। उन्होंने यह भी बताया है कि जो लोग 'चरित्र' या 'व्यक्तिवैचित्र्य'–को आदर्शवादी या यथार्थवादी शैली के ढंग से नाट्य में प्रामुख्य देना चाहते हैं–वे लोग रस का सीधा सम्बन्ध नाट्य से अस्वीकार करते हैं। वे लोग इसके द्वारा व्यक्ति के माध्यम से समाज को या समाज के माध्यम से व्यक्ति का संस्कार करना चाहते हैं। संस्कार भारतीय नाट्य विधा भी करती है–पर उतना स्पष्ट तौर पर नहीं–अन्तर्हित ढंग से।

उपर्युक्त उद्धृत-अंशों में 'प्रसाद' जी की रस विषयक धारणाएँ स्पष्ट हुई हैं। उनमें से उनकी यह स्थापना कि भारतीय चिन्तकों की दो धाराएँ हैं–आनन्दवादी और विवेकवादी–जिनका प्रभाव स्पष्ट ही रस-विमर्श पर है–स्वयं तो विचारणीय

है ही, साथ ही उसको मूल में रखकर जो और विवेचनाएँ आती हैं–वे भी चिन्त्य हैं। भारतीय आध्यात्मिक-चिन्त्यधारा में 'सहज' और 'कृच्छ्र' साधना की दो धाराओं के समर्थन में अनेक प्रमाण तो उपलब्ध हो जाते हैं–पर इस चिन्तनालोक में यह कहा जाना कि सिद्धों की रचनाओं में आत्मा को संकल्पात्मक अनुभूति रसात्मक रूप में अधिक व्यक्त हुई है–अपेक्षाकृत मध्यकालीन सगुण भक्तों की रचनाओं में व्यक्त विकल्प मिश्रित अनुभूति के–साहित्यिकों को थोड़ा खटकता है। लगता है जैसे 'प्रसाद' जी की इस चिन्तना पर अध्यात्म का रंग थोड़ा गाढ़ा ज्यादा चढ़ गया है। अथवा जब 'प्रसाद' जी कहते हैं–"यद्यपि कुछ लोगों ने इसमें सहज-आनन्द की योजना भी की थी और उसमें माधुर्य-महाभाव के उज्ज्वल नीलमणि को परकीय प्रेम के कारण गोप्य और रहस्यमूलक बनाने का प्रयत्न भी किया था–परन्तु द्वैत मूलक होने के कारण तथा बाह्य आवरण में बुद्धिवादी होने से यह विषय में साहित्यिक ही अधिक रहा"[1]–तब सगुणोपासक भक्तों की रचना को विषय की दृष्टि के 'साहित्यिक ही' अधिक मान भी लेते हैं। निश्चय ही 'साहित्यिक ही अधिक' कहकर दार्शनिक या आध्यात्मिक दृष्ट से आनन्द तत्त्व की आपेक्षिक कल्पना की ओर संकेत देते हैं। यह तो ठीक भी है कि द्वैतवादियों में 'पर' की प्रधानता है और अद्वैतवादियों में 'स्व' की–अतः आध्यात्मिक दृष्टि से आनन्द की उत्कृष्ट स्थिति अद्वैती दृष्टि में ही है। आनन्द की निष्पत्ति आध्यात्मिक क्षेत्र में भी कल्पित 'द्वैत' के बिना सम्भव नहीं। अद्वैती साधक भी कल्पित द्वैत की भूमिका पर ही आनन्दानुभूति करते हैं–वहीं रसात्मक भक्ति आस्वाद्य होती है। वह भक्ति ज्ञानोत्तरा भक्ति है–साध्य भक्ति है। सवाल यहाँ यह खड़ा होता है कि मध्यकालीन भक्तों (सूर, तुलसी आदि) ने, स्वयं चैतन्य–सम्प्रदाय के साधकों ने अद्वैत की आत्म-बोध दशा पार कर कल्पित-द्वैत की भूमिका भक्ति-रस के आस्वाद के लिए अपनाई है या नहीं? तुलसीदास की साधनभक्ति की बात छोड़ें–पर जहाँ तुसलीदास जी भी पारमार्थिक दृष्टि से तो अद्वैतवादी ही हैं। जब वे 'ज्ञानहिं भगतिहिं नहिं कछु अन्तर'–कहते हैं तब दोनों के आगमोक्त सामरस्य के प्रतिबन्धक 'अन्तर' का खण्डन करते हुए उसी भूमिका का संकेत देते हैं। व्यावहारिक-या साधन भगति चाहे उनकी 'सेवक-सेव्यभाव' की ही क्यों न हो। इसी प्रकार सूर की या भागवत की गोपियों भागवत के अनुसार 'श्रुतियाँ' ही हैं–'अद्वैत भाव धारा' का ही साकार रूप हैं–पर कल्पित द्वैत की भूमिका पर वे भी आनन्द-भोग कर रही हैं। चैतन्य सम्प्रदाय तो अचिन्त्य भेदाभेद वादी हैं ही। भागवत की श्रीधरी टीका अद्वैतानुसारिणी ही है और इसीलिए चैतन्य देव की आस्था उस पर है। राधा वल्लभ सम्प्रदाय की 'कुंज' 'निकुंज' लीला कल्पित द्वैत की आगमिक भूमिका ही है। अतः 'साहित्यिक' के साथ 'दार्शनिक' या आध्यात्मिक रंग में भी न्यूनता मानना थोड़ा विचारणीय

1. काव्य कला तथा अन्य निबन्ध–पृ. 68

तो है ही। अस्तु–मैं इस विषय पर कोई अपना अन्तिम निर्णय नहीं देता–पर विचारकों को आमन्त्रित अवश्य करता हूँ।

'सहज' एवं 'कृच्छ्र' जैसी दो मूल दार्शनिक धारा का प्रभाव साहित्य चिन्ता पर मानकर उन्होंने रस चिन्तन पर उसके विविध प्रभाव भी प्रस्तुत किए हैं–जैसे, (i) यदि 'सहज' वाले 'रसमयता' पर बल देते हैं–तो 'कृच्छ्र' वाले 'उक्तिवैचित्र्य' पर, (ii) यदि पहला आक्षेपनिरपेक्ष रसनिष्पत्ति मानता है तो दूसरा आक्षेप-सापेक्ष का भी प्रयास करता है, (iii) यदि पहला 'नाट्य' में ही उसकी संस्थिति मानता है तो दूसरा 'श्रव्य' में भी, (iv) यदि पहला 'सुखान्त' का समर्थक है तो दूसरा 'दुःखान्त' का (v) यदि पहला 'शान्त' और 'शृंगार'–दोनों की सीमाएँ मानता है तो दूसरा शृंगार की ही–आदि-आदि।

लाक्षणिक ग्रन्थों में आचार्यों ने जो रसविषयक विमर्श प्रस्तुत किया है–उसमें उपर्युक्त तत्त्व निस्संदेह मिलते हैं–उसके स्पष्टीकरण का अनावश्यक विस्तार यहाँ अपेक्षित नहीं है। यहाँ प्रासंगिक रूप से कुछ बातें ऐसी आवश्यक हैं–जो हमारा ध्यान पुनः विचार करने के लिए आकृष्ट करती हैं। उदाहरणार्थ यह कहना कि आनन्दवर्द्धन में यद्यपि रसमयता एवं उक्तिवैचित्र्य की उभयविधि धाराएँ आकर मिली हैं–पर प्रधानता 'ध्वनि' की है (विकल्पात्मक प्रकृति की है)–विचारणीय है। कदाचित् अपने विषय में इस प्रकार की धारणा बनाने वालों को ही लक्ष्य में रखकर आनन्दवर्द्धन ने कहा था–"रसादिरूपव्यङ्ग्यतात्पर्यमेवैषां युक्तमिति रत्नोऽस्माभिरारब्धो न ध्वनिप्रतिपादनमात्राभिनिवेशेन"–अर्थात् उनका सारा प्रयास केवल ध्वनि के प्रतिपादन के लिए नहीं था–वरन् यह बताने के लिए था कि रसादिरूप व्यङ्ग्यार्थ में ही कवि का ध्यान अपने कवि कर्म के माध्यम से होना चाहिए। 'प्रसाद' जी ने उसी सन्दर्भ में एक तरफ यह भी स्वीकार किया है कि अलंकार सरणि व्यवस्थापक आनन्दवर्द्धन ने रसध्वनि को प्रधान माना है–पर दूसरी ओर यह तर्क देते हुए कि कहीं अलंकारमत में रस जैसी नाट्यवस्तु सबसे अधिक प्रमुख न हो जाए–(काव्य की) आत्मा के रूप में 'ध्वनि' की प्रधानता भी स्वीकार की है। क्या वे इस प्रकार यह तो नहीं कहना चाहते कि आनन्दवर्द्धन को 'सहज' धारा का विवेचक तभी माना जा सकता था–जब वे 'रस-ध्वनि' की जगह केवल 'रस' को काव्य की आत्मा मानते (जैसा कि अभिनव ने कहा है–'तेन वस्तुतः रस एवं काव्यस्यात्मा)? 'प्रसाद' जी के अनुसार 'ध्वनि' या 'रस-ध्वनि'–पर बल देनेवाले आनन्दवर्द्धन की दृष्टि 'रस' की अपेक्षा 'ध्वनि' पर अधिक है। हमारा कहना यह है कि उनका जोर 'ध्वन्यमान रस'[1] पर है। निश्चय ही वे केवल 'रस' (जो अप्रधान भी हो सकता है) की अपेक्षा 'ध्वन्यमान' या 'ध्वनित रस' को ही काव्य की आत्मा कहना चाहते हैं–वे अलंकार मत में भी 'रस' का महत्त्व स्थापित करना चाहते हैं। उन्हें इस

1. काव्य कला तथा अन्य निबन्ध–पृ. 81

तरह का कोई भय नहीं है–जैसा कि ऊपर कहा गया है।

इसी प्रकार रसविमर्श पर जिन मतभेदों का असर उभयविधि चिन्ताधारा के प्रभावरूप में लक्षित किया गया है–उनके अस्तित्त्व के विषय में हमें कुछ नहीं कहना है–पर उस विषय में अवश्य कहना है कि जिसमें उन्होंने किसी व्यक्तिविशेष या पक्षविशेष को किसी खास धारा से सम्बद्ध कर दिया है। उदाहरण के लिए आनन्दवर्द्धन को ही लें–'प्रसाद जी ने उन्हें अलंकार सरणि व्यवस्थापक कहा' निश्चय ही तब वे उन्हें कृच्छ्र धारा का कह रहे हैं। यह बात अलग है कि उनमें 'सहज' धारा का भी प्रभाव है। परन्तु यदि 'ध्वनिवाद' 'कृच्छ्र' धारा का है–तो 'प्रसाद जी' के अनुसार वहाँ फिर 'शान्तरस' की स्थापना का अभिनिवेश नहीं होना चाहिए–जबकि आनन्दवर्द्धन का उस पर अभिनिवेश है।

इन्होंने 'रस का स्वरूप' भरत एवं अभिनवगुप्त के ही अनुसार स्वीकार किया है। भरत ने कहा है कि ये समस्त भाववैचित्र्य आत्मा का अभिनयन है और अभिनव ने माना है कि भाव ही जब साधारण होकर आत्मचैतन्य में विश्रान्त हो जाते हैं–तो रस होता है। प्रसाद जी मानते हैं कि जिस प्रकार विश्व के भीतर से विश्वात्मा की अभिव्यक्ति होती है–उसी तरह नाटकों से रस की। निष्कर्ष यह कि रस के स्वरूप के सम्बन्ध में इनकी कोई पृथक् धारणा नहीं है।

'साधारणीकरण'–शब्द का प्रयोग इनमें यहाँ विभिन्न अर्थों में दिखाई पड़ता है–पर कुल मिलाकर इस विषय में भी अभिनव की ही धारणा उन्हें भी मान्य है। वैसे एक जगह कहते हैं–"एक ही प्रत्यगात्मा के भाववैचित्र्यों का जो नर्तन आत्मा के अभिनय मात्र हैं–अभेद या साधारणीकरण भी रस में है।" दूसरी जगह कहा है–"भट्टनायक ने साधारणीकरण का सिद्धान्त प्रचारित किया, जिसके द्वारा नट, सामाजिक तथा नायक की विशेषता नष्ट होकर, लोकसामान्य प्रकाशानन्दमय आत्मचैतन्य की प्रतिष्ठा रस में हुई (पृ. 74)। इनके अनुसार रस-विवेचन में संवित् का साधारणीकरण त्रिवृत् है–कवि, नट एवं सामाजिक में वह अभेद भाव से एक रस हो जाता है" (पृ. 83)। आगे कहा है–"रसवाद में वासनात्मकतया स्थित मनोवृत्तियाँ, जिनके द्वारा चरित्र सृष्टि होती हैं–साधारणीकरण के द्वारा आनन्दमय बना दी जाती हैं। इसलिए वह वासना का संशोधन करके उनका साधारणीकरण करता है। इस समीकरण के द्वारा जिस अभिन्नता की वह रससृष्टि करता है–उसमें व्यक्ति की विभिन्नता, विशिष्टता, हट जाती है और साथ ही सब तरह की भावनाओं को एक धरातल पर हम एक माननीय वस्तु कह सकते हैं।' (पृ.86)।

इन उद्धरणों से स्पष्ट है कि उनके अनुसार साधारणीकरण में भाववैचित्र्य की विभिन्नता और विशिष्टता विगलित हो जाती है, स्थायी वासना भी निर्विशेष हो जाती है और साथ ही नट, नायक तथा सामाजिक–जैसे प्रमाताओं की भी विशेषता क्षरित हो जाती है–इनकी संवित् भी एक रस होती है।

यहाँ भी कुछ बातें चिन्त्य हैं। पहली तो यह कि क्या काव्योचित रसानुभूति में समस्त भाव वैचित्र्य पारस्परिक भेद का त्यागकर प्रभातृपद या आत्म चैतन्य में पर्यवसित होकर पूर्णाहन्ता का आस्वाद कराते हैं और इसी आस्वाद का अर्थ–रस है? क्या रस का यह विवेचन नितान्त दार्शनिक सीमा पर नहीं है कि आत्मा का ही अभिनयन भाव वैचित्र्य और भाव वैचित्र्य की आत्मपद में पुनः विश्रान्ति रस है? आध्यात्मिक एवं साहित्यिक आनन्दानुभूति में यही तो अन्तर है कि पहले में केवल पूर्णाहन्ता अनुभूतिवेद्य होती है और दूसरी में प्रपानक रस न्याय से सबकी मिश्रित पर एकरस अनुभूति होती है। अतः साधारणीकरण में या रसानुभूति में वैशिष्ट्य के विगलन तक की बात तो स्वीकार्य हो सकती है–परन्तु भेद का भी सर्वथा विगलन सम्भव है? हाँ, यदि इस अर्थ में 'भेद' के विगलन की बात कही जाए कि प्रपानक रसन्याय से होनेवाली एक रस अनुभूति में मिश्रित पदार्थों का भेद (उत्कर्षापकर्ष से) ज्ञात नहीं होता वह अनावश्यक और अनुपयोगी होने से अज्ञात दशा में रहता है–तो ठीक है। वे इस प्रकार कीलित होकर एक विलक्षण आस्वाद पैदा करते हैं–कि सामग्रीगत किसी भी वस्तु का पृथक् से आभास नहीं मिल पाता–तो ठीक है, पर यदि यह अभिप्राय न हो–तो यहाँ भी दर्शन का गाढ़ा रंग माना जाएगा।

दूसरी बात इसी प्रसंग में यह भी है कि कवि की संवित् तो साधारणीभूत होती है–तभी रसात्मक सृष्टि का निर्माण हो पाता है–परन्तु क्या नट एवं नायक की संवित् भी रसानुरूप साधारण्य की भूमिकालाभ करती है? भट्टतौत ने नायक कवि एवं श्रोता का समान अनुभव तो कहा था–पर 'नट' की बात उन्होंने भी नहीं की थी। वस्तुतः नट यदि रसास्वाद करता है तो अपनी नटनशीलता की प्रकृति के कारण नहीं, वरन् सहृदयता के कारण। अपने समर्थन में 'प्रसाद जी' ने भरत का एक श्लोक दिया है–जो इस प्रकार है–

एवं बुधः परं भावं सोऽस्मीति मनसा स्मरन्।
वागंगलीलागतिभिश्चेष्टाभिश्च समाचरेत्॥ (35।14)

अर्थात्–बुध (नट) इस प्रकार उत्कृष्ट भाव का–यह समझ कर कि उससे सम्पन्न मैं ही हूँ–मन से स्मरण करे–और पुनः उसे अभिनीत करे। अर्थात् अभिनेय व्यापार के मूल में रहनेवाले 'भाव' का स्मरण करे और उससे अपने अन्तःकरण को पर्याप्त भावित कर ले–तभी आदर्श अभिनय सम्भव है। मेरा विचार इस सन्दर्भ में यह है कि निश्चय ही सात्त्विक भावों का अभिनय तन्मनस्क नट ही कर सकता है–तद्भावभावित नट ही कर सकता है–इसमें कोई सन्देह नहीं है–पर यह सब नट की नटनशीलता का नहीं, प्रत्युत उसके अन्तर्गत विद्यमान 'सहृदयता' का परिणाम है। और सहृदयता के कारण रसानुभूति का कोई विरोध नहीं। नट भी

यदि सहृदय है—तो रसानुभूति कर सकता है—निष्कर्ष यह कि रसानुभूति का विचार 'सहृदयता' को केन्द्र में रखकर करना ज्यादा उचित है—वनिस्पत अन्यान्य व्यक्तियों के। जहाँ तक कवि में रसानुभूति का सम्बन्ध है—वह सभी को मान्य है। कवि असहृदय नहीं होता।

प्रसाद जी आचार्य रामचन्द्र शुक्ल की भाँति यह नहीं मानते कि रस की कोई हीन या मध्यम कोटि भी होती है। उनके अनुसार वस्तुतः जिन परिस्थितियों को ध्यान में रख कर इस मध्यम रस दशा की कल्पना की गई है—वह रसात्मक सन्दर्भ का एक प्रसंगागत खण्ड है। उसका अलग से विचार करना ही अनावश्यक है। या उसे भाव दशा की कह लिया जाए। प्रसाद जी इस सन्दर्भ में लोकमंगल का अस्तित्त्व मानते हैं—पर उसकी प्रच्छन्नस्थिति स्वीकार करते हैं।

इस प्रकार छायावाद का एक कवि--समीक्षक अपनी रसविवेचना में कभी-कभी साहित्यिक सीमा से ऊपर जाकर दर्शन और अध्यात्म पर अधिक केन्द्रित हो जाता है—जिसके कारण उसके कतिपय निष्कर्ष चिन्त्य हो जाते हैं। फिर भी 'प्रसाद' जी की यह रसचिन्तना भरत एवं अभिनवगुप्त की परम्परा में ही है। उनकी दार्शनिक पृष्ठभूमि पूर्णतः आगमिक है।

सौन्दर्यशास्त्रीय पृष्ठभूमि आचार्य वाजपेयी और रस

आचार्य वाजपेयी आधुनिक युग के उन समर्थ साहित्य-चिन्तकों में हैं जिनमें साहित्य की अन्तश्चेतना को शीघ्र पकड़ लेनेवाली जन्मजात अन्तर्दृष्टि है। आरम्भ में वे इसी से परिचालित थे। यही कारण है कि नये साहित्य की नवीन रमणीय-विधाओं एवं अनालोचित वक्रताओं के मूल्यांकन में उन्होंने प्राचीन प्रतिभानों को कभी-कभी अपर्याप्त पाया और उद्घोष किया कि समीक्षा का अपना कोई पूर्व निश्चित प्रतिभान नहीं होता। इस उद्घोष का समर्थन करते हुए यह भी कहा है कि समर्थ कवियों में जब रमणीयता की नित नूतन विधाएँ अनावृत्त होती हैं—जो उनकी परख भी समुचित और अनुरूप उन्मुक्त दृष्टि से होनी चाहिए। किन्तु ज्यों-ज्यों उनमें आलोचक प्रतिभा का परिपाक होता गया—त्यों-त्यों वे Objective या तटस्थ होते गए। इसके साथ-ही-साथ उन्हें ऐसा लगा कि इस ताटस्थ्य के निर्वाह के लिए कोई सैद्धान्तिक-टिकान आवश्यक है। अपनी इस रुचि के अनुरूप उन्हें पश्चिम के वे बोसांके, निकोल्सन प्रभृति समीक्षक आकर्षक जान पड़े जिन्होंने साहित्य की समीक्षा के लिए उन्मुक्त और अनन्त सम्भावनाओं से युक्त काव्योचित सौन्दर्य का आकलन करने के अनुरूप मानों का निरूपण किया था। वायुमण्डल के प्रभाव ने यदि इन्हें उस ओर प्रेरित किया है तो वंशानुगत परम्परा ने राष्ट्रीयता के प्रति अटूट आस्था दी है। फलतः उनका ध्यान उन भारतीय साहित्य चिन्तकों की ओर भी गया—जिन्होंने वैसे ही काव्योचित उन्मुक्त मानदण्डों के तलस्पर्शी और शाश्वत रूप का संकेत दिया था। मानदण्डों के शाश्वतरूप की स्थिति वहाँ सम्भव होती है जहाँ युगोचित—भूमियों के अनुरूप विकास की अनन्त सम्भावनाएँ निहित होती हैं। इस दृष्टि से वे आनन्दवर्द्धन एवं अभिनव गुप्त की ओर भी आकृष्ट हुए और भारतीय रसवादी सिद्धान्त को भी आत्मसात् किया। समर्थ समीक्षक प्रभावित हो सकता है—पर अभिभूत नहीं हो सकता। इसीलिए दोनों दिशाओं के प्रतिभा को ग्रहण करके भी एक युगोचित और समन्वित साहित्य समीक्षा की भूमिका प्रस्तुत की। उन्होंने अपनी प्रगतिशील स्वच्छन्दतावादी दृष्टि के अनुरूप यह कहा है कि कोई भी काव्य सिद्धान्त अपने में अकाट्य नहीं होता। उन्होंने कहा है कि भारतीय दृष्टि यदि भाव विरहित प्रतिमा या कल्पना को (काव्योचित) कल्पना नहीं मानती तो पश्चिमी भी दृष्टि निर्नियन्त्रित स्वच्छन्दता प्रदान करती है। फलतः यदि एक

में मानव व्यवहार उपेक्ष्य हो जाता है तो दूसरे में अवास्तविक और अबाध उड़ानों के लिए जगह रह जाती है। वे यह भी मानते हैं कि दोनों ही दिशाओं के उनके मान्य समीक्षक काव्य की अखण्ड सत्ता मानते हैं परन्तु जहाँ भारतीय प्रणाली अनुभूति का आग्रह करती है वहाँ पश्चिमी कल्पना और सौन्दर्य की। निश्चय ही इन विचारों में 'भाव या रस' से 'सौन्दर्य–में अभेद नहीं माना है। आचार्य विश्वनाथ प्रसाद मिश्र जी ने भी पश्चिमी 'सौन्दर्य' एवं भारती 'रस'–का अन्तर बताते हुए माना है कि एक में श्लाघा की भावना और दूसरे में रमणीयता की स्थिति उत्पन्न होती है। एक मुग्ध करके मुखर होने की ओर प्रेरित करता है–दूसरा तल्लीन करके मौन आस्वाद की ओर मोड़ता है। एक वहिर्मुख करता है और दूसरा अन्तर्मुख। डॉ. रामअवध द्विवेदी जी ने भी पश्चिमी 'सौन्दर्यानुभूति' एवं भारतीय 'रसानुभूति' का अन्तर स्पष्ट करते हुए कहा है–"फ्रांसीसी और अंग्रेज सौन्दर्यवादियों के मन पर पड़नेवाले प्रभाव को क्षणिक और अत्यन्त परिवर्तनशील बताया है सौन्दर्य ×× का मन पर सीधा प्रभाव पड़ता है किन्तु ऐसा प्रभाव स्थायी नहीं होता और निरन्तर विलीन होता रहता है। रसानुभूति से प्राप्त आनन्द इतना क्षणिक नहीं होता। रसास्वाद की अवस्था अपेक्षाकृत स्थायी होती है। वह एक सुनिश्चित व्यवस्था का फल है। रस के विभिन्न विधायक तत्त्व जब सम्यक् रीति से नियोजित होते हैं–तभी रस का आविर्भाव होता है।" परन्तु शुक्लजी जब सौन्दर्यानुभूति एवं रसानुभूति को अभिन्न मानते हैं तो निश्चय ही सौन्दर्य सम्बन्धी उनकी अपनी धारणा है। वे सौन्दर्य को वस्तुनिष्ठ मानते हैं और रस दशा की भाँति सौन्दर्यबोध में भी व्यक्तिसत्ता का तिरोभाव स्वीकार करते हैं। अस्तु, इस विवेचन का निष्कर्ष यह कि विचारों के साथ जब आचार्य वाजपेयी (Subjective) की अपेक्षा धीरे-धीरे (Objective) होने लगे तब इन सिद्धान्तों की टिकान को भी महत्त्व देने लगे–परन्तु दोनों दिशाओं के काष्ठापन्न प्रतिमानों को समन्वित करते हुए उन्होंने 'भावोत्तेजक सौन्दर्य' को महत्त्व दिया। वे मानने लगे कि काव्य की भावसत्ता ही उसकी आत्मा होती है। जहाँ वे पहले यह कहा करते थे कि कोई भी काव्यसिद्धान्त अपने में अकाट्य नहीं होता–वहाँ अब उनकी यह धारणा बँधने लगी कि सैद्धान्तिक दृष्टि से रस के अंगों का निरूपण अपने में पूर्ण एवं अकाट्य है तथा उसमें किसी प्रकार की अव्याप्ति या अतिव्याप्ति नहीं है। उत्तरोत्तर वे यह मानते गए हैं कि काव्य के किसी भी रूप की कल्पना अनुभूति के अभाव में असम्भाव्य है और काव्यानुभूति का दूसरा नाम उनकी दृष्टि में रस है। ये मानते हैं कि रस अतिशय स्वतन्त्र, सार्वजनिक एवं काव्य का अव्याहत तत्त्व है। इन मान्यताओं एवं वक्तव्यों के आलोक में भी उन्हें यदि कोई वैतण्डिक रस में आस्था रखनेवाला समीक्षक न कहे–तो उसमें (Objectivity) का अभाव भावना होगा। उन्हें इसलिए रसनिष्ठ समीक्षक नहीं कहना कि वे रसवादी पारिभाषिक एवं परम्परागत पदावली का प्रचुर प्रयोग नहीं करते–तो

ऐसी निर्मूल कल्पना का समूल उच्छेद करनेवाला आचार्य जी का वह वाक्य द्रष्टव्य है जहाँ वे स्वयं कहते हैं कि 'भावनिरूपण का पद्धतिबद्ध रूप हेय है'। यदि वे वैतण्डिक यह मानते हों कि पद्धतिबद्ध-रूप-निरपेक्ष भाव का निरूपक आचार्य भारतीय-आस्था का रसनिष्ठ समीक्षक ही नहीं है—तो उसे अपनी अज्ञान-कोठरी को मुक्त-कपाट करना चाहिए। उसे पद्धतिबद्ध रूप से निर्मुक्त आनन्दवर्द्धन का वह रसनिरूपण देखना चाहिए जहाँ वे आनन्दमयी चित्तवृत्ति या काव्योचित अनुभूति मात्र को रस कहते हैं—जिसके बिना उत्कृष्ट काव्यनिर्माण सम्भव ही नहीं है। परम्पराबद्ध तृण गुल्मों को हटाकर उसमें मूल रूप को जैसा वाजपेयी ने देखा है—जिनकी एक सैद्धान्तिक टिकान है—वैसा वैतण्डिक देख ही नहीं सकता। यह उसकी प्रकृति है। प्रकृति मूर्धन्य होती है—वह अनतिक्रमणीय होती है। कुछ लोग इन्हें इसलिए भी रसनिष्ठ नहीं कह सकते कि समीक्षा से पूर्व रसमन होकर ही नियमतः समीक्षा में नहीं संलग्न होते—उन्हें आचार्य जी आरम्भिक कृति के सप्त सूत्रों को देखना चाहिए—जहाँ सबसे पहली दो शर्तें हैं—Analysis of poetic spirit और Aesthetic appreciation । वहाँ काव्यानुभूति और अनुरूप रूपविधान की ही बात काव्य में समीक्षा कही गई है। कुछ लोग यह भी कह सकते हैं कि क्या समस्त आलोच्य सामग्री ऐसी ही है आचार्य जी की—जिसमें रसात्मक पक्ष ही केन्द्रीय है? क्या उनकी अनेक आलोच्य कृतियाँ ऐसी नहीं हैं—जिनका केन्द्रीय विवेच्य रसभिन्न तत्त्व है—क्या अनेक उपन्यास एवं कहानियाँ आदि रसकेन्द्रक ही हैं—जो इनका आलोच्य बनती हैं—और जब वहाँ वह तत्त्व केन्द्रीय नहीं है—तो उन्हें रसनिष्ठ समीक्षक उन कृतियों को ध्यान में रखकर कैसे कहा जा सकता है? इस विषय में यह जानना आवश्यक है कि एक तो इसीलिए ऐसी कृतियों ने उन्हें अपनी ओर अधिक आकृष्ट नहीं किया है—दूसरे सीमित अपवादों में व्यक्त रूप को ही समग्र मानना स्वयं संकीर्णता का परिचायक है। ऐसे निष्कर्ष एवं स्थापनाएँ खण्डनदृष्टि के उदग्र होने के अनिवार्य परिणाम हैं। सर्वाधिक उसी साहित्य ने आचार्य को आकृष्ट किया है—जहाँ 'भावोत्तेजक-सौन्दर्य' मिला है। कुछ लोगों का यह कहना है कि वाजपेयी जी मूलतः स्वच्छन्दतावादी समीक्षक होने के कारण काव्य में सौन्दर्यवादी हैं। सौन्दर्य का ग्रहण काव्यगत विषय से आगे बढ़कर कवि की सौन्दर्यमयी चेतना का साक्षात्कार करने पर हुआ करता है, जबकि रस का ग्रहण काव्यगत विषय से ही हो जाता है। परन्तु ऐसा कहनेवालों को भी आनन्दवर्द्धन की उस विवेचना पर दृष्टि देनी चाहिए जहाँ उन्होंने रस ग्रहण की प्रक्रिया पर विचार करते हुए यह बताया है कि ग्राहक या सहृदय काव्य विषय का ग्रहण करता हुआ रसावेश में कवि की प्रतिभा का भी साक्षात्कार कर लेता है। अतः हम उन्हें 'रसनिष्ठ या भावोत्तेजक-सौन्दर्यवादी'—समीक्षक कह सकते हैं।

सम्प्रति, इनकी रसनिष्ठ दृष्टि या रसनिष्ठ दर्शन का थोड़ा स्पष्टीकरण

आवश्यक है। उन्होंने 'रस' का युगोचित स्वरूप निरूपित किया है, उसके लिए अपेक्षित साधारणीकरण की अनिवार्य प्रक्रिया पर दृष्टि निक्षेप किया है। साथ ही परम्परागत अनेक आच्छादक तृण गुल्मों का विरोध किया है, भ्रामक विशेषणों की ओर से सावधान रहने को कहा है। परम्परागत रस सूत्र की व्याख्याओं को आधुनिक मनोवैज्ञानिक या सौन्दर्यशास्त्र सम्बन्धी दृष्टि से देखने की आवश्यकता बताई है। उन्होंने हिन्दी के पूर्ववर्ती आधुनिक आचार्यों से रस-विमर्श सम्बन्धी अपना प्रस्थान भेद निरूपित किया है। इनमें से प्रत्येक पक्ष का अब हमें क्रमशः निरूपण देखना चाहिए।

वस्तुतः 'रस' सिद्धान्त का पुनराख्यान द्विवेदी युग से मिलना आरम्भ होता है—जहाँ कोई शास्त्रीय परम्परा से मुक्त होकर और कोई शास्त्रीय परम्परा को भी अंशतः या पूर्णतः स्वीकार कर रस का विवेचन—स्वरूपनिरूपण—करता है। स्वयं आचार्य महावीर प्रसाद द्विवेदी ने 'वाग्विलास' के 'निवेदन' में परम्परा निर्मुक्त और अपने व्यक्तिगत अनुभव के आधार पर लिखा है—"मनुष्य का हृदय अनेक विकारों का आकार है। यों तो वे सुप्त अवस्था में रहते हैं, पर कारण उपस्थित होते ही जागृत हो उठते हैं। × × इन जागृत विकारों का ही नाम रस है। काव्यशास्त्र में इन्हीं की संज्ञा रस है। रस के इस स्वरूप में मानवमन की वासना की ही रसात्मक परिणति की बात कही गई है। इस युग के रस विवेचनों में बहुत अधिक रहस्यवादी या दार्शनिक आवरण नहीं दिया गया है। युग की इस धारा के अनुरूप आचार्य रामचन्द्र शुक्ल ने भी रस का सम्बन्ध मानव मनोमय कोश तक ही स्वीकार किया है। मन या अन्तःकरण वासनाओं का आश्रय है। शुक्लजी ने द्विवेदी जी के आरम्भ की वैचारिक पृष्ठभूमि दी—जिसमें उस युग का आदर्शवाद या नैतिक भावना अधिक मुखर है। उन्होंने बताया कि लोकहृदय में व्यक्तिहृदय के लीन होने की दशा ही रस-दशा है। काव्य पाठक को इसी दशा की ओर ले जाने का साधन है। आचार्य वाजपेयी ने शुक्लजी की इस पृष्ठभूमि पर आधारित रस दृष्टि से अपना प्रस्थान पृथक् करते हुए कहा है कि जीवन के किसी क्षेत्र की सीमा बाँधना और उसे काव्य के लिए वर्जित या बहिष्कृत करना रस के विधायकों का काम नहीं है। रस की सत्ता किसी नीतिवाद पर भी प्रतिष्ठित नहीं—जिसमें जीवन के सत् एवं असत्—दो स्थूल पक्ष हो जाते हैं। उन्हें शुक्लजी का वह निर्देश मान्य नहीं है कि राम के काव्यात्मक निरूपण में ही (उत्कृष्ट) रस मिलता है, रावण के निरूपण में नहीं। शुक्लजी के इस नैतिकता मूलक विचार से वे असहमत हैं। वे शुक्लजी से अपना प्रस्थान पृथक् करते हुए यह भी कहते हैं कि काव्य का लक्ष्य शक्ति, शील और सौन्दर्य की पराकाष्ठा दिखाना नहीं होता, वरन् काव्य का लक्ष्य होता है—रस विशेष की प्रतीति या अनुभूति उत्पन्न करना। वे आगे चलकर भारतीय आचार्यों की इस धारणा के कि "तन्नास्ति यन्न रसभावमुपैति लोके"—अनुरूप कहते हैं कि समस्त

अन्य वस्तुएँ काव्य में आकर सच्चे कवि के हाथों शाश्वत सौन्दर्य संवेदन का उपकरण बन जाती हैं। कुछ वैतण्डिकों ने आचार्य के इस सौन्दर्य संवेदन को रस से भिन्न कहना चाहता है—पर काव्य का स्वरूप बताते हुए उन्होंने स्वयं यह स्वीकार किया है कि इसी सौन्दर्य संवेदन को भारतीय शब्दावली में रस कहते हैं। वस्तुतः कलावादियों के सौन्दर्यबोध या सौन्दर्यसंवेदन से आचार्य जी का सौन्दर्यबोध या सौन्दर्यसंवेदन अपने भावोत्तेजक वैशिष्ट्य के कारण भिन्न हो जाता है। एक स्थल पर अन्ततः उन्होंने यह भी प्रश्न खड़ा किया है कि साहित्य की आत्मा 'रस' अन्ततः है क्या? उत्तर देते हुए कहा है—"वह मानव मात्र (सहृदय मात्र) की वह आनन्दात्मक प्रतिक्रया है जो श्रेष्ठ-साहित्य को पढ़कर उसे उपलब्ध होती है। अर्थात् अपकृष्ट साहित्य जैसा भी हो—पर श्रेष्ठ साहित्य वही है—जिसका केन्द्रीय तत्त्व 'रस' हो। रस पर इस निष्ठा के साथ वे यह भी मानते हैं कि अतिरिक्त किसी का भी उपादेय नहीं होता—फलतः वे उन लोगों से भी अपना प्रस्थान पृथक् कर लेते हैं—जो उसका परिपाटीबद्ध निरूपण करते हैं या अति की सीमा पर जाकर दुरुपयोग करते हैं। आचार्य वाजपेयी यह भी मानते हैं कि रस का सम्बन्ध उदात्त नैतिक चेतना से है—फिर भी शुक्लजी के नीतिवाद से इनका आशय भिन्न है। इन्होंने काव्य-सामग्री में उदात्त नैतिक चेतना की बात की है—पर प्रधानता इस बात की दी है कि उनका नियोजन इस प्रकार हो कि मुख्यतः काव्य सौन्दर्य उन्मीलित हो और आनन्दप्रद उन्मीलन हो। प्रसाद जी की भाँति आचार्य वाजपेयी जी इन तत्त्वों की कलावृत्ति स्थिति स्वीकार की है—प्रकट एवं उदग्र नहीं।

जहाँ तक रस-निष्पत्ति की बात है—पण्डित जी ने 'रस-सिद्धान्त'—की परम्परागत व्याख्या और मौलिक-व्याख्या—दो प्रकार की व्याख्याएँ प्रस्तुत की हैं। परम्परागत व्याख्या के प्रसंग में भी कुछ संशोधन प्रस्तुत किए हैं।

जहाँ तक भट्टलोल्लट की व्याख्या का सम्बन्ध है—उत्पत्तिवादी (नायक के पक्ष से) और आरोपवादी (प्रेक्षक के पक्ष से) दोनों ही प्रकारों के अनुरूप उपपत्तियाँ प्रस्तुत की गई हैं। शंकुक का अनुमितिवादी मत भी ठीक-ठीक ढंग से सारगर्भित रूप में प्रस्तुत किया गया है। भट्टनायक के मत को प्रस्तुत करने के लिए बड़ी ही सुन्दर शैली में पीठिका प्रस्तुत की गई है। भट्टलोल्लट एवं भट्टशंकुक की व्याख्या अपर्याप्त बताई गई है। भट्टनायक को अपनी व्याख्या देने से पूर्व, पूर्वागत व्याख्याओं द्वारा प्राप्त निष्कर्ष से दो बातें इस प्रकार की और उपस्थित होती हैं कि जिनका उत्तर दिए बिना आगे बढ़ा ही नहीं जा सकता। पहली बात तो यह कि जो सामग्री मंच पर है—उसे प्रेक्षक के भावोद्बोध में कारण क्यों न मान लिया जाए? उत्तर है—मान लिया जाता यदि उसका नायक से सम्बद्ध रूप में ज्ञान न होता! परन्तु (अन्य-सम्बद्ध फलतः) परकीय-बोध एक ऐसा प्रतिबन्धक है—जिसके कारण उस सामग्री का उपयोग प्रेक्षक के आस्वादबोध में नहीं हो सकता। पण्डित जी ने उन

लोगों का तर्क भी बहुत ही ठीक उठाया है जो यह मानते हैं कि नाटकीय प्रयोगवश एक ऐसा भ्रमात्मक वातावरण तैयार हो जाता है कि प्रेक्षक अपने को नायक से अभिन्न मान लेता है। इस स्थिति में परकीय-बोध का प्रतिबन्ध हट जाता है। पर इस पक्ष में भी एक अनिवार्य प्रतिबन्ध यह है कि नायक के साथ प्रेक्षक का तादात्म्य हो जाने पर प्रेक्षक की अनुभूति भी नायक की लौकिक अनुभूति सी सुखात्मक (रसात्मक प्रकृति से भिन्न) के साथ दुःखात्मक भी हो सकती है। अतः तादात्म्य और ताटस्थ्य का मार्ग छोड़कर भट्टनायक ने प्रेक्षक-गत अनुभूति को रसात्मक प्रकृति का सिद्ध करने के लिए काव्य के तीन व्यापार कल्पित किए—अभिधा, भावना एवं भोग।

भट्टनायक द्वारा आविष्कृत 'भावना' और 'भोग' पर लोगों ने पर्याप्त विचार किए हैं। आचार्य वाजपेयी ने भावना या भावकत्व को 'भाव का गुण' माना है और बताया है कि यह और कुछ नहीं, बल्कि 'भावना करने का सामर्थ्य' ही है। अपने पक्ष के समर्थन में भरतनाट्यशास्त्र की उस पंक्ति का आशय भी उद्धृत किया है जिसमें यह कहा गया है कि जो काव्यार्थों को भावना का विषय बनावे—वही भाव है (काव्यार्थान् भावयन्ति—इति भावाः) साथ ही यह भी कहा है कि काव्यार्थ रस का भावक है। इन उद्धरणों और विवेचनों को जोड़कर यदि आचार्य जी का मन्तव्य स्पष्ट किया जाए तो यह कहा जा सकता है कि 'भावना' एक व्यापार है और ('भावकत्व' रूप में) वह 'भाव' का गुण है—भावना करने का सामर्थ्य है। भाव में भावना करने का सामर्थ्य है किस विषय की—इस प्रश्न का उत्तर देते हुए आचार्य जी ने कहा है कि भावना का विषय है—काव्यार्थ। अभिनवगुप्त ने भी बिलकुल यही बात कही है कि 'काव्यार्थ' का अर्थ यहाँ 'रस' है—'काव्य में वर्णित अर्थ'—नहीं। इन विवेचनाओं में स्वाभाविक चिन्तन के माध्यम से पण्डित जी वहीं पहुँच गए हैं— जहाँ अभिनवगुप्त। पर इस प्रसंग और विवेचन के सन्दर्भ में केवल एक ही उक्त वाक्य 'काव्यार्थ रस का भावक'—कुछ संगत नहीं लगता। यदि काव्यार्थ का अर्थ काव्य में वर्णित अर्थ—लिया जाए—तब तो अवश्य संगति लगाई जा सकती है। पर तब 'काव्यार्थ रस का भावक'—कुछ संगत नहीं लगता। यदि काव्यार्थ का अर्थ काव्य में वर्णित अर्थ—लिया जाए—तब तो अवश्य संगति लगाई जा सकती है। पर तब 'काव्यार्थ' भी भावक अर्थात् 'भावन' व्यापार का आश्रय हुआ और 'भाव' को भावकत्व या भावना का आश्रय कहा गया है—इस असमान असंगति का परिहार किस प्रकार हो सकेगा? हाँ, यदि काव्यार्थ का अर्थ काव्य में वर्णित 'भावात्मक' अर्थ ले लिया जाए—तो संगति लगाई जा सकती है। फिर भी इस विवेचन के सन्दर्भ में 'काव्यार्थ' शब्द का 'रस', 'भाव' एवं 'काव्य वर्णित व्यंजक अर्थ'—तीनों अर्थों में प्रयोग करना तो विचारणीय हो ही जाता है। यों 'भावन' या 'भावना' पर इधर डॉ. नगेन्द्र, डॉ. प्रेमस्वरूप गुप्त तथा अन्य विचारकों के भी ऐसे बहुरूपी विचार

आए हैं—कि उन सबके सन्दर्भ में आचार्य जी के विचारों का मूल्यांकन किया जा सकता है—पर वह एक स्वतन्त्र निबन्ध का विषय होगा।

'भावना' के अनन्तर 'भोग' पक्ष की व्याख्या में भी पण्डित जी ने दार्शनिक और साहित्यिक—दोनों दृष्टियों से विचार किया है। कतिपय अन्य मूर्द्धन्य समीक्षक काव्य के इस भोगात्मक आस्वाद और तदर्थ अपेक्षित व्यापार—दोनों पर अनपेक्षित स्तर तक मनोविज्ञान शास्त्र का सहारा लेने लगे हैं। पण्डित जी स्वयं प्रयोग-काल में पड़े हुए का सहारा दूसरे के निर्णय में लेना नहीं चाहते।

परम्परानुसार उन्होंने भोग के दार्शनिक रूप का संक्षेप में स्वरूप प्रस्तुत करते हुए कहा है कि जिस क्रिया के द्वारा साधारणीकृत स्थायी भाव का रस रूप में उपयोग होता है—उसे भोजकत्व कहते हैं ×× रजस् और तमस् विहीन सात्त्विकमन ही काव्य-रस का भोग करता है—आगे उसी का (पश्चिमी) साहित्यिक दृष्टि से स्वरूप प्रस्तुत करते हुए कहा है—"इस स्थिति में सांसारिक दृश्य और संवेदनाएँ तिरोहित हो जाती हैं और शुद्ध साहित्यिक (कल्पनाजन्य) आनन्द उपलब्ध होता है। यह आनन्द इसीलिए ब्रह्मानन्दसहोदर कहलाता है।"

भोग के उपर्युक्त दार्शनिक रूप पर अभिनव की अपेक्षा मम्मट का प्रभाव लक्षित होता है। मम्मट ने ही कहा है कि सत्त्वोद्रेकवशात् जायमान प्रकाशानन्दमयक्संवित् विश्रान्ति ही 'भोग' का स्वरूप है और इसी भोग द्वारा भाव्यमान स्थायी का आस्वाद लिया जाता है। साहित्यिक दृष्टि से उन्होंने इस आस्वाद को वह कल्पनाजन्य आनन्द बताया है जिसमें आस्वाद्य सामग्री के व्यवहारोपयोगी पक्ष और तज्जन्य संवेदनाएँ तिरोहित हो जाती हैं तथा सामग्रीगत आनन्दोद्रेकानुरूप पक्ष कल्पनागृहीत होकर काव्यास्वाद का अनुभव करता है : एडिसन ने भी कल्पना-जनित आनन्द की भी कुछ ऐसी ही व्याख्या प्रस्तुत की है। भारतीय दृष्टि से पण्डित जी यह स्वीकार करते हैं कि वह आनन्द 'ब्रह्मानन्द सहोदर' है और 'निकर्ष' की भूमिका में तो उन्होंने यह भी कहा है कि इस आनन्द को लौकिक या अलौकिक कहा जा सकता है। पंडित जी ने इस वक्तव्य को कुछ लोग बचाव की कौशलपूर्ण पदावली समझते हैं—पर मैं यह नहीं मानता। इस आस्वाद को इस दृष्टि से 'लौकिक' भी कहा जा सकता है कि लोक में रहनेवाले सहृदय इसका आस्वाद करते हैं—पर साथ ही कहीं यह प्रश्न न हो जाए कि अन्य विध लोकगत ऐन्द्रिय अनुभूतियों की क्या संज्ञा दी जाए? क्योंकि एक ही संज्ञा से दोनों का बोध करना ठीक न होगा। इसलिए उसकी विलक्षणता द्योतित करने के लिए उसे 'अलौकिक' भी कहना ही होगा। जिस प्रकार केवल 'लौकिक' संज्ञा भ्रामक है—उस प्रकार केवल 'अलौकिक' संज्ञा भी भ्रामक है। केवल 'अलौकिक' कहने से यह भ्रम खड़ा हो सकता है कि रसानुभूति कोई लोकेतर भूमिका की चीज तो नहीं है? अतः पण्डित जी ने दोनों ही शब्दों का प्रयोग करके दोनों शब्दों से होनेवाली भ्रान्तियों की जैसे नाकाबन्दी कर दी है।

अभिनवगुप्त की रस-व्याख्या को उपस्थित करते हुए उन्होंने भी परम्परागत प्रसिद्धि के अनुरूप यह स्वीकार किया है कि अभिनवगुप्त का भट्टनायक से वैशिष्ट्य महज इस बात में है कि जहाँ भट्टनायक भावना और भोग नामक दो पृथक्-पृथक् व्यापार काव्यरसास्वाद के लिए स्वीकार करते हैं—वहाँ अभिनवगुप्त उन दोनों के कार्य को एकमात्र व्यंजना-साध्य मान लेते हैं। इसीलिए वे अवश्य स्वीकार्य व्यंजना से भिन्न दो नवीन काव्य-शक्तियों की कल्पना अनावश्यक मानते हैं। परवर्ती व्याख्याकारों ने एक अन्तर और लक्षित किया है और वह यह है कि भट्टनायक के यहाँ भी जो स्थायीभाव भोग-गोचर होता है वह 'तटस्थ' (नायक) का ही है—प्रेक्षक का अपना नहीं। अतः भट्टलोल्लट एवं शंकुक की भाँति 'ताटस्थ्य' वाला आक्षेप इनके मत पर भी सिर उठा सकता है। 'रस-प्रदीप' कार ने इसके परिहार के लिए मीमांसकों के 'विवेकाग्रह' वाला पथ पकड़ा है। पर 'बालप्रियाकार' एवं 'बालबोधिनी' कार ने साधारणीकरण की प्रक्रिया को ही इस 'ताटस्थ्य' निवारण के लिए पर्याप्त समझ लिया है—अतः इस 'ताटस्थ्य' का उल्लेख करते हुए भी उसके समाधान का अतिरिक्त प्रयास नहीं किया है।

जहाँ एक ओर पंडित जी ने रस-व्याख्या सम्बन्धी इन चार मतों को प्रस्तुत किया है—वहाँ दूसरी ओर उन्होंने यह भी एक बहुत ही महत्त्वपूर्ण प्रश्न खड़ा किया है कि जब लोचन में 12-13 मतों का और रसगंगाधर में कुल 11 रसव्याख्या से सम्बद्ध मतों का उल्लेख किया गया है—तो क्या कारण है कि उनमें से केवल चार को ही विशेष महत्त्व दिया गया—उन्हीं का लोगों ने केवल या विशेषतः उल्लेख किया। जब अभिनव गुप्त के अतिरिक्त शेष तीन व्याख्याकारों के मत और लोगों के मतों की ही तरह निस्सार थे—तो इनको भी क्यों नहीं उपेक्षित कर दिया गया? पण्डित जी का अनुमान है कि इन मतों की आपेक्षिक अतात्त्विकता भले ही हो दार्शनिक दृष्टि से इनका महत्त्व भले ही अपेक्षाकृत न्यून-न्यूनतर हो—पर सौन्दर्य शास्त्रीय दृष्टि से यदि इन व्याख्याओं का महत्त्व पुनः समझने की चेष्टा की जाए—तो ऐसा स्पष्ट जान पड़ेगा कि इन मतों में भी कुछ तत्त्व हैं—वे निरी भोंड़ी और अस्वीकार्य व्याख्याएँ नहीं हैं। निस्सन्देह पंडित जी के मौलिक चिन्तन से इस सौन्दर्य शास्त्रीय नयी व्याख्या का अपना महत्त्व है—भले ही शास्त्र-सम्मत विचार से रंचमात्र न हटनेवाले इस पर टीका टिप्पणी करें। चिन्तन की इस लम्बायमान विचार परम्परा में दार्शनिक दृष्टि से हटकर सम्भवतः पहली बार पण्डित जी ने सौन्दर्य शास्त्रीय—एक नयी दृष्टि से इन अतात्त्विक करार दिए गए मतों का पुनर्मूल्यांकन किया है।

पंडित जी का विचार है कि ये चारों मत क्रमशः काव्य की प्रेक्षणीयता और काव्यरस के आस्वादन की समस्या को समझाने का प्रयत्न करते हैं और इनमें से प्रत्येक मत समस्या के एक-एक पहलू को लेकर आगे बढ़ता है। भट्टलोल्लट के मत का सम्बन्ध काव्य की निर्माणात्मक प्रक्रिया से है। इन्होंने नायक में रस की

स्थिति स्वीकार कर इस बात पर बल दिया कि कवि की प्रतिभा में–कल्पना-जगत् में उपस्थित नायक में–(नायक नायिका के व्यवहार द्वारा) रसात्मक स्थिति नहीं रही तो काव्य द्वारा वर्णित होकर भी वह पाठक या प्रेक्षक में रसात्मक बोध कैसे करा सकेगा? इस प्रकार निर्माण पक्ष से विचार करने पर भट्टलोल्लट के मत का भी महत्त्व प्रतीत होता है। भट्टशंकुक के अनुमितिवादी व्याख्यान का महत्त्व इस बात में है कि वह नायक-नायिका के निर्माण में निहित कवि की सौन्दर्य-साधना को सहृदयों तक पहुँचाने की दिशा में किया गया प्रयास है। मध्यवर्ती नट रस की स्थिति द्वारा उसका महत्त्व बतानेवाले शंकुक की व्याख्या का सम्बन्ध काव्य-कला की अपेक्षा अभिनय कला से ज्यादा है। भट्टनायक ने एक सीढ़ी और आगे बढ़कर 'भावना'-व्यापार के आविष्कार द्वारा काव्य और सहृदय के सम्बन्ध और सामर्थ्य को स्पष्ट किया। अभिनवगुप्त ने उनसे भी आगे बढ़कर काव्य की ध्वन्यात्मकता का–रस-प्रतीति कराने की सामर्थ्य का विश्लेषण किया। इस प्रकार ये चारों मत जैसे एक क्रमबद्ध योजना के क्रमिक सोपान हैं। साथ ही इस दृष्टि से अपनी-अपनी जगह चारों का महत्त्व है।

रस-प्रक्रिया से सम्बद्ध आचार्य जी के 'साधारणीकरण' सम्बन्धी विवेचन का मूल्यांकन अभी अवशिष्ट है। इस विषय से सम्बद्ध उनके सारगर्भित विवेचन को इस प्रकार प्रस्तुत किया जा सकता है–(1) भट्टनायक का साधारणीकरण सिद्धान्त केवल काव्य की सामर्थ्य का लेखा न लगाकर दर्शक की सामर्थ्य का भी व्याख्या न करता है। (2) इस प्रसंग में आचार्यों की यह दलील असाहित्यिक ही है कि पूज्य व्यक्तियों या देव के रतिभाव का साधारणीकरण प्रेक्षक को नहीं हो सकता। जब मूल प्रणेता ने उस भाव की अनुभूति द्वारा उसे प्रस्तुत किया है तो वैसी ही भावसृष्टि प्रेक्षक या पाठक में क्योंकर न हो सकेगी? (3) साधारणीकरण का अर्थ रचयिता और उपभोक्ता के बीच भावना का तादात्म्य है। (4) साधारणीकरण वास्तव में कवि-कल्पित समस्त व्यापार का होता है–केवल किसी पात्र विशेष का नहीं।

जहाँ तक पहला पक्ष है यह तो स्पष्ट ही है कि भट्टनायक ने 'भावना' को काव्य का एक व्यापार या सामर्थ्य माना ही है। लेकिन पाठक में भी भावन की क्षमता होनी आवश्यक है–अन्यथा अक्षम पाठक को भी रसास्वाद मानना होगा। दूसरी दलील को असाहित्यिक कहना भी बिलकुल संगत जान पड़ता है। संगत इसलिए जान पड़ता है कि यदि अरसोचित तत्त्व उभार दिया जाए–तभी साधारणीकरण न होगा–और ऐसा करना असाहित्यिकता ही तो है। फिर उसके लिए दी गई दलील भी असाहित्यिक कही जाए–तो इसमें अनौचित्य क्या है? तीसरे सूत्र का भी अर्थ यही है कि रचयिता की अनुभूति रचयितामात्र की अनुभूति न रहकर–असाधारण की न रहकर–उपभोक्ता सहृदय मात्र की हो जाए–साधारण हो जाए। और ऐसा होने के लिए समस्त कवि कल्पित व्यापार अथवा रचयिता द्वारा

प्रस्तुत समस्त काव्य-उपकरण को साधारण होना पड़ेगा—निर्विशेष हो जाना पड़ेगा—चौथे सूत्र से आचार्य जी ने यही कहना चाहा है। वैसे भारतीय आचार्यों ने तो स्थायी और प्रमाता को भी साधारण माना है।

संक्षेप में आचार्य जी की ये ही रस-सम्बन्धी मान्यताएँ हैं।

(iii) अन्य काव्यगत प्रवृत्तियाँ और रस की स्थिति

यहाँ तक अनुभवसंगत, दार्शनिक, साम्प्रदायिक, मनोवैज्ञानिक एवं सौन्दर्यशास्त्रीय दृष्टि से रस की व्याख्या प्रस्तुत की गई। सम्प्रति, हिन्दी-साहित्य की छायावादोत्तर धाराओं (प्रगति एवं प्रयोग) की कारयित्री एवं भावयित्री प्रतिभाओं में 'रस' ने सम्बन्ध में अपनी क्या प्रतिक्रियाएँ व्यक्त की हैं—इसे भी देखना अवसरोचित ही होगा।

प्रगतिवादी विचारकों की रस सम्बन्धी विचारों के अध्ययन से जो निष्कर्ष प्राप्त होते हैं वे इस प्रकार हैं—

ये लोग उन विचारकों से एक मत नहीं हैं जो यह मानते हैं कि काव्य का मूर्द्धन्यलक्ष्य रसात्मक आनन्द ही है—अन्य विध प्रयोजन आनुषंगिक या अमहत्त्वपूर्ण हैं। विपरीत इसके ये लोग मानते हैं कि समाज के आर्थिक सम्बन्धों से निर्दिष्ट मानव मस्तिष्क की अन्य उपजों की भाँति साहित्य मानव के वैयक्तिक एवं सामाजिक विकास का साधन है—विकास के अनुरूप प्रेरणा प्रदान करने में उपयोगी है। उनकी दृष्टि से यह विकास प्रतिगामी शक्तियों के विरुद्ध प्रगतिशील तत्त्वों को पहचानकर उसकी ओर उन्मुख एवं सक्रिय होने की प्रेरणा प्रदान करने से सम्भव है। प्रेरणा प्रदान करने के लिए भावोत्तेजक-प्रणाली का स्वीकार आवश्यक मानते हैं। भावोत्तेजक प्रणाली अपनाने में युगोचित 'सामूहिक-भाव' की परख और अनुभूति आवश्यक है। एतदर्थ यह आवश्यक है कि लेखक उस 'समूह' के साथ जीए ताकि उसके 'भाव' को वह सच्चाई के साथ ग्रहण और प्रकट कर सके। काडनेल ने कहा है कि प्रगतिशील साहित्यकारों को कला के क्षेत्र में सर्वहारा वर्ग का नेता बनना चाहिए। यह 'समूह' या 'वर्ग' उन लोगों का है जिनमें प्रतिगामी तत्त्वों के उच्छेद की और गतिशील तत्त्वों के विकास की शक्ति निहित है। संक्षेप में यह पीड़ित 'वर्ग' है—जो मुट्ठी भर सुखी लोगों के द्वारा अपनाए गए प्रतिगामी शक्तियों या तत्त्वों के कारण है। इससे यह स्पष्ट होता है कि यद्यपि साहित्य की भावोत्तेजक या रसोद्रेचक विधा का विरोध ये नहीं करते, परन्तु अपनी सहानुभूति मूलक 'भावात्मक' निवेदन की विधा को एक वर्ग-विशेष तक सीमित कर लेते हैं—जिसके कारण रस की सहृदय पर्यन्त व्यापिनी परिधि कुछ सीमित हो जाती है।

इन लोगों का विरोध रस सम्बन्धी उन विवेचनाओं से भी है जिनमें दार्शनिकता का जाल फैलाया गया है। डॉ. रामविलास शर्मा ने स्वीकार किया है कि यदि इस जाल को हटा दिया जाए—तो रसवादी-सरणि उन लोगों के बहुत काम की है। परन्तु

इस सन्दर्भ में एक ही बात खटकती है और वह यह है कि ये समीक्षक स्वयं कहीं-कहीं मार्क्सवादी दार्शनिक उपपत्तियों का प्रयोग रस-विमर्श में लागू करने लगते हैं। उदाहरणार्थ, रस चतुष्ट्य के युग्मकों[1] को—जिनमें कार्य कारण भाव शास्त्रीय चिन्तकों ने माना है—लेकर मार्क्सवादी विकास सूत्रों का प्रयोग किया गया है। डॉ. रांगेय राघव ने (आर्थिक भित्ति पर) ऐतिहासिक भौतिकवाद की दृष्टि से यह भी बताया है कि सामन्त काल के प्रारम्भ में आचार्यों ने मानवतावाद के आधार पर रस और साधारणीकरण के सार्वभौम सिद्धान्त का प्रतिपादन किया। पर जब इसी सामन्तवाद ने अपना प्रगतिशील कार्य समाप्त कर दिया और शोषण के नये रूपों में सुदृढ़ हो गया तब रीति, वक्रोक्ति, ध्वनि आदि वाह्यावरणों ने रस के मूल सिद्धान्त को ढँक लिया। निष्कर्ष यह कि इसी प्रकार के अन्य भारतीय दर्शन की उपपत्तियों का भी यत्र-तत्र प्रयोग रस-विमर्श के क्षेत्र में स्वयं इन लोगों ने किया है। पर रस सिद्धान्त की साधनात्मक उपयोगिता को महत्त्वपूर्ण माना है। श्री अमृत राय ने रस सिद्धान्त या साधारणीकरण के लिए मनोविज्ञान और समाज शास्त्र का सहारा लेना पसन्द किया है।

रस सम्बन्धी परम्परागत-धारणाओं से तीसरा प्रस्थान भेदक विचार उन लोगों का यह भी है कि विशिष्ट लक्ष्य के अनुरूप रसात्मक प्रभाव उत्पन्न करने के लिए जिस सामग्री का नियोजन काव्य में किया जाता है—उसके ढाँचे में सुधार आवश्यक है। कारण यह बताया जाता है कि युग रुचि के अनुसार वाह्यावरण एवं आवश्यकताएँ बदलती रहती हैं। इन लोगों के अनुसार परम्परागत रस-सामग्री जिन आदर्शों पर नायक प्रतिनायक का निर्माण करती थी—वह सामन्तीय व्यवस्था का आदर्श थी। धीरोदत्त नायक उसी आदर्श का परिणाम है। आज इन लोगों के अनुसार (वर्गहीन समाज व्यवस्था के अनुसार) समाज शोषित व्यक्ति नायक हो सकता है। आज पाठक इसके साथ तादात्म्य ग्रहण करे—सहानुभूति रखे—उसी के भावों में ग्राहक तल्लीन हो, रमे और उसके चरित्र में निहित गतिशील विशेषताओं से प्रभावित हो। परन्तु साथ ही ये समीक्षक यह भी मानते हैं कि भले ही ये विचारक सामन्तीय और पूँजीवादी वाह्यावरणों को तोड़ना चाहते हों—पर रस सिद्धान्त के मूल को नहीं बदल सकते। वह (रस) जल युगोचित एवं उपादेय गुणात्मक परिवर्तन कर सकता है—पर जल का जलत्व नहीं बदल सकता। साहित्य की जल स्थानीय रसमयता से मार्क्सवादी उपपत्तियों का कोई विरोध नहीं है। हाँ यह अवश्य है कि साहित्य जिस भावोत्तेजक सौन्दर्य की स्रष्टा है—वह समाज-रुचि-सापेक्ष होने के कारण परिवर्तनशील

1. रस चतुष्ट्य के युग्मक इस प्रकार हैं—(1) शृंगार, वीर वीभत्स एवं रौद्र (2) हास्य, अद्‌भुत, भय, करुण। इन लोगों ने इनमें से विरोधी रसों का युग्मक निकालकर यह बताना चाहा है कि इस संख्या का आधार जीवन की उसी द्वन्द्वमूलकता में निहित है—जिसमें उनके साथ जीवन का संघर्ष प्रतिबिम्बित है।

है और परिवर्तन भी उसके अन्तर रूप का नहीं, वाह्य व्यंजक-उपकरणों का है।

रसवादी भारतीय आचार्यों के रस-विमर्श से सम्बद्ध एक भेदक-पक्ष और रह जाता है और वह यह कि काव्य में रूप-पक्ष और विषय-पक्ष का अनुपात क्या हो? डॉ. द्विवेदी ने अपने साहित्य का 'मर्म' शीर्षक लेख में रूपपक्ष की अपेक्षा वस्तुपक्ष पर अधिक बल दिया है। इसी दृष्टि से यह पक्ष भी सही हो सकता है, परन्तु भारतीय सन्दर्भ से विज्ञ और प्रकृति से परिचित प्रगतिशील विचारक जब साहित्य पर विचार करते हैं तो यह मानते हैं कि "रूपभावना और विचार की एकता से कला की सृष्टि सम्भव है। इसी एकता के कारण साहित्य का प्रभाव दर्शन और विज्ञान के प्रभाव से भिन्न होता है।"–(डॉ. रा.वि. शर्मा) 'प्रगति और परम्परा' में भी उन्होंने माना है कि "रूप और विषयवस्तु का सम्बन्ध अभिन्न और अन्योन्याश्रित है ×× परन्तु कृति के कलात्मक सौन्दर्य का निखार उसकी विषयवस्तु की सामाजिकता से जुड़ा हुआ है। ×× यह सामंजस्य तभी हो सकता है जब हम गम्भीर सामाजिक प्रेरणा से सौन्दर्य की उत्कृष्टता का सम्बन्ध मानें।" शिवदान सिंह चौहान ने भी इसी स्वर में कहा है–"साहित्यिक कृति में, जिसका मूल्यांकन किया जाता है, रूप और वस्तु, सौन्दर्य तत्त्व और सामाजिक मूल्य आदि–इस प्रकार का कोई द्वैत नहीं रहता।" इन उद्धरणों से यह स्पष्ट है कि आदर्श साहित्यिक कलाकृति में सौन्दर्य एवं उपयोगिता, रूप एवं वस्तु की एकान्वित स्थिति अनिवार्य है। परन्तु सामान्यतः यदि यह पूछा जाए कि रूप पक्ष और विषयवस्तु में किसे महत्त्वपूर्ण माना जाए–तो ये लोग विषयवस्तु को ही उपयोगी मानेंगे।

रस की संख्या और सीमा के विषय में डॉ. शर्मा का यह भी कहना है कि "जीवन की धाराएँ एक-दूसरे से इतनी मिली-जुली हैं कि नव रसों की मेंड़ बाँधकर उन्हें अपने मन के मुताबिक नहीं बहाया जा सकता।" इस प्रकार इन लोगों ने माननीय मनोवृत्तियों के रूप में स्थायी और संचारी का उल्लेख करते हुए भी उसकी सीमा नहीं मानी है और न तो रसवादियों की भाँति समस्त कृति में एक ही स्थायी भाव को केन्द्रीय तत्त्व बनाकर उसकी पोषक सामग्री का नियोजन ही करना बताया है। निष्कर्ष यह कि उसे साध्य रूप में रखकर साधन रूप में ही रखना चाहते हैं। इनके यहाँ रस का महत्त्व इस रूप में नहीं है कि वह साध्य है, वरन् इस रूप में है कि वह उक्त उद्देश्य की पूर्ति में कभी सफल न होनेवाला साधन है। वैसे ये लोग भी कहते हैं कि साहित्य का सम्बन्ध भाव से है और भाव का हृदय से–पर साथ ही यह भी मानते हैं कि आधुनिक वैज्ञानिक प्रकाश में हृदय बुद्धि से निर्नियन्त्रित नहीं है। यह नियामिका बुद्धि मार्क्सवादी विचारों से प्रौढ़ है। इसलिए 'समूहभाव' में विलीन कवि हृदय की दौड़ान एक निश्चित उद्देश्य की ओर ही होनी चाहिए। इस प्रकार जहाँ पहले साध्य रूप में 'रस' का महत्त्व था–वहाँ 'साधन' रूप में उसका महत्त्व स्वीकार किया गया।

रस-विमर्श के सन्दर्भ में साधारणीकरण की एक महत्त्वपूर्ण प्रक्रिया है, जिसके द्वारा कवि की अनुभूति पाठकमात्र की रसात्मक अनुभूति के रूप में (काव्य-सामग्री के माध्यम से) परिणत होती है। प्रगतिवादी चिन्तकों ने इसके समशील 'सामूहिक भाव' का उल्लेख किया है। इसका अर्थ ही यही है कि सच्चा कलाकार वही है जिसका 'भाव' सहृदयमात्र का 'भाव' हो जाए। यह क्षमता उसी व्यक्ति में सम्भव है जिसने परिस्थितियों से उद्‌भूत 'सामूहिक भाव' में अपने को निमज्जित कर दिया हो—फलतः जिसने समूह के हृदय की पहचान कर ली हो। 'समूह' के हृदय की पहचान जिसमें होगी—वही 'समूह' में अपने को और समूह को अपने से एकाकार कर सकता है—'समूह-दशा' में 'व्यक्तिदशा' को एकाकार कर सकता है। उनकी दृष्टि से यही दशा रसदशा है—पर यह साध्य नहीं है—साध्य है इस प्रभावित दशा से प्राप्त प्रेरणा है और उसका मूल्य है—विकासोपयोगी कर्म में अभिरत हो जाना। प्राचीन भारतीय सिद्धान्त था—काव्य का लक्ष्य—आस्वादौन्मुख्य, संविद्विश्रान्ति, पर शुक्लजी ने ही उसके विरुद्ध कर्तव्यौन्मुख्य में काव्यानुभव का पर्यवसान माना। लेकिन शुक्लजी ने जहाँ 'लोक-हृदय' में 'व्यक्ति-हृदय' के विलीन होने की बात कही थी—वहाँ ये लोग 'समूह हृदय' में 'व्यक्ति हृदय' के विलयन की बात करते हैं।" उनका ख्याल है कि 'लोक-हृदय' में 'व्यक्ति हृदय' के विलयन का समय वर्गविहीन समाज की स्थापना में ही सम्भव है—आज तो यदि कुछ सम्भव है तो यही कि 'व्यक्ति हृदय' 'समूह हृदय' में विलीन हो—जिसकी अभिव्यक्ति सर्वहारा के नेता ने की है।

डॉ. शिवकुमार मिश्र से मुझे इस सन्दर्भ में कतिपय अन्य सूचनाएँ भी मिली हैं; जिनके लिए मैं उनका आभारी हूँ। उन सूचनाओं में से एक तो यह है कि प्रकृति की दृष्टि से प्रगतिवादी मानते हैं कि काव्यीय रस का लोक व्यवहार में प्राप्त अन्य आनन्दों से कोई वैशिष्ट्य नहीं है—इसीलिए रसशास्त्रियों का यह वक्तव्य भी कि करुण में आनन्दमयता होती है—अस्वीकार्य है। इन दोनों मान्यताओं के सम्बन्ध में भी शास्त्रीय विचारकों और प्रगतिवादी विचारकों में मतभेद है। मैंने पहले ही कह दिया है कि काव्य या नाट्य के परिवेश में प्राप्त आनन्द लौकिक-आनन्द की भाँति अर्जन-विसर्जन मूलक नहीं होता—इसीलिए मानसिक विक्षेप की भी स्थिति वहाँ सम्भव नहीं है। फलतः अन्तर और आनन्दमयता दोनों ही सम्भव हैं। परन्तु प्रगतिवादी दृष्टि से इस स्थापना में कोई अन्तरविरोध नहीं है—क्योंकि वे लोग शास्त्रीय विवेचकों की भाँति इसका लक्ष्य 'संविद्विश्रान्ति' न मानकर 'कर्त्तव्यौन्मुख्य' मानते हैं। व्यावहारिक प्रवृत्ति और निवृत्ति, जो विकासोपयोगी हैं—पर काव्य और नाट्य के आस्वाद काल में भी ध्यान रखना लोक और काव्य के बीच के व्यवधान को मिटा देना है। पर तब इनकी आनन्दात्मक प्रतिक्रिया का रस-शास्त्रियों के रसात्मक आनन्द से कहाँ तक एकरूपता है—यह भी एक चिन्त्य प्रश्न है।

नया काव्य और रस-विमर्श

किसी भी कलाकृति या काव्य का मूल्यांकन करने के लिए प्राचीन भारतीय आचार्यों ने साहित्यिक दृष्टि से यह आवश्यक समझा था कि समालोचक काव्यकृति में उस तत्त्व का विश्लेषण करे जिस पर कवि–प्रतिभा का प्राधानतः संरम्भ परिलक्षित होता हो–जिस पर काव्योचित चारुता का उत्तरदायित्व जान पड़ता हो। इस विवेक से शून्य होकर पूर्वनिर्धारित प्रतिमान द्वारा किसी कलाकृति का परीक्षण उसके साथ न्याय नहीं ही कहा जा सकता। इसीलिए अभिनवगुप्त ने भट्टनायक को रसांध समीक्षक कहकर उनका उपहास किया था–क्योंकि उन्होंने पूर्वनिर्धारित रसवादी सिद्धान्त पर ही विवेकशून्य होकर उन कृतियों का भी विश्लेषण किया, जिनके निर्माण के मूल में कवि की रसमयी अन्तर्वृत्ति उदग्र नहीं थी। इससे यह स्पष्ट है कि यद्यपि परिनिष्ठित भारतीय साहित्य-चिन्तकों ने रस-सिद्धान्त को एक सर्वाधिक महत्त्वपूर्ण प्रतिमान घोषित किया था–पर यह नहीं कहा था कि चाहे कवि की अन्तर्वृत्ति किसी भी प्रकार से उदग्र होकर कलात्मक परिणति लेती हो–पर उसकी परीक्षा रस-सिद्धान्त के ही निकष पर हो। उन लोगों ने यह भी कहा कि 'वर्ण्य' की दृष्टि से 'रस' की अपेक्षा व्यापकतर प्रायोजक 'प्रतीयमान' और उक्ति कौशल या शिल्प विधान की दृष्टि से 'वक्रता' है–''लोकोत्तर अभिधान की सरणि'' है। इस प्रकार इन पुरातन आचार्यों ने वस्तु-पक्ष एवं शिल्प-पक्ष–दोनों ही पक्षों से काव्यालोचन के प्रतिमानों का अनावरण कर दिया था–जो नियम विजड़ित नहीं, प्रत्युत युगोचित कृतियों के अनुरूप अनन्त सम्भावनाओं से संवलित हैं। संश्लेषणात्मक दृष्टिकोण से उन लोगों ने यह भी घोषित कर दिया था कि सर्वोत्तम कलाकृति वह है जहाँ इन दोनों पक्षों की अविच्छेद्य स्थिति हो। इसलिए भारतीय साहित्य-चिन्ता पर यह आक्षेप निराधार और अज्ञानविजृम्भक है कि वह रसांध है।

'आधुनिक काव्य और रस-सिद्धान्त' पर विचार करने से पूर्व जहाँ एक ओर इस पृष्ठभूमि का ध्यान रखना आवश्यक है वहीं 'रस' विषयक स्वरूप–निर्वचन की तात्त्विक भारतीय धारणा से भी परिचित होना अनिवार्य है। यद्यपि नाट्यशास्त्र में एक विशेष 'पैटर्न' पर प्रस्तुत विभावादि सामग्री से आस्वाद्य परिष्कृत वासना को रस कहा जाता था–फिर भी दृश्य एवं श्रव्य–मात्र को ध्यान में रखकर 'रस'

की व्यापक भूमिका और उसके स्वरूप को स्पष्ट करते हुए आनन्दवर्द्धन ने कहा था—"यत्र तु रसादीनामविषयत्वं स काव्य प्रकारो न सम्भवत्येव। यस्मादवस्तु संस्पर्शिता काव्यस्यनोपपद्यते। वस्तु च सर्वं जगद्गतमवश्यं कस्यचिद्रसस्य भावस्य वाङ्गत्वं प्रतिपद्यते, अन्ततो विभावात्वेन। चित्तवृत्तिविशेषा हि रसादयः-नचतदस्ति वस्तु किञ्चिद्यन्न चित्तवृत्तिविशेषमुपजनयति, तदनुत्पादने वा कविविषयतैव तस्य न स्यात्।"—अर्थात् ये आचार्य मानते हैं कि जहाँ व्यक्त या अव्यक्त, उदग्र या अनुदग्र रूप में रस की संस्थिति न हो—उसे काव्य की हीन या उत्तम—किसी भी विधा में समाहित नहीं किया जा सकता। उसका कारण यह है कि काव्य वस्तु-शून्य नहीं हो सकता—वस्तुसंवलित ही हो सकता है और वस्तु (कोई भी हो)—ऐसी हो नहीं सकती जो काव्य की परिधि में आकर ग्राहक के हृदय को प्रभावित न करे—रसात्मक या भावात्मक मानसवृत्ति प्रतिक्रिया रूप में उत्पन्न न करे। रस और भाव हैं क्या—एक विशेष प्रकार की मन को रमानेवाली मानस प्रतिक्रिया या विशिष्ट चित्तवृत्ति ही तो। निष्कर्ष यह कि काव्यगत वस्तु रसभावात्मक मानस प्रतिक्रिया पैदा करती ही है और मान लिया कि कोई वस्तु ऐसी है जो ग्राहक के हृदय को प्रभावित नहीं करती—आवर्जित नहीं करती—तो कोई कवि आखिर ऐसी वस्तु का काव्य में सन्निवेश ही क्यों कर करने जाएगा?

इस प्रकार प्रस्तुत विषय पर विचार करने से पूर्व एक तो यह समझ लेना आवश्यक है कि भारतीय समीक्षा रसांध नहीं है—वह उसकी प्रशंसक अवश्य है—पर विवेकपूर्वक। ये आचार्य मानते हैं कि रसोपयोगी योजना 'मुख्यं कर्म महाकवेः' है—पर यदि कोई कवि 'अमुख्यं कर्म' पर ही अपनी प्रतिभा का सारा आयास केन्द्रित कर देना चाहता है, तो उसकी समीक्षा के लिए भी रस-सिद्धान्त को ही प्रतिमान मानकर विश्लेषण करना अविवेक है। दूसरी ओर वे रस-भाव का स्वरूप स्पष्ट करते हुए यह कहते हैं कि काव्यवस्तु की 'भावना' से प्रतिक्रिया रूप उदित मनोवृत्ति ही रस भाव है। रस का अर्थ ही है—रस्यमान या आस्वाद्य चित्तवृत्ति। इसलिए जहाँ एक ओर भारतीय समीक्षा को रसांध कहना भ्रान्त आग्रह है वहीं दूसरी ओर उसे नियमविजड़ित और भारी-भरकम लश्कर वाला कहना भी तात्त्विकता का अज्ञान है। कतिपय अद्यतन समीक्षकों ने यह भी कहना चाहा है कि रस का यह स्वरूप उसका युगोचित संस्कारित रूप है—जिसके पूर्णतः मान लेने से रस-सिद्धान्त का वास्तविक रूप ही उच्छिन्न हो जाता है—रसवादी सिद्धान्त के भावानुगामी रागात्मक रूप का ही मूलोच्छेद हो जाता है, पर मेरी समझ में नहीं आता कि ऐसा कहकर वे कहना क्या चाहते हैं। कदाचित् वे यह कहना चाहते हैं कि समस्त चित्तवृत्ति को रमणात्मक क्षमता का ही नहीं माना जा सकता, विचारात्मक या अन्य विधि भी उसे कहा जा सकता है। डॉ. रमाशंकर तिवारी ने इसी से 'रसवाद : एक परीक्षण' में 'भाव' और 'अनुभूति' में अन्तर किया है और कहा है कि 'भाव' रमणात्मक

(रागात्मक से उचित शब्द यही है) और 'अनुभूति'–उसको आत्मसात् करती हुई अन्य समस्तविध चित्तवृत्तियों का पर्याय है। फलतः डॉ. तिवारी का यह वक्तव्य है कि रस की इस संस्कारित व्याख्या में रस-सिद्धान्त का ही मूलोच्छेद है। दूसरी तरफ डॉ. राकेश ने भी Poetic Relish को काव्यास्वाद या रस का पर्याय मानकर उसमें छः प्रकार की काव्यभावना जनित (प्रतिक्रिया रूप में उदित) मानस-वृत्तियों को समाविष्ट किया है–जो डॉ. तिवारी के पक्ष में है। आधुनिक काव्य के मर्मज्ञों या समर्थकों का भी कहना है कि आज का युग भावना में बहने का युग नहीं है। भावना में बहने का समय गया। बुद्धि की अनुदग्र और असतर्क दशा में यह सब सम्भव था–आज का बुद्धिवादी युग भावना को काव्य में लाता भी है तो Ration alize करके। आज की कविता विचारोत्तेजन में, तटस्थ ढंग से सत्य के अनावरण में, व्यक्ति सत्य को सर्वग्राह्य बनाने में अपना मुख्य कर्म समझती है। सामान्य और समष्टि में अन्तर्निहित भावात्मक एकता को ही उभारना और तटस्थ वैयक्तिक जीवनबोध की उपेक्षा, काव्य में उसे जगह न देना–उसकी दृष्टि में अमानवीयता है। इस दृष्टि से सम्पन्न आधुनिक काव्य चिन्तक और कवि निर्माण एवं ग्रहण–दोनों ही दृष्टियों से रस-सिद्धान्त के मूलाधारों से ही सर्वथा पृथक् हो जाते हैं। यदि इनके सामने यह प्रश्न किया जाता है कि विचारोत्तेजन और सत्य का अनावरण–तटस्थ या वैज्ञानिक ढंग से उपस्थापन ही काव्य का लक्ष्य है–तो विज्ञानदर्शन एवं शास्त्रात्मक वाङ्मय से काव्य का व्यतिरेक क्या होगा? डॉ. रामस्वरूप चतुर्वेदी ने अपनी एक सद्यः प्रकाशित कृति में इस प्रश्न का उत्तर भाषा पक्ष से देना चाहा है। उन्होंने कहा है–सामान्य भाषा से काव्यभाषा का वैशिष्ट्र्य भावचित्रों एवं बिम्बों से संवलित होने में है–इन्हीं के विश्लेषण से आधुनिक काव्य का वैशिष्ट्र्य समझा जा सकता है–चतुर्वेदी जी का इसी सन्दर्भ में यह भी कहना है कि भारतीय काव्यशास्त्र में इन विभावनों (भावचित्र और बिम्ब) का विश्लेषण नहीं हुआ है। भावचित्र एवं बिम्ब की तुलना न तो लक्षणा और व्यंजना से की जा सकती है और न तो अप्रस्तुतविधान और ध्वनि से। इस प्रकार ये चिन्तक न तो शिल्पपक्ष से और न तो वर्ण्य (भाव या रस) पक्ष से ही भारतीय काव्य-प्रतिमानों को अब आधुनिक काव्यविश्लेषण के लिए सक्षम समझ रहे हैं।

प्रस्तुत विचार शिल्पपक्ष से उतना सम्बद्ध नहीं है, जितना वर्ण्यात्मक भाव या रस पक्ष से। और इस पक्ष से आधुनिक काव्य के सम्बन्ध में जो आक्षेप किए जा रहे हैं–वे दो प्रकार के हैं–एक तो आधुनिक काव्य के विधायकों में मूलतः रस या भावोचित मानसी वृत्ति का ही अभाव बताते हैं–फिर उसका वहिरुच्छलित काव्यरूप कहाँ से रसात्मक हो सकता है और उस प्रकार की वृत्ति के न होने में वैयक्तिकता, ताटस्थ्य, बौद्धिकता–जैसी रस विरोधी वृत्तियों की संस्थिति को कारण बताते हैं–यद्यपि समस्त आधुनिक काव्य पर विचार करने से इस रस-विरोधी

वक्तव्य में अन्तर्विरोध मिलेगा। उदाहरण के लिए जिन आधुनिक काव्यकारों में अतियथार्थवादी प्रवृत्तियाँ मुखर हैं—उनके औपचेतनिक उद्‌गारों में स्वतः चालित लेखन में, मुक्त आसंग में क्या बौद्धिकता का नियन्त्रण हटाया नहीं गया है? इससे यह स्पष्ट है कि तमाम अन्तर्विरोधों को लेकर-सिद्धान्त और प्रयोगगत बेमेल स्थितियों को लेकर निर्मित किए जानेवाले आधुनिक काव्य के पक्षधर चिन्तक भाववाद या रसवाद का विरोध करने के लिए एक तो एकांगी तर्क देते हैं। दूसरे यह कहना कि भावना हृद्रोग है—मनो व्याधि है—आधुनिक काव्य इससे मुक्त होता है—आधुनिक सजग पाठक आज भावना में बहना नहीं चाहता और मनोविज्ञान ने इन भावनाओं की रहस्यमयता छीन ली है—अतः आज उसका वह पुरातन महत्त्व भी नहीं है—आपात रमणीय तर्क है। आधुनिक काव्य का वह अंश जो औपचेतनिक उद्‌गारों से, वैयक्तिक उफानों से नख-शिख व्याप्त है—उसकी दृष्टि से यह आक्षेप क्या पूर्णतः स्वीकार्य है? रसवादी हृद्रोग एवं मनोव्याधि के रूप में रसात्मक साहित्य का निर्माण नहीं करते थे वे इस वैयक्तिक स्तर से ऊपर उठकर स्वस्थ भावनाओं की रसात्मक या भावात्मक परिणति काव्य में करने के पक्ष में हैं या थे। तीसरी बात यह है कि क्या यह सच है कि आज का कवि और पाठक भावना में बहना नहीं चाहता—क्षण भर का मनोरमण बौद्धिक यात्रा में पसन्द नहीं करता? 'नकेन के प्रपद्य' शीर्षक कृति की 'यक्ष के प्रति' शीर्षक रचना किस भूमिका पर है—उसके कवि के अन्तस् में भावाकुल वृत्ति का सर्वथा अभाव है? ऐसे अभाव से वैसी रचना सम्भव है? इसीलिए डॉ. जगदीश गुप्त का भी 'सह-अनुभूति' वाला रसानुभूति विरोधी सैद्धान्तिक वक्तव्य थोड़ा चिन्त्य है। एक तो 'ताटस्थ्य' (रस विरोधी तत्त्व) की काव्यगत स्थिति का स्थापन करते हुए जो शुक्लजी की हीनकोटि वाली रस दशा का उल्लेख करते हैं—वह बहुत कुछ अपनी स्थापना की दृष्टि के उदग्रतर हो जाने का परिणाम है। वास्तविकता यह है कि शुक्लजी वहाँ भी कवि के अव्यक्त व्यक्तित्त्व से ग्राहक के व्यक्तित्त्व का तादात्म्य स्वीकार करते हैं। गुप्तजी ने कवि की सत्यान्वेषी या तत्त्वदर्शी ऋषि कहा है और सत्य तक पहुँचने के काव्यात्मक प्रस्थान को ताटस्थ्य सापेक्ष माना है—वे निर्माण एवं ग्रहण—उभयत्र ताटस्थ्य की ही बात करते हैं—जो 'मनोरमण' में उपयोगी साधारणीकरण की प्रक्रिया का सर्वथा विरोधी पक्ष है। परन्तु प्रायोगिक रूप से समस्त आधुनिक काव्य को या आधुनिकों द्वारा लिखे गए काव्य को—देखने पर यही सिद्धान्त अपर्याप्त मालूम होता है। एक ओर 'मनोरमण' के लिए आधुनिक विद्रोह करते हैं और दूसरी ओर इसे निरर्थक बताते हैं—फलतः ऐसे निरे एकांगी सिद्धान्तों का मूल्य स्पष्ट है। हाँ, डॉ. तिवारी का आक्षेप आधुनिक काव्य को ध्यान में रखते हुए जो रसवाद पर किया गया है—कुछ महत्त्वपूर्ण है। वे काव्य से भावात्मकता का सर्वथा तिरस्कार असम्भव मानते हैं, वे मानते हैं कि काव्य में केवल रागात्मक (या रमणात्मक) वृत्ति का

ही नहीं, प्रत्युत विविध प्रकार की अन्तर्वृत्तियों–वैयक्तिक, सामाजिक, रागात्मक, बौद्धिक आदि–का प्रकाशन आधुनिक काव्य का लक्ष्य है। आधुनिक काव्य के लिए रस-सिद्धान्त को वे इसलिए अपर्याप्त और अनुपयोगी मानते हैं कि आज का कवि न तो काव्यसृष्टि में रस का पुराना 'पैटर्न' ग्रहण करता है और न उसके विविध अंगों की तन्मुखी या तत्पर्यवसायी योजना ही करता है। वह आदि से अन्त तक रसात्मक प्रभाव को ही दीप्त दीप्ततर करे–उसके लिए यह आवश्यक नहीं है। उसके लिए यह भी आवश्यक नहीं है कि रस की पृष्ठभूमि में ही किसी भाव का चित्रण करे–फलतः उनका निष्कर्ष है कि रसवाद आधुनिक काव्य की परख का निकष नहीं हो सकता–वह अपर्याप्त और अव्याप्त है। उन्होंने रसवाद की नवसंस्कारित व्याख्या को अस्वीकार किया है कि किसी प्रकार की मनोरमणक्षम वृत्ति ही रस है–कारण, ऐसा मानने से रस-सिद्धान्त के मूलोच्छेद का उन्हें भय है।

तिवारी जी के साथ हम इतनी दूर तक तो सहमत हैं कि आज का काव्य सर्वथा रसात्मक या भावात्मक भूमिका पर ही निर्मित नहीं होता–अन्य विध मानसवृत्तियों की भूमिका पर भी होता है। पुराने काव्यों को भी देखने से यह तथ्य स्पष्ट है कि तब भी ऐसे काव्य निर्मित होते थे, जिनका सौन्दर्य रसवादी दृष्टि से बिल्कुल नहीं आँका जा सकता था। वस्तुध्वनि, अलंकारध्वनि, अलंकार प्रधान काव्यों को कौन रसवादी प्रतिमान से नापता था? यह तथ्य तो शाश्वत है। जहाँ वर्ण्यगत काव्योचित सौन्दर्य न होगा, वहाँ उक्ति कौशल–जो बुद्धि प्रयुक्त अधिक है–ही सामान्य उक्ति से काव्यात्मक उक्ति का भेदक होता था। चतुर्वेदी जी आज भी वही बात दुहरा रहे हैं–रहा यह कि वे भावचित्र और बिम्बविधान को लक्षणा, व्यंजना, अप्रस्तुतविधान एवं ध्वनि से अतुलनीय मानते हैं–तो वह एक पृथक् निबन्ध का विषय है। इसलिए काव्य में विभिन्न वृत्तियों का व्यक्त होना–कोई नयी बात नहीं है। हाँ, यह कहना कि रसवाद एक अतीत युग के अनुरूप उपकरणों से विजड़ित है; अतः आज वह अनुपयोगी है, तो कुछ हद तक इसे भी माना जा सकता है–परन्तु जब आनन्दवर्द्धन की रस-सम्बन्धी व्याख्या को हम देखते हैं, जो नव संस्कारित नहीं, बल्कि आदिम है–तो वह सर्वथा अनुपयोगी नहीं जान पड़ता और न तो इससे रसवादी सिद्धान्त के मूलोच्छेद की ही सम्भावना है। इस सिद्धान्त को आधुनिक काव्य में भी वहाँ तक लागू कर सकते हैं, जहाँ तक मनोरमण-क्षम भावोद्रेक का विधान उसमें हुआ है। दूसरी बात यह है कि बौद्धिक उत्तेजन तो अकाव्यात्मक वाङ्मय भी करता है–फिर काव्य का व्यतिरेक उससे किस आधार पर होगा? क्या केवल उसके अभिव्यंजन की काव्योचित वक्रविधा मात्र को ही लेकर? काव्य का अपना वर्ण्यगत वैशिष्ट्य कत्तई पृथक् आधुनिकों की दृष्टि में है ही नहीं? और नहीं है तो 'यक्ष के प्रति' जैसी भावोत्तेजक रचनाओं को अपने काव्यसंग्रह

में स्थान क्यों दिया? दूसरी बात यह भी है कि काव्य का पाठक कवि के अन्तर का पाठक ही होता है, यह घोर व्यक्तिवादी सिद्धान्त नितान्त एकांगी और अग्राह्य है। यदि यही बात है तो काव्य को भाषा का स्थूल शरीर क्यों दिया जाता है? भाषा का मूल उद्देश्य ही है अन्य तक वर्ण्य को पहुँचाना—प्रेषणीय बनाना। अन्य की अपेक्षा 'समष्टि' की अपेक्षा है—भाषावाहिनी कविता समष्टिगत तत्त्व की सर्वथा उपेक्षा करके समष्टि से अपना सम्बन्ध बनाए रख कैसे सकती है? व्यष्टि-समष्टि—साधारण तत्त्व का सर्वथा परित्याग सम्भव किस प्रकार है? और नहीं सम्भव है तो समष्टिनिष्ठ रागात्मक एकता की अपरोक्षानुभूति को काव्य की प्रेषणीय—परिधि से सर्वथा बाहर कैसे किया जा सकता है? फिर युगीन दृष्टि से रस-सिद्धान्त का सर्वथा तिरस्कार आधुनिक काव्य के लिए भी किस प्रकार सम्भव है?

साधारणीकरण का विश्लेषण

रस-स्वरूप के सम्बन्ध में अनेक विध मत हैं। 'लोचनकार' के बाद जो रस-स्वरूप-सम्बन्धी अनेक कल्पनाएँ प्रसूत हुईं, उनकी बात पृथक् है। लोचनकार से पूर्व भी बहुविध मत थे। इन मतों का उल्लेख स्वयं लोचनकार अभिनवगुप्त पाद ने ध्वन्यालोक की अपनी टीका में किया है।[1] वहाँ इनके मत को छोड़कर शेष बारह मतों का संक्षेप में उल्लेख है। इन मत-वालों में भट्टलोल्लट, भट्ट शंकुक एवं भट्टनायक तो सुख्यात हैं, परन्तु शेष के नाम का पता नहीं है। पण्डितराज जगन्नाथ ने भी ग्यारह[2] मतों का उल्लेख किया है, जिनमें से कुछ तो वे ही हैं, जिनकी संक्षिप्त चर्चा लोचनकार ने की है–पर इनके अतिरिक्त कुछ ऐसे मतों की भी यहाँ सविस्तार चर्चा है, जिनका उल्लेख अभिनव गुप्त ने नहीं किया। पण्डितराज ने तो समन्वय[3] पूर्वक यह भी दिखाने का भरपूर प्रयास किया है कि उनके द्वारा उल्टंकित ग्यारह मतों में से आठ का समन्वय तो कथञ्चित् भरतसूत्र से हो जाता है, परन्तु शेष तीन व्याख्यानों का भरत-सूत्र (विभावानुभावव्यभिचारि संयोगाद्रस निष्पत्ति[4]) से कोई सम्बन्ध नहीं है। इससे यह स्पष्ट सिद्ध है कि रस-स्वरूप सम्बन्धी कुछ ऐसे मत भी थे, जो भरतसूत्र पर आधारित नहीं थे–सम्भव है ये मत भरत से भी पहले के हों। इस प्रसंग में सिर उठानेवाले अनेकानेक प्रश्नों को रोककर यहाँ केवल इतना ही कहना चाहता हूँ कि 'साधारणीकरण' का प्रश्न इन सभी मतवालों के यहाँ नहीं उठ सकता। इन लोगों में जिन लोगों ने 'रस' का सम्बन्ध प्रमुख रूप से सामाजिक से माना है–प्रस्तुत प्रश्न का सम्बन्ध उन्हीं से है। ध्यान देने की बात है कि ये सामाजिक या सहृदयवादी भी सब के सब प्रस्तुत प्रश्न पर विचार करते हों सो नहीं–कुछ परिगणित ही हैं जो इस समस्या को छूते हैं। उदाहरणार्थ, पण्डितराज ने 'नव्यास्तु'[5] प्रतीक से जिस मत का उपस्थापन किया है–वह भी रस की निष्पत्ति सामाजिक में ही मानता है–पर उसने 'साधारणीकरण' की कोई आवश्यकता नहीं

1. ध्वन्यालोक लोचन, पृ. 185, 186।
2. रसगंगाधर, पृ. 26-34।
3. वही पृ. 34-35।
4. भरत नाट्यशास्त्र, छठा अध्याय।
5. रसगंगाधर पृ. 30।

समझी। रही बात इनके समझ की—वह ठीक है या नहीं—इस पर आगे विचार करेंगे।

सामाजिक-गत रस-निष्पत्ति की बात स्वीकार करते हुए साधारणीकरण की आवश्यकता वहाँ उठती है, जब विवेचक यह देखता है कि काव्य या नाट्य से प्रथम-प्रथम सामाजिक के बुद्धि-पटल या दृष्टिपटल के समक्ष जो पदार्थ उपस्थित होते हैं—वे यदि अनुकार्य अथवा अनुकर्त्ता को रस-सिक्त करते हों, तो सामाजिक को उससे क्या? सीधे सामाजिक को रस-सिक्त करते हों, उसी की सुप्त-वासना को आन्दोलित करते हों, यह सम्भव ही नहीं हो सकता, क्योंकि काव्य द्वारा अभिधा से प्रथम-प्रथम बुद्धि-पटल के समक्ष उपस्थित पदार्थ किसी देश-विशेष, काल-विशेष एवं व्यक्ति विशेष से सम्बद्ध है—अतः सामाजिक से असम्बद्ध होने के कारण उसकी रत्यादिमयी वासना को उद्बुद्ध कर सकें—यह सर्वथा असम्भव है। सामाजिक 'सभ्य' भी कहे जाते हैं—यह ध्यान रखने की बात है। इन सबके बावजूद सामग्री यही है और सामाजिक को रस-निष्पत्ति होती है—यह निश्चित है—फिर उक्त समस्या का समाधान क्या है? इसी प्रश्न को हल करने के लिए 'साधारणीकरण' का जन्म होता है।

(...300 ई.) भरतनाट्य शास्त्र में यह शब्द (साधारणीकरण) उपलब्ध नहीं होता। वैसे एक स्थल पर यह कहा गया मिलता है—"एभ्यश्च सामान्यगुणयोगेन रसा निष्पद्यंते"[1]—इन 49 भावों (स्थायी, संचारी एवं सात्त्विक) से रस-निष्पन्न होते हैं—पर 'सामान्य-गुण-योग' वश। यह 'सामान्य गुण योग' क्या है? वैसे पर्याय की दृष्टि से 'सामान्य' एवं 'साधारण्य' एक हैं और प्रकाशकार ने 'साधारण्येन प्रतीतिः" में इसी 'साधारण्य' शब्द का प्रयोग किया भी है। 'साधारण' की भाँति 'सामान्य' भी 'विशेष' का ठीक विरोधी है। इस प्रकार इतना स्पष्ट है कि उनचासो भाव विशेषगुण योगी होकर नहीं, प्रत्युत सामान्य-गुण-योगी होकर रस-निष्पादक हो सकते हैं। यह 'विशेष' जिसका विरोधी 'सामान्य (गुण)' शब्द यहाँ प्रयुक्त है—क्या वह देश-काल एवं व्यक्ति विशेष के असम्बन्ध से रस-सामग्री में आहित होनेवाली ही वस्तु है—या कुछ और?—भरत ने कुछ स्पष्ट किया नहीं और 'अभिनव भारती' भी यहाँ मौन है।

इस स्थिति में अपनी ओर से कुछ कहने का मतलब है एक बँधे हुए संस्कार से कुछ कहना। जहाँ तक ग्रन्थ के पूर्वापर सन्दर्भ के अनुरोध से कुछ सोचने की बात है—वहाँ यह कहा जा सकता है कि भरत ने आगे वही कहा है—"यदि काव्यार्थ संश्रितैर्विभावानुभावव्यञ्जितैरेकोनपञ्चाशद्भावैः सामान्यगुणयोगेनाभिनिष्पद्यंते रसास्तत्कथं स्थायिन एव भावा रसत्वमाप्नुवन्ति[2]।"—अर्थात् यदि काव्यार्थोपजीवी विभाव एवं अनुभाव से व्यंजित उनचासो भावों द्वारा सामान्य गुण योग-वश रस-निष्पत्ति होती है—तो फिर स्थायी ही रसत्व प्राप्त करते हैं—रस कहे जाते हैं—यह

---

1. भरत नाट्य-शास्त्र, पृ. 349।

2. वही, पृ. 350।

क्यों कहा जाता है? यह प्रश्न सुस्पष्ट कहता है कि यहाँ सामान्यगुण योग का अर्थ है कि उनचासों भावों की रस-निष्पत्ति में समान कारणता है–तभी तो प्रश्न होगा–फिर 'स्थायी को महत्ता क्यों?'

पर उक्त समस्या तब फिर उलझ जाती है, जब दशरूपककार 'विभाव' का स्वरूप बताते हुए यह कहते हैं–"उक्तं हि षट्साहस्री कृताऽपि–एभिश्च सामान्यगुणयोगेन रसा निष्पद्यंते।"[1] निश्चय ही वहाँ पर नाट्यशास्त्र (षट्साहस्री[2]) का यह उद्धरण विभाव के (साधारणीकृत) स्वरूप से ही सम्बन्ध रखता है। यदि इस ग्रन्थ का अनुरोध स्वीकार किया जाए तो मानना पड़ता है कि नाट्यशास्त्र के इस अंश का तात्पर्य साधारणीकरण से ही है। साहित्य शास्त्र के मान्य आचार्य श्री पं. महादेव पाण्डेय (भूतपूर्व अध्यक्ष सं.म.वि., का.हि.वि.वि.) की भी इसमें सम्मति है। और नाट्यशास्त्र के उपर्युक्त उत्तरवर्ती उद्धृत अंश से भी प्रस्तुत निष्कर्ष विरोध नहीं खाता। प्रश्न यों बनाया जा सकता है–"जब सभी (49) भाव साधारणीकृत रूप में आकर रस-निष्पत्ति कराते हैं–तो स्थायी को ही महत्त्व क्यों?" और इसके उत्तर में यह कहा गया संगत भी हो जाता है कि जिस प्रकार आकारतः समान होने पर भी शेष आश्रित होने के कारण गौण एवं राजा प्रधान होता है–वही स्थिति स्थायी की तुलना में शेष भावों की भी है।

भरत-नाट्यशास्त्र के अनन्तर 'रस' का नाम लेनेवाले तो बहुत मिले हैं–परन्तु 'साधारणीकरण' का महत्त्वपूर्ण सूचन भट्टनायक (आनन्दवर्द्धन एवं अभिनवगुप्त के बीच[3]) के विवेचन में ही मिलता है। भट्टनायक का भी अपना ग्रन्थ तो उपलब्ध है नहीं–अतः उनकी धारणा का भी संकेत 'अभिनव भारती', 'लोचन' एवं 'प्रकाश' के ही आधार पर दिया जा सकता है। भट्टलोल्लट एवं शंकुक जो नवम शताब्दी से सम्बद्ध हैं–दोनों ने रस का प्रमुखतः सम्बन्ध 'सहृदय' से माना ही नहीं है–अतः उन लोगों के मत में साधारणीकरण का प्रश्न नहीं उठता। रहे इनसे भी पूर्व के दण्डी प्रभृति, उनके विषय में भी अभिनव–भारतीकार ने भट्टलोल्लट का मत देते हुए यह कहा है–"चिरन्तनानाञ्चायमेव पक्षः तथा हि दण्डिना स्वाऽलङ्कारलक्षणेऽभ्यधायि[4]–

"रतिः श्रृङ्गारतां गता रूपबाहुल्ययोगेन।"[5] (काव्या. 2-281)

"अधिरुह्य परां कोटिं कोपो रौद्रात्मतां गतः[6] (काव्या. 2-283)

---

1. दशरूपक, चतुर्थप्रकाश।
2. "दशरूपककार Quotes षट्सहस्रीकार (i.e. भरत का नाट्यशास्त्र) History of Sanskrit Poetics.
3. The theory of Rasa and Dhwani page. 15.
4. अभिनवभारती पृ. 274।
5. काव्यादर्श।
6. वही।

अर्थात् दण्डी प्रभृति सभी चिरन्तन आलंकारिकों की भी बात भट्टलोल्ल के पक्ष की ही है। आनन्दवर्द्धन इस समस्या पर मौन हैं।

भट्टनायक की साधारणीकरण सम्बन्धी धारणा का 'लोचन' 'अभिनव भारती' एवं 'काव्य-प्रकाश' के आधार पर उल्लेख किया जा रहा है–'लोचन एवं अभिनव भारती'–दोनों ही टीकाएँ अभिनवगुप्त की ही हैं। 'लोचन' अपेक्षाकृत पूर्ववर्ती है और 'लोचन' की अपेक्षा अभिनव भारती में भट्टनायक का मत काफी सुलझी हुई भाषा में उपस्थापित है। इन दोनों ही टीकाओं में साधारणीकरण से सम्बद्ध दो बातें हैं–एक तो 'साधारणीकरण' का ही पथ क्यों पकड़ा जाए? और दूसरी बात यह कि 'साधारणीकरण' का स्वरूप क्या हो?

'लोचन'[1] और साधारणीकरण–यहाँ साधारणीकरण की भूमिका के रूप में भट्टनायक की धारणा का उल्लेख करते हुए पहले पहल उत्पत्तिवाद, प्रतीतिवाद एवं अभिव्यक्तिवाद का खण्डन किया गया है। कहा गया है कि यदि रस की परिगत (अनुकार्य एवं अनुकर्ता) प्रतीति है–तो ऐसी रस-प्रतीति से सहृदय को क्या होना-जाना है? स्वयं सहृदय-गत नहीं मानी जा सकती। कारण, प्रत्यायक नहीं। और माना भी नहीं जा सकता, क्योंकि माना भी जाए तो उत्पत्ति ही माननी पड़ेगी और उत्पत्ति तब तक सम्भव नहीं–जब तक सामाजिक के प्रति कोई विभावादि न हों। सीता जैसे असम्बद्ध पात्र सामाजिक की रतिरूपा वासना को उभार सके–यह अनुभव सिद्ध नहीं। यह कहना कि न हों 'सीता' विभाव; पर यदि सीता को एक सामान्य कान्ता के रूप में देखा जाए, तब तो वह सभ्यों की वासना विकसित कर ही सकती है। लेकिन यह सर्वथा सम्भव नहीं है। यदि वासना-विकास के लिए केवल इतना ही पर्याप्त हो कि सीता आदि श्रद्धेय कोटि के लोगों को भी एक कान्ता के रूप में देखा जाए और उसे वासना-विकास हेतु मान लिया जाए तो क्या अपनी माता, बहन तथा देव कोटि के लोगों को भी कान्ता कोटि का होने के कारण विभाव माना जा सकता है? कभी नहीं। उनके प्रति जो श्रद्धा-बुद्धि है–वह विभावता के रास्ते का दुर्वार रोड़ा है। कहने को तो यह भी कहा जा सकता है कि सीतादि श्रद्धेयों के दर्शन तथा शृंगार रस की प्रतीति–दोनों के मध्य सम्भवतः सामाजिक को अपनी नायिका ही स्मृति पथ में आ जाती हो? लेकिन इस सम्भावना को तब सही माना जा सकता था, जब बात यहीं तक होती। प्रश्न वहाँ का भी है, जहाँ राम के समुद्र-सेतु-बन्ध को सुनकर सामाजिक 'उत्साह-समन्वित' हो उठता है–वहाँ धरा-धौरय, अतीत एवं सर्वथा भिन्न (श्रद्धास्पद) राम से सामाजिक अपने को अभिन्न मान लें–यह सम्भव ही नहीं और स्वयं कोई ऐसा काम किया नहीं–कि जिसकी आन्तरालिक स्मृति मान ली जाए। एक तीसरी बात यह भी कही जा सकती है कि उत्साहादि सम्पन्न राम का स्मरण हो जाता होगा–पर यह तर्क तब सम्भव

1. 'लोचन', पृ. 180-182 तक।

होता जब तथाविध राम का 'अनुभव' होता। स्मृति उसी की होती है—जिसका अनुभव हो—और वह यहाँ है नहीं। शब्दात्मक काव्य के बल पर उत्साहादिमान् राम की प्रतीति हो भी जाए—तो भी रस-निष्पत्ति की बात ठीक उसी प्रकार सम्भव नहीं है। जैसाकि प्रत्यक्ष प्रमाण से अनुभव पथावितीर्ण किसी भी नायक मिथुन का शृंगार। सामाजिक में 'उत्पत्ति' मानने से यह भी अड़चन है कि करुण की उत्पत्ति जैसे लोक में दुःखद है, उसी प्रकार यहाँ भी दुःखद होगी और दुःखद हो जाने का परिणाम यह होगा कि करुण-प्रेक्षा की दृष्ट प्रवृत्ति भी अनुपपन्न हो जाएगी। अतः उत्पत्ति-पक्ष सर्वथा असंगत है। रही बात यह कि 'रस' सामाजिक में 'अनुकार्य' की भाँति उत्पन्न नहीं होता, प्रत्युत 'अभिव्यक्त' होता है। यहाँ भी यह प्रश्न उठता है कि रस की सभ्य-गत अभिव्यक्ति है या तदितर (अनुकार्य-अनुकर्ता) गत। सभ्य-गत 'अभिव्यक्ति' तभी मानी जा सकती है—जब वहाँ वह रस पूर्वतः सिद्ध हो—सो है नहीं। अभिव्यक्ति प्राक् सिद्ध वस्तु की ही होती है। यह माना जाए कि पूर्वानुभूत लौकिक शृंगार ही वासना की अभिव्यक्ति होती है, तो ऐसा मानने से अड़चन यह खड़ी होगी कि इस लौकिक शृंगार की अभिव्यक्ति के लिए सामाजिक अभिव्यंजक लौकिक विषयों की ओर अधिकाधिक प्रवृत्त होने लगेगा—जो कभी भी—काव्यीय-रस की अनुभूति बेला में सम्भव नहीं है। सारांश यह कि रस की निष्पत्ति—प्रतीति, उत्पत्ति एवं अभिव्यक्ति—न तो सामाजिक गत की युक्तिसंगत बैठती है और न अनुकर्ता तथा अनुकार्य-गत।

इस परिस्थिति में काव्यीय रसानुभूति की संगति बिठाने के लिए भट्टनायक ने यह मान लिया है कि अन्य प्रकार के शब्दों से काव्यात्मा-शब्द या काव्यीय शब्द विलक्षण होता है—उसका कारण यह है कि काव्यीय शब्द 'त्र्यंश' है—अभिधा, भावकत्व एवं भोजकत्व सम्पन्न है। अभिधा के द्वारा शब्द वाच्यार्थ प्रदान करते हैं, जो रसोपयोगी नहीं है। यह अभिधा भी शुद्ध अभिधा से कुछ विलक्षण[1] ही है और उसमें वैलक्षण्य का आधान होता है 'भावकत्व' वश। प्रस्तुत विषय है—भावकत्व या भावना का। इसका विषय[2] है—रसादि—रति आदि एवं विभावादि। यहाँ भावकत्व का स्वरूप बताते हुए लोचनकार ने कहा है—"तच्चैद्भावकत्वं नाम रसान् प्रति यत्काव्यस्य तद्विभावादीनां साधारणात्वापादनं नाम।"[3]— अर्थात् यह भावकत्व व्यापार रस-विषयक है और रस-विषयक व्यापार से अभिप्राय है—अभिधानीत वाच्यार्थ को साधारण बनाना—यह विभावादि भावी संज्ञा है। साधारणीकृत पदार्थ ही विभावादि शब्द से कहे जा सकते हैं। लोचनकार ने साधारणीकरण के नाम पर इतना ही कहा है।

---

1. यद्वशादभिधा विलक्षणैव—'लोचन' पृ. 182।
2. भावकत्वं रसादिविषयम्—वही।
3. लोचन।

आगे चलकर इसी लोचनकार ने, जहाँ अपना मत दिया है—कहा है "भावकत्वमपि समुचितगुणालंकार परिग्रहात्मकम्"[1]—अर्थात् काव्य का भावकत्व और कुछ नहीं, प्रत्युत समुचित गुणालंकारादि का परिग्रह ही है।

अभिनव भारती—में तो 'भावकत्व' का स्वरूप स्पष्ट करते हुए कह दिया है—"तस्मात् कांव्ये दोषाभावगुणालङ्कारमयत्वलक्षणेन, नाट्ये चतुर्विधाभिनयरूपेण, निविडनिजमोहसंकटतानिवारणकारिणा विभावादिसाधारणीकरणात्मनाऽभिधातो, द्वितीयेनांशेन भावकत्वव्यापारेणभाव्यमानः"—अर्थात् भावकत्व व्यापार एवं साधारणीकरण रूप व्यापार एक ही है और क्रम की दृष्टि से यह अभिधा के बाद आता है। श्रव्य काव्य में यह साधारणीकरण व्यापार काव्य के दोषाभाव, गुण एवं अलंकार से युक्त होना ही है और दृश्य काव्य में चतुर्विध अभिनय रूप है।—इस व्यापार का प्रभाव यह होता है कि तमोगुण का कार्य (मोह) निवृत्त हो जाता है और 'भोग' की भूमिका खड़ी हो जाती है।

स्पष्ट है कि लोचन की अपेक्षा अभिनव भारती में साधारणीकरण के सम्बन्ध में कुछ अधिक कहा है। मालूम पड़ता है कि 'लोचन' के विवेचन के बाद उसके फलस्वरूप यहाँ और सुलझे रूप में उल्लेख हुआ है।

'अभिनव भारती' में दो स्थलों पर 'साधारणीकरण' के सम्बन्ध में चर्चा मिलती है—एक तो भट्टनायक के मत के प्रसंग में, जिसकी चर्चा ऊपर की जा चुकी है और दूसरी अभिनवगुप्त के अपने मत के प्रसंग में—जिसके आधार पर प्रकाशकार ने 'साधारणीकरण' का स्वरूप लिखा है।

यहाँ यह बात ध्यान में रखने की है कि साधारणीकरण के सम्बन्ध में विचार करने के कई पक्ष हैं—पहला यह कि साधारणीकरण व्यापार का स्वरूप क्या है, दूसरा यह कि साधारणीकरण होता किसका है, तीसरा यह कि साधारणीकृत पदार्थों की प्रतीति किस रूप में होती है? अर्थात् अभिधानीत पदार्थ किस रूप में प्रतीत हों—तब उन्हें साधारणीकृत रूप में प्रतीत हुआ कहा जाए? चौथा प्रश्न यह है कि पदार्थों का जो साधारणीकरण होता है—वह किसकी विशेषता है—काव्य की, या सहृदय की या दोनों की? पाँचवाँ यह कि इस व्यापार की आवश्यकता ही क्यों पड़ती है?

नाट्य-शास्त्र में इंगित मात्र ही है, अतः वहाँ इन प्रश्नों की चर्चा ही क्या है? लोचनगत भट्टनायक वाले मत की उपस्थापना में केवल इतना ही बताया गया है कि इस व्यापार की आवश्यकता क्यों पड़ी, साथ ही यह भी कहा गया है कि रस के प्रति काव्य की भावकता का इतना ही अर्थ है कि विभावादि को 'साधारण' बना दे। उक्त प्रश्नों में शेष के विषय में वहाँ कोई चर्चा नहीं है। हाँ प्रसंगतः आगे चलकर उसके स्वरूप पर थोड़ा प्रकाश अवश्य डाला गया है। काव्य में यह 'भावकत्व' गुण एवं अलंकार के योग से आता है अथवा गुण एवं अलंकार का

1. अभिनव भारती।

काव्य-गत योग ही भावकत्व है। यहाँ लगभग तीनों प्रश्नों को स्पष्ट किया गया है।

'अभिनव भारती' में भावकत्व व्यापार के पर्याय रूप में साधारणीकरण का प्रयोग किया गया है—साथ ही तीन विशेषणों द्वारा उसके सम्बन्ध में बहुत कुछ विशेषताएँ कही गई हैं। लोचन से यहाँ कई बातें अधिक कही गई हैं। पहली बात तो यह कि यहाँ दृश्य एवं श्रव्य—उभयविध काव्यगत साधारणीकरण का स्वरूप भिन्न-भिन्न किया गया है—श्रव्य काव्य में वह 'भावकत्व' 'गुणलंकारमयत्व' है और दृश्य काव्य में 'चतुर्भिध अभिनय रूप'। दूसरे विशेषण से इस व्यापार का परिणाम बताया गया है। कहा गया है कि इससे अन्तःकरण पर छाया हुआ तमोगुण का प्रभाव, जिसे मोह कहते हैं—निवृत्त हो जाता है। अर्थात् अन्तःकरण रस-भोग के योग्य बनने लगता है।

इस विवेचन में कई आशंकाएँ खड़ी होती हैं। पहली यह कि क्या दृश्य एवं श्रव्य में साधारणीकरण का स्वरूप भिन्न-भिन्न होता है? दूसरा यह कि श्रव्य काव्य में 'गुणालंकारमयत्व' है और 'दृश्यकाव्य' में क्या गुण एवं अलंकार का योग वाचिक अभिनय में नहीं होगा? तीसरा यह कि साधारणीकरण के स्वरूप की निष्पत्ति इतने से ही हो जाती है तो सहृदय एवं असहृदय सबको काव्य की गुणलंकारमयता अथवा चतुर्विध अभिनय पदार्थों को साधारणीकृत रूप में उपस्थापित कर देते?

पहले प्रश्न के समाधान में यह कहा जा सकता है कि दोनों की विशेषताएँ पृथक्-पृथक् हो भी सकती हैं—अन्यथा दोनों का भेद ही क्यों हो? दूसरे प्रश्न के विषय में यह कहा जा सकता है कि यद्यपि 'दृश्य' में वाचिक अभिनयगत 'गुणालंकारमयत्व' सम्भव है, पर यहाँ श्रव्य से 'दृश्य' की महत्ता अभिनय द्वारा ही स्पष्ट हो सकती है। श्रव्य काव्य ग्राहक पर प्रभाव गुण, दोषाभाव एवं अलंकार के योग से ही प्रमुख रूप में डालता है, जबकि 'दृश्य' प्रमुखतः 'अभिनय' द्वारा और वाचिक अभिनय में वह भी आ ही जाता है। तीसरा प्रश्न यहाँ असमाहित रह जाता है—जिस पर आगे के आलंकारिकों ने विचार किया है।

भट्टनायक की धारणा का उल्लेख जिस किसी परवर्ती आलंकारिक ने किया—उसने कोई नयी बात नहीं की। हाँ, पण्डितराज जगन्नाथ ने एक बात और कही, जिसका इंगित लोचनकार ने पहले ही कर रखा था। पण्डितराज ने भट्टनायक के मत को उपस्थापित करते हुए कहा है कि विचारणीय बात यहाँ यह है कि सामाजिक के स्थायीभाव का आलम्बन पदार्थ किस रूप में प्रतीत होकर हो पाते हैं? यदि देश-काल-विशेष से सम्बद्ध होकर वे प्रतीत होंगे—तो बेकाम हैं—अतः सामान्य रूप से ही उनकी प्रतीति माननी इष्ट है। इतना तो पण्डितराज ने औरों की ही तरह कहा है—पर कुछ और भी कहा है। लीजिए—"तस्मादभिधया निवेदताः पदार्थाः भावकत्वव्यापारेणऽगम्यत्वादिरसविरोधि ज्ञानप्रतिवंधद्वारा कान्तात्वादिरसानुकूलधर्म

पुरस्कारेणावस्थाप्यन्ते''–अर्थात् भावकत्व व्यापार द्वारा पदार्थों की सामान्यरूपेण प्रतीति तो होती है–पर इतना ही नहीं होता। इसके साथ-साथ यह भी होता है कि विरोधी धर्मों की प्रतीति प्रतिबद्ध हो जाती है। दूसरा अंश इन्होंने नया कहा है। अर्थात् सामान्य रूप से प्रतीति होने के साथ-साथ यदि शृंगार के विभाव के प्रति ग्राहक में कहीं यह ज्ञान रह गया कि मंचस्थ नायिका 'अगम्या है'–तब लाख 'कान्ता' रूप से सामान्ययात्मा प्रतीति होती रहे–यह विभाव नहीं हो सकती। उदाहरणार्थ–अपनी माता एवं भगिनी मंच पर शृंगार का अभिनय करती हों–और ग्राहक 'सभ्य' हो–तो उस उनकी साधारणीकरण रूप में कभी प्रतीति न होगी–इससे यह भी समझ लेना चाहिए कि 'साधारणीकृत' की एक सीमा होती है, उस सीमा के भीतर के पदार्थों का ही साधारणीकृत रूप में प्रतीति हो सकती है–उससे बाहर रहनेवालों की नहीं।

भट्टनायक की धारणा का कुछ अन्तर रखते हुए कुछ और लोगों ने भी चर्चा की है, जिनमें से रसार्णवसुधाकर, रसप्रदीप एवं रसचन्द्रिका का भी नाम लिया जा सकता है।

'रसार्णवसुधाकरकार' का वक्तव्य यों है–''साधारणीकरणात्मना भावनाव्यापारेण स्वसम्बन्धितया भावितानाम्...''–अर्थात् भावनाव्यापार एवं साधारणीकरण व्यापार पर्याय ही हैं। इसके द्वारा साधारणीकृत पदार्थ ग्राहक से सम्बद्ध रूप में प्रतीत होते हैं। यह मत भी अपना एक महत्त्व रखता है। अभी अभिनवगुप्त की धारणा का उल्लेख किया जाएगा और यह बताया जाएगा कि प्रदीपकार ने भी इस प्रकार की बात कही है। इसी ग्रन्थ के आगे स्पष्ट भी किया है–''(अ) स्वसम्बन्धित्वेन साधारण्यात् प्रतीतेः''–अर्थात् साधारण्येन प्रतीति ग्राहक की वही प्रतीति है, जिसमें वह विभाव को अपना सम्बन्धी समझता है।

रस-प्रदीप में कुछ इससे भी विलक्षण कही गई बात उपलब्ध होती है, वहाँ भावना, साधारणीकरण, भावकत्व एवं वासना तथा संस्कार को परस्पर पर्याय माना है। बाद में इस प्रकार की मान्यता का फल यह भी बताया है कि इससे रामादि अनुकार्य एवं सामाजिक दोनों की 'रति' का अभेदाध्यवसान हो जाता है फलतः भोग (मानस साक्षात्कार) की निष्पत्ति होती है। वहीं आगे चलकर यह भी कहा गया है कि भावकत्व और कुछ नहीं, प्रत्युत समुचित गुण एवं अलंकार का परिग्रह ही है। अभिनव गुप्त ने भी विचार करते-करते अन्ततः भावकत्व का यही स्वरूप स्थिर किया है। विवाद यहाँ यह खड़ा होता है कि पहले जिस भावकत्व को उन्होंने 'संस्कार' रूप कहा था–ग्राहकनिष्ठ कहा था–उसे ही सम्प्रति गुणालंकार परिग्रहात्मक कहकर काव्यगत बताते हैं। इस स्थिति में इनके ग्रन्थ का पूर्वापर सन्दर्भ कुछ स्पष्ट होकर सामने आता नहीं। दूसरी आपत्ति 'संस्कारात्मा' मानेंने में यह भी है कि भट्टनायक 'भावना' या 'भावकत्व' को (शब्दात्मा) काव्य का व्यापार

मानते हैं। 'संस्कार' कैसे काव्यगत हो सकेगा?

वैसे समर्थन ही करना हो, तो पक्ष में यह कहा जा सकता है कि पदार्थों को साधारणीकृत रूप में उपस्थित करने के लिए ग्राहक में एक विशेष प्रकार का संस्कार अपेक्षित है, अन्यथा सबको (असहृदय को भी) क्यों नहीं साधारणीकरण हो जाता? यही 'संस्कार विशेष' ही 'भावना' है। इसी का पर्याय है—भावकत्व। साधारणीकरणात्मा भी वह कहा जा सकता है, क्योंकि पदार्थों के साधारणीकरण में उसका उपयोग है। भट्टजी 'स्थायी' का साधारणीकृत रूप कदाचित् कह रहे हैं कि इसे संस्कार विशेष के बल से रामादि रति के साथ सामाजिक-रति अभिन्न जान पड़ती है। उनके मत से कदाचित् साधारणीकृत स्थायी की प्रतीति का यही स्वरूप हो। जो भी हो—है एक विलक्षण ही मत। रहा यह कि भावना शब्द का व्यापार कैसे होगा—तो उसे विषयता सम्बन्ध से शब्दगत कहा जा सकता है।

'रसचन्द्रिका' प्रणेताा विश्वेश्वर पाण्डेय ने भट्टनायकीय मत की उपस्थापना यों की है—"द्वितीय भावकत्वव्यापारेण सीतादीनां कान्तात्वादिरूपेणावस्थानम्"—भावकत्व नामक शब्दगत द्वितीय सागर से सीता आदि की उपस्थिति सामान्य कान्ता के रूप में होती है।

निष्कर्ष—इस प्रकार भट्टनायक के मत की उपस्थापना करते हुए लोचनकार ने 'लोचन' में इतना ही कहा था कि काव्य की भावकता यही है कि वह अभिधोपस्थावित विशेष (देश-काल-व्यक्ति विशेष के) रूप में प्रतीत पदार्थों को साधारण रूप में उपस्थित करे। अभिनव भारती में और भी स्पष्ट करते हुए कहा कि वही व्यापार 'श्रव्य' में 'दोषाभावगुणालंकार परिग्रहात्मक' तथा दृश्य में चतुर्विधाभिनयात्मक है। इसके द्वारा अन्तःकरण पर छाया मोह हट जाता है। बाद में यह भी विचार बढ़ा कि आखिर ये पदार्थ प्रतीत किस रूप में होते हैं—इस प्रश्न के उत्तर में सब मिलाकर तीन बातें कहीं गईं—पहली यह कि वे सामान्य (कान्तादि) रूप में प्रतीत होते हैं। दूसरी यह कि यहाँ अगम्यात्व आदि जैसे विरोधी धर्म भी विगलित हो जाते हैं। तीसरी यह कि उनकी यदि अपने से (ग्राहक से) सम्बन्ध रूप में भी प्रतीति हो—तो कोई क्षति नहीं। यहाँ तक रहा—भट्टनायक की साधारणीकरण सम्बन्धी धारणा के सम्बन्ध में अन्यान्य आचार्यों का विचार।

अभिनवगुप्त और साधारणीकरण

आगे चलकर अभिनवगुप्तीय साधारणीकरण के रूप का जैसा निर्देश 'काव्य-प्रकाश' आदि में मिलता है—वैसा उल्लेख उस तरह का उल्लेख 'लोचन' में तो नहीं, पर 'अभिनव भारती' के संकेत रूप में मिलता है। संकेत यों है—"अत्र तु स्वात्मैक गतत्त्वनियमासंभवात् (न विषयावेशवैवश्यम्) स्वात्मानुप्रवेशात् परगतत्त्वनियमाभावात् (न ताटस्थ्यस्फुटत्वम्) तद्विभावादिसाधारण्यसंप्रबुद्धोचितनिजरत्यादिवासनावेशवशाच्च

न विघ्नान्तरादीनां संभव इत्यवोचाम बहुशः"[1]—

जिस प्रसंग में यह पंक्ति कही गई है—वह प्रसंग है—रस की अलौकिकता का। रस-प्रतीति के विषय में यह नहीं कहा जा सकता कि कोई भी ग्राहक नियमतः उस 'रस' को स्व-गत ही मानता है और साथ ही रस का स्वात्मा में अनुप्रवेश होता है—अतः नियमतः यह भी नहीं कहा जा सकता वह अन्य ग्राहकों में है ही नहीं—अर्थात् न अन्यदीय व्यावृत्ति पूर्वक 'स्व-गत' और न स्व-व्यावृत्ति पूर्वक 'परगत' ही रसास्वाद को कहा जा सकता है। उद्धृत अंश का यही अभिप्राय है।

काव्य-प्रकाशकार ने इसी अंश को उपजीव्य बनाकर अभिनवगुप्त का मत देते हुए उनकी साधारणीकरण सम्बन्धी धारणा का स्पष्ट उल्लेख अपने शब्दों में यों किया है—"ममैवेते, शत्रोरेवैते, तटस्थस्यैवेते न ममैवेते न शत्रोरेवैते न तटस्थस्यैवेते—इति सम्बन्धविशेषस्वीकारपरिहारनियमानध्यवसायात् साधारण्येन प्रतीतैः"—अर्थात् साधारण्येन प्रतीत विभावादि ही 'रस' को अभिव्यक्त कर सकते हैं। प्रश्न यह है कि साधारण्येन प्रतीति का स्वरूप क्या है? किस रूप की प्रतीति साधारण्येन प्रतीति कही जाती है? भट्टनायक की धारणा स्पष्ट करते हुए ऊपर भी प्रस्तुत प्रतीति का स्वरूप कहा गया है। यहाँ प्रतीति का विध्यात्मक नहीं अपितु निषेधात्मक रूप कहा जा रहा है। वस्तुतः पदार्थों का साधारणीकृत रूप वही है, जिस रूप से प्रतीत होकर वे सब रस-निष्पत्ति करा सकें। उसके सम्बन्ध में विध्यात्मक रूप से कुछ कहना खतरे से खाली नहीं है। इसलिए प्रकाशकार इतना ही कह रहे हैं कि उस प्रतीति को अमुक-अमुक प्रकार की प्रतीति नहीं कह सकते। साधारणीकृत पदार्थ को ग्राहक नियमतः (अन्य सम्बन्ध निषेध पूर्वक) अपना समझे—यह सम्भव नहीं। क्योंकि इस स्थिति में इतर सामाजिकों के सन्निधान में ग्राहक विशेष अपनी रति का प्रकाशन—सबके समक्ष अनुभव प्रकाशन कैसे करेगा? ऐसा करने से रसास्वाद तो दूर रहा, विपरीत इसके लज्जा की ही अनुभूति होगी। इसी प्रकार यदि ग्राहक विभावादि को शत्रु का ही सम्बन्धी मानें, तो रसास्वाद उत्पन्न करने के बदले उससे विद्वेष आदि का ही अनुभव होना अधिक संगत है। यदि यह माना जाए कि विभावादि रूप से स्थित पदार्थों का सम्बन्ध किसी तटस्थ (इन शत्रु न मित्र और न स्वयं) से ही है—किसी तटस्थ से सम्बन्ध रूप में उनकी प्रतीति है—तो फिर सामाजिक को उससे क्या लेना-देना? इसलिए यह मानना होगा कि विभाव आदि रूप में स्थित पदार्थों की प्रतीति नियमपूर्वक किसी से सम्बन्ध रूप में नहीं ही होती। संसार में कोई भी वस्तु हो—वह या तो शत्रु की होगी या मित्र की अथवा अपनी और नहीं तो फिर किसी तटस्थ की ही होगी। यहाँ नियमपूर्वक विभावादि का सम्बन्ध किसी से स्थिर नहीं किया जा सकता।

इसी प्रकार **नियमपूर्वक सम्बन्ध का परिहार** भी नहीं किया जा सकता। कारण

1. पृ. 286

यह कि यदि तीनों प्रकार के लोगों से उसका सम्बन्ध नियमपूर्वक तोड़ दिया जाए, तो 'असम्बन्धिनोऽसत्त्वम्' के नियम से उन पदार्थों की वही स्थिति होगी—जो गगन कुसुम की। अर्थात् ऐसी वस्तु फिर अलीक ही होगी। फिर इन वस्तुओं के आधार पर रसास्वाद के लिए प्रवृत्त होना गगन कुसुम की गन्ध के लिए प्रवृत्त होना है।

अन्ततः काव्य प्रकाश के अनेकानेक टीकाकारों ने इस प्रतीति के विध्यात्मक रूप को स्पष्ट करने का थोड़ा-बहुत प्रयास किया है।

असल में, अभिनवगुप्त के साधारणीकरण को समझने में दो बातों का विचार करना है—पहला तो भट्टनायक की 'भावना' का खण्डन और दूसरे इनका अपना मत। अतः पहले यह देखना चाहिए कि भट्टनायक की 'भावना' के सम्बन्ध में अभिनव गुप्त का मत क्या है? 'लोचन' में इस 'भावना' का बहुत ही उत्तम विवेचन है। भट्टनायक मीमांसक हैं—अतः उनकी 'भावना' को शाब्दी एवं आर्थी भावना की भाँति तीन अंशों वाली माना है—भावना में तीन अंश है—साध्य, साधन एवं इति कर्त्तव्यता। इसी प्रकार इस काव्यीय भावना के भी तीन अंश हैं। यहाँ भावक है—काव्य और उसकी भावना के साध्य हैं—रस, करण है व्यंजना तथा इति कर्त्तव्यता (कर्त्तव्यता का प्रकार उपकारक) के स्थान में है—गुणालंकार का औचित्य आदि। इसी प्रकार वहाँ 'भोग' के सम्बन्ध में भी कहा है—"भोगे कर्त्तव्यो लोकोत्तरेध्वनन व्यापार एव मूर्द्धाभिषिक्तः अर्थात् 'भावना' एवं 'भोग'—दोनों स्थलों का कार्य व्यञ्जना ही कर देती है। भट्टनायक का यह पक्ष भी त्रुटिपूर्ण है कि भावना का सम्बन्ध केवल शब्द से है। यदि ऐसा होता तो अर्थ का अपरिज्ञान रहने पर भी रस-भावन हो जाता। व्यंञ्जना भी शब्द शक्ति है—पर उसके विषय में यह समस्या नहीं खड़ी की जा सकती—कारण यह कि उसके लिए कई तत्त्व अपेक्षित हैं—जिनमें से विदग्ध-प्रतिभा भी एक है। इसी प्रकार केवल अर्थ से भी भावना का सम्बन्ध सम्भव नहीं है। इस स्थिति में दोनों की मिलित रूप में ही 'भावकता' मानी जा सकती है और जहाँ तक मिलित रूप में 'भावकता' के मानने की बात—अभिनवगुप्त उससे सहमत है और बड़ी प्रसन्नता के साथ उन्होंने स्वीकार किया है कि यह बात तो आनन्दवर्द्धक ने भी अपने ध्वनि-लक्षण 'यत्रार्थः शब्दो वा' द्वारा बहुत स्पष्ट कह दी है—फिर उससे नयी बात भट्टनायक ने क्या कही? इस प्रकार इनका निष्कर्ष है कि यह भावना और कुछ नहीं—व्यंजना का ही नामान्तर[1] है।

जहाँ तक इनके अपने मत का प्रश्न है—प्रकाशकार ने जैसा समझाया है उसका उल्लेख ऊपर किया गया है। यहाँ तक जितना भी विचार हुआ है—वह निषेधमुखी ही है, विधिमुखी नहीं। परमतत्त्व का निरूपण जिस प्रकार नेति-नेति की पद्धति से हुआ है—वही नेति-नेति की पद्धति यहाँ भी व्याख्याकारों ने पकड़ी

---

1. "तस्मात् व्यञ्जकत्वाख्येन व्यापारेण गुणालंकारौचित्यादिकयेतिकर्त्तव्यतया काव्यं भावकं रसान् भावयति"—लोचन, पृ. 189

है। हाँ, काव्य-प्रकाश के विश्रुत टीकाकार म.म. श्री गोविन्द ठक्कुर ने अपनी 'काव्य प्रदीप' नाम की टीका में कुछ विध्यात्मक विचार उपस्थापित करने का प्रयास किया है। उन्होंने यह कहा—"साधारण्येन प्रतीतिश्च न सर्व सम्बन्धितया प्रतीतिः, किन्तु सम्बन्धिविशेषीयत्वेनाप्रतीतौ प्रतीतिः। यद्वाअमुकस्यैवेते" "इत्यवधारणां विना 'अमुकस्य'—इत्येवं प्रतीतिः"[1]। 'प्रदीप' की भी एक टीका वैद्यनाथ पायुगुण्डे की 'प्रभा' है—जिसमें प्रदीपकार का अभिप्राय स्पष्ट किया गया है। प्रदीपकार के अभिप्राय से साधारणीकृत पदार्थ न तो व्यक्ति विशेष से सम्बद्ध होने के कारण असाधारण रूप से जान पड़ते हैं और न तो उसके विरुद्ध सर्वसाधारण के रूप में ही जान पड़ते हैं, बल्कि उस सम्बन्ध में इतना ही कहना चाहिए कि वे साधारणीकृत पदार्थ किसी विशेष सम्बन्धी के नहीं जान पड़ते—सम्बन्धहीन प्रतीत होते हैं। अथवा उससे भी आगे बढ़कर वे यह कहना चाहते हैं कि प्रकाशकार के 'अमुकस्यैव'—जैसी सावधारणा प्रतीति साधारणीकृत पदार्थों की भले न होती हो, पर 'अमुकस्य'—जैसी निरवधारण प्रतीति मान भी लें—तो क्या हानि है? अर्थात् 'सम्बन्धी विशेष का ही है'—इस सावधारण प्रतीति को न मानकर 'सम्बन्धी विशेष का है'—इस तरह की प्रतीति मानने से कोई क्षति नहीं है। कारण यह है कि इस प्रतीति में आलम्बन रूप में लिए जाने वाले पदार्थ की प्रतीति जब सावधारण होती है—तो उसका अर्थ यह होता है कि यह पदार्थ उस सम्बन्धी का ही है—अन्य अर्थात् सामाजिक से उसका कोई सम्बन्ध नहीं। निरवधारण गर्भा प्रतीति में सामाजिक सम्बन्ध के विच्छेद की बात नहीं होती। इस दूसरे रूप के समर्थन में प्रभाकार ने भी अनेक तर्क दिए हैं। जिन लोगों ने सम्बन्धांश के सर्वथा परित्याग की बात कही है, उनके विरोध में सम्बन्धगर्भावगाही प्रतीति मानने वालों का तर्क है कि काव्य द्वारा अभिधानीत सीता आदि जैसे पदार्थों का सम्बद्ध रूप में जब पहले पहल वाक्यार्थ बोध होता है, तो वहाँ सीता जैसे पदार्थों की प्रतीति जनक की पुत्री के रूप में होती ही है। फिर इस वाक्यार्थबोध के अनुभव का अपलाप सर्वथा असंगत है। यद्यपि यह कहा जा सकता है कि प्राथमिक वाक्यार्थबोध के अनन्तर जो द्वितीय कक्षा वैयंजनिक बोध का है—उसमें सम्बन्धांश का विलगन हो जाता है और सम्बन्धहीन बोध होता ही है—इसके विरोध में और प्रदीपकार के दूसरे पक्ष के समर्थन में प्रभाकार का कहना है कि जब प्राथमिक वाक्यार्थ बोध से रस-निष्पत्ति हो जाती है, तब द्वितीय वाक्यार्थबोध की क्यों अपेक्षा की जाए?

प्रदीपकार एवं प्रभाकार ने जो इस प्रकार साधारणीकरण की बात कही है, वह उन लोगों की अपनी बात हो सकती है, अभिनवगुप्त की नहीं। क्योंकि अभिनव गुप्त ने 'लोचन' में स्पष्ट कहा कि व्यंजना व्यापार से ही काव्य रस का भावन

1. काव्यप्रदीप, पृ. 67 द्वि उ.।

करता[1] है। भट्टनायक की भावना का काम अभिनवगुप्त की व्यंजना करती है और भट्टनायक की भावना द्वारा साधारणीकृत पदार्थ का सम्बन्धहीन स्वरूपतः बोध होता है। दूसरे प्रदीप एवं प्रभाकर के साधारणीकृत पदार्थ जिस सम्बन्धांश को क्रोडीकृत किए हुए हैं–पानकरसन्यास से रस-प्रतीति के विभिन्न विषयों के विभाव भी है और उसके साथ सम्बन्धांश भी। ध्यान रखने की बात यह है कि रस-प्रतीति को 'विगलित-वेद्यान्तर प्रतीति' कहा जाता है–अर्थात् ऐसी प्रतीति कहा जाता है, जहाँ रस प्रायोजक पदार्थ ही रहते हैं–सम्बन्धांश रसप्रायोजक है नहीं; अतः उसकी प्रतीति को विभाव के साथ रखना कहाँ तक संगत होगा? और रखने पर विभावादिगर्भ रस प्रतीति कहाँ तक विगलित-वेद्यान्तर कही जा सकेगी? वस्तुतः इन लोगों ने जो इस प्रकार के पक्ष में इतनी बातें कहीं–वह ये सोचकर कि यदि निरवधारणपूर्वक प्रतीति काव्यप्रकाशकार को अभिमत न होती, तो 'ममैव' न कहकर 'मम' इतना ही क्यों नहीं कहा? और नहीं कहा तो निश्चित उनके मन में इस प्रकार का भाव रहा होगा।

अभिनवगुप्त के मत का अनुवाद करनेवाले परवर्ती सभी लक्षणग्रन्थ प्रणेताओं ने प्रकाशकार वाली पंक्ति ही पद्य-बद्ध अथवा गद्य-बद्ध रूप में रखी है। पद्य में 'ममैव' नहीं बैठा तो 'ममैव न ममेति' च कह दिया–यह दूसरी बात है। 'प्रदीप' एवं 'प्रभा' की टीकाओं के रचयिता इस 'ममेति' के विषय में क्या कहेंगे? यहाँ तो निरवधारणगर्भा प्रतीति को भी साधारणीकृत की परिधि से बाहर कर दिया गया है। साधारणीकरण के सम्बन्ध में साहित्यदर्पणकार जैसे दो एक विचारकों ने आश्रय तथा श्रोता अथवा प्रेक्षक के तारतम्य की चर्चा की है–जो अविचारित रमणीय है।

इस प्रकार साधारणीकरण के शास्त्रीय पक्ष सम्बन्धी जो कुछ भी विचार उपस्थापित किया गया उसका निष्कर्ष यह हुआ कि साधारणीकरण का शाब्दिक अर्थ है–असाधारण को साधारण बनाना–विशेष को सामान्य बनाना। पर यह सामान्य का अर्थ सर्वसाधारण बनाना भी नहीं है–बल्कि इस रूप में बनाना है कि जिससे सामाजिक की प्रसुप्त वासना परिष्कृत रूप में आन्दोलित हो सके। एतदर्थ यही आवश्यक नहीं है कि उनकी विगलित-सम्बन्ध प्रतीति हो–सामान्य प्रतीति हो, प्रत्युत यह भी आवश्यक है कि उनमें रस-विरोधी धर्मों का भी ज्ञान न रहे अर्थात् सामग्री में रसानुरोधी धर्मों का भान और प्रतिरोधी धर्मों का अभान हो। व्यावहारिक स्तर पर किसी भी पदार्थ की प्रतीति जिन निर्धारित रूपों में स्वीकारात्मक या परिहारात्मक ढंग से होती है–उनमें से किसी भी प्रकार की यह प्रतीति नहीं है–फिर भी प्रतीति है। इस प्रकार से रसोपयोगी तत्त्व समस्त प्रकार के रसविधातक संकोचक विशेषणों या सम्बन्धों से रहित होकर स्वरूपतः भी भासित होते हैं। और रसोपयोगी पदार्थों को इस रूप में लानेवाला साधन ही साधारणीकरण है। साधारणीकरण न

1. व्यंजकत्वाख्येन व्यापारेण रसान् भावयति–पृ. 188

केवल विभाव, अनुभाव, संचारी का ही होता है, बल्कि स्थायी और प्रमाता का भी होत है। काव्य प्रदीपकार ने तो और आगे बढ़कर यह भी कहना चाहा है कि जिस सामग्री का साधारणीकरण होता है, उनमें से वैयक्तिक अंश का अप्रतिभान वहीं तक मानना (या एक सीमा तक मानना) समुचित है—जहाँ तक वे रस-विरोधी हैं। सर्वथा व्यक्तिगत तत्त्वों का परिहार यदि मान लिया जाएगा तो दो पृथक् आलम्बनों का जो वैयक्तिकतावश भेदज्ञान अनुभव सिद्ध है—वह उपेक्षित हो जाएगा। अस्तु—इस विषय में पहले भी कुछ संकेत दिया ही गया[1] है। अभिनवगुप्त में भी कुछ इस तरह का संकेत है—पर वे साधारण में व्यंजना का उपयोग मानते हैं—जबकि ये लोग वैयंजनिक बोध से पूर्व ही रसोपयोगी प्रतीति स्वीकार कर लेते हैं। आचार्य शुक्ल ने भी साधारणीकृत रूप में मूर्ति 'व्यक्ति' या 'विशेष' की ही मानी है—धर्म अवश्य 'सामान्य' बताए हैं। वस्तुतः निषेधात्मक रूप ही साधारणीकरण का अधिक निरूपित हुआ है। आवश्यकता अभी इस बात की बनी है कि उसके विध्यात्मक रूप का भी विश्लेषण किया जाए।

संस्कृत साहित्य के पश्चात् जब हम हिन्दी-साहित्य मनीषियों द्वारा एतद्विषयक की गई चर्चा पर उतरते हैं, तो उसे सबसे पहले 'साहित्यालोचन' ही एक प्रतिनिधि ग्रन्थ के रूप में सामने आता है। परन्तु साहित्यालोचन में 'साधारणीकरण' के स्पष्टीकरण के लिए दो विद्वानों के विचारों का सविस्तार उल्लेख किया गया है—जिनमें से एक विचार पण्डित केशवप्रसाद मिश्र का है और दूसरा सम्भवतः पण्डित रामचन्द्र शुक्ल का। इसलिए इनके आधार पर बाबू साहब ने जो कुछ कहा है—उसकी समीक्षा से पूर्व मिश्रजी एवं शुक्लजी के मतों पर विचार कर लेना चाहिए।

मिश्रजी ने मेघदूत के अनूदित रूप की प्रस्तावना में 'साधारणीकरण' को समझाते हुए जिस रस-भूमिका की चर्चा की है—वह मधुमती भूमिका कही गई है—और इस विषय में यही उनकी नयी देन है। इस भूमिका को स्पष्ट करनेवाले उनके शब्द यों हैं—"मधुमती भूमिका चित्त की वह विशेष अवस्था है, जिसमें वितर्क की सत्ता नहीं रह जाती। शब्द, अर्थ और ज्ञान—इन तीनों की पृथक् प्रतीति वितर्क है। दूसरे शब्दों में वस्तु, वस्तु का सम्बन्ध और वस्तु के सम्बन्धी इन तीनों के भेद का अनुभव करना ही वितर्क है। जैसे—'यह मेरा पुत्र है'—इस वाक्य से पुत्र, पुत्र के साथ पिता का जन्य जनक सम्बन्ध और जनक होने के नाते सम्बन्धी पिता—इन तीनों की पृथक्-पृथक् प्रतीति होती है। इस पार्थक्यानुभव को अपर प्रत्यक्ष भी कहते हैं। जिस अवस्था में सम्बन्ध और सम्बन्धी विलीन हो जाते हैं, केवल वस्तु मात्र का आभास मिलता रहता है, उसे पर प्रत्यक्ष या निर्वितर्क समापत्ति कहते हैं, जैसे—पुत्र का केवल पुत्ररूप में प्रतीत होना। इस प्रकार प्रतीत होता हुआ पुत्र

1. देखिए, पृष्ठ संख्या

प्रत्येक सहृदय के वात्सल्य का आलम्बन हो सकता है। चित्त की यह समापत्ति सात्त्विक वृत्ति की प्रधानता का परिणाम है × × × जिस समय हमको वस्तुओं का पर-प्रत्यक्ष होता है–उस समय शोचनीय अथवा अभिनन्दनीय सभी प्रकार की वस्तुएँ हमारे केवल सुखात्मक भावों का आलम्बन बनकर उपस्थित होती हैं × × अभिनवगुप्त पादाचार्य का साधारणीकरण भी यही वस्तु है और कुछ नहीं।" आचार्य मिश्रजी के मत से सहृदय ही नहीं, कवि भी मधुमती भूमिका में पहुँचकर काव्य सृष्टि करता है। आगे उन्होंने लिखा है–"योगी की पहुँच साधना के बल पर जिस मधुमती भूमिका तक होती है–उस भूमिका तक प्रातिभज्ञान सम्पन्न सत्कवि की पहुँच स्वभावतः हुआ करती है।" इसी प्रकार फिर कहा है, "मधुमती भूमिका में पहुँचा कवि का मन जब उल्लसित होकर नवीन सृष्टि का आरम्भ करता है और अपनी ही सृष्टि की सुन्दरता पर मुग्ध होकर रीझता है–उस समय उसकी समस्त वृत्तियाँ एकतान एकलय हो जाती हैं...मन की इस एक विषयावगाहिनी निरोधावस्था से चित् (ज्ञान) का आवरण भंग हो जाता है अर्थात् मन जब विक्षिप्त होकर इधर-उधर अनेक विषयों पर दौड़ता है, उस समय अपनी इस विक्षेप क्रिया से वह नित्य शुद्ध, बुद्ध, मुक्त स्वभाव चित् पर एक प्रकार का पर्दा-सा डालता रहता है, पर जहाँ उसकी यह विक्षेपावस्था निरोधावस्था में बदली कि उसका आवरण डालना बन्द हो जाता है।" आदि।

ऊपर तीन उद्धरण-खण्ड एकत्रित किए गए हैं–उसमें से एक-एक खण्ड पर क्रमशः विचार करना चाहिए। रस-प्रतीति के प्रसंग में अभिनवगुप्त के मत की द्वितीय व्याख्या उपस्थित करते हुए पण्डितराज ने भी कहा है कि विभावादि की चर्वणा वश, सहृदय की अपनी निजी सहृदयता के कारण उन्मिषित है–भिन्न-भिन्न स्थायी से उपहित स्वस्वरूपानन्दाकारा चित्तवृत्ति वैसी ही हो जाती है–जैसाकि समाधि में योगी की। यही चित्तवृत्ति रस है। ध्यान रखने की बात यह है कि पण्डितराज ने रस-दशा को योगी की समाधि अवस्था की चित्तवृत्ति की तरह कहा है–वही नहीं, परन्तु पण्डित जी का प्रथम उद्धृत खण्ड में निष्कृष्ट वक्तव्य है कि अभिनव का साधारणीकरण भी यही वस्तु है। (न कि ऐसी ही वस्तु) 'यही' सर्वनाम, प्रकान्त 'पर-प्रत्यक्ष' का परामर्शक है। आपके मत से 'परप्रत्यक्ष या निर्वितर्क समापत्ति वह स्थिति है जहाँ सम्बन्ध और सम्बन्धी विलीन हो जाते हैं, केवल वस्तु मात्र का आभास मिलता रहता है। परन्तु पातंजल दर्शन के अनुसार 'परप्रत्यक्ष' या निर्वितर्क समापत्ति वह है जहाँ अर्थ का असंकीर्ण रूप से ज्ञान होता है–वह शब्द एवं ज्ञान के एकमएक हुआ-सा प्रतीत न हो रहा–अर्थ मात्र का निर्भास हो रहा हो (तस्मादसंकीर्ण प्रमाणान्तरेण योगिनो निर्वितर्कसमाधिजं दर्शनमिति तत् परं प्रत्यक्षम्-भाष्य) इसके विपरीत अपर प्रत्यक्ष यह है कि शब्दार्थ ज्ञान की संकीर्ण प्रतीति हो। अपर प्रत्यक्ष या सवितर्क समापत्ति में वस्तुतः भिन्न शब्द, अर्थ एवं

ज्ञान का अभिन्न अथवा संकीर्ण रूप से ज्ञान होता है। ऐसे ही ज्ञान को वितर्क या विकल्पात्मक कहा गया है। शब्द, अर्थ एवं ज्ञान इसलिए भिन्न हैं कि इनके धर्म भिन्न-भिन्न हैं–शब्द का धर्म है–उदात्तता आदि, अर्थ का धर्म है–जड़ता, मूर्त्तता और ज्ञान का धर्म है प्रकाश आदि। फिर भी व्यवहार में इनकी संकीर्ण प्रतीति–अपृथक् प्रतीति होती है। पातंजल सूत्र ही है–"तत्र शब्दार्थज्ञानविकल्पैः संकीर्णा सवितर्का समापत्तिः।" यहाँ शब्द, अर्थ एवं ज्ञान की संकीर्ण प्रतीति को सवितर्क कहा गया है–यही अपर प्रत्यक्ष है–जब पण्डित जी ठीक इनके विरुद्ध शब्द, अर्थ एवं ज्ञान की पृथक् प्रतीति को वितर्क कहते हैं। इस प्रकार मधुमती-भूमिका का आरम्भ ही अनारम्भणीय हो गया। दूसरी बात यह भी नहीं समझ में आती कि पातंजल दर्शन की किस पंक्ति का यह अभिप्राय निकाला गया है–"दूसरे शब्दों में वस्तु, वस्तु का सम्बन्ध और वस्तु के सम्बन्धी–इन तीनों के भेद का अनुभव करना ही वितर्क या विकल्प है।" साधारणीकरण की प्रक्रिया में तो यह वितर्क अवश्य बाधक है और उसका विलगन अपेक्षित है–परन्तु अपर-प्रत्यक्ष में न तो ऐसी कोई बात कही गई है और न पर प्रत्यक्ष में उसके विनाश की कोई चर्चा है। 'वकूरिवस्या रहस्य' की भास्कर राय मखी प्रणीत टीका में यह बड़े विस्तार से बताया गया है कि किस प्रकार व्यवहार में–अपर-प्रत्यक्ष की स्थिति में–शब्द, अर्थ एवं ज्ञान का संकीर्ण-अपृथक्-अनुभव होता है। यहाँ उसका विस्तार अनावश्यक है। निष्कर्ष यह कि यहाँ का दृष्टान्त एवं दार्ष्टान्तिक दोनों ही शास्त्रसम्मत हैं। इस प्रकार जिसका आरम्भ ही अयुक्तियुक्त है–उसके आधार पर की गई अग्रिम स्थापना कहाँ तक ठीक होगी? दूसरी बात यह भी है कि पर-प्रत्यक्ष या सवितर्का-समापत्ति चित्त की एक सात्त्विक स्थिति है–जबकि साधारणीकरण चित्तवृत्तिगोचर विभावादि से सम्बद्ध है। पर-प्रत्यक्ष एवं साधारणीकरण को एक मान लेने का ही यह परिणाम है कि साहित्यालोचन में स्थल-स्थल पर लिखा गया मिलता है कि चित्तवृत्ति की इसी एकतानता का नाम है–साधारणीकरण" (285, 287 पृ.)। पर प्रत्यक्ष से रस-प्रतीति प्रसंग की समता एक बात में अवश्य है कि दोनों जगह चित्त में सत्व का प्रवाह उभार पर रहता है। और सारी बातें भिन्न हैं। रस-स्थल में दुःखकर भावों का सुखकर रूप में परिणत हो जाने का एकमात्र कारण है–हृदय का स्व-पर-भाव-निर्मुक्त हो जाना, पर-प्रत्यक्ष की असंकीर्ण-अथ-समापत्ति रहे न रहे–कोई आवश्यकता नहीं। साधारणीकरण द्वारा जब न केवल विभावादी का ही प्रत्युत स्थायी एवं प्रमाता भी वैयक्तिक विशेषणों से मुक्त होकर अपनी ही संकुचित को भूल जाता है–'स्व' को ही भूल जाता है, तो 'पर' की क्या बात है–इस प्रकार स्व-पर-भाव निर्मुक्त हृदय द्वारा अनुभूत पदार्थ मात्र योग-क्षेम की संकीर्ण लौकिक भूमि से उठने पर आनन्दकर भासित होते हैं–इस प्रकार काव्य की रस-प्रक्रिया से योग के पर-प्रत्यक्ष की प्रक्रिया का क्या सम्बन्ध?

इसी प्रकार तीसरे उद्धरण के एक अंश लीजिए—अंश है—एक विषयावगाहिनी निरोधावस्था से चित् का आवरण भंग होता है। योग दर्शन में चित्त की पाँच दशाएँ कही गई हैं—क्षिप्त, मूढ़, विक्षिप्त, एकाग्र एवं निरोध। निरुद्धावस्था में चित्तवृत्ति का निरोध हो जाता है। इस प्रकार जहाँ चित्तवृत्ति ही निरुद्ध है—वहाँ असंप्रज्ञात समाधि में—निरोधावस्था में विषयावगाहन का क्या प्रसंग? विषयावगाहन तो संप्रज्ञात समाधि तक ही होता है। निष्कर्ष यह है 'एक विषयावगाहिनी निरोधावस्था' जैसे प्रयोग में वदतोव्याघात है। दूसरे उद्धरण में जैसाकि ऊपर कहा गया है कवि को भी काव्यकरण काल में यदि मधुमती भूमिका पर बिठा दिया जाएगा तो इसका अर्थ यह होगा कि उसमें सत्त्व गुण का ही प्राबल्य रहेगा और रज तथा तम दबे रहेंगे और रज के दबे रहने से निष्क्रियता-स्थिरता रहेगी—फिर काव्य-क्रिया कैसे होगी? इसीलिए साहित्याचार्यों ने कवि एवं नट में नहीं, सहृदय में रस माना है—क्योंकि उसमें सक्रियता अपेक्षित नहीं और कवि तथा नट में अपेक्षित है। कवि एवं नट भी सहृदय होकर (कवि और नट होकर नहीं) रसास्वाद कर सकते हैं—यह दूसरी बात है। इस प्रकार इन्हीं मूलाधारों पर किया गया साहित्यालोचनकार का व्याख्यान कहाँ तक मान्य होगा—सोचने की बात है। वहाँ की प्रत्येक पंक्ति की आलोचना निबन्ध को अनावश्यक तुन्दिल बनाएगी।

वस्तुतः मधुमती-भूमिका का स्वरूप पातंजल-दर्शन के अनुरूप यह है। पातंजल दर्शन के 'विभूतिपाद' में यह बताया गया है, योगी चार प्रकार के होते हैं—प्रथमकल्पिक, मधुभूमिक, प्रज्ञाज्योति एवं अतिक्रान्त भावनीय। मधुभूमिक का दूसरा पर्याय 'ऋतम्भर-प्रज्ञ' भी दिया गया है। इस योगी की चित्त-भूमि 'मधुमती' कही जाती है। वाचस्पति मिश्र ने इस 'मधुमती' की व्याख्या करते हुए कहा है—"ऋतम्भरा प्रज्ञैव मधु—तद्वती मधुमती"—ऋतम्भरा प्रज्ञा की मधु है और उससे युक्त चित्त-भूमि को मधुमती कहा जाता है। संप्रज्ञात योग की यह आरम्भिक भूमि है। यह योगी भूतेन्द्रिय जय का इच्छुक होता है। प्रथमकल्पिक से महेन्द्र आदि को कोई आशंका नहीं है—अतः इन्हें उपनिमन्त्रण नहीं दिया जाता। प्रज्ञाज्योति भूतेन्द्रियवशी होता है—अतः महेन्द्र आदि जिन विषयों के लिए उपनिमन्त्रित करना चाहते हैं—वे सब इन्हें स्वयं प्राप्त हैं—अतः इन्हें भी निमन्त्रित करने का कोई प्रश्न ही नहीं है। रहे अतिक्रान्त भावनीय—सो इन्हें परवैराग्य रहता है—अतः इनमें किसी विषय की आसक्ति ही सम्भाव्य नहीं है। अतः देवता लोग मधुभूमिक को भी च्युत करने के विचार से दिव्य वस्तुओं का उपभोग करने के लिए निमन्त्रित करते हैं।

'मधु' का अर्थ ऋतम्भरा प्रज्ञा है और ऋतम्भरा प्रज्ञा निर्विचारा समापत्ति होने पर उदित होती है। समापत्ति ग्राह्य, ग्रहण (इन्द्रिय) एवं ग्रहीता—से चित्त की एकाकारता ही है। ग्राह्य स्थूल एवं सूक्ष्म दो प्रकार के हैं। स्थूल विषयक समापत्ति दो प्रकार की हैं—सवितर्का एवं निर्वितर्का। इसी प्रकार सूक्ष्म विषय सविचारा

समापत्ति भी दो प्रकार की है–सविचारा एवं निर्विचारा। सवितर्का योगी का अपर-प्रत्यक्ष है और निर्वितर्का पर-प्रत्यक्ष। पहले में वितर्क या विकल्प की स्थिति है और दूसरे में नहीं। वितर्क शब्द, अर्थ एवं विज्ञान की संकीर्ण ज्ञप्ति है और अर्थमात्र का निर्भास निर्वितर्क समापत्ति है। यही निर्वितर्क समापत्ति पर-प्रत्यक्ष है। इसके अनन्तर सविचारा और फिर निर्विचारा समापत्ति की स्थिति है। इस समापत्ति के उदित होने पर अध्यात्म प्रसाद होता है। इस अवसर पर रज एवं तमरूप मल से रहित प्रकाशस्वभाव बुद्धिसत्त्व का स्वच्छ प्रवाह चलने लगता है। उस समय सम्पूर्ण अर्थजात एक साथ प्रत्यक्ष हो जाता है। इस समय वह योगी प्रज्ञा के उस प्रासाद पर स्थिति रहता है। जहाँ से स्वयं अशोच्य रहकर शोचनीय तापत्रयपरीत प्राणी को देखता है। इस स्थिति की प्रज्ञा का नाम ऋतम्भरा प्रज्ञा है। इस प्रज्ञा में वितर्क या विपर्यास की गन्ध भी नहीं रहती।

भला इस मधुमती भूमिका से–जहाँ समस्त वस्तु-जात का प्रत्यक्ष होता रहता है–उस साधारणीकरण व्यापार का जो रसोपयोगी पदार्थ मात्र को ग्राहक की वासना को परिष्कृत रूप से आन्दोलित करने के योग्य बनाता है–क्या सम्बन्ध हो सकता है?

स्वर्गीय श्री चन्द्रबली पाण्डेय ने मिश्रजी के मत का खण्डन करते हुए यह निष्कर्ष निकाला है कि रस भूमि 'विशोका' भूमि है। इस सम्बन्ध में भी इतना ही कहना है कि मधुमती के बाद मधुव्रती का और तब विशोका की भूमि है। यह भूमि 'सत्त्वपुरुषान्यता ख्याति-प्रकृतिपुरुषविवेकज्ञान–की है। इन स्थितियों से रस-भूमि का यदि कोई सम्बन्ध जोड़ा जा सकता है तो बस इतना ही कि सत्त्व का उद्रेक या एकरस प्रवाह उभयत्र है।

आचार्य शुक्लजी ने 'चिन्तामणि' एवं 'रसमीमांसा' में अपने साधारणीकरण सम्बन्धी विचार उपस्थापित किए हैं। साधारणीकरण पर विचार करते हुए उन्होंने उसकी पाँच रूप से चर्चा की है–

1. ''विभावादि सामान्यरूप में प्रतीत होते हैं–इसका तात्पर्य यही है कि रसमग्न पाठक के मन में यह भेद-भाव नहीं रहता कि ये आलम्बन मेरे हैं या दूसरे के।''
2. जब तक किसी भाव का कोई विषय इस रूप में नहीं लाया जाता कि वह सामान्यतः सबके उसी भाव का आलम्बन हो सके–तब तक उसमें रसोद्बोधन की पूर्ण शक्ति नहीं आती। इसी रूप में लाया जाना हमारे यहाँ साधारणीकरण है।
3. ''कल्पना में मूर्ति तो विशेष की ही होगी–पर वह मूर्ति ऐसी होगी जो प्रस्तुत भाव का आलम्बन हो सके। × × × इससे सिद्ध हुआ कि साधारणीकरण आलम्बनत्वधर्म का होता है। व्यक्ति तो विशेष ही रहता है पर उसमें प्रतिष्ठा

ऐसे सामान्य धर्म की रहती है जिसके साक्षात्कार से सब श्रोताओं या पाठकों के मन में एक ही भाव का उदय थोड़ा या बहुत होता है।" "साधारणीकरण स्वरूप का होता है—वस्तु या व्यक्ति का नहीं।"

4. "साधारणीकरण प्रभाव का होता है, सत्ता या व्यक्ति का नहीं।"
5. "जबकि आश्रय के साथ अभिन्नता हो गई, तब उसके आलम्बन भी अपने आलम्बन हो ही जाएँगे।

इन उद्धरणों में पहले यह कहा गया कि साधारणीकरण विभाव का नहीं विभाव आदि का होता है। फिर विभाव आदि में से केवल आलम्बन विभाव रूप व्यक्ति या वस्तु के ही साधारणीकरण की चर्चा की गई। बाद में व्यक्ति या वस्तु को भी हटाकर उसके धर्म का साधारणीकरण माना गया। आगे बढ़कर केवल प्रभाव के साधारणीकरण की बात सामने लाई गई और इसी प्रसंग में आश्रय के साथ तादात्म्य की भी बात कही गई।

जहाँ तक केवल विभाव के साधारणीकरण की बात है—उसके विपक्ष में यह कहा जा सकता है कि यदि रस-प्रतीति विगलित वेद्यान्तर (रसोपयोगी वस्तुओं से अतिरिक्त और किसी भी वस्तु का ज्ञान न रहना) है—तो जैसे विभाव को रसोपयोगी बनाने के लिए उसके सम्बन्धी से सम्बन्ध त्याग कराकर व्यक्तिमात्र की प्रतीति इष्ट मानी जाती है—उसी प्रकार अनुभाव, संचारी, स्थायी एवं प्रमाता का भी होना चाहिए। प्रमाता का यदि साधारण्य नहीं हुआ तो उसे अपने-पराए का बोध बना ही रहा और यदि ऐसा रहा तो स्व-पर-भाव-निर्मुक्त न हो सकने पर रसानुभूति कभी सम्भव नहीं।

हाँ, यह कहा जा सकता है कि शुक्लजी विभावादि में विभाव के साधारण्य पर अपेक्षाकृत अधिक बल देते हैं और इसी का परिणाम है कि वे बाद में उसी की चर्चा करने लगते हैं। पर उसकी चर्चा करते हुए भी उनका ध्यान इस बात पर जाता है कि काव्य में अर्थ ग्रहण मात्र से काम नहीं चलता, बिम्बग्रहण अपेक्षित है और बिम्ब के रूप में किसी व्यक्ति की ही मूर्ति आलम्बन रूप में रहेगी। इस बिम्ब रूप में जो व्यक्ति उपस्थित रहता है—उसकी विवेचना करते हुए उन्होंने यह बताया है—"जिस व्यक्ति-विशेष के प्रति किसी भाव की व्यंजना कवि या पात्र करता है—पाठक या श्रोता की कल्पना में वह व्यक्ति-विशेष ही उपस्थित रहता है। हाँ, कभी-कभी ऐसा भी होता है कि पाठक या श्रोता की मनोवृत्ति या संस्कार के कारण वर्णित व्यक्ति-विशेष के स्थान पर कल्पना में उसी के समान धर्म वाली कोई मूर्ति विशेष आ जाती है। जैसे यदि किसी पाठक या श्रोता का किसी सुन्दरी से प्रेम है तो शृंगार रस की फुटकल उक्तियाँ सुनने के समय रह-रहकर आलम्बन के रूप में उसकी प्रेयसी की मूर्ति ही उसकी कल्पना में आएगी। यदि किसी से प्रेम न हुआ तो सुन्दरी की कोई कल्पित मूर्ति उसके मन में आएगी। कहने की

आवश्यकता नहीं कि वह मूर्ति भी विशेष ही होगी—व्यवित्त की ही होगी।" इस प्रकार आलम्बन के रूप में उपस्थित व्यक्ति के साधारणीकरण का वे लाक्षणिक अर्थ करते हैं और बताते हैं कि व्यक्ति के साधारणीकरण का अर्थ व्यक्ति के स्वरूप के (आलम्बनत्व धर्म—सामान्य रसोपयोगी धर्म) साधारणीकरण से करते हैं। इस प्रकार शास्त्रसम्मत साधारणीकरण से अविरोध स्थिर किया है। आलम्बन से हटकर आलम्बनत्व धर्म की ओर जाने की विवशता क्रोचे के कलात्मक ज्ञान विषयक व्यक्ति बोध से हुई। सामान्य नहीं, बिम्ब बोध ही है जो भाववादी भावना को स्पन्दित करता है।

समस्या यहाँ यह खड़ी होती है कि इन्हें 'व्यक्ति' से क्या अभिप्रेत है? यदि वर्णित आलम्बन दृष्ट है—तब तो वही और अदृष्ट है तो शृंगार में कोई प्रेमिका और प्रेमिका नहीं है—तो कल्पित मूर्ति और रसान्तर में भी वही कल्पित मूर्ति ही की।

मान लिया कि शाकुन्तल का शकुन्तला दुष्यन्त वाला शृंगार वर्णन है—यहाँ शृंगार की निष्पत्ति हो रही है—यहाँ जो शकुन्तला आलम्बन है—उसकी प्रतीति किस रूप में है? दृष्ट न होने के कारण उसकी वास्तविक मूर्ति तो आएगी नहीं और वास्तविक मूर्ति आती—तो एक दुःसमाधेय समस्या यह होती कि सभ्य पुरुष वही समझकर (परकीय शकुन्तला—अपने लिए अगम्या शकुन्तला जानकर) अपने वासना का आलम्बन न बनाएगा। एक नहीं लाख सामान्य रत्युद्दीपक धर्मों का विन्यास उसमें होता रहे। यहाँ यदि व्यक्ति (शकुन्तला) का साधारणीकरण नहीं हुआ—अर्थात् उसमें अगम्यता का अज्ञान और सामान्यतः रस विरोधी रूप की प्रतीति नहीं हुई—तो रस-निष्पत्ति नहीं हो सकती। इसलिए आलम्बन के साधारणीकरण का वाच्यार्थ ही क्यों न लिया जाए कि लाक्षणिक अर्थ तक दौड़ लगाई जाए?

अच्छा, अदृष्ट स्थल में अपनी प्रेयसी की स्मृति का विरोध करते हुए लोचनकार ने स्पष्ट कहा है—"न च मध्ये स्वकान्तास्मरणं संवेद्यते"। कारण देते हुए यह कहा है कि यदि बात शृंगार रस तक की ही होती—तो कथञ्चित् समाहित भी हो सकती थी—पर अलोक सामान्य राम आदि के जो समुद्रसेतुबन्ध आदि विभाव हैं—उनके साधारणीकरण का क्या होगा? वहाँ दूसरे अपने परिचित ने वैसा किया नहीं कि उसकी स्मृति हो—स्वयं उत्साहसम्पन्न राम की स्मृति हो नहीं सकती—क्योंकि स्मृति के लिए पूर्वानुभव आवश्यक है—और उत्साहसम्पन्न राम का पूर्वानुभव हम ग्राहक को है नहीं—इस हालत में प्रेयसीस्मरण से काम नहीं बन सकता।

रही तीसरी बात यह कि कोई कल्पितमूर्ति आवे—तो उस विषय में भी कई प्रश्न खड़े होते हैं—सीता, शकुन्तला आदि शब्द व्यक्तिवाचक हैं—"अतः उनसे व्यक्ति-विशेष की—राम की पत्नी, दुष्यन्त की पत्नी—इसी रूप में प्रतीति सम्भव

है—कारण यह है कि इन्हीं अर्थों में उन शब्दों का संकेत है और शब्द जिस अर्थ में संकेतित होता है—उसी अर्थ की उसी रूप में उपस्थिति होती है। समस्या यह है कि क्या शास्त्र या विज्ञान में यदि प्रसंगात् वही व्यक्तिवाचक शब्द प्रयुक्त हो जाए—तो वहाँ के कल्पनागत अर्थ से और काव्यप्रयुक्त उसी शब्द से उपस्थित अर्थ से कोई अन्तर होगा या नहीं। आचार्य शुक्ल अन्तर मानते हैं। और कहते हैं कि शास्त्र या विज्ञान में अर्थ-ग्रहण से ही काम चल जाएगा पर काव्य स्थल में बिम्बग्रहण अपेक्षित है। वस्तुतः समस्या ग्राहक की ओर से ग्रहण की नहीं है बल्कि प्रश्न यह है कि व्यक्तिवाचक शब्द का श्रवण होने से पूर्व जितने अर्थ में संकेत हैं—उतने ही की स्मृति होगी या संकेत से अधिक अर्थात् असंकेतित की भी। शास्त्रीय या काव्यीय शब्द श्रवण से पूर्व जिस समय संकेत-ग्रह की बात थी—उस समय व्युत्पित्सु ने शास्त्र एवं काव्य की दृष्टि से अलग-अलग उनके योग्य संकेत ग्रहण तो किया नहीं होगा। इसलिए उचित यही है—तर्कसंगत यही है कि जितने अर्थ में वह संकेतित है—उतने ही की उपस्थिति ग्राहक के बुद्धिपटल के समक्ष होनी चाहिए। काव्य में यदि अधिक की होती है—और इसमें सहृदयों का हृदय साक्षी है—तो मानना पड़ेगा कि उतना अधिक अर्थ असंकेतित ही है और असंकेतित अर्थ ग्राहक के संस्कार-विशेष से आ सकता है—शब्द की सामर्थ्य से नहीं। इसीलिए शुक्लजी का यह विचार भी कि शब्द के जहाँ चार ही अभिधेय अर्थ जाति, गुण, क्रिया एवं यदृच्छा—कहे गए हैं—वहाँ 'बिम्बार्थ' की भी चर्चा होनी चाहिए—तर्क के निकष पर खरा नहीं उतरता।

इतना निश्चित हो जाने पर कि वह बिम्बार्थ—जो व्यक्ति या वस्तु के रूप में आलम्बन बना है—वह केवल शब्द का अभिधेयार्थ तो नहीं है—उसमें कुछ ग्राहक का संस्कार भी है—आगे यह सोचना है—कि वह शब्द एवं सहृदय-भावना के योग से जो व्यक्ति या वस्तु आलम्बन के रूप में सामने आती है—उसके 'व्यक्ति' रूप 'विशेष' रूप से क्या अभिप्रेत है कोई खास आकृति वाला व्यक्ति या रसोपयोगी धर्म का आश्रय मानव जातीय चेहरा मात्र? पहला पक्ष यदि मान लिया जाए—तब तो परोक्ष एवं अपरोक्ष ज्ञान का—शब्द-द्वारा एवं इन्द्रिय-द्वारा प्रसूत ज्ञान का—कोई अन्तर ही नहीं रह जाएगा। अतः अन्तर रखने के लिए दूसरा प्रकार ही मानना पड़ेगा। हाँ, यह अवश्य कहा जा सकता है कि यदि दूसरा प्रकार सीता पद से एक खास व्यक्ति की आकृति नहीं—बल्कि एक सामान्य वनिता की आकृति आती है—तो शास्त्रीय एवं काव्यीय शब्दों में अन्तर क्या हुआ? उत्तर यह है कि शास्त्रीय शब्द से उपस्थित सामान्य आकृति में रसोपयोगी सामान्य धर्मों का विन्यास नहीं होगा और काव्यीय शब्द से उपस्थित सामान्य आकृति में तथाकथित सामान्य धर्मों का विन्यास रहेगा। यदि यह प्रक्रिया मानी जाए—तो शास्त्रीय सिद्धान्त की भी रक्षा हो जाती है और सारी असंगतियाँ दूर हो जाती हैं। और यदि यह बात मान

ली गई तो व्यक्ति के साधारणीकरण मानने में भी कोई आपत्ति नहीं है—व्यक्ति या वस्तु का सामान्य आकार आएगा—सामान्य आकार का अर्थ यह कि उसे संकुचित रूप देनेवाले देश-काल-व्यक्ति सम्बन्ध हट जाएँगे यदि काव्य में व्यक्ति का साधारणीकरण नहीं हुआ—तो 'सीता' पद से 'राम की पत्नी' के रूप में ही 'व्यक्ति' की स्थिति माननी होगी और इस रूप में जो ज्ञान होगा वह शृंगार स्थल में तद्गत अगम्यता का ज्ञान कराकर उसके आलम्बन बनने में प्रतिघात पैदा करेगा। अतः व्यक्ति का भी साधारणीकरण मानना चाहिए। उस साधारणीकरण का अर्थ यही है कि 'विशेष' की 'निर्विशेष' रूप में प्रतीति हो—संकोचक सम्बन्ध रहित रसोपयोगी प्रतीति हो। हाँ, यदि रसोत्तेजक धर्मों से संवलित 'धर्मो' की प्रतीति को ही 'व्यक्ति' की प्रतीति मानते हैं—तो कोई विवाद नहीं है।

चौथी बात शुक्लजी की—'प्रभाव' का साधारणीकरण होता है—इस विषय में यदि शुक्लजी का यह अभिप्राय है कि जो प्रभाव उस विशेष व्यक्ति का एक असाधारण 'व्यक्ति विशेष' पर पड़ता था—वह अब सर्वसाधारण पर पड़ने लगा—तब तो कोई हर्ज नहीं है—पर यह काम तो विभावादि के साधारणीकरण का फल है—वहाँ तो वह बात न भी कही जाए—तो वह चीज अपने आप होनेवाली है। दूसरे यह कहना भी संगत नहीं जान पड़ता कि साधारणीकरण व्यक्ति या सत्ता का नहीं, बल्कि प्रभाव का (ही) होता है। तर्क पहले दिया जा चुका है।

अन्तिम बात आश्रय एवं ग्राहक के तादात्म्य की है। इसके विरुद्ध परम्परा भी है और तर्क भी। असल में इस कथन का मूल साहित्य-दर्पण की अधोनिर्दिष्ट पंक्ति है—

"व्यापारोऽस्ति विभावादेर्नाम्ना साधारणीकृतिः।"

तत्प्रभावेण यस्यासन् पावोधिप्तावनादयः।
प्रमातातद्भेदेन स्वात्मानं प्रतिपद्यते॥ 3/10

इस पंक्ति में तादात्म्य को साधारणीकरण के प्रसंग में कहा गया है—यही साधारणीकरण है—ऐसा नहीं। असल में वीर रस के प्रसंग में ग्राहक को सेतुबन्ध या रावण विजय से सम्बद्ध जो उत्साह अनुभूत होता है—वह कैसे—इसके समाधान में यह कहा गया है कि वहाँ ग्राहक आश्रय के साथ तादात्म्य अनुभूतिपूर्वक उस उत्साह का आस्वादन करता है। इस कथन और तदाधारित शुक्लजी के कथन—दोनों के विरोध में पहले तो पण्डितराज का ही भट्टनायक—मत विवेचन के अवसर पर उपस्थित किया गया वाक्य लें, फिर अपनी ओर से विचार किया जाएगा। पण्डितराज ने यह कहा है—"स्वात्मनि दुष्यन्ताद्यभेदेबुद्धिरेव तथेति चेत्, न। नायके धराधौरेयत्व धीरत्वादेरात्मनि चाधुनिकत्व का पुरुषत्वादेवैधर्मस्य स्फुटं प्रतिपत्तेरभेदस्यैव दुर्लभत्वात्"—अर्थात् यह अभेद बुद्धि विभावादिसाधारणीकरण से पूर्ववर्ती है या

परवर्ती अथवा यही साधारणीकरण है–यही तीन पक्ष हो सकते हैं–जहाँ तक पहला पक्ष है–वह तभी हो सकता है–जब कोई दोष हो–क्योंकि जो निर्दोष अर्थात् अप्रमत्त या सावधान होगा–वह दोनों का भेद अपना और आश्रय का भेद अवश्य जानेगा–और ऐसा जानते हुए अपने को अभिन्न मान लें–तो यह केवल शब्द की सामर्थ्य कही जाएगी। दूसरी बात यह है कि यदि पहले ही ग्राहक ने आश्रय से अपने आप को अभिन्न मान लिया–तो साधारणीकरण की आवश्यकता ही क्या? रहा दूसरा पक्ष की साधारणीकरण के बाद तादात्म्य होता है–बिल्कुल अस्वीकरणीय है–अभेद या तादात्म्य के लिए दो का भेद-ज्ञान आवश्यक है और भेदज्ञान व्यक्तिगत देश-काल-व्यक्ति से सम्बन्ध पर आधारित है–और वह साधारणीकरण द्वारा पहले ही हट चुका है–अतः भेदज्ञान सापेक्ष अभेदज्ञान साधारणीकरण के बाद कभी सम्भव नहीं है। वैसे इस दृष्टि से कि जब सभी निर्विशेष हैं–सामान्य हैं–तो भेद नहीं है और भेद नहीं है–तो अभेद ही कहा जाएगा। ठीक है–पर इसे अभेद की अपेक्षा भेद का अभाव कहना चाहिए और अभेद हो भी तो अचेतन-गत हो–चेतन-स्तर पर मानने की कोई आवश्यकता नहीं और जब चेतन-स्तर पर नहीं–तो उसका कोई प्रभाव ही नहीं होगा और निष्प्रभाव की चर्चा से क्या लाभ?

तीसरा पक्ष यह कि तादात्म्य ही साधारणीकरण मान लिया जाए–इसलिए ठीक नहीं है कि ऐसा मानने से विभाव से साधारणीकरण का प्रश्न ही खतम हो जाएगा–क्योंकि ग्राहक ने जब अपने को दुष्यन्त ही समझ लिया तब रहे शकुन्तला-शकुन्तला-देश विशेष, काल विशेष एवं व्यक्ति विशेष से सम्बद्ध शकुन्तला–क्या हानि है? यह पक्ष किसी भी सहृदय समीक्षक को सम्मत नहीं होगा।

हाँ, पण्डितराज जगन्नाथ ने अपनी 'रसगंगाधर' नामक कृति में जहाँ अनेक मतों की चर्चा की है–वहाँ 'नव्यास्तु' प्रतीक द्वारा एक और मत उपस्थित किया गया है–वहाँ यह कहा गया है कि साधारणीकृत रूप में वस्तु या व्यक्ति का ज्ञान है तो अवास्तविक ही और अभेद ज्ञान भी वैसा ही है–फिर किसी-न-किसी दोष को उभयत्र करण मानना होगा–क्योंकि किसी दोष ही से ऐसा होता है–वह दोष 'भावना' हो या कुछ हो–तो तादात्म्य वाला ही पक्ष क्यों न माना जाए–इससे प्रक्रिया लाघव भी है–फिर जब साधारणीकरण वाला पक्ष या दातात्म्य वाला पक्ष-उभयत्र दोष मानना ही है–कारण यह है कि साधारणीकरण मानने में अनेक का साधारणीकरण मानना होगा और तादात्म्य मानने में केवल ग्राहक का आश्रय से ही मानना पड़ेगा–शेष ज्यों-के-त्यों रह जाएँ–पर इसके विपक्ष में कई बातें कही जा सकती हैं–पहली तो यह इस पक्ष में परम्परा नहीं है–कोई भी सहृदय समीक्षक रस के प्रसंग में साधारणीकरण की अवहेलना नहीं करता। दूसरी आपत्ति यह है कि दोष का काम अययार्थ ज्ञान पैदा करना है–उस दोष ने अपना काम केवल भिन्न-भिन्न आश्रय एवं ग्राहक को अभिन्न रूप में ज्ञान कराने तक ही अपना प्रभाव क्यों

रखा—आगे अन्यान्य सामग्रियों की भी प्रतीति में उसने उलट-फेर क्यों नहीं पैदा की? तीसरे यह कि साधारणीकरण में कोई नयी बात पैदा नहीं होती—बल्कि जो अनावश्यक तत्त्व हैं—रस विरोधी तत्त्व हैं—वे विस्मृत से होने लगते हैं—वेद्यान्तर का विगलन होने लगता है—जो सत्त्वोद्रेक के अनुरूप है—सत्त्वोद्रेक में उत्तरोत्तर निष्क्रियता बढ़ती है—फलतः किसी नयी उत्पत्ति के अनुरूप रजोगुण सक्रिय नहीं रहता। तादात्म्य में एक नयी स्थिति पैदा करनी पड़ती है—जो प्रवर्तक रज के उद्रेक का कार्य है। इस तरह यह पक्ष कथमपि संगत नहीं है।

इस प्रकार पश्चिमी या पौरस्त्य चाहे जो भी हों—जिन्होंने इस प्रसंग में तादात्म्य की बातें की हैं—खण्डनीय ही हैं। आनन्द प्रकाश दीक्षित ने ऐसे अनेक अंग्रेजों एवं मराठी साहित्य-विवेचकों का मत सालोचन उपस्थित किया है उनकी चर्चा यहाँ अनावश्यक है।

आचार्य नन्ददुलारे वाजपेयी एवं साधारणीकरण—पण्डित जी ने इस विषय में दो पुस्तकों—'आधुनिक साहित्य' तथा 'नया साहित्य नये प्रश्न'—में संक्षिप्त एवं सारगर्भित विचार किया है—जो प्रायः एक ही हैं। वहाँ से दो उद्धरण लिए जा रहे हैं—(1) "आचार्य भट्टनायक का साधारणीकरण सिद्धान्त केवल काव्य की सामर्थ्य का लेखा न लगाकर दर्शक की सामर्थ्य का भी व्याख्यान करता है।"

(2) साधारणीकरण के साहित्यिक सिद्धान्त के साथ कुछ असाहित्यिक दलीलें भी लोकर जोड़ दी गई हैं। उदाहरण के लिए यह कहा जाता है कि देवताओं और पूज्य व्यक्तियों के रति-भाव का साधारणीकरण प्रेक्षक को नहीं हो सकता। पर प्रश्न यह है कि रचयिता वा कवि के लिए भी तो वे देवता या पूज्य चरित्र उतने ही पूज्य हैं—जितने दर्शक या श्रोता के लिए। ऐसी अवस्था में कवि-द्वारा वर्णित देवताओं का 'रतिभाव दर्शकों को उसी प्रकार प्रभावित करेगा—उसी भाव की सृष्टि करेगा, जिस भाव की अनुभूति कवि या नाटककार ने स्वतः की है। साधारणीकरण ×× साधारणीकरण का अर्थ रचयिता और उपभोक्ता के बीच भावना का तादात्म्य ही है। वास्तव में कवि कल्पित (वर्णित) समस्त व्यापार का होता है, केवल किसी पात्र-विशेष का नहीं...।"

इसमें पहली बात शास्त्रीय-सिद्धान्त के विरुद्ध नहीं जाती—क्योंकि भट्टनायक का साधारणीकरण सिद्धान्त 'भावना' के बल पर निर्भर है और भावना को अभिनवगुप्त ने व्यंजना रूप माना है और व्यंजना की जो सामग्री है—उसमें ग्राहक की प्रतिभा भी है—शब्द की तो शक्ति ही है—व्यंजना। इस प्रकार साधारणीकरण का सिद्धान्त काव्य एवं ग्राहक दोनों की सामर्थ्य का फल है।

दूसरे उद्धरण में तीन बातों पर विचार किया गया है—पहला यह कि काव्य में विभाव के प्रति पूज्य बुद्धि—जहाँ तक शृंगार का प्रश्न है—प्रतिबन्धक नहीं हैं और दूसरी बात यह कि साधारणीकरण का अर्थ रचयिता और उपभोक्ता के बीच

भावना का तादात्म्य है। तीसरा यह कि साधारणीकरण कविकल्पित समस्त व्यापार का होता है—केवल किसी पात्र विशेष का नहीं।

जहाँ तक तीसरी बात है—वह तो शुक्लजी वाली रस धारणा का कि साधारणीकरण केवल आलम्बन का होता है—खण्डन है और वह ठीक ही है। साधारणीकरण कवि वर्णित विभावादि का ही नहीं, प्रमाता का भी होता है। पहली बात अर्थात् काव्य में पूज्यत्व-बुद्धि प्रतिबन्धक है अथवा नहीं—इस विषय में दो तरह से सोचा जाता है—व्यावहारिक रूप में और दूसरा सैद्धान्तिक रूप में। व्यावहारिक रूप का अर्थ यह हुआ कि जहाँ तक और जिस रूप में कवियों ने श्रद्धेयवर्ग के लोगों का शृंगार वर्णन किया है और सहृदयों को साधारणीकरणपूर्वक रसानुभूति होती है—वहाँ तक तो बात सही है—पूज्यत्वबुद्धि प्रतिबन्धक नहीं होती। हाँ, यदि दैवतशृंगार का उद्दाम वर्णन कर दिया जाए—तो वह माता-पिता के शृंगार की तरह अश्रव्य हो जाएगा और वहाँ रस नहीं—रसाभास हो जाएगा। उदाहरण में लोगों ने कुमारसम्भव के शिव-पार्वती के शृंगार के उद्धाम-वर्णन की निन्दा की है। पण्डितराज ने तो गीतगोविन्दकार की भी निन्दा की है और कहा है—"जयदेवादिभिस्तु गीत-गोविन्दादिप्रबन्धेषु सकलसहृदयसंमऽयं समयो मदोन्मत्तमतङ्गजैरिव भिन्न इति न तन्निदर्शनेनेदानीन्तनेन तथा वर्णयितुं साम्प्रतम्"—अर्थात् गीतगोविन्द में जयदेव ने जो पात्र की प्रकृति और उनके सौम्य शृंगारिक अनुभावों को न लिखकर—उद्दाम रूप दे दिया है—वह सहृदय सम्मत समय का वैसा ही खण्डन है—जैसाकि मदोन्मत मतङ्गज का आवेश में आकर नियन्त्रित रखने वाली शृंखला का भंजन। यह कहना कि साधारणीकरण द्वारा देवता को भी सामान्य नायक-नायिका की तरह अनुभव किया जाएगा—और तब सब खप जाएगा—गलत है। वस्तुतः इस सिद्धान्त का सहारा लेकर यदि सैद्धान्तिक रूप से यह बात कही जाए तो ठीक नहीं है। साधारणीकरण की भी एक सीमा है—साधारणीकरण की कल्पना वहीं तक ठीक है जहाँ तक सहृदयों का रसोद्बोध प्रमाण सिद्ध है अन्यथा अपनी माता का पिता के साथ यदि शृंगार वर्णन किया जाए—तो क्या सहृदय को भी रसोद्बोध होगा? इन्हीं सब बातों को ध्यान में रखकर उन्होंने कहा—"न च साधारणीकरणादाराध्यत्वज्ञानानुत्पत्ति रिति वाच्यम्। यत्र सहृदयानां रसोद्बोधः प्रमाणसिद्धः तत्रैव साधारणीकरणस्य कल्पनात्।" साहित्य का रस औचित्य की परिधि में ही प्रवाहित होता है—उसकी सीमा के बाहर नहीं—कहा भी है—

"औचितीमनुधावन्ति सर्वे ध्वनिरसोन्नयाः"

निष्कर्ष यह कि व्यावहारिक हो या सैद्धान्तिक—उभय-विध रूपों में औचित्य का ध्यान रखते हुए ही आराध्य की रति वर्णित होनी चाहिए—अन्यथा रस-निष्पत्ति नहीं हो सकती और फिर साधारणीकरण का प्रश्न ही क्या है? पण्डित जी ने केवल

जहाँ तक रस-निष्पत्ति हो सकती है–कवियों द्वारा उपस्थापित उसके व्यावहारिक पक्ष पर ही विचार किया है–वह ठीक ही है। पण्डित जी का यह कहना भी एक तरह से गलत नहीं है कि उक्त दलील असाहित्यिक है–कारण रसविरोधी स्थिति स्वयं असाहित्यिक है और तदर्थ अपनाई गई दलील भी।

आचार्य नन्ददुलारे वाजपेयी की विवेचना से सम्बद्ध अब महज एक बात और रह जाती है और वह यह कि साधारणीकरण का अर्थ रचयिता और उपभोक्ता के बीच भावना का तादात्म्य है–इसका स्पष्ट यह अर्थ है कि कवि जिन भावों का उपनिबन्ध काव्य में करता है सहृदय भी उन्हीं भावनाओं का अनुभव करता है–पर यह साधारणीकरण का फल है जो लाक्षणिक मात्र में उपर्युक्त ढंग से कहा गया है।

डॉ. नगेन्द्र एवं साधारणीकरण

डॉ. नगेन्द्र जी ने अपनी 'विचार और अनुभूति' तथा 'रीति काव्य की भूमिका'—दोनों में लगभग एक ही बात 'साधारणीकरण' शीर्षक से दी है। सम्पूर्ण विचार के बिन्दु दो हैं—पहला यह कि साधारणीकरण किसका होता है और उसका स्वरूप क्या है, दूसरा यह कि साधारणीकरण कवि के लिए किस प्रकार सम्भव होता है?

पहले पक्ष पर विचार करते हुए उन्होंने 'आश्रय' एवं 'नायक' से ग्राहक के तादात्म्य को साधारणीकरण मानकर उसके घृणित रूपों की स्थिति में साधारणीकरण को अस्वीकार किया है और अन्ततः 'आलम्बन' के साधारणीकरण पर विचार करते हुए यह स्थिर किया कि काव्य की सीता वास्तविक सीता से सर्वथा भिन्न है—वह कवि की मानसी सृष्टि है—उसे आलम्बन बनाने में आराध्यबुद्धि प्रतिबन्धक नहीं होगी—क्योंकि सबके मूल कवि-भाव में ही मातृत्व भावना नहीं है—आराध्य भावना नहीं है। इसलिए जिसे हम आलम्बन कहते हैं—वह वास्तव में कवि की अनुभूति का संवेद्य रूप है उसके साधारणीकरण का अर्थ है कवि की अनुभूति का साधारणीकरण—जो भट्टनायक और अभिनवगुप्त का प्रतिपाद्य है। निष्कर्ष यह कि साधारणीकरण कवि की अनुभूति का होता है। अर्थात् कवि अपनी अनुभूति को इस प्रकार रखता है कि सभी के हृदय में समान अनुभूति जग जाती है।

दूसरे पक्ष पर विचार करते हुए यह बताया है कि साधारणीकरण में शब्दात्मक काव्य एवं ग्राहक—दोनों की सामर्थ्य अपेक्षित है—निष्कर्ष में उन्होंने यह बताया है—"अतएव साधारणीकरण का कारण है भाषा का भावमय प्रयोग। भाषा का भावमय प्रयोग प्रयोक्ता की अपनी भाव शक्ति पर निर्भर रहता है और प्रयोक्ता के भावों की संवेदन शक्ति का आधार है—मानव-सुलभ सहानुभूति।

पहले पक्ष में जहाँ कि भट्टनायक एवं अभिनव सम्मत साधारणीकरण के स्वरूप के उल्लेख की प्रतिज्ञा है—उसमें पहली बात तो यह ठीक नहीं है कि वहाँ विभाव, अनुभाव, संचारी, स्थायी के साथ प्रमाता के भी साधारणीकरण की बात नहीं कही गई—जबकि अभिनवगुप्त इन सबका साधारणीकरण मानते हैं। दूसरी बात विचारणीय यह है कि विचारारम्भ के अनेक अवसरों पर आश्रय या नायक का

विचार और अनुभूति 'साधारणीकरण' शीर्षक लेख।

ग्राहक से जो तादात्म्य है—उसे ही साधारणीकरण मानकर खण्डन किया है—और बाद में साधारणीकरण का स्वरूप कुछ और ही स्थिर किया। उचित यह था कि सिद्धान्ततः जो रूप साधारणीकरण का स्वीकार्य है—उस निकष पर आश्रय या नायक का साधारणीकरण हो सकता है या नहीं—यह देखना चाहिए था। पर सो नहीं।

यह कहना कि आगमन शैली के विचार से निष्कर्ष बाद में आता है अतः परीक्षण पूर्वस्वीकृत मतानुसार करके उसकी (तादात्म्य ही साधारणीकरण है) असम्भाव्यता दिखाई जाती है फिर सिद्धान्त किया जाता है—इसलिए तादात्म्य वाला पक्ष इनका नहीं है—पूर्वाचार्यों का है—ठीक नहीं, कारण यह कि न आरम्भ में बाद में तो भट्टनायक या अभिनवगुप्त आदि ने जिनका (विभावादि का) साधारणीकरण सिद्धान्तित किया है—उन पर अपने सिद्धान्त का संगत प्रयोग किया जाना अपेक्षित था—वह कहाँ हुआ? यहाँ तो साधारणीकरण का रूप ऐसा कहा गया—जहाँ भट्टनायक और अभिनवगुप्त हवा ही खाते रह गए—उनसे डॉ. साहब का रास्ता ही भिन्न हो गया—विभावादि से साधारणीकरण की छुआई ही न हो पाई। उन्होंने तो यह कह दिया कि साधारणीकरण कवि की अनुभूति का होता है—अर्थात् कवि ने इस ढंग से अपनी अनुभूति को व्यक्त किया कि वह एक कवि की न रहकर सहृदय सामान्य की हो गई—जो असाधारण थी वह सर्वसाधारण (सहृदयमात्र) की हो गई। यही असाधारण की अनुभूति को सहृदय-साधारण कर देना ही साधारणीकरण है। बात तो सही है—पर प्रश्न यह है कि विभावादि का साधारणीकरण है या नहीं—डॉ. साहब उस पर मौन हैं। इस मौन का अर्थ क्या निकाला जाए—क्या यह कहा जाए कि यदि विभावादि का साधारण्य न होगा—तो कवि की अनुभूति सहृदय साधारण की होगी कैसे? अथवा विभावादि चाहे जैसे रहें—काव्य का भावमय प्रयोग एवं ग्राहक की सहृदयता कवि की अनुभूति को ग्राहक तक पहुँचा ही देती है? जहाँ तक प्रथम पक्ष की बात है जब विभावादि का साधारणीकरण मान ही लिया तो कवि की अनुभूति का सहृदय तक पहुँचना या कवि जैसे सहृदय को अनुभूति होनी—उसका फल माना जाना चाहिए न कि उसे भी साधारणीकरण कहना चाहिए। रहा दूसरा पक्ष—वह इसलिए असंगत है कि यदि विभावादि असाधारण बने रह गए तो कवि के भाव की समानुभूति सहृदय को कभी नहीं हो सकती। वस्तुतः भाषा के भावमय प्रयोग एवं सहृदय की सहानुभूति या सहृदयता के कारण विभावादि में साधारण्य—निर्विशेष रूपता रसोपयोगी रूपता—आ जाती है। और फिर फलस्वरूप समानुभूति या रसानुभूति होती है। अन्तिम बात यह भी कि काव्यीय सीता वास्तविक सीता ही नहीं हैं—उनसे परम्परागत सीता का कोई सम्बन्ध नहीं, वह कवि की मानसी सृष्टि है—अतः प्रेयसी के रूप में आएगी—फलतः आलम्बन हो सकेगी—सर्वथा साधारणीकरण सिद्धान्त के विपरीत और अनुभव तथा तर्क—उभय विध दृष्टियों से बेमेल है। उस सीता को कवि की व्यक्तिगत अनुभूति का साकार रूप मानना भी अनुभव विरुद्ध है। यह ठीक है कि वह सीता

कवि की कल्पना से निर्मित है—(उसने योगी की भाँति योगज साधना से साक्षात् करके उसकी वस्तुमुखी स्थापना नहीं की है) फिर भी कल्पना ने सीता विषयक परम्परागत संस्कार का तो सामग्री के रूप में उपयोग किया है। दूसरे ग्राहक के भी अपने परम्परागत संस्कार हैं—वे भी ग्रहण की हुई सीता की कल्पित मूर्ति के निर्माण में योग देंगे। निष्कर्ष यह कि कवि वस्तु विषयक परम्परागत संस्कारों से सर्वथा तटस्थ होकर या उसके विरुद्ध कोई कल्पना नहीं कर सकता। इसीलिए आरम्भ में वह सीता परम्परागत संस्कारवश 'सीता' के ही रूप में गृहीत होगी, 'प्रेयसी' के रूप नहीं। यदि पहले ही वह 'प्रेयसी' के रूप में गृहीत हो जाएगी—तो साधारणीकरण की आवश्यकता ही क्या है? यदि भट्टनायक और अभिनव भी ऐसा मानते तो उनके साधारणीकरण की बात ही क्यों करते?

अस्तु, इधर डॉ. साहब ने 'साधारणीकरण' शीर्षक एक लेख और भी लिखा है और उसमें हम लोगों की जिज्ञासाओं के अनेक सन्तोषजनक समाधान दिए हैं। उन्होंने अब केवल आलम्बन की जगह समस्त काव्य सामग्री के साधारणीकरण की बात मान ली है। उन्होंने उसमें अब यह भी नहीं कहा है कि कवि की अनुभूति का साधारणीकरण ही भट्टनायक और अभिनवगुप्त का प्रतिपाद्य है। लेकिन उनका अन्तिम पक्ष अब भी यही है कि समस्त काव्य सामग्री का साधारणीकरण मानने की अपेक्षा मनोविज्ञान की दृष्टि से कवि की अनुभूति का ही साधारणीकरण मानना अधिक समीचीन है। उनकी दया के हम सब चिर आभारी होंगे यदि वे भविष्य में इस मनोवैज्ञानिक औचित्य पर भी थोड़ा और प्रकाश डाल सकें। हमारी अब भी अवशिष्ट अनेक जिज्ञासाओं में सर्वाधिक उद्ग्रीव जिज्ञासा यह है कि पाठक के समक्ष 'अभिधा' द्वारा ज्ञात और प्रथम उपस्थित काव्य सामग्री ही है—जो अपने 'असाधारण' रूप में है—क्या उसके साधारण्य के बिना ही कवि की अनुभूति सहृदय साधारण की अनुभूति हो सकती है? यह कहना कि समस्त सामग्री यदि शरीर है तो उसकी तह में निहित कवि की अनुभूति आत्मा है और चूँकि साधारणीकरण जड़ प्रक्रिया नहीं चैतन्य क्रिया है इसलिए उसे कवि की 'भावना' से ही सम्बद्ध हो जाना चाहिए—थोड़ा अस्पष्ट है। मनोवैज्ञानिकों से अध्यात्मवादी अधिक चैतन्यवादी हैं। पर उन लोगों की दृष्टि इस ओर नहीं गई। साधारणीकरण तो स्वयं भावनात्मक है—फिर उसका विषय यदि जड़ सामग्री हो गई—तो क्या वह अचैतन्य प्रक्रिया हो गई?

प्रयोगवादी कविता के आचार्य श्री अज्ञेय जी का कहना है—"जब चामत्कारिक अर्थ मर जाता है और अभिधेय बन जाता है, तब उस शब्द की रागोत्तेजक शक्ति भी क्षीण हो जाती है। उस अर्थ से रागात्मक सम्बन्ध नहीं स्थापित होता, कवि तब उस अर्थ की प्रतिपत्ति करता है, जिससे पुनः राग का संचार हो, पुनः रागात्मक सम्बन्ध स्थापित हो। साधारणीकरण का अर्थ यही है। नहीं तो अगर भाव भी वही पुराने हैं, रस भी और संचारी, व्यभिचारी आदि की तालिकाएँ बन

चुकी हैं तो कवि को नया कहने के लिए रह क्या गया?"

इन पंक्तियों में साधारणीकरण शब्द का प्रयोग परम्परा से कुछ कटे हुए अर्थ में है। यहाँ यह कहा गया है कि शब्द में रागोत्तेजक अर्थ भरकर वह क्षमता पैदा कर देना साधारणीकरण है–जिसके बल पर व्यक्ति की निजी उलझी हुई संवेदनाएँ समाज तक पहुँचाई जा सकें–व्यक्ति की अनुभूति को–उसकी असाधारण अनुभूति को–समाजसाधारण बनाया जा सके। ऊपर पूर्ववर्ती विवेचन में दिखाया गया है कि एक वर्ग कवि की अनुभूति का, दूसरा काव्य सामग्री एवं प्रमाता आदि का–कवि कल्पित व्यापार का और तीसरा कवि प्रयुक्त भाषा से साधारणीकरण का सम्बन्ध जोड़ना चाहता है। यहाँ समस्या भाषा की है कि प्रयोग द्वारा भाषा के उस रूप का पता पाया जाए–जिससे कवि अपनी अनुभूति को समाज तक प्रेषित कर सके। भाषा में प्रेषणीयता लाने की समस्या साधारणीकरण की समस्या है। साथ ही अज्ञेय जी की एक दूसरी परेशानी यह भी है कि यदि प्रयोग द्वारा भाषा में नवीन रागोत्तेजकता की सामर्थ्य नहीं लाएँगे–तो काव्य में 'नया' क्या होगा? नये अर्थ के सम्बन्ध के अभाव में शब्दों के वे ही पुराने अर्थ, उनसे उद्बुद्ध भावों और रसों की तालिका भी वही पुरानी–फिर काव्य में नया क्या होगा–जिसमें मौलिकता दृष्टिगोचर होगी?

'मौलिकता' और 'नवता' की समस्या पर विचार करते हुए आनन्दवर्द्धन ने भी यह प्रश्न खड़ा किया था और कहा था कि काव्य में शब्दों के माध्यम से उपस्थित होनेवाले अर्थ और प्रत्यक्ष उपस्थित होनेवाले पदार्थों की प्रकृति में अन्तर होता है–पहले में 'अर्थ' या 'पदार्थ'–का सामान्य रूप होता है–अर्थात् वह 'जाति' रूप होता है–जबकि (प्रत्यक्ष) दूसरे में उपस्थित अर्थ 'विशेष' रूप होता है। शब्द से उत्पन्न होनेवाला ज्ञान परोक्ष-ज्ञान है–और परोक्ष ज्ञान का प्रत्यक्ष ज्ञान से अन्तर है। अन्तर यही है कि एक 'जाति' रूप है और दूसरा 'व्यक्ति'–पहले में व्यक्तिगत भेदक विशेषताएँ नहीं हैं और दूसरी में हैं। काव्य में कवि इतना करता है कि स्वानुभूत भावों और उनके निमित्तों का उतना ही वर्णन करता है जितने में अपने और पाठक का संवाद है–जितने में दोनों के अनुभव समान हैं। अतीत, अनागत एवं वर्तमान के विषयों की व्यक्तिगत विशेषताओं का ज्ञान सर्वथा असम्भव है–अतः अपने अनुभव के आधार पर ही सर्वजन संवेद्य सामान्य रूप का ही वर्णन कवि द्वारा सम्भव है और अपने इस रूप में 'पदार्थ' सीमित हैं–जिनका उल्लेख आदिम कवियों द्वारा ही कर दिया गया–फिर अन्य काव्यगत नवीनता कहाँ रही? एक-दो कवियों के बाद के समस्त कवियों का वर्णन अमौलिक और पुरातन ही है। इस प्रकार 'नवता' या 'मौलिकता' की एक समस्या प्राचीन आचार्यों ने ही प्रस्तुत कर दी थी। समाधान प्रस्तुत करते हुए कहा है कि काव्य में 'नवता' के अनेक विध स्रोत हैं–उक्ति वैचित्र्य, वस्तुओं का प्रकृति-वैचित्र्य–देश, काल, अवस्था एवं प्रकृतिवश पदार्थ-गतवैचित्र्य, व्यंग्यार्थसम्पर्क वश भाषा की व्यंजकता से उत्पन्न

होनेवाला वैचित्र्य, रस के सम्पर्क से उत्पन्न होनेवाला नवाकर्षण–आदि-आदि। इस प्रकार 'नवता' या 'मौलिकता' की समस्या का समाधान देते हुए आलोककार ने भी भाषा में विविध अर्थों की व्यंजना की क्षमता भरनेवाले ध्वनि-सिद्धान्त के सहारे दिया है और कहा है कि एकमात्र व्यंग्यार्थ की अनन्तता पर विचार करें–तो उसकी कोई सीमा नहीं है। ऐसे असीम अर्थों से भाषा को सम्बद्ध करने पर ही इस समस्या का समाधान मिल जाता है–'नवता' का अस्तित्त्व सुरक्षित रह जाता है–अन्य स्रोतों को अपनाने पर तो कोई बात ही नहीं है। 'अज्ञेय' जी भी शब्दों का नये अर्थों से सम्बन्ध जोड़ लेने पर नवता की बात मानते हैं–ये नये अर्थ व्यवहार में घिसे-पिटे वाच्यार्थ से भिन्न ही हैं। निश्चय ही प्रयोगातिरेक से शब्द की साहित्यिकता मर जाती है–अर्थ वाच्य या वाच्यायमान हो जाता है और इसमें सौन्दर्य नहीं होता–इसीलिए साहित्यिक लोगों ने लक्ष्य एवं व्यंग्य अर्थों से शब्द का सम्बन्ध स्थापित कर लेने में अधिक काव्यौचित्य माना है। निष्कर्ष यह कि इस प्रकार की बात बहुत पहले कही जा चुकी है। हाँ, उन लोगों से भी आगे वे तब बढ़ते हैं जब वह 'सहृदयमात्र संवादी' (सामान्य) अर्थ से आगे जाकर 'व्यक्तिमात्र वेद्य' अर्थ को 'सहृदय मात्र संवेद्य' बनाना चाहते हैं–एतदर्थ 'प्रयोग' के द्वारा शब्दों में नया अर्थ भरना चाहते हैं ताकि इस नयी सरणि से अपनी समस्या सुलझा सकें–व्यक्ति वेद्य को सर्वसाधारण बना सकें। 'व्यक्ति' एवं 'सहृदय समाज'–के बीच माध्यम है–भाषा। 'भाषा' तभी सार्थक है–जब उसमें सहृदय बोध्यता हो–सहृदय समाज द्वारा बोधगम्य हो। कठिनाई यह है कि जब 'अज्ञेय' जी नया अर्थ शब्द को देते हैं–तो इस नये अर्थ दान की क्षमता का समाज स्वीकार या समाज बोध्यता कुछ समय के 'प्रयोग' से ही आएगी। 'प्रयोग' ही वह साधन है जिसके सम्पर्क में आकर लोग शब्द सामर्थ्य से परिचित होते हैं। परन्तु 'प्रयोग' द्वारा जब तक पूर्व प्रयुक्त शब्द–सामर्थ्य का बोध होगा और ऐसे प्रयोगों से भरी हुई भाषा के माध्यम से सहृदय–समाज कवि की व्यक्तिगत संवेदना तक पहुँचता है–तब तक पुनः नयी व्यक्ति संवेदना अपनी अभिव्यक्ति के लिए नये 'प्रयोग' अपनाने लगती है। इस प्रकार कविता की 'नवता' को सहृदय द्वारा पकड़ पाना सदा समस्या ही बनी रहेगी। 'प्रयोग' भारतीय प्राचीन धारा में भी है–सदा से रहा है और रहेगा–पर यह 'प्रयोग' 'व्यक्ति' से नहीं गतिशील संसार के अनुरूप चलता है। इसीलिए अपने यहाँ के आचार्य ऐसे अर्थ, शब्द एवं भाव को काव्य का विषय बनाते हैं–जिसमें अन्ततः 'कवि' एवं 'सहृदय समाज'–का संवाद प्रातिभ–स्तर पर सदा बना रहे। पर 'प्रयोग' को 'वाद' का रूप देनेवालों का खेमा इस 'संवाद' का ख्याल नहीं रखता–इसलिए उसके समक्ष सदा 'विसंवाद' है–ये लोग भी जाना चाहते हैं–'संवाद' तक ही पर कैसे जाएँ–समस्या यह है। 'व्यक्ति संवेदना' को प्रेषित करने के लिए भाषा को भी 'व्यक्तिगत' बना देते हैं–उसे इतना अधिक वैयक्तिक–सन्दर्भ दे देते हैं कि

(साधारणीकरण या) प्रेषणीयता एक दुःसमाधेय समस्या हो जाती है। नकेनवादियों के यहाँ तो 'कवि' के भीतर का ही पाठक ग्रहीता है—अतः उनके यहाँ तो साधारणीकरण का सवाल ही नहीं उठता।

इस प्रकार 'साधारणीकरण' सम्बन्धी प्रस्तुत अध्ययन से निष्कर्ष ये निकलते हैं कि विचारक इससे सम्बद्ध किसी भी पक्ष पर एकमत नहीं हैं। 'साधारणीकरण' रसानुभूति की एक अनिवार्य प्रक्रिया है—अतः जो लोग काव्य में 'रसानुभूति' का अस्तित्त्व ही नहीं मानते, ऐसे 'सह-अनुभूति' माननेवालों के लिए तो यह समस्या ही नहीं है। शेष लोगों में जिन लोगों ने काव्य का सम्बन्ध साध्य या साधन—किसी भी रूप में 'रागोत्तेजना' से माना है—वे भी दो प्रकार के हैं—एक तो वे जो 'राग या आनन्द' को ही काव्य का लक्ष्य मानते हैं (क) शास्त्रीय एवं (ख) स्वच्छन्दतावादी और दूसरे वे जो उसे 'कर्त्तव्य की ओर उन्मुख' करने में साधन मानते हैं—(ग) (शुक्लजी और) (घ) प्रगतिवादी। तीसरे वे भी हैं—जो रागोत्तेजना की बात तो करते हैं—पर इन दोनों कोटियों से पृथक् हैं (ङ) प्रयोगवादी। क, ख, ग एवं घ वर्ग के लोग भाषा के भावमय या गुणालंकारादियुक्त प्रयोग को साधारणीकरण में साधन मानते हैं—जबकि 'ङ' वर्ग उसी के साधारणीकरण में व्यग्र है। फिर शास्त्रीय वर्ग जहाँ काव्यसामग्री के साथ स्थायी और प्रमाता का साधारणीकरण मानता है—वहाँ स्वच्छन्दतावादियों में कोई 'कविकल्पित समस्त व्यापार' का और कोई इससे भी पीछे जाकर 'कवि की अनुभूति' का ही साधारणीकरण मानता है। कवि की अनुभूति को अभिनव गुप्त ने 'साधारणीभूतसंवित्' के रूप में कहा है—वह 'साधारणीभूत' है ही—उसके साधारणीकरण का सवाल कहाँ उठता है—सवाल तो कवि एवं ग्राहक के बीच 'वर्ण्य' के 'साधारण्य' का है। शुक्लजी समस्त आन्तरालिक विभावादि सामग्री की बात करके भी 'विभाव' पर बल देना चाहते हैं। कुछ लोग जिस मानसिक दशा में यह सब अनुभूत होता है—उसे 'मधुमती' और 'विशोका' तक ले जाते हैं। इसी प्रकार अभी यह भी चिन्त्य है कि साधारणीकृत रूप में वैयक्तिक विशेषताएँ पूणतः रसबोध की परिधि से बाहर हट जाती हैं या कुछ-कुछ रसबोध की चरम स्थिति से पहले रहती भी हैं? 'कवि की अनुभूति' का साधारण्य माननेवाले इस दिशा में निश्चिन्त हैं—वे सुख की नींद सो सकते हैं। इसी प्रकार रस-दशा के विषय में शास्त्रीय प्रतिष्ठा 'संविद्विश्रान्ति' की है, मनोविज्ञान की ओर उन्मुख चिन्तकों की आस्था 'संवेगों के सन्तुलन' में है, शुक्लजी की धारणा "व्यक्ति हृदय के 'लोक हृदय' में निमग्न" होने के अनुकूल है, प्रगतिवादी 'व्यक्तिहृदय' को 'समूह हृदय' में डुबोना चाहते हैं—प्रयोगवादी 'रागोत्तेजना' अवश्य चाहते हैं—पर उसकी कोई वैचारिक भूमि स्पष्ट नहीं है।

जहाँ तक मेरा अपना मत है—मेरी आस्था अभिनवगुप्त द्वारा स्थापित 'साधारणीकरण' के स्वरूप में है जिसकी चर्चा पहले सविस्तार की जा चुकी है।

परिशिष्ट

भामह और रस-विमर्श (छठीं शती)

भामह ने तृतीय एवं पंचम परिच्छेद में 'रस' का नाम प्रसंगतः लिया है। श्रव्य-काव्य में इन्होंने रस-तत्त्व को वह महत्त्व नहीं दिया, जो नाट्य-काव्य में उसे मिल चुका था। श्रव्य काव्य में चमत्कार का एकमात्र बीज अलंकार को ही ये माननेवाले थे अथवा यह भी कहा जा सकता है कि जिस किसी तत्त्व से चमत्कार की प्रतीति होती थी, उसे अलंकार में ही समेटने का उस समय प्रयास किया जाता था। इनका उद्घोष था—"न कान्तमपि निर्भूषं विभाति वनिताननम्"—अर्थात् जिस प्रकार कामिनी का आनन कान्त होने पर जब तक अलंकृत न हो, रति का उद्दीपक विभाव नहीं बन सकता, उसी प्रकार काव्य कितना भी गुणवान् हो, चमत्कारी या सहृदयावर्जक नहीं हो सकता जब तक अलंकार की योजना उसमें न हो। यही कारण है कि इनकी गणना अलंकारवादी आचार्यों में होती है। यहाँ 'रस' अलंकार्य नहीं, 'अलंकार' ही रह गया। प्रेय, ऊर्जस्वी, समाहित एवं रसवद् की अलंकारों में गणना की है[1]। भरत के द्वारा निरूपित शृंगारादि रसों से भी इनका भली-भाँति परिचय था[2]। महाकाव्य में सकल रस का सद्भाव आवश्यक बताया है[3]। इसके अतिरिक्त काव्यौषधि के पाने के लिए[4] आवश्यक है कि उसे रस-सिक्त रखा जाए। इन उद्धरणों के द्वारा रस-सम्बद्ध भामह की जो धारणा सामने आती है वह यह कि उन्हें काव्य में रसमयता वांछित थी, अन्यथा 'विनेय' काव्य की ओर आकृष्ट ही नहीं होगा और आकृष्ट नहीं होगा तो काव्य का लक्ष्य-व्युत्पत्ति एवं प्रीति—उस तक पहुँचेगा ही नहीं। दूसरे यह कि यह 'रस' अलंकार्य नहीं, बल्कि एक अलंकार ही है, जिसे 'रसवद्' कहा जा सकता है। रस के विभिन्न प्रभेद भी इन्हें ज्ञात हैं। हाँ, रस-सूत्र की कोई विशेष व्याख्या इन्हें ज्ञात नहीं है।

---

1. प्रेयो रसवदूर्जस्वि पर्यायोक्तं समाहितम्। काव्यालंकार तृ.प.
2. रसवदद्दर्शितस्पष्टशृङ्गारादिरसं तथा। वही
3. उक्तं लोकस्वभावेन रसैश्च विविधं पृथक्—वही
4. स्वादुकाव्यरसोन्मित्रं शास्त्रमप्युपयुजते—वही प.प.

दण्डी और रस-विमर्श (सातवीं शती)

दण्डी ने 'रस' की चर्चा कवि भी होने के नाते कुछ अधिक की है। इन्होंने रस की चर्चा चार प्रसंगों में की है—(1) महाकाव्य लक्षण-निरूपण-प्रसंग, (2) गुण-स्वरूप-निर्वचन-प्रसंग, (3) अलंकार-विवरण-प्रसंग, (4) काव्य-दोष-प्रसंग। महाकाव्य श्रव्य काव्य है। श्रव्य काव्य में इन्होंने रस-स्थिति के विषय में स्पष्ट बताया है—महाकाव्य को 'रस-भाव-निरन्तर' होना चाहिए। उसे रस एवं भाव से ओत-प्रोत होना चाहिए। इसी महाकाव्य के स्वरूप-विवेचन के अवसर पर यह भी कहा है—"विप्रलम्भैर्विवाहैश्च" [1/17]। टीकाकारों ने इस विप्रलम्भ का अर्थ विप्रलम्भ शृंगार ही बताया है। इसी प्रकार कथाख्यायिका की चर्चा में भी विप्रलम्भ का उल्लेख है [1/29 का.द.]।

गुणनिरूपण के प्रसंग में सबसे पहले 'माधुर्यगुण' के स्वरूप परिचय के अवसर पर 'रस' की चर्चा हुई है। माधुर्य का लक्षण करते हुए लिखा है—

"मधुरं रसवद् वाचि वस्तुन्यपि रसस्थितिः" (1/51 का.)

प्रस्तुत पंक्ति पर्याप्त उलझनमयी है। कहा गया है—रसवद् वाक्य ही मधुर है या माधुर्य गुण सम्पन्न होता है। अर्थात् रसवान् वाक्य ही माधुर्यवान् है। इस व्याख्या से जो तथ्य सामने आता है, वह यह कि माधुर्य रस है, जबकि सारा आलंकारिक सम्प्रदाय यह मानता है कि गुण एवं रस एक नहीं है, बल्कि गुण साक्षात् या परम्परया रस का उत्कर्ष करते हैं। दूसरी बात यह भी है कि गुण को जब ये शब्द या अर्थ-निष्ठ मानते हैं, तब वह शब्द एवं अर्थ न रहनेवाले 'रस' का पर्याय कैसे होगा? इसी आशंका को निर्मूल करने के लिए 'वाचि' एवं 'वस्तुनि' कहा गया है। 'वाचि' का अर्थ है—वाक् में—शब्द में और 'वस्तुनि' का अर्थ है—अर्थ में। अर्थात् माधुर्य गुण शब्द में भी रहता है और अर्थ में भी। शब्द एवं अर्थ में रस की स्थिति होने का यह अभिप्राय नहीं है कि जिस प्रकार गुण शब्द एवं अर्थ में रहता है उसी प्रकार रस भी प्रत्युत उसका अर्थ यह है कि उन शब्दों एवं अर्थों में 'रस-निष्पत्ति' की क्षमता है। इस प्रकार शब्द एवं अर्थ में रस होने का अभिप्राय है—शब्द एवं अर्थ में रस-निष्पति की क्षमता होनी। इस प्रकार शब्दगत माधुर्य का लक्षण हुआ—'रसव्यञ्जकवर्णविशिष्टरचनात्व' और अर्थगत माधुर्य का लक्षण हुआ—'रसव्यञ्जकार्थविशिष्टत्व'। शब्दगत माधुर्य के लिए श्रुत्यनुप्रास तथा अर्थगत माधुर्य के लिए अलंकारों से भी अधिक 'अग्राम्यता' अपेक्षित है। अग्राम्यता वैदग्ध्य ही है। अर्थ में वैदग्ध्य की झलक आवश्यक है रस-निष्पत्ति के लिए।

रस की इतनी अपेक्षा प्रदर्शित करते हुए भी उसे अलंकार कोटि से अलग इन्होंने भी नहीं किया। अलंकारों की चर्चा करते हुए तीन ऐसे अलंकारों का नाम

लिया है, जिससे रस का पूरा सम्बन्ध है। तीन अलंकार हैं—प्रेय, रसवत् एवं ऊर्जस्वी। श्लोक यों है—

प्रेयः प्रियतराख्यानं रसवद् रसपेशलम्।
ऊर्जस्वि रूढाहंकारं युक्तोत्कर्षं च तत्त्रयम् ॥ [का. 2।275]

भावाभिव्यक्ति द्वारा बोद्धव्य को प्रीत्यतिशयकर अथवा वक्तृगतप्रीत्याधिक्य का सूचक आख्यान ही प्रेय अलंकार है। लक्षणानुरोधी स्वरूप प्रेय अलंकार का यही है। पर यदि उदाहरण की दृष्टि से कहा जाए तो कहा जा सकता है देवादिविषयक रतिभाव का व्यञ्जक आख्यान ही प्रेय है। रस के कारण पेशल (सहृदयानन्दजनक) आख्यान रसवत् अलंकार है। यह रस अंगरूप हो या अंगीरूप—इसका कोई विचार नहीं है। गर्वाभिव्यञ्जक आख्यान ऊर्जस्वी नामक अलंकार है। निष्कर्ष यह है कि देवादिविषयक रति भाव प्रेय अलंकार का, गर्व ऊर्जस्वी अलंकार का और अवशिष्ट भाव तथा रस, रसाभास आदि रसवदलंकार के अन्तर्गत है।

इस प्रसंग में यह विचारना आवश्यक है कि अंगभूत रसादि को यदि अलंकार कहा जाए तो कहा जा सकता है, पर जहाँ वह अंगी हो वहाँ उसे अलंकार क्यों कहा जाता है? कुछ विद्वानों ने इस पक्ष से भी विचार किया है और यह विकल्प उठाया है कि प्रधानतया व्यज्यमान अर्थ मात्र अलंकार्य कहा जाता है अथवा तथाभूत रसादि ही अलंकार्य हैं? जहाँ तक प्रथम पक्ष है, वह इसलिए सम्भव नहीं है कि अप्रस्तुत-प्रशंसा तथा पर्यायोक्त आदि स्थल में प्रधानतया व्यज्यमान वस्तु रहती है—पर वहाँ अलंकार्य का नहीं, प्रत्युत अलंकार का ही व्यवहार होता है। दूसरे पक्ष में भी संगति नहीं है। कारण यह है कि यह विषमता क्यों? क्यों वस्तु एवं अलंकार को प्रधान होने पर भी अलंकार्य न कहा जाए और रस को ही कहा जाए? अतः रसादि को यदि कोई अलंकार कोटि में रखता है—तो रख सकता है। दूसरी बात यह भी है कि दण्डी के मत से इष्टार्थयुक्त शब्द ही काव्य है और वही अलंकार्य है। उसका ही उपस्कारक व्यंग्यमात्र है और काव्य शोभाकर होने के कारण उन्हें अलंकार कहा जा सकता है। अलंकार का लक्षण ही किया है—"काव्यशोभाकरान् धर्मानलंकारान् प्रचक्षते"—काव्य शोभाकर धर्म ही अलंकार है।

प्रेय अलंकार में जिस प्रीति की चर्चा की गई है, वही यदि विभावादि बाहुल्य के योग से परिपुष्ट हो जाए, तो वही प्रीति नायिका विषयिणी रति शृंगार की कोटि तक पहुँच जाती[1] है। इस प्रकरण में दण्डी ने शान्त को छोड़कर शेष आठों रसों की सोदाहरण चर्चा की है। इससे स्पष्ट है कि रस की ओर दण्डी की दृष्टि कितनी झुकी हुई थी।

यहाँ एक समस्या पुनः यह खड़ी होती है कि पहले 'मधुरं रसवद्वाचि' के

---

1. प्राक् प्रीतिदर्शिता सेयं रतिः शृङ्गारतां गता—काव्यादर्श 2/281

द्वारा रसवत्ता को माधुर्य गुण बताया है और यहाँ रसवत्ता को अलंकार कह रहे हैं–यह क्या है? उत्तर स्वयं दण्डी ने दिया है–जहाँ माधुर्य गुण होता है, वहाँ की रसवत्ता और प्रकार की है और जहाँ रसवदलंकार होता है–वहाँ की रसवत्ता और प्रकार की होती है। माधुर्य गुण में रसवत्ता के लिए अग्राम्यता तथा रस व्यंजक सामग्री की अपेक्षा होती है जबकि रसवदलंकार में साक्षात् विभावादि परिपुष्ट रसों की ही अपेक्षा होती[1] है।

इसी प्रकार 'कला[2]-विरोध' नामक दोष का निरूपण करते हुए यह भी कहा है कि जिन रसों के जो स्थायी भाव कहे गए हैं–उस क्रम का जहाँ अतिक्रम हो, वहाँ कला विरोध नामक दोष होता है। उदाहरणार्थ यदि किसी ने वीर एवं शृङ्गार का स्थायी उत्साह एवं रति के बदले क्रोध एवं विस्मय कर दिया–तो वहाँ नाट्यकला से विरुद्ध वर्णन होने के कारण कला-विरोध नामक दोष है।

दण्डी का रस-विषयय सम्पूर्ण विमर्श यही है। इस आधार पर रस-विषयक उनकी धारणा का स्पष्टीकरण करना है। (1) पहली बात जो उक्त अध्ययन एवं विवेचन से स्पष्ट होती है वह यह कि ये रस को अलंकार्य नहीं मानते। उसमें दो एक कारणों का उल्लेख यहाँ किया जा रहा है–पहला कारण यह है कि रसों की चर्चा का कोई स्वतन्त्र प्रकरण नहीं, बल्कि अलंकार प्रकरण में उसका स्थान है। दूसरा कारण यह भी है कि रसों की चर्चा करने के बाद उसे स्पष्ट रसवदलंकार ही कह दिया। (2) दूसरी बात यह है भामह की अपेक्षा रस की चर्चा प्रचुर ही है। जहाँ तक रसों की संख्या का प्रश्न है; इनके मत से वह आठ ही जान पड़ती है। स्पष्ट कहा ही है–"इहत्वष्टरसा यत्ता रसवत्ता स्मृता गिराम्[3]।" ये आठ रस इसके उदाहरणों के अनुरोध से ये कहे जा सकते हैं–शृंगार, वीर, रौद्र, करुण, वीभत्स, हास्य, अद्भुत एवं भयानक। 'शान्त' के सम्बन्ध में इनका मौन अस्वीकार लक्षित होता है। (3) तीसरी बात यह है रसों के परिपोष की भी बात इन्हें इष्ट है, तभी तो 'रूपबाहुल्ययोगेन' तथा 'कारुण्यमुद्रिक्तम्'–आदि कहा है। 'रूपबाहुल्ययोगेन' का अर्थ है–स्वरूप का विभावादि द्वारा बाहुल्य-परितोष करना। 'उद्रिक्त' का भी अर्थ है–विभावादि से परिपुष्ट उदाहरणों के विश्लेषण से विभाव एवं अनुभाव आदि की स्थिति सुस्पष्ट लक्षित होती है। (4) रस-निष्पत्ति की प्रक्रिया की कोई चर्चा नहीं। अभिनवगुप्त ने 'अभिनवभारती' में यह स्पष्ट बताया है कि प्राचीन आलंकारिक, जो 'रतिः शृङ्गारतां गता' कहते हैं। भट्टलोल्लट की भाँति रस की स्थिति

---

1. वाक्यस्याग्राम्यता योनिर्माधुर्ये दर्शितो रसः। इह त्वष्टरसायत्ता रसवत्ता स्मृता गिराम्॥ वही 2/292 ।
2. मार्गः कलाविरोधस्य मनागुद्दिश्यते यथा ।169। वीर शृंगारयोर्भावौ स्थापितौ क्रोधविस्मयौ॥ 3/170 वही।
3. काव्यादर्श 2।292

प्रमुख रूप में अनुकार्यनिष्ठ मानते[1] हैं। (5) महाकाव्य में रस आद्योपान्त रहे–यह आदेश 'रसभाव-निरन्तरः' से स्पष्ट है। कुछ लोगों के स्थायी का यही लक्षण बताया है–आप्रबन्ध जो बना रहे, उसे स्थायी कहते हैं। यद्यपि इन्होंने किसी एक भाव या रस के आद्योपान्त निर्वाह की बात शब्दतः नहीं कही है–पर उसका विरोध भी नहीं किया है। (6) रस के उत्कर्षक धर्मों की चर्चा गुण प्रकरण में और आकर्षक रसदोष की चर्चा दोष प्रकरण में की है।

इस प्रकार स्पष्ट है कि रस-निष्पत्ति-प्रक्रिया की बात छोड़कर शेष अधिकतर रस-सम्बन्धी भावी चर्चा का आभास इनमें उपलब्ध होता है।

उद्भट एवं रस-मीमांसा (आठवीं शती उत्तरार्द्ध)

इन्होंने भामह, दण्डी एवं वामन की रीति न पकड़कर भामह के अलंकार-निरूपणवाली प्रणाली से विभिन्न वर्गों में केवल अलंकारों की चर्चा की है। काव्यस्वरूप, प्रयोजन, प्रभेद एवं हेतु के साथ-साथ गुण, दोष आदि विभिन्न विवेच्य विषयों का निरूपण यहाँ नहीं है। 'काव्यालंकारसारसंग्रह', में छ वर्गों में कुछ अलंकारों का निरूपण है। इन्होंने केवल सारभूत अलंकारों की चर्चा की है। सम्भव है काव्योत्कर्ष एवं अपकर्षक अन्यान्य साहित्यिक तत्त्वों की चर्चा भामह प्रणीत काव्यालंकार के 'विवरण' नामक टीका में कर दिया, अतः निश्चिन्त हों। इसकी चर्चा काव्य दृश्य की दृष्टि से भरत ने पूरी कर ही दी है। श्रव्यकाव्योपयोगी अलंकारों का अलग से निर्देश करने के लिए भामह प्रवृत्त हुए थे। उसी परम्परा में उन्हीं भामह का अनुसरण करते हुए उद्भट ने चतुर्थवर्ग में कुछ ऐसे अलंकारों की चर्चा की है, जिससे रस-विषयक उनकी धारणा प्रकाश में आती है।

काव्यालंकार सारसंग्रह के 'चतुर्थ वर्ग' में प्रेय, रसवत्, ऊर्जस्वी एवं समाहित का जो विवरण है–उससे रस-विषयक पर्याप्त सूचना मिलती है। इन विचारों की चर्चा भामह ने भी की है। इस प्रसंग में यह ध्यान रखने की बात है कि भामह एवं दण्डी ने प्रेय अलंकार का जो स्वरूप निर्धारित किया है, उद्भट उससे वृहद्रूप स्थिर करते हैं। भामह एवं दण्डी ने जो प्रेय अलंकार के उदाहरण दिए हैं, उससे यह निश्चित होता है कि ये लोग देव, गुरु, नृप एवं अपत्यादि विषयक प्रीति जो भाव कोटि की है, का वर्णन ही प्रेय अलंकार है। उद्भट इतने से ही परितुष्ट नहीं होते और प्रेय का लक्षण यों लिखते हैं–"रत्यादिकानां भावानामनुभावादिसूचनैः"[1]–अर्थात्

---

1. अभिनवभारती, षष्ठ अध्याय। अथवा 'This view is the same as that held by Dandin also, who should have meant something like the abone, when he said—"रतिः शृङ्गारत्ताङ्गता"–The Theories of Raza And Dhwani Paje 99.
2. का.अ.सा.सं.–चतुर्थ वर्ग दूसरा श्लोक पृ. 32 (गायकवाड़ ओरियण्टल सिरीज)

न केवल पुत्रादि-विषयक रति ही, प्रत्युत अतिरिक्त व्यभिचारी एवं सात्त्विक भावों की जहाँ अनुभाव आदि से सूचना हो, वहाँ भी प्रेय नामक अलंकार होता है। इनके टीकाकार प्रतीहारेन्दुराज ने तो 'आदि' शब्द का विवरण देते हुए नाट्यशास्त्र में निर्दिष्ट स्थायी भावों को भी प्रेय में अन्तर्भूत कर लिया है और कहा है कि जहाँ इनकी अनुभावादि द्वारा सूचना हो, वहाँ प्रेयस्वान् अलंकार कहना चाहिए। इस प्रकार प्रतीहारेन्दुराज ने पचास भावों को प्रेयस्वान् के भीतर संगृहीत कर लिया है। विवृत्तिकार ने (काव्यालंकारसारसंग्रह पर 'विवृत्ति' नामक व्याख्या के प्रणेता) प्रतीहारेन्दुराज शम की उक्त व्याख्या पर आपत्ति की[1] है और प्रेयस्वान् का विषय स्थायी भावों को नहीं माना है–अर्थात् 'नव' संख्या कम कर दी है और सब मिलाकर 41 भावों को ही इस कोटि में रखा है। प्रतीहारेन्दुराज का यह कहना है कि जहाँ रति आदि स्थायी भावों का अनुभाव आदि के द्वारा सूचन हो–वहाँ प्रेयस्वान् और जहाँ विभावादि के द्वारा उन्हीं का उन्मीलन हो, वहाँ रसवदलंकार होता है। विवृत्तिकार का इस विरोध में कुछ और ही कहना है। वे कहते हैं कि स्थायी भाव का जहाँ सूचन या उन्मीलन कुछ भी विभावादि द्वारा होगा, वहाँ रसात्मता आ ही जाएगी, अतः वे प्रत्येक दशा में रसवदलंकार के ही विषय हैं और प्रीतिरूपा रति तथा अन्य व्यभिचारी एवं सात्त्विक भाव जहाँ सूचित होंगे, वहाँ प्रेयस्वान् अलंकार होगा। ये रसवदलंकार से भिन्न होंगे। दण्डी ने भी 'रतिः शृङ्गारतां गता' 'क्रोधो रौद्रात्मतां गतः (का. 2/281, 283) द्वारा यह स्पष्ट ही कह दिया है कि रसात्मतया परिणत स्थायी भावों का वर्णन रसवदलंकार है और प्रेयोऽलंकार में प्रीतिरूपा रति के समान भावान्तर को भी स्थान मिल सकता है पर रत्यादि स्थायी भावों को छोड़कर।

रसवदलंकार का स्वरूप बताते हुए इन्होंने दण्डी की भाँति आठ ही नहीं, प्रत्युत 'शान्त' के साथ नव रसों की चर्चा की है। विशेषता यह कि ये नव रस नाट्यगत[2] होते हैं–यह इनका निश्शङ्क निर्घोष है।

शास्त्र विरोधी प्रेय एवं रसवद् है और शास्त्र विरोधी[3] ऊर्जस्वी काम क्रोध आदि के कारण शास्त्रविरोधी रूप में जहाँ रसभाव का उपनिबन्ध होता है–वहाँ वह ऊर्जस्वी होता है। एक विलक्षण बात रसवदलंकार के प्रसंग के उद्भट ने यह कही है कि इसकी अब गति पाँच तत्त्वों से होती है–स्व (वाचक) शब्द, स्थायी, विभाव, संचारी एवं अनुभाव। पर इसी सामग्री में यदि कहीं लोक या शास्त्र की निर्धारित सरणि का अतिक्रमण हो गया–अनौचित्य आ गया–तो वहाँ ऊर्जस्वी कहा जाता है।

---

1. "पञ्चाशद्भावसूचनम्–इति व्याख्यानं (न) युक्तम्। हासादीनांभावानां हास्यादीनां च रसानां भेदस्यासिद्धत्वात्।"–का.सा.सं. की विवृति, पृ. 33
2. "नवनाट्य रसाः स्मृताः"–वही, श्लोक सं. 5 पृ. 33
3. का सा. सं., चतुर्थ वर्ग द्वितीय श्लोक, पृ. 32।

अनैचित्य प्रवृत्त रसाभास एवं भावाभास तथा शास्त्रविरुद्ध रसभाव–सभी का जहाँ प्रशस्त (भावशान्ति) वर्णित हो, वहाँ 'समाहित' होता है। यहाँ रसान्तर का प्रादुर्भाव नहीं वर्णित होना चाहिए। ध्वनिसम्प्रदायानुयायी आलंकारिक 'रस' को 'शान्ति' नहीं मानते, भाव–शान्ति ही स्वीकार करते हैं।[1]

ये भी अलंकारसम्प्रदायानुयायी आचार्य हैं और अलंकारों के ही प्रकरण में 'रस' की चर्चा की है। रस की अलंकार रूपता एवं अलंकार्यरूपता का कोई प्रश्न नहीं है। इसकी संस्था के विषय में ये दण्डी से आगे हैं और शान्तरस को बड़ी ही दृढ़तापूर्वक नाट्यगत मानते हैं। काश्मीरी आलंकारिकों ने 'शान्त' की प्रतिष्ठा में बड़ा ही बल लगाया है। विभावादि शब्दों के प्रयोग से यह सूचित होता है कि कदाचित् इन्होंने रस की प्रतिष्ठा सामाजिक में मान रखी हो।

बामन और रस-विमर्श (आठवीं शती उत्तरार्द्ध)

ये उद्भट के समसामयिक आचार्य हैं। भामह एवं उद्भट द्वारा स्वीकृत अलंकारवाद का अतिक्रमण करते हुए दण्डी द्वारा संकेतित 'मार्ग' को 'रीति' के नाम से काव्य का सर्वस्व घोषित किया और 'रीतिवाद' की प्रतिष्ठा की। इन्होंने काव्य के सर्वांग पर थोड़ा-बहुत विचार किया।

इन्होंने परम्परा से चले जाते हुए रसवद्, प्रेय, ऊर्जस्वी एवं समाहित का नाम नहीं लिया। अलंकार परिच्छेद में कहीं भी इसकी चर्चा नहीं है। इन्होंने रस की चर्चा प्रसंगतः अधिक से अधिक दो स्थलों पर की है–एक तो काव्यप्रयोजन का विचार करते हुए और दूसरे गुणों का निरूपण करते हुए।

काव्य का प्रयोजन इन्होंने 'प्रीति'[2] बताई है। काव्यालंकार कामधेनु नामक काव्यालंकार सूत्रवृत्ति की टीका में 'प्रीति' शब्द के दो अर्थ बताए गए हैं। पहली काव्यार्थभावना-प्रसूत रस-प्रतीति एवं दूसरी इष्ट प्राप्ति अनिष्ट परिहारमूलक[3] आनन्द। इस 'प्रीति' की चर्चा भामह ने भी की है। दूसरी चर्चा हुई 'कान्ति'[4] नामक अर्थ गुण के सम्बन्ध में। इन्होंने 'शान्ति' में दीप्त-रस का होना आवश्यक बताया है। अर्थात् कान्तिगुण वहाँ होता है जहाँ शृंगार आदि रस दीप्त हो। 'कामधेनु' नामक टीकाकार ने 'दीप्त' का अर्थ किया है–विभावानुभावव्यभिचारी[5] से अभिव्यक्त।

1. अनौचित्यप्रवृत्तानां कामक्रोधादिकारणात्। भावानां च रसानां च वंध ऊर्जस्वि कथ्यते। वही, श्लोक 9।
2. काव्यालंकार सूत्रवृति–प्र.अ. 5 सूत्र।
3. "अत्र प्रीतिशब्देन श्रवणसमनन्तरमेव सहृदयहृदयेयु जायमाना या रसास्वादलक्षणा, या च पुनरिष्ट प्राप्त्यनिष्टपरि हारनिवंधना–सेयमुभयथा प्रीतिर्निश्चिता"–का.सू.वृ. टीका, पृ. 10।
4. काव्यालंकार सूत्र वृत्ति
5. का. सू. वृ. टीका, पृ.

इस प्रकार जहाँ प्राक्तन आलंकारिक रस को अलंकार में रखते थे, उसे इन्होंने 'गुण' में अन्तर्भूत किया। इनके यहाँ अलंकार गुण द्वारा आहित सौन्दर्य का उत्कर्ष करते हैं। पर दीप्त रसमय जाति गुण सम्पन्न 'गौड़ीया' को वे अतात्त्विक रीति ही मानते हैं।

काव्य प्रभेदों का विचार करते हुए उन्होंने कहा है 'सन्दर्भेषु दशरूपकं श्रेयः' सन्दर्भों में दशरूपक का स्थान महत्त्वपूर्ण है और इस महत्त्व का कारण है–'रस' का पूर्ण परिपाक तथा उसका सम्यक् उपस्थापन। इससे यह स्पष्ट नहीं है कि रस का दृश्यकाव्य में वे महत्त्व मानते थे, बल्कि वे तो अनेक काव्यरूपों का वहाँ मिश्रण होने से (दृश्य पटवत्) महत्त्व मानते थे।

रुद्रट एवं रस-विमर्श (नौवीं शताब्दी)

रुद्रट का आविर्भाव उस समय हुआ, जबकि अलंकार एवं रीति सम्प्रदाय स्थापित हो चुका था। नाट्य के क्षेत्र में रस–की प्रधानता बहुत पहले ही स्थिर हो चुकी थी। सम्भव है उस समय तक ध्वनि-दिवाकर के उदय की सूचना देनेवाली अरुण आभा काव्य प्रकाश के क्षितिज में फैलने लग गई रही हो।

पूर्वान्वित भामह, उद्भट एवं वामन में प्रथम तीन ने 'रस' की स्थिति अलंकार के भीतर मानी और वामन ने 'कान्ति' नामक गुण में। रुद्रट ने अपने को वितान से बाहर खड़ा कर लिया। इन्होंने गुण या अलंकार में 'रस' का न तो अन्तर्भाव किया और न तो उनके प्रकरण में रस की चर्चा ही की। प्रस्तुत ग्रन्थ सब 16 अध्यायों में है। अन्यान्य साहित्यिक तत्त्वों के विवेचन के साथ-साथ अलंकार एवं रस के लिए अपेक्षाकृत अधिक स्थान दिया है। अलंकार एवं रस–इन दोनों में काल प्रभाव से अलंकार को यद्यपि अधिक स्थान दिया है, पर 'रस' के लिए जहाँ पूर्वोक्त चार आलंकारिकों ने स्वतन्त्र एक भी अध्याय नहीं दिया–वहाँ इन्होंने 12-16 तक पाँच अध्याय दिए। इससे स्पष्ट सिद्ध है कि रस की ओर इनकी दृष्टि कुछ अधिक मुड़ी है।

काव्यास्वरूप का निरूपण करते हुए 'सरसं कुर्वन् महाकविः[1] काव्यम्' रस का उल्लेख किया ही है। द्वादश अध्याय में इन्होंने स्वीकार किया है कि काव्य का निर्माण मुख्यतः सरस लोगों के लिए किया जाता है, जिससे कि वे लोग शीघ्र एवं सौन्दर्यपूर्वक चतुर्वर्ग का अवगम कर लें। यद्यपि इसका अवगम शास्त्र से भी हो सकता है, तथापि वह नीरस है, क्लेश-गम्य है, अतः सरस-प्रकृति वाले लोग उससे डरते हैं।

उपर्युक्त प्रयोजन (चतुर्वर्ग-व्युत्पत्ति) की निष्पत्ति के लिए अथवा सदर्थ काव्य

1. काव्यालंकार (रुद्रट) द्वादश अध्याय (काव्यमाला), पृ. 149 ''ननु काव्येन क्रियते सरसानामवगमश्चतुर्वर्गे। लघु मृदु च नीरसेभ्यस्ते हि त्रस्यन्ति शास्त्रेभ्यः 121।

में प्रवृत्त कराने के लिए रुद्रट आवश्यक मानते हैं कि काव्य को प्रयत्नपूर्वक सरस बनाने का प्रयास करना चाहिए[1]। इससे काव्य में रस की महत्ता सुस्पष्ट स्वीकृत है।

आगे चलकर रसों की संख्या, जो पहले से आठ थी, उद्‌भट द्वारा नौ हुई, इन्होंने 'प्रेयान्' को जोड़कर दस कर दी। 'प्रेयान्' को रस मानने में उनका तर्क है कि भरत आदि पूर्वाचार्यों ने जिनकी 'रस' संज्ञा दी है, वह इसलिए कि उनका आस्वादन होता है। और यह कोई तर्क नहीं है कि जितने की उन्होंने स्थायिरूपता स्वीकार की है, उतने का ही आस्वादन होता है, शेष का नहीं। आस्वादन निर्वेद आदि का भी हो सकता है, अतः वे भी रस हैं।

अनन्तर, उपर्युक्त सभी रसों की सामग्री का सोदाहरण प्रदर्शन है। शृंगार रस के निरूपण में लगभग तीन अध्याय (12, 13, 14) लगाए गए हैं। शृंगार के अंग रूप में नायक एवं नायिका का भी विवेचन है। शृंगार के संभोग विप्रयोग के अतिरिक्त प्रच्छन्न एवं प्रकाश ये दो भेद और हैं। सम्भोग के अनेक रूपों की ओर इंगित-मात्र है, पर विप्रलम्भ के चार प्रभेदों की स्पष्ट चर्चा की है। चार हैं—प्रथमानुराग[2], मान[3], प्रवास[4], करुण प्रथम तीन तो सभी को मान्य हैं। करुण-विप्रलम्भ की भी चर्चा आगे दर्पणकार आदि ने की है। इन्होंने जो 'करुण' नामक विप्रलम्भ शृंगार के प्रभेद का लक्षण दिया है—वह विलक्षण है—

करुणः स विप्रलम्भो यत्रान्यतरो म्रियेत नायकयोः।
यदि वा मृतकल्पः स्यात् तत्रान्यरद्गतं प्रलयेत्[5] ॥

अर्थात् करुण-विप्रलम्भ वहाँ होता है, जहाँ नायक अथवा नायिका में से किसी एक की मृत्यु हो जाए अथवा दोनों में एक मृत्युकल्प—मृत की तरह हो जाए। पर इस लक्षण को देखकर यह भ्रान्ति कदापि न होनी चाहिए कि करुण का अन्तर्भाव विप्रलम्भ में ही इन्होंने कर लिया है। यदि करुण का शृंगार में अन्तर्भाव होता, तो नव रसों का नाम लेते समय अलग से करुण का उल्लेख क्यों होता? दूसरी बात यह भी है कि करुण को इन्होंने आगे चलकर शोक-प्रकृतिक कहा[6] है और पूर्व लक्षित करुण को रति प्रकृतिक। दूसरा अन्तर यह भी हो सकता है कि करुण-विप्रलम्भ नायक एवं नायिका के ही बीच हैं, जबकि करुण में इतन सम्बन्धी

1. "तस्मात्तत्कर्तव्यं यत्नेन महीयसा रसैर्युक्तम्"—काव्यालंकार 12/2
2. शृङ्गारवीरकरुणा वीभत्सभयानकाद्भुता हास्यः। रौद्रः शान्तः प्रेयानिति मन्तव्या रसाः सर्वे—वही 12/3
3. अथविप्रलम्भनामा शृङ्गारोऽयं चतुर्विधो भवति। प्रथमानुरागमानप्रवास करुणात्मकत्वेन॥ वही 14/1
4. वही 14/34।
5. काव्यालंकार।
6. काव्यालंकार 2/18

मृत हो सकता है।

शृंगाराभास की चर्चा करते हुए रसाभास पर भी दृष्टि-निक्षेप कर ही दिया है। वीर के आगे चलकर चार प्रभेदों दया, दान, धर्म, युद्ध की चर्चा हुई है, पर यहाँ तीन ही–युद्ध, धर्म, दान[1]–कथित हैं। शेप रसों का सामान्यतः विभावादि निबद्ध है। प्रेयान् का स्थायी भाव स्नेह माना गया है।

एक बात और विलक्षण यह है कि इन्होंने यह विचार किया है कि किस रस में कौन-सी रीति तथा वृत्ति प्रयुक्त की जाए? उदाहरणार्थ, शृंगार के विषय में इनका पक्ष है कि यहाँ पांचाली तथा वैदर्भी रीतियों का और मधुर तथा ललिता-वृत्तियों का प्रयोग हो। प्रेयान् करुण, भयानक एवं अद्भुत में वैदर्भी तथा पांचाली एवं रौद्र में लाटीया तथा गौड़ी रीतियों का प्रयोग हो सकता है। सामान्यतः यह वक्तव्य है कि इन रीतियों के विधान में औचित्य का ध्यान रखे। शेष रसों के लिए कई नियम नहीं है। सामान्यतः औचित्य-दृष्टि का विधान तो किया ही गया है।

उपसंहार करते हुए इन्होंने कहा है कि इन 'रसों' का सम्यक् अधिगमन होने से सर्वरम्य काव्य का विधान नहीं हो सकता, अतः इस रस के विषय में सावधान होना चाहिए।

इस प्रकार इनके अध्ययन से स्पष्ट है कि रुद्रट ने 'रस' की विचारधारा के उन्नयन में पर्याप्त योग दिया है। रस का स्वतन्त्र निरूपण, सभी रसों के उपकरण, प्रेयान् की रस-रूप में कल्पना, रीति एवं वृत्ति की रसोत्कर्षक रूप में चर्चा आदि 'रस-विकास' के विशिष्ट सोपान हैं।

रुद्रभट्ट और उनका रस-विमर्श–कुछ लोग रुद्रभट्ट एवं रुद्रट दोनों को नाम एवं कृति-उभयगत साम्य देखकर एक कहना चाहा है, फिर भी यदि सूक्ष्मतः देखा जाए, तो दोनों में पर्याप्त अन्तर उपलब्ध होगा। रुद्रभट्ट ने भरत की भाँति भाव रसों को मानते हुए शान्त नामक एक नौ रस की भी चर्चा की है, जबकि रुद्रट ने उन नौ के अतिरिक्त प्रेयान् नामक एक दशम रस की भी चर्चा की है। दूसरे यह भी है कि रुद्रट ने भरत द्वारा परिमित रस-संस्थाओं का सोपपत्तिक विरोध भी किया है, जिसे ऊपर दिखाया गया है। वृत्तियों में भी दोनों का अन्तर हैं। रुद्रट ने पाँच वृत्तियाँ मधुरा, प्रौढ़ा, पुरुषा, ललिता, भद्रा[2] मानी हैं। रुद्रभट्ट ने परम्परागत चार ही। इतने से यह स्पष्ट है कि दोनों भिन्न हैं और डॉ. ए. शंकरन्[3] के अनुसार रुद्रभट्ट रुद्रट के परवर्ती है। शृंगारतिलक के टिप्पणीकार का अनुमान है कि ये रुद्रभट्ट सम्भवतः पंचतन्त्र संग्रहकर्ता[4] विष्णु शर्मा से प्राचीन हैं। कारण यह है कि

1. The Theory of Rasces and Dhawani Page 33.
2. शृङ्गारतिलक (काव्यमाला) पृ. 111

3-4. आख्यातनामरचनाचतुरस्रसन्धि, सद्वागलंकृतिगुणं सरसं सुवृत्तम्।
आसेदुषामपि दिवं कविपुंगवानां, तिष्ठत्यखण्डमिह काव्यमयं शरीरम् ॥
शृंगार तिलक प्र.प. 2 श्लोक।

शृंगार तिलक के प्रथम परिच्छेद का श्लोक 'सार्धं मनोरथ शतैस्तव धूर्त! कान्ता' पंचतन्त्र के लब्ध प्रकाश नामक चतुर्थ तन्त्र में मिलता है। विष्णु शर्मा भी अष्टमशतक के मध्य भाग के हैं। अस्तु।

सम्प्रति, 'रस' सम्बन्धी विचारधारा के विकास में उनका क्या योग है—यह देखना चाहिए। रुद्रट की भाँति रुद्रभट्ट ने भी काव्य के रसक्षण में 'सरस'[1] शब्द का निवेश किया है। भरत आदि ने नाट्य को ध्यान में रखकर रस की स्थिति का विवेचन किया है, पर रुद्र की प्रतिज्ञा है कि वे 'काव्य' के प्रति रस-स्थिति का विवेचन करेंगे काव्य विषय में उनका वक्तव्य है कि द्युलोक में भी अधिष्ठित कविपुंगवों का अखण्ड शरीर ही काव्य है—इस शरीर में आख्यात एवं नाम पदों की रचना ही चतुरस्र सन्धि है। इसमें सद्वाग्, अलंकृति, गुण, रसमयता, सुन्दर छन्द ही सुन्दर आचार के रूप[2] में हैं। इस प्रकार के लक्षण से समन्वित काव्य सामान्य की दृष्टि से इन्होंने रस का विचार किया है। नाट्य मात्र को छोड़कर काव्य—सामान्य के विषय में 'रस' की चर्चा का कारण यह बताया है कि इसके बिना वाणी सुशोभित नहीं होती। क्या यामिनी इन्दु के बिना, नारी पति के बिना, लक्ष्मी त्याग के बिना कभी सुशोभित होती है? बस यही स्थिति रस के बिना कविता की[3] है। अतः आवश्यक है काव्य 'रस-निरन्तर[4]'—रस से ओत-प्रोत हो।

इन्होंने काव्य में नौ रसों की स्थिति मानी है। ये नौ रस शान्त के साथ वे ही प्रसिद्ध अथवा परम्परा प्राप्त नौ रस हैं। बाद में नौ स्थायी भावों तथा तैंतीस संचारी भावों तथा 8 सात्त्विक भावों की चर्चा करने के अनन्तर यह कहा है—

भावा एवातिसंपन्नाः प्रयान्ति रसताममी।
यथा द्रव्याणि भिन्नानि मधुरादिरसात्मताम् ॥ 1/16 ॥

अर्थात् ये ही भाव अतिसम्पन्न होकर रसभाव को प्राप्त हो जाते हैं। उदाहरण के लिए विभिन्न द्रव्यों को लिया जा सकता है, जो मधुरादिरसात्मता को प्राप्त हो जाते हैं। वही संचारी भावों के लिए भी कहा है—"त्रयस्त्रिंसदमी भावाः प्रयान्ति च रस स्थितिम्" (1/14 का.) ये तैंतीस भाव भी रसमयी स्थिति को पहुँच जाते हैं।

यहाँ उक्त कारिकाओं के पढ़ने से जो भ्रम होता है, वह यह कि क्या संचारी

1. यामिनीवेन्दुना मुक्ता नारी व रमणं बिना। लक्ष्मीरिव ऋते त्यागान्नत्रो वाणी भाति नीरसा ॥ 1/6 वही
2. तस्माद्यत्नेन कर्त्तव्यं काव्यं रस-निरन्तरम्—वही 1/8।
3. प्रायोनैकरसं काव्यं किञ्चिदत्रोपलभ्यते। बाहुल्येन भवेद्यस्तु स तद्वृत्त्या निगद्यते। 1/18 वही
4. कैशिरभटी चैव सात्वती भारती तथा। चतस्रोवृत्तयोज्ञेया रसावस्थानसूचकाः ॥ 1/19 वही

भाव किंवा सभी भाव रसत्व को प्राप्त होते हैं—रस बनते हैं? इस प्रकार की उक्ति से वे क्या कहना चाहते हैं? इतना तो स्पष्ट जान पड़ता है कि यदि सभी रस होते, तो पहले नौ को ही रस कहने का कोई अर्थ ही नहीं है। और यदि ये रस-स्थिति को नहीं प्राप्त करते तो आखिर इस उक्ति का रहस्य क्या है?

रहस्य यही जान पड़ता है कि अन्ततः 'रस' के स्वरूप में स्थिति तो विभावानुभाव-संचारी में से सबकी रहती है। प्रपानक रस की भाँति काव्य-रस में भी इन सब भावों का मिश्रण रहता ही है—अतः इनकी 'रस-स्थिति' में किसी भी प्रकार का पूर्वापर विरोध नहीं होता।

इनका यह भी मत है कि काव्य में प्रायः आद्योपान्त एक ही रस हो—यह निश्चित नहीं—अनेक-रस भी होते[1] हैं—पर व्यवहार उसी के नाम से होता है, जिसका बाहुल्य हो। आनन्दवर्द्धनाचार्य ने आगे चलकर—स्पष्ट कह दिया है कि अंगी रस एक ही होता है और—अंग होते हैं। कुछ लोग अंग को भी रस कहना चाहते हैं, पर सिद्धान्ततः वह भाव ही माना जाता है।

रुद्रट की भाँति इन्होंने भी वृत्तियों को 'रसावस्थानसूचक'[2] कहा है। वृत्तियाँ चार हैं—कैशिकी, आरभटी, सात्त्वती एवं भारती। [स्मरण रखने की बात यह है कि ये वृत्तियाँ अर्थगत हैं, शब्दगत नहीं]।

सभी रसों का नायक इनके मत से शृंगार[3] ही है। उसमें तर्क यह है कि धर्म से अर्थ और अर्थ से काम और काम से सुखात्मा फल का उदय होता है; अतः उसकी सिद्धि (सुखसिद्धि) के लिए शृंगार रस ही समर्थ होने के कारण साधीयान् है।

रुद्रट की ही भाँति इन्होंने भी पहले शृंगार के दो भेद माने हैं—संयोग एवं विप्रयोग। फिर उसी से प्रच्छन्न एवं प्रकाश दो-दो भेद[4] किए हैं। इनके मत से संयोग के लिए नायक एवं नायिका को संयुक्त होना चाहिए और वियोग के लिए वियुक्त। पर प्रश्न यह खड़ा होता है कि यह संयोग और वियोग दैशिक दृष्टि से संयुक्त अथवा वियुक्त नायक नायिका अपेक्षा रखता है, अथवा अन्य किसी प्रकार से संयुक्त और वियुक्त की अपेक्षा रखता है। वस्तुतः दैशिक दृष्टि से संयोग तथा वियोग का स्वरूप निश्चित करना ठीक नहीं है। कभी-कभी ऐसा भी होता है कि एक ही शयन पर नायक नायिका हैं—अतः दैशिक दृष्टि से संयुक्त हैं, परन्तु दोनों यदि परस्पर नाराज होकर मन एक-दूसरे की ओर से हटाए हुए हों,

---

1. धर्मादर्थोऽर्थतःकामः कामात्सुखफलोदयः। साधीयानेषतत्सिद्धयै शृंगारो नायको रसः। 1/20 वही
2. संयोगो विप्रलम्भश्च शृङ्गारो द्विविधोमतः। 1/21। प्रच्छन्नश्च प्रकाशश्च पुनरेषद्विधा यथा। 1/22 वही
3. शृङ्गारतिलक, 2/1
4. शृङ्गारतिलक 2/59–62 श्लोक।

तो वहाँ क्या माना जाएगा? वहाँ रति अतृप्त है—अतः संयोग नहीं माना जा सकता, भले दोनों देश की दृष्टि से संयुक्त हैं। अतः संयोग वियोग का मूलतः सम्बन्ध नायक एवं नायिका के मानसिक आनुकूल्य तथा प्रतिकूल्य पर निर्भर है। फिर रुद्रट की ही भाँति इन्होंने विप्रलम्भ के चार प्रभेद स्थिर[1] किये हैं।

करुण विप्रलम्भ का रुद्रट की अपेक्षा इन्होंने सुस्पष्ट प्रतिपादन किया है और कहा है जब नायक एवं नायिका—दोनों में से कोई एक विपन्न हो जाता है और फलतः दूसरा मृतकल्प हो जाए और विलाप करे, तो वहाँ करुणविप्रलम्भ होता है। कुछ लोगों ने यहाँ कारुण्य का भ्रम पैदा कर दिया है—उन लोगों ने यह भुला दिया है कि यहाँ का कारुण्य रतिमूलक है। यहाँ उन दोनों का पुनः संग भी होता है—अतः कारुण्यनुमोदित शृंगार ही मानना ठीक[2] है।

रुद्रट की भाँति रुद्रभट्ट ने भी विरोधी रसों की चर्चा की है और कहा है—शृंगार वीभत्स, वीर भयानक, रौद्र, अद्भुत, हास्य, करुण परस्पर वैरी हैं। इस प्रकार के रस-विरोध की पहले के अलंकारिकों ने 'कला-विरोध' नामक दोष के प्रकरण में चर्चा की है।

दूसरी बात उल्लेखनीय यह है कि इन्होंने शृंगार से हास्य, रौद्र से करुण, वीर से वीभत्स और वीभत्स से भयानक का जन्म माना है। मनीषियों ने विरोधी रसों का भी युक्तिपूर्वक संभेद किया है। प्रकाशकार आदि आलंकारिकों ने रस-विरोध-परिहार के प्रकरण में इस विषय की चर्चा की है।

इस प्रकार तीन परिच्छेदों का यह लघुकाय ग्रन्थ प्रमुख रूप से रसों पर ही विचार करता है। रस का विचार करते समय प्रसंगतः नायक एवं नायिका प्रभेद पर भी दृष्टिनिक्षेप किया गया है। रसोपयोगी अर्थगत वृत्तियों की भी अच्छी विवृति है।

आनन्दवर्द्धनाचार्य के प्रवेश से पूर्व अलंकारशास्त्र में मौलिक ग्रन्थ प्रणेताओं के ये ही विचार हैं। इनके साथ-साथ नाट्यशास्त्र के टीकाकारों ने जो रस-विषयक विमर्श किया है—वह भी उल्लेखनीय है। नाट्यशास्त्र के टीकाकारों में उद्भट का भी नाम लिया जाता है। पर इनकी टीका का कोई अंश कहीं उद्धृत भी नहीं मिलता, मूल की बात तो दूर है। दूसरे अन्य टीकाकार हैं भट्टलोल्लट (नवम् शतक का पूर्वभाग)। भट्टशंकुक (नवम् शतक का मध्य) भट्टनायक (आनन्दवर्द्धन एवं अभिनवगुप्त के बीच) ने भरत के रस सूत्र पर पर्याप्त विचार किया है। काल-क्रम के अनुसार आनन्दवर्द्धन से पूर्व भट्टलोल्लट एवं शंकुक आते हैं। इन लोगों की टीका का भी मूल रूप उपलब्ध नहीं होता, 'अभिनव भारती' के उद्धरण से ही उसका कुछ आभास मिलता है। जो कुछ मिलता भी है—वह केवल रस-सूत्र पर ही। लोल्लट एवं शंकुक की अभिनव भारती में आलोचना भी की गई है।

---

1. काव्यालंकार सूत्रवृत्ति
2. शृंगारतिलक 1/5

लोल्लट एवं शंकुक ने रस के सम्बन्ध में वह विचार आरम्भ किया। जो तब तक के आलंकारिकों द्वारा नहीं उठाया गया था। इन लोगों ने रस-निष्पत्ति प्रक्रिया का विचार किया है।

इस प्रकार प्रागानन्दवर्द्धन रस के सम्बन्ध में अनेकविध पक्षों से विचार आरम्भ हो चुका था। यह विचार काव्य में बहिरंग पक्ष-दोष, गुण, अलंकार–से भी और रुद्रट तथा रुद्रभट्ट अथवा भरतमतानुयायियों द्वारा केवल दृश्य-काव्य में अन्तरंग पक्ष से भी आरम्भ हो गया था। भामह, दण्डी एवं उद्भट ने अलंकारों के मध्य रस की सामान्यतः चर्चा की। वामन ने गुण के द्वारा तथा कला-विरोध जैसे दोषों के प्रसंग में, काव्यलक्षण में–रस का नाम लिया। पर वामन ने 'काव्येषु दश[1] रूपकंश्चेयः' कहकर रस के महत्त्व को लक्षित किया है। रुद्रट ने रस के लिए चार, पाँच परिच्छेद व्यय किए और सब प्रभेदों का साङ्गोपांग निरूपण भी किया। यहाँ से कुछ पक्ष-प्रति पक्षपूर्वक रस-विषयक विचार आरम्भ होता है। उदाहरणार्थ, संख्या के ही सम्बन्ध में रुद्रट की सोपपत्तिक स्थापना है कि निर्वेदादि को भी रस क्यों न माना जाए? यहाँ तक रस-संख्या 9 से 10 तक बढ़ा दी। इससे भी अधिक विचार रुद्रभट्ट ने किया। इस समय तक रस-निष्पत्ति-प्रक्रिया का भी आरम्भ भट्टलोल्लट एवं भट्टशंकुक द्वारा आरम्भ कर दिया गया था। यह कहा जाता है कि दृश्यकाव्य के साथ श्रव्यकाव्य में भी रस की प्रतिष्ठा आनन्दवर्द्धन ने ही की–पर रुद्रभट्ट की 'यथामति मयाऽप्येषा काव्यं-प्रति निगद्यते"[2]–इस पंक्ति को पढ़ने से उक्त कथन की जड़ हिलने लगती है। हाँ, यह कहा जा सकता है कि रुद्रभट्ट ने संकेत कर दिया था–आनन्दवर्द्धन ने उसकी पूर्णप्रतिष्ठा की। इस प्रकार रस-विचार की प्राग्भूमि की प्रागानन्दवर्द्धन काल में स्थिति थी–इसकी एक हल्की झलक दी गई।

आनन्दवर्द्धन (नवम् शतक उत्तर भाग) साहित्य-शास्त्र को भी शास्त्र कहिए या दर्शन कहिए–जो कोई भी शब्द महत्ता एवं गुरुता व्यक्त करने के लिए वाङ्मय की किसी शाखा के आगे जोड़ा जा सकता है–उस सबको वाङ्मय की साहित्य–शाखा के आगे जोड़ने योग्य बनाने का श्रेय आनन्दवर्द्धन को है और अभिनव गुप्त जैसे उनको व्याख्याता मिले यह उनके पुण्य का फल था। इन दोनों सहृदयों ने 'साहित्य' को भी इतर शास्त्रों की समता में ला बिठाया। आनन्दवर्द्धन ने काव्य-पुरुष का ऐसा तलस्पर्शी अध्ययन किया–उसकी ऐसी सुसंगत एवं संश्लिष्ट व्याख्या की कि इनके निखिल परवर्ती साहित्यिकों ने उसे शिरसा स्वीकार किया। यह बात भिन्न है कि कुछ इनके भी विरोधी हुए और उन लोगों ने ध्वनि-विरोध का नारा बुलन्द किया–पर यह विरोध पर–पाण्डित्य को न सह सकने वाला परवर्ती इने-गिने आलंकारिकों का उत्तरोत्तर क्षीणं पड़नेवाला विरोधी व्यक्तित्त्व था।

---

1. ध्वन्यालोक, तृतीय उद्योत, पृ. 364। (चौखम्भा संस्करण)
2. वही, प्रथम उद्योत।

यों तो आनन्दवर्द्धन काव्य में ध्वनिवाद के आविष्कारक माने जाते हैं, परन्तु एक स्थान पर उन्होंने स्पष्ट कहा है—"...रसादि रूप व्यङ्ग्यतात्पर्यमेवैषां युक्तमिति यत्नोऽस्माभिरारब्धो न ध्वनिमात्राभिनिवेशेन"—मैंने यह सारा प्रयत्न जो आरम्भ किया है वह केवल ध्वनिमात्र में अभिनिवेश की दृष्टि से नहीं बल्कि यह बताने के लिए कि काव्य-श्रव्य हो या दृश्य—में जो कुछ भी निबद्ध हो, वह एकमात्र रस की दृष्टि से। अन्ततः ध्वनि-मात्र को नहीं, प्रत्युत रस—ध्वनि को ही—इन्होंने काव्य की आत्मा मान रखी है। कहा ही है—'काव्यस्यात्मा स एवार्थः'—काव्य की आत्मा वस्तुतः रस ही है। यद्यपि यहाँ प्रकान्त है—'प्रतीयमान' सामान्य ही, फिर भी काव्य का इतिहास बताते हुए वाल्मीकि की घटना का उल्लेख और वृत्ति-ग्रन्थ—दोनों के सहारे 'सः' सर्वनामः रस' को ही परामृष्ट करता जान पड़ता है—'रस' के ही लिए प्रयुक्त हुआ है। वस्तुध्वनि एवं अलंकार ध्वनि तो गौण रूप में आत्मा कहे जाते हैं। निष्कर्ष यह कि 'दृश्य' की भाँति 'श्रव्य' का भी सर्वस्व 'रस' ही है। यद्यपि 'काव्य' में 'रस' की महत्ता का निर्देश रुद्रभट्ट ने हलके ढंग से पहले ही कर दिया था, परन्तु उसकी स्पष्ट एवं सोपपत्तिक प्रतिष्ठा आनन्दवर्द्धन ने ही की। अब यह स्पष्ट हो गया कि काव्य-पुरुष की आत्मा रस है और शब्दार्थ शरीर। अब काव्य (शब्दार्थ या शब्द) की जगह 'रस' अलंकार्य हुआ और अलंकार उसके शोभावर्द्धक। गुणों[3] की स्थिति भी अब, अंग में नहीं अंगी (रस) में मानी गई और वे रसोत्कर्षक हुए। वृत्तियों और रीतियों आदि सबका महत्त्व रस-निष्पत्ति की दृष्टि से आँका जाने लगा। इस प्रकार एक व्यवस्थित पद्धति का आविर्भाव हुआ।

यहाँ एक प्रश्न विचारार्थ यह उठ सकता है कि काव्य में एकमात्र 'रस' का महत्त्व माननेवाले भट्टनायक भी हैं—वे भी रसवादी आचार्यों में गिने जाते हैं—और फिर भी भट्टनायक को ध्वनिवाद का विरोधी कहा जाता है—इसका क्या अभिप्राय?

अभिप्राय स्पष्ट यह है कि भट्टनायक व्यंजना के विरोधी हैं और ध्वनि-प्रस्थापक आनन्दवर्द्धन भावना अथवा भोग के। 'रस' की सर्वातिशायी स्थिति दोनों मानते हैं, परन्तु 'रस' निष्पादक व्यापार दोनों के भिन्न-भिन्न हैं? दूसरी बात यह है कि ध्वनिवादी एक सन्तुलित एवं अनाग्रही दृष्टि के हैं, जबकि भट्टनायक आग्रही। आग्रह का रहस्य यह है कि सामग्री दृष्टि सब जगह अपने सिद्धान्त का पोष करने के लिए काव्य व्यवहारोपयोगी चमत्कार के मूल 'रस' की ही स्थिति सिद्ध करने का प्रयास करेगी, जबकि ध्वनिवादी दृष्टि को निराग्रहपूर्वक चमत्कार-बीज-निर्धारण का अवकाश है। ध्वनिवादी काव्य व्यवहारोपयोगी चमत्कार के लिए 'रस' को ही नहीं, अनलंकार (वस्तु) को भी मानता है। उदाहरण के लिए एक श्लोक लें—

स्निग्धश्यामल कान्तिलिप्त वियतो बेल्लद्बलाका घना,
वाताः शीकरिणः पयोद सुहृदामानन्दकेकाः कलाः।
कामं सन्तु दृढ़ं कठोरहृदयो रामोऽस्मि सर्वं सहे,
वैदेही तु कथं भविष्यति ह हा हा देवि! धीरा भव ॥

अर्थात्–विरही राम की उक्ति है–ऊपर की ओर दृष्टि उठाने पर आकाशमण्डल काले-काले सजल मेघों से आच्छन्न दिखाई पड़ता है–उसी मेघ से सटी-सटी उड़ती हुई वक-पंक्ति गर्भाधान के उल्लास में एक तरफ से दूसरी तरफ जा रही हैं। इस उन्मादक दृश्य से अपनी दृष्टि खींचकर जब दिशाओं को देखते हैं तो शीतल, मन्द एवं सुगन्ध अनिल के झकोरे हृदय को कम्पित कर देते हैं। अतः आँखों को बन्द कर लिया जाए क्या? पर तब भी इस सारी घटना का स्मरण दिलानेवाली पयोद-सुहृद शिखण्डिमण्डल की आनन्दोल्लासिनी केका श्रुतिगोचर हो रही है। अस्तु, जो भी हों, पर मुझे स्मरण रखने की बात यह है कि "मैं कठोर हृदय राम हूँ–"मैं तो यह सब कुछ सहन कर सकता हूँ–पर सीता की क्या दशा होगी? इतना कहते-कहते सीता की भीरु मूर्ति भावना–चक्षु के सामने आ जाती है और भगवान राम मानो उन्हें सम्बोधन करते हुए कहते हैं–"सीते! देवि! धैर्य रखो।"

ध्वनिवादी यहाँ के चमत्कार का सम्पूर्ण उत्तरदायित्व 'रामोऽस्मि' अंश में स्थिति अर्थान्तरसंक्रमित वाच्यध्वनि का मानेगा। हृदयदर्पणकार भट्टनायक यहाँ के चमत्कार का आधार भी भाव या रस को ही बलात् सिद्ध करेंगे। उनका कहना यह है कि 'ह हा हा' पद से 'संरम्भ' या 'आवेग' गम्य होता है–तन्मूलक ही यहाँ का काव्योपयोगी चमत्कार है। पर विचार की बात है कि आवेग भी विप्रलम्भ का व्यभिचारी भाव है–अतः यहाँ भी रसध्वनि ही समझिए–ध्वनि का सद्भाव तो अक्षुण्ण है ही। रहा यह कि वस्तुध्वनि को यहाँ का चमत्कार बीज प्रधानतया माना जाए या नहीं। ऊपर कहा गया है कि 'ह हा हा' पदगम्य जो संरम्भ या आवेग है–वह भी विप्रलम्भ का व्यभिचारी बनकर ही चमत्कारकारी हो सकता है। सबसे बड़ी बात ध्यान देने की यह है कि यह संरम्भ भी तब तक उल्लसित नहीं हो सकता, जब तक 'राम' शब्द से ध्वनित अर्थ उसको अपना हस्तावलम्ब न प्रदान करे। यहाँ जो आवेग है–उसका स्वरूप क्या है यही न–"मैं तो सह लेता हूँ पर उसका क्या होता होगा"? निष्कर्ष यह कि यहाँ 'राम' शब्द की लक्षणामूलाध्वनि से ही आनीत अर्थ अनुभूत चमत्कार की मूल भित्ति है–अतः उसको महत्त्व न देना ठीक नहीं, प्रत्युत अन्याय है। अन्याय ध्वनिवाद में सम्भव नहीं है और भट्टनायक के आग्रही रसवाद में सम्भव है। दूसरी बात यह है कि मान लिया यहाँ 'ह हा हा' पद से प्रतीत 'संरम्भ' चमत्कारकारी है, पर रविकिरणानुगृहीतानिभवन्ति कमलानि' कमलानि–जैसे काव्योचित स्थलों में कहाँ से सहृदय-हृदय साक्षिक काव्य व्यवहारोपयोगी चमत्कार का आधारभूत रस-भाव आएगा? यहाँ तो शुद्ध वस्तु को ही चमत्कार का मूल आधार मानना पड़ेगा।

यही अन्तर है भट्टनायक और आनन्दवर्द्धन के रसवाद में। अस्तु, यद्यपि रस-निष्पत्ति-प्रक्रिया की चर्चा इनसे पूर्व छिड़ चुकी थी–फिर भी उस विषय पर

जाने क्यों ये मौन रहे।

ध्वनितत्त्व के स्थापन से बची-खुची जो विचार-सामग्री है—वह 'रस' और उत्कर्ष, विघातक, एवं व्यंजक तत्त्वों की चर्चा की ही। ध्वनिवाद भी वस्तुतः रस-ध्वनि की प्रतिष्ठा के लिए है। व्यंग्य-व्यंजक भाव अनन्तानन्त प्रकार का होता है और उससे काव्यार्थ का आनन्त्य होता है और काव्यार्थ के आनन्त्य कवि की प्रतिभा का आनन्त्य होता है—और इससे सरस्वती के भण्डार की अगाधता की सिद्धि होती है। फिर भी इस व्यंग्य-व्यंजक भाव के आनन्त्य होने पर भी आनन्दवर्द्धन का उपदेश यह है कि—

व्यङ्ग्य व्यंजकभावेऽस्मिन् विविधे सम्भवत्यपि।
रसादिमय एकस्मिन् कविः स्यादवधानवान् ॥

अर्थात् कवि को एकमात्र रसादिमय व्यंग्यव्यंजकभाव में ही सावधान होना चाहिए।

रस-तत्त्व का समुचित निर्वाह करने के लिए किस ढंग से गुण, दोष अलंकार एवं व्यंजक तत्त्वों की ओर सचेष्ट रहना चाहिए—इस पर इनका पर्याप्त सूक्ष्म विचार है।

भामह, दण्डी, उद्भट एवं वामन प्रभृति आलंकारिकों ने काव्य में 'रस' की स्थिति सर्व प्रधान न मानकर अलंकार या गुण जैसे बहिरंग तत्त्वों में ही मान रखी थी। इन लोगों के लिए 'रस' रसवदलंकार या कान्ति नामक गुण में अन्तर्भूत था। चाहे, वह रस प्रधान हो या अन्य किसी चमत्काराधायक तत्त्व का अंग। 'रस' सर्वथा प्रधान होता ही है—ध्वन्यालोककार का यह मत नहीं है, बल्कि 'रस' को प्रधान होना चाहिए—यह है ध्वन्यालोककार का मत। कवियों की कृतियों में रस अप्रधान भी मिलता है, स्फुट और अस्फुट भी मिलता है, अस्फुटतर और स्फुटतर भी मिलता है। पर रस की सर्वोत्तम स्थिति वह है जहाँ रस इतना स्फुट हो कि उसे केवल सहृदय मात्र ही ग्रहण कर सकें पर शीघ्र ग्रहण कर सकें और जो अपेक्षाकृत सर्वातिशायी हो—किसी का अंग न हो। ऐसे ही 'रस' को काव्य का सर्वस्व माना गया है और उसी के लिए इतन काव्यीयतत्त्वों की योजना अपेक्षित है। वृत्ति एवं रीति का रस के अंग रूप में नियोजन करने की बात रुद्रट एवं रुद्रभट्ट ने भी कह दी थी—पर वह नगण्य था। हाँ, उसका ऐतिहासिक महत्त्व नहीं भुलाया जा सकता।

अस्तु, तो सर्वप्रथम यह देखना चाहिए कि ध्वन्यालोककार कहाँ 'रस' की स्थिति मानते हैं। अलंकार सम्प्रदाय वाले चाहे रस प्रधान हो या अप्रधान सर्वत्र रसवदलंकार की ही स्थिति मानते थे। अन्य स्थलों में उपमा आदि इनका अलंकारों की स्थिति मानते थे। अभिप्राय यह कि उनके मत से काव्य को काव्य होने के

लिए अलंकार आवश्यक था और फिर ये अलंकार दो प्रकार के थे–रसवदलंकार एवं उपमा आदि इतर अलंकार। जहाँ 'रस' की स्थिति हो वहाँ–रसवद् तथा अन्यत्र उपमा आदि।

आनन्दवर्द्धन को यह विभाजन खटका और उन्होंने कहा कि जहाँ वाच्य, वाचक एवं वाच्य वाचक में चारुता का आधान करनेवाले शब्दालंकार तथा अर्थालंकार–दोनों ही एक मात्र 'रस' के निष्पादन में तत्पर हों, वहाँ 'रस' की प्रधानता होती है और वहाँ रस-ध्वनि माननी चाहिए, पर जहाँ और कोई अर्थ वाच्य से प्रधानतया अभिप्रेत हो तथा रस अंग हो–वहाँ रसवद् अलंकार होता है। उपमा आदि वस्तुतः वहीं अलंकार हैं–जहाँ रस की निष्पत्ति में वे पूर्णतः सहायक हैं। इस प्रकार रसध्वनि, रसवदलंकार तथा उपमाद्रि अलंकार–सबके विषय अलग-अलग[1] हैं।

अलंकार सम्प्रदाय वालों का विषय-विभाजन और ही प्रकार से है। ऊपर कहा जा चुका है कि उनके मत से अलंकार दो प्रकार के हैं–रसवदलंकार एवं उपमादि वर्ग। रसवदलंकार वहाँ होता है, जहाँ चेतन वस्तु या चेतन-व्यापार की योजना हो। कारण यह है कि रस एक विशेष प्रकार की चित्तवृत्ति[2] है और उसका सम्बन्ध चेतन से है, अतः रस की स्थिति वहीं सम्भव है, जहाँ चेतन-सम्बद्ध वर्णन हो, जहाँ अचेतन वस्तुओं का वर्णन हो–वहाँ उपमा आदि अलंकार होते हैं।

परन्तु यदि ऐसा विभाजन माना जाए, तो सर्वत्र रसवदलंकार की ही स्थिति होगी, उपमा आदि फिर कहीं होंगे ही नहीं। कारण यह है कि काव्य का वह कोई भी रूप न होगा, जहाँ रस न हो और जहाँ रस होगा वहाँ रसवदलंकार ही होगा। जहाँ सर्वथा रस का सम्पर्क न हो, वहाँ उपमादि होंगे–का अभिप्राय तो यह हुआ कि काव्य नीरस भी होता है–और इस नीरस काव्यों में उपमा आदि होते हैं। इस प्रकार काव्य को नीरस मानने से रस-विधान-भूतकाव्य को नीरसता प्रसक्त होगी–जो महान् अनुचित एवं अस्वीकरणीय है। चेतन, अचेतन के आधार पर उक्त विभाजन सर्वथा अयुक्तिपूर्ण है। काव्यों में तीन प्रकार की स्थितियाँ मिलती हैं–कहीं तो केवल चेतन, वस्तुवृत्तान्त योजना होती है और कहीं प्रधानतः अचेतन-वस्तु-वृत्तान्त योजना होने पर भी समासोक्ति आदि के ढंग से अप्रधानतया अचेतन-वस्तु-वृत्तान्त-योजना भी हो जाती है। उदाहरणार्थ–"यह देखो, रक्तचाँद ऐन्द्रीदिक् का मुख चूम रहा है" यहाँ निशा एवं चन्द्र जैसे जड़-पदार्थों के व्यापार द्वारा सायंकाल का वर्णन किया जा रहा है–पर नायक एवं नायिका के भी शृंगारिक-व्यापार की झलक मिलती है। तीसरा स्थल वह है, जहाँ शुद्ध अचेतन–नदी, गाँव, पर्वत आदि–का वर्णन हो। जहाँ तक पहले दो स्थलों की बात है–वहाँ चेतन का सम्पर्क है–अतः रस-सम्भव

1. वाच्यवाचकचारुत्वहेतूनां विविधात्मनाम्। रसादिपरता यत्र स ध्वनेर्विषयो मतः ध्वन्यालोक। 2/4
2. यदि तु चेतनानां वाक्यार्थीभावो रसाद्यलंकारस्य विषय...ध्वन्यालोक, द्वि. उद्यौत।

ही है और तीसरे स्थल की भी सामग्री किसी-न-किसी रस के उपकरण में अन्तर्भूत हो ही जाएगी और इसका परिणाम यह होगा कि वहाँ भी रस की स्थिति हो जाएगी, फिर तो सर्वत्र रसवदलंकार ही हुआ—उपमा आदि कहाँ होंगे? निष्कर्ष यह कि इस पक्ष में रसवदलंकार एवं उपमा आदि अलंकार के भिन्न-भिन्न विषय न हो सकेंगे, जबकि आनन्दवर्द्धन के मत से रसध्वनि, रसवदलंकार तथा उपमा आदि अलंकार—सबकी पृथक्-पृथक् स्थिति हो सकेगी। इस प्रकार आनन्दवर्द्धन कहाँ 'रस' की प्रधान स्थिति मानते हैं—यह स्पष्ट है।

द्वितीय उद्योत में इन्होंने 'रस' के अंग रूप में गुण, अलंकार एवं दोषाभाव की चर्चा की है। तृतीय उद्योत में रस के व्यंजक एवं विरोधी तत्त्वों पर प्रकाश डाला है। प्रसंगतः 'शान्त' रस की भी बात उठाई गई है। चतुर्थ में यह सिद्ध किया गया है कि महाकाव्य में एक ही रस अंगी होना चाहिए और अन्य को उसका अंग।

इनके पहले गुण को शब्द एवं अर्थ का धर्म माना जाता था, आनन्दवर्द्धन ने उनका विरोध किया और कहा है कि गुण रस-धर्म हैं, शब्दार्थ-धर्म नहीं। शब्दार्थ धर्म अलंकार हैं[1]। ये गुण तीन हैं—माधुर्य, ओज एवं प्रसाद। माधुर्य, संभोग, विप्रलम्भ तथा करुण में उत्तरोत्तर प्रकृष्ट होता है। ओज गुण रौद्र आदि में रहते हैं और इसका कार्य है—दीप्ति। 'प्रसाद' गुण के कारण सभी रसों की शीघ्रातिशीघ्र अनुभूति हो जाती है, क्योंकि इसके कारण रस शीघ्र ही अन्तःकरण में व्याप्त हो जाता है। इन गुणों के उद्‌बोधक मधुर एंव कटु वर्ण होते हैं, जिनकी चर्चा पीछे होगी। उद्‌बुद्ध गुण ही रस का उत्कर्ष करते[2] हैं।

श्रुति दुष्टत्व आदि जिन दोषों की चर्चा पूर्वाचार्यों ने की है, उनकी हेयता पूर्णतः वहाँ होती है—जहाँ 'रस' की प्रधान रूप में स्थिति होती है। इसी 'रस' की अपेक्षा दोषों का नित्य एवं अनित्य—दो वर्गों में विभाजन होता[3] है।

रस-ध्वनि-काव्य में अलंकारों की सार्थकता तभी होती है—जब वे अलंकार अपृथग्यत्ननिर्वर्त्य हों। अभिप्राय यह है कि रस-निष्पादन-प्रवण-प्रतिभा अपने रास्ते चलती रहे और अलंकार पीछे-पीछे लग जाएँ। रस-निष्पत्ति के लिए उपकरणों को इकट्ठा करने में प्रतिभा को जो व्यापार करने पड़ें—उसी व्यापार से यदि अलंकार भी बन जाएँ—तो इसका इसका अर्थ हुआ कि उनके लिए पृथक् यत्न नहीं करना पड़ा—अतएव वे अलंकार अपृथग्यत्न[4] निर्वर्त्य कहे जाएँगे। ऐसे ही अलंकार

---

1. तमर्थमवलम्बन्ते येऽङ्गिनं ते गुणाः स्मृताः अङ्गाश्रितास्त्वलंकारा मन्तव्याः कटकादिवत्। 2/6 ध्व.।
2. ध्वन्यालोक द्वि उ. 7, 8, 9, 10वीं कारिका।
3. वही, 2/11।
4. रसाक्षिप्ततया यस्य बंधः शक्यक्रियो भवेत्।
अपृथग्यत्न निर्वर्त्यः सोऽलंकारो ध्वनौ मतः ॥ 2/16 वही।

रस-प्रधान काव्य के अलंकार हैं। अलंकारों की योजना किस ढंग से हो, कि वे अपना नाम सार्थक कर सकें--इसकी बहुत ही उत्तम विवेचना आनन्दवर्द्धन ने की है--इसकी चर्चा अलंकारवाद के प्रकरण में सविशेष होगी।

रस-प्रभेद के सम्बन्ध में इनका सिद्धान्त है कि रस के एक भेद की कोई इयत्ता नहीं है--सब भेदों के प्रभेदों की तो बात ही अलग है। उदाहरणार्थ किसी एक रस को ही लीजिए--इसी एक के अंगों--शब्दालंकार, अर्थालंकार, उभयालंकार--एवं स्वरूपगत प्रभेदों तथा व्यंजक सामग्री के अनन्त भेद हैं। इन सबकी परस्पर सम्बन्ध-कल्पना से एक रस के अनन्त भेद होंगे। उदाहरणार्थ, शृंगार को ही लें--शृंगार के पहले दो--प्रभेद हैं--सम्भोग तथा विप्रलम्भ। सम्भोग भी अनेक प्रकार का है--परस्पर प्रेमपूर्वक दर्शन, सुरत, विहरण, जलक्रीडन आदि। कामसूत्र में सम्भोग शृंगार के अनेक प्रभेद कहे गए हैं--आलिंगन, चुम्बन, नखच्छेद्य, दशनच्छेद्य, संवेशन, सीत्कृत, पुरुषायित एवं औपरिष्टक। इन आठों में से भी प्रत्येक के आठ-आठ भेद हैं, जिससे सब मिलकर चौसठ भेद होते हैं। आलिंगन के भी पहले दो भेद हैं--सम्प्रयोगकालिक तथा असम्प्रयोग कालिक। प्रत्येक के चार भेद--असम्प्रयोगकालिक के स्पृष्टक, विद्धक, उद्धृष्टक, पीडितक एवं सम्प्रयोगकालिक के लतावेष्टितक, वृक्षादिरूढक एवं क्षीरनीर आदि। चुम्बन भी आठ स्थानों पर होता है--ललाट, कपोल, नयन, वक्ष, स्तन, ओष्ठ एवं अन्तर्मुख तथा अलक। नखच्छेद्य भी आठ प्रकार का होता है--आच्छुरितक, अर्धचन्द्र, मण्डल, रेखा व्याघ्रनख, मयूरपदक, शशप्लुततक एवं उत्पलपत्रक। दशनच्छेद्य भी आठ प्रकार का होता है--गूढक, उच्छ्रनक, बिन्दु, बिन्दुमाला, प्रवासमणि, मणिमाला, खण्डाभ्रक एवं बराहचर्वितक। संवेशन के आठ प्रकार ये हैं--हिंकार, स्तवित, कूजित, रुदित, सूत्कृत, फूत्कृत, दूत्कृत, विरुत। पुरुषायित भी आठ प्रकार का है--उपसृप्तक, मन्थन, हुल, अवमर्दन, पीडितक, निर्घात, बाराहघात, वृषाघात एवं चटक-विलसित। औपरिष्टक भी आठ प्रकार का है--निमित, पार्श्वतोदष्ट, बहिस्संदंश, अन्तस्संदंश, चुम्बितक, परिमृष्टक, आम्रचूषितक एवं संगर। इन सबका सविस्तार लक्षण जानने की उत्कण्ठा हो, तो कामसूत्र[1] देखिए। ये 64 केवल सुरत के प्रभेद हैं, अन्य तो हैं ही।

विप्रलम्भ के भी अभिलाष, ईर्ष्या, विरह एवं प्रवास आदि भेद होते हैं। अभिलाष विप्रलम्भ तब होता--जब नायक एवं नायिका--दोनों को जीवितसर्वस्वरति उत्पन्न हो, पर किसी कारण से तृप्त न हो रही हो--दोनों का समागम न हो रहा हो। उदाहरण के लिए रत्नावली एवं उदयन की ही रति को लें। ईर्ष्याविप्रलम्भ प्रणयखण्डन से होता है--यह खण्डिता नायिका से होता है। विरह विप्रलम्भ भी खण्डिता से ही होता है, पर तब जब नायक ने उसका पर्याप्त अनुनय-विनय किया हो, फिर भी नायिका प्रसन्न न हुई हो और बाद में पश्चात्ताप हुआ हो--तब वही

1. कामसूत्र 2/2/4

विरहोत्कण्ठिता कही जाती है—इस विरहोत्कण्ठिता के साथ विरह-विप्रलम्भ होता है। प्रवास विप्रलम्भ प्रोषित-भर्तृका के साथ होता है। शापनिमित्तकविप्रलम्भ भी होता है—जैसे, मेघदूत का विप्रलम्भ।

इस प्रकार सम्भोग एवं विप्रलम्भ के जो प्रभेद हुए, उनमें से प्रत्येक विभाव, अनुभाव एवं संचारी के भेद से भिन्न होंगे। स्वयं विभाव, अनुभाव एवं संचारी भी देश, काल तथा आश्रय भेद से भिन्न होंगे। इस प्रकार स्वगतभेद की दृष्टि से भी श्रृंगार के अपरिमेय भेद हैं। इस पर भी अंगभूत शब्दालंकार एवं अर्थालंकार की दृष्टि से भेद किया जाए—तो क्या पूछना? इस प्रकार अंगी के प्रभेद अंगप्रभेद से सम्बद्ध होकर जाने कितने अपरिमेय प्रभेदों की सृष्टि करेंगे।

तृतीय उद्योत में रस-व्यंजक सामग्री की सर्वथा नूतन चर्चा है। अभी तक व्यंजना शक्ति की ही प्रतिष्ठा नहीं थी, फिर तदाश्रित व्यंजकता का प्रश्न ही क्या था? पर आनन्दवर्द्धन ने 'व्यंजना' वृत्ति की पूर्ण प्रतिष्ठा की और रस के व्यंजक तत्त्वों की चर्चा भी की। रस के व्यंजक हैं—वर्ण, पद, पदांश, वाक्य, संघटना एवं प्रबन्ध।[1]

वर्ण और उसकी रसव्यंजकता

रस के उत्कर्ष में वर्ण कोई अर्थ देकर या अर्थ को सुन्दर बनाकर रस का उत्कर्ष नहीं करते, क्योंकि वे स्वयं निरर्थक हैं। ऐसी स्थिति में रसोत्कर्ष में वर्णों के उपयोग का कोई और ही अर्थ होना चाहिए। रस की निष्पत्ति विभावादि के संयोग से ही होती है—यह पहले शतशः कहा जा चुका है। वर्णों की श्रुति से रस-निष्पत्ति का कोई सम्बन्ध नहीं। इस प्रकार—

यद्यपि साक्षात् रस की निष्पत्ति में वर्णों का कोई उपयोग नहीं है, फिर भी इतना स्वानुभव सिद्ध है कि विशिष्ट—कटु या कोमल—श्रुतिवाले शब्दों से समर्प्यमाण अर्थ ही विभावादि बनते हैं। और वर्णों का श्रोत्रैकग्राह्य मृदु अथवा परुषात्मा स्वभाव है—वह भी रसास्वाद में सहकारी है। ये सहकारी कारण ही हैं, इनसे साक्षात् रस-निष्पत्ति नहीं होती। श्रोत्रैकग्राह्य स्वभाव भी वर्णों का रस-निष्पत्ति में व्यापारशील होता है। संगीत में—पद रहित संगीतों में—श्रोत्रैकग्राह्य स्वभाव ही तो विभिन्न रसों का उद्बोध करता है। इसी प्रकार यहाँ भी समझिए।

वे ही विभाव आदि यदि किसी विशिष्ट पद से अर्प्यमाण होकर रसचमत्कार के विधायक हों—तो वहाँ उसी पद या पदांश की महिमा मानी जाती है। उदाहरणार्थ एक श्लोक लें—

उत्कम्पिनीभयपरिस्खालितांशुकान्ता ते लोचने प्रतिदिशं विधुरे क्षिपन्ती।
क्रूरेण दारुणतया सहसैव दग्धा, धूमान्धितेन दहनेन न वीक्षिताऽसि ॥

---

1. यस्त्वलक्ष्यक्रमव्यङ्ग्यो, ध्वनिर्वर्णये पदादिषु। वाक्ये सङ्घटनायां च स प्रबन्धेऽपि दीप्यते॥ ध्वन्यालोक 3/2।

यह करुण-विलाप उस समय के वत्सराज का है, जब उसने सुना कि वासवदत्ता जल मरी और यह सुनते ही शोक का सुप्त समुद्र सहसा उमड़ पड़ा। उसने कहा कि अग्नि की प्रलयंकारी लपटों के बीच वासवदत्ता थरथराती खड़ी रही होगी, भय के मारे उसके वस्त्र का प्रान्त भाग अनजाने खिसक गया होगा और अपने उन निरालम्ब-कातर नेत्रों को रक्षा के लिए चारों तरफ फेंकती रही होगी। निश्चित है कि क्रूर स्वभाव अग्नि ने उसे सहसा दग्ध कर दिया होगा। यदि उस रमणीय मूर्ति को देखता तो कदाचित् ऐसा न करता, पर वह क्या करे, धूम ने उसे अन्धा बना रखा था।

यहाँ 'ते' शब्द वासवदत्ता के नेत्र-गत स्व-संवेद्य तथा अव्यपदेश्य अनन्त-गुण-गण का द्योतक है और वे गुण-गण प्रस्तुत करुण को परिपुष्ट करने के लिए असाधारण निमित्त हैं।

यह कहना कि सर्वनाम प्रकान्त मात्र के परामर्शक होते हैं, अतः 'ते' सर्वनाम में इतने गुण-गणों के परामर्श की क्षमता कहाँ से आ गई? निरर्थक है, क्योंकि यहाँ पराभ्रष्टा कोई साधारण नहीं है, प्रत्युत रसाविष्ट है। इस प्रकार इस तरह की शंका और समाधान करने का उत्थापन ही अनुचित है। दूसरी बात यह है कि यहाँ तो अनुभूत का परामर्शक है 'ते' अतः यहाँ कोई परामर्श सम्बन्धी प्रतिबन्ध होना भी नहीं चाहिए।

इसी प्रकार पदैक देश—समास का एक भाग, प्रकृति, प्रत्यय आदि—का भी समझना चाहिए।

सम्प्रति, वाक्य की रस-व्यंजकता में कहाँ तक योग है—यह देखना चाहिए। यह ठीक है कि वर्ण, पद एवं पदांश रस-व्यंजकता में निमित्त हैं, तथापि वह समस्त काव्यव्यापी प्रतीत होता है। कारण यह है कि रस का प्राण है—विभावादिसंयोग और ये विभाव आदि पूर्णतः वाक्य से ही मिल पाते हैं। निष्कर्ष यह कि वाक्य वर्ण आदि की भाँति निमित्त मात्र (सहकारी) नहीं है। वाक्य वर्णों की भाँति निमित्त मात्र बनकर उपकारी नहीं होते, प्रत्युत समग्र विभाव, अनुभाव एवं संचारी की प्रति-पत्ति के लिए व्यापारशील रहते हैं—अतः वे (वाच्य) रसादिमय ही भासित होते हैं। अतएव आनन्दवर्द्धन ने 'वर्णपदादिषु' की 'सप्तमी' को निमित्तार्थक माना है और 'वाक्ये' की सप्तमी विभक्ति को निमित्तार्थक तो माना ही है—'अनन्यत्र भावार्थक' भी कहा है। अर्थात् यह बताना चाहा है कि वर्ण, पद आदि से वाक्य में यह विलक्षणता है कि वाक्य में रसमयता प्रतीत होती है और अन्यत्र नहीं। यह सारा सूक्ष्म विवेचन आनन्दवर्द्धन को समझने वाले अभिनवगुप्त का है।

संघटना भी रसव्यंजकों में एक है। वर्णादि की भाँति यह भी एक निमित्त ही है। लोचनकार ने इसे पदगत एवं वाक्यगत-उभयत्र माना है। यह संघटना तीन प्रकार की होती है—(1) समासा, (2) असमासा, (3) अल्पसमासा। यह संघटना

गुणों के अनुरोध से प्रयुक्त होती है और फिर गुण-व्यंजन द्वारा रस का उपकार करती है। समासा एवं अल्पसमासा माधुर्य गुण का तथा दीर्घ समासा ओजगुण का प्रकाशन करती है। ये ही गुण रस का प्रकर्ष करते[1] हैं। आनन्दवर्द्धन का मत यही है।

प्राचीन आलंकारिकों में से कुछ ऐसे अवश्य हैं, जिन्होंने गुणाश्रित संघटना न मानकर संघटनाश्रित ही गुणों को माना है। उद्भट आदि आलंकारिक यही मानते हैं कि गुण संघटना के धर्म हैं। कुछ आलंकारिकों की दृष्टि में संघटना और गुण एक ही हैं। इन दोनों आलंकारिकों के मत से गुण का स्वरूप कुछ और ही होगा। सैद्धान्तिक दृष्टिकोण से गुणात्मक एवं गुणाश्रय संघटना मानकर सुव्यवस्था स्थिर करने के लिए कुछ नियम बनाने होंगे। आनन्दवर्द्धन ने इन नियमों का उल्लेख किया है। उन्होंने कहा है कि संघटना को गुणात्मा या गुणाश्रय भी माना जा सकता है, पर औचित्यनियन्त्रण आवश्यक है। उदाहरणार्थ पहले 'वक्ता' एवं 'वाच्य' के औचित्य पर ध्यान[1] दे, तो गुणाश्रित संघटना न मानने पर 'रस' का कुछ नहीं बिगड़ पाता।

'वक्ता' कवि भी हो सकता है और कवि-निबद्ध भी। कवि-निबद्ध-वक्ता भी दो प्रकार के हो सकते हैं–(1) रसभाव सहित एवं (2) रसभाव विरहित। 'रस' भी दो स्थिति का हो सकता है–कथानायकाश्रित एवं विपक्षनायकाश्रित। नायक भी धीरोदात्त धीर ललित, धीरशान्त एवं धीरोदात्त भेद से भिन्न-भिन्न प्रकार के होते हैं।

क्रम यों हुआ :

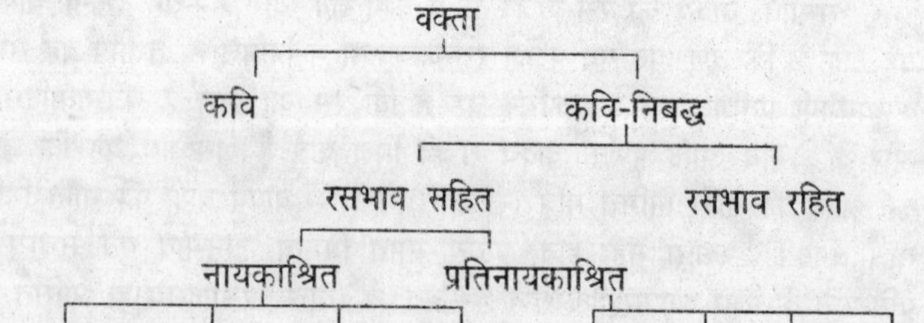

'वाच्य'–ध्वनिस्वरूप रस का अंग 2. रसाभास का अंग 3. अभिनेयार्थ 4. अनाभिनेयार्थ 5. उत्तमप्रकृत्याश्रय, 6. अनुत्तमप्रकृत्याश्रय आदि।

इस प्रकार यदि कवि या कवि-निबद्ध वक्ता रस-भाव-समन्वित है और रस प्रधानाश्रित होने के कारण ध्वन्यात्मभूत है, तो वहाँ नियमतः असमासा अथवा मध्यसमासा संघटना का विधाना होना चाहिए। वहाँ भी विशेषकर करुण एवं

1. "तन्नियमे हेतुरौचित्यं नियमो वक्तृवाच्ययोः"–3/6 ध्वन्यालोक

विप्रलम्भ श्रृंगार में तो असमासा संघटना ही होवे।

ऐसा क्यों किया जाए—इसका कारण भी समझ लेना चाहिए। कारण कि जब रस की प्रधानभूता स्थिति हो, तो रस-प्रतीति में व्यवधान डालने वाले अथवा विरोध पैदा करनेवाले—व्यवधायक एवं विरोधी तत्त्वों का सर्वथा परिहार करना चाहिए। सामासिक संघटना रस-प्रतीति में व्यवधायक है—अतः उसके परिहार की बात कही गई है। व्यवधायक इस तरह है कि जहाँ समास का प्राचुर्य रहता है—वहाँ कभी-कभी अनेक प्रकार के समासों के विकल्प की सम्भावना आ खड़ी होती है—और निर्णयपूर्वक रसोपयोगी प्रकृत अर्थ तक जाने में पर्याप्त विलम्ब होता है—इससे रस-प्रतीति में व्यवधान आ जाता है। विशेषकर दृश्यकाव्य में सदा इस दीर्घसमासा संघटना से बचना चाहिए। श्रव्यकाव्य में विशेषकर करुण तथा विप्रलम्भ जैसे नितान्त मधुर रसों में इस संघटना का निवेश रोकना चाहिए। ये रस सुकुमारतर हैं, अतः इनमें थोड़ी भी अप्रसन्नता (प्रसादगुण का अभाव) हुई कि सब चौपट हुआ। हाँ, रौद्रादि रसों के प्रसंग में यदि दीर्घसमासा रचना भी हो, पर प्रसन्न हो, तो वह दोषावह नहीं है। वहाँ संघटना का परुष-स्वभाव गुण व्यंजन में क्षम होता है। 'प्रसाद' गुण का ध्यान सर्वत्र रखना चाहिए। यदि प्रसाद गुण न हो, तो असमासा रचना भी करुण एवं विप्रलम्भ की व्यंजिका नहीं हो सकती।

इस प्रकार यदि इस औचित्य का ध्यान रखा जाए, तो चाहे संघटना को गुण से भिन्न माना जाए या अभिन्न—वह सर्वदा रसाभिव्यंजिका होगी।

उक्त नियामक के अतिरिक्त और नियामक हैं—**वक्ता एवं वाच्य** की दृष्टि से तथाविध-निर्देश के अनुसार तो संघटना का विधान करे ही—'विषय'[1] की दृष्टि से भी यदि औचित्य का ध्यान रखे, तो संघटना रस की व्यंजिका होती है। 'विषय' से अभिप्राय है—संधान विशेष का। जिस प्रकार कातर पुरुष भी यदि सेनात्मक संघात के मध्य सन्निविष्ट हो, तो वहाँ वह भी अपना कातर्य छोड़कर औचिती-वश वीरता का ही वहन करेगा, उसी प्रकार काव्य-वाक्य भी संघातात्मक संदानितक, कलापक आदि के मध्य विशिष्ट होकर अनुरूप कार्यकारी होगा। यह ध्यान रखने की बात है कि 'विषय' का अनुधावन करने के समय **वक्ता** एवं **वाच्य** की दृष्टि से जो औचित्य होता है, उसे छोड़ नहीं दिया जाता—उसका भी ध्यान रखा जाता है, हाँ, 'विषय' की दृष्टि से उसका आपेक्षित संकोच या प्रसार हो जाता है। 'विषय' से आलोककार का जो अभिप्राय है, उसे स्पष्ट समझ लेना चाहिए। मुक्तक, (संस्कृत, प्राकृत या अपभ्रंश) संदानितक कुलक[2] एवं कलापक आदि। पर्यायबन्ध, परिकथा, खण्डकथा, सकलकथा, सर्गबन्ध, दृश्यकाव्य, आख्यायिका एवं कथा—आदि 'विषय'

---

1. विषयाश्रयमप्यन्यदौचित्यं तां नियच्छति। काव्यप्रभेदाश्रयतः स्थिता भेदवती हि सा।
2. विशेष विवरण देखिए (स्वरूप सम्बन्धी) लेखक प्रणीत 'भारतीयसाहित्यदर्शन। ध्वन्यालोक, पृ. उ. पृ. 323।

की दृष्टि से भी संघटना भिन्न-भिन्न होती जाती है। लोचनकार ने सर्वत्र आनन्दवर्द्धन के अभिप्राय को स्पष्ट करने का प्रयास किया है। लोचनकार ने यह विचार किया है कि कहाँ-कहाँ किस विषय में कौन-सी संघटना होनी चाहिए।

'मुक्तक' शब्द का प्रयोग किसी प्रबन्धान्तवर्ती ऐसे पद्य के लिए भी हो सकता है, जिसको प्रबन्ध से पृथक् कर लेने पर भी रस-दान की क्षमता[1] हो। स्वतन्त्र पद्य को तो 'मुक्तक' कहते ही हैं। 'मुक्त' शब्द से संज्ञा अर्थ में 'कन्' प्रत्यय[2] है। अर्थात् 'मुक्तक' एक काव्य-प्रकार की संज्ञा है। यह आशंका व्यर्थ है कि रस-निष्पत्ति के लिए विभाव, अनुभाव एवं संचारी की आवश्यकता है और एतदर्थ विस्तार की अपेक्षा है—वह मुक्तक के संकुचित कलेवर में कैसे सम्भव है? कारण यह है कि इस पर तर्क-वितर्क करने का अवकाश ही नहीं उठता, जब अमरुशतक के एक-एक मुक्तक को देखा जाता है। उस एक-एक श्लोक से जो रस की जो धारा प्रवाहित होती है, उसके सामने शत-शत प्रबन्धों की धारा भी मात है।

जहाँ दो श्लोकों से क्रिया समाप्त होती हो, वहाँ 'संदानितक'[3] होता है। वैसे साहित्यदर्पणकार ने यहाँ 'युग्मक' संज्ञा का व्यवहार करना अच्छा माना है और 'संदानितक' वहाँ माना है, जहाँ तीन श्लोकों से क्रिया की समाप्ति[4] होती हो। लोचनकार ने तीन से क्रिया समाप्ति होने पर 'विशेषक,' चार से 'कलापक', पाँच से 'कुलक' माना है। अवान्तर क्रियाओं का प्रयोग रहने पर भी यदि वसन्त वर्णन आदि एक उद्देश्य से प्रवृत्त बन्ध हो, तो वह पर्यायबन्ध कहा जाता है। 'परिकथा' में धर्म आदि किसी भी एक पुरुषार्थ को ध्यान में रखकर विचित्र ढंग से अनन्त वर्णन होता है। 'खण्ड कथा' में किसी प्रसिद्ध इतिवृत्त का एकदेश वर्णित होता है। 'सकलकथा' का इतिवृत्त ऐसा होता है—जिससे समस्तफल-प्राप्ति के अनुरूप वर्णन होता है। महाकाव्य, रूपक, आख्यायिका, कथा[4] आदि का स्वरूप प्रसिद्ध ही है।

संदानितक, विशेषक, कुलक एवं कलापक आदि में संघटना तभी रस-व्यंजिका होती है, जब वह मध्यम समासा या दीर्घ समासा हो। इसका हेतु यह है कि यदि इन विषयों में संघटना असमासा हो, तो अर्थप्रतीति वेगवती न होकर मंथर हो जाती है और मंथर-प्रतीति दूरवर्ती क्रिया के अनुधावन से इतनी थक जाती है कि वाच्यार्थ की प्रतीति तक ही वह विश्रान्त हो जाती है और उसमें रस-तत्त्व

---

1. "यदिवाप्रबन्धेऽपि मुक्तकस्यास्तु सद्भावः, पूर्वापरनिरपेक्षेणाऽपि हि येन रसचर्वणा क्रियते, तदेव मुक्तकम्। लोचन पृ. 326
2. मुक्तामन्येनानालिङ्गितं तस्य संज्ञामांकन्, तेन प्रबंधमध्यवर्ति न मुक्तकमित्युच्यते ध्व. लो., पृ. 323
3. द्वाभ्यां क्रियासमप्तौ संदानिकतम—ध्व.लो. पृ. 324
4. इन काव्य रूपों के विशेष विवरण के लिए देखिए 'भारतीय साहित्य-दर्शन' का काव्य प्रभेद वाला अध्याय।

तक पहुँचने की शक्ति शिथिल हो जाती है। अतः औचित्य यही कहता है कि यहाँ की संघटना तभी रस-व्यंजिका हो सकती है, जब वह विकट हो। यदि ये ही पद्यरूप प्रबन्धाश्रित हों तो वहाँ पूर्वोक्त औचित्य का ही अनुधावन ठीक है।

'पर्यायबन्ध' में असमासा या मध्यम समस्या संघटना का विधान है। अर्थ के औचित्यानुरोध से मान लिया, दीर्घ समस्या संघटना का विधान किया भी तो वहाँ 'परुषा' एवं 'ग्राम्या' वृत्ति का सर्वथा परिहार करना चाहिए। 'परिकथा' में इतिवृत्त मात्र सीधे-साधे ढंग से निबद्ध रहता है—वहाँ कोई रसोचित वर्णन पर दृष्टि नहीं रहती, अतः वहाँ संघटना के विषय में स्वातन्त्र्य है। खण्डकथा एवं सकलकथा प्रायः प्राकृत में प्रसिद्ध है—और इनमें प्रायः 'कुलक' आदि प्रयोग प्रचुर होता है, अतः दीर्घसमासा संघटना भी हो, तो कोई विरोध नहीं है वृत्तियों का प्रयोग रसानुगुण हो सकता है।

सर्गबन्ध में रसानुगुण संघटना का विधान आवश्यक है और यदि 'रस' न हो, तो कामचार है। प्रबन्ध के दोनों रूप—रसाभिनिवेशी एवं रसानभिनिवेशी—देखे जाते हैं—पर उत्तम प्रबन्ध वही है, जो 'रस-तार्त्पय' हो। श्रव्य काव्य के लिए तो कुछ छूट भी हो सकती है, पर दृश्य काव्य के लिए तो सर्वथा 'रस' पर दृष्टि रखनी ही होगी।

आख्यायिका एवं कथा गद्य-प्रचुर होती हैं, अतः इनका मार्ग छन्दो-बद्ध पद्य-मार्ग से सर्वथा भिन्न है। वक्ता एवं वाच्य की दृष्टि से तो पूर्वाक्त औचित्य का ध्यान यहाँ भी रखना ही चाहिए। इसके अतिरिक्त भी जो बातें संघटना-विधान के लिए कही गई हैं, वे यहाँ भी यथासम्भव समझिए। जहाँ तक 'विषय' या 'काव्यरूप' की दृष्टि से संघटना का सम्भव है—वहाँ मध्यम समासा एवं दीर्घ समासा संघटना का ही प्राचुर्य होना चाहिए। बात यह है कि गद्य में 'छाया' का आविर्भाव विकट बन्ध का समाश्रयण करने से होता है। कहा भी—"ओजः समासभूयस्त्वम्, एतद्गद्यस्ये जीवितम्"। विकटबन्ध गद्य का प्राण है।

संघटना विधान के विषय में इतना और समझ रखने की बात है—'विषय' काव्यरूप की दृष्टि से जो संघटना का विधान है, वह वक्ता, वाच्य एवं रस, की दृष्टि से प्राप्त संघटना का अपवाद नहीं है, प्रत्युत प्राप्त संघटना में आपेक्षिक प्रकर्षापकर्ष का विधान करता है। उदाहरणार्थ, गद्यबन्ध में भी जहाँ करुण या विप्रलम्भ शृंगार की स्थिति हो, वहाँ भी अतिदीर्घ समासा रचना हो—यह ठीक नहीं। नाटकादि में यद्यपि विषय की दृष्टि से असमासा संघटना का विधान है, फिर भी जहाँ रौद्र या वीर का विधान है, वहाँ नहीं।

यहाँ तक वर्ण, पद, वाक्य, पदांश एवं संघटना कहाँ तक किस रूप में व्यंजक होती है—यह बताया गया है, सम्प्रति प्रबन्ध किस प्रकार रस-व्यंजक होता है—यह भी देखना चाहिए। प्रबन्ध तभी रस-व्यंजक हो सकता है, जब उसमें अधोलिखित विधियाँ विद्यमान हों—

(1) उचित विभाव, अनुभाव, संचारी की योजना से चारु बनाया गया उत्पाद्य या प्रख्यात कथा-भाग।

(2) इतिवृत्त में यदि परम्परावश रस-प्रतिकूल अंश पड़ा हो, तो यह आवश्यक है कि उसे हटाकर मध्य में अन्यथा कल्पना कर ले और इस ढंग से अभीष्ट रस के अनुगुण कथा-भाग की स्थापना होवे।

(3) मुख, प्रतिमुख आदि सन्धियों एवं तदीय अंगों का विधान रसाभिव्यक्ति की अपेक्षा से होवे। केवल इसलिए न हो कि शास्त्र का विधान संगत हो।

(4) रस का उद्दीपन एवं प्रशमन मध्य-मध्य में अवसरोचित हो।

(5) आरम्भ से लेकर अन्त तक अंगी रस की स्थिति हो।

(6) शक्ति के रहने पर भी अलंकारों की योजना रसानुरूप ही होनी चाहिए।

उपर्युक्त सूत्रों की व्याख्या भी अपेक्षित है। विभाव का औचित्य भरत नाट्यशास्त्र एवं लोक से ही अवगत है–अतः उस विषय में अनावश्यक पल्लवन अनपेक्षित ही है। जहाँ तक भावगत औचित्य का प्रश्न है, उसका निर्णय 'प्रकृति' के औचित्य से हो सकता है। प्रकृति दिव्य, मानुष एवं दिव्यादिव्य हो सकती है। प्रत्येक में उत्तम, मध्यम एवं अधम प्रभेद भी हो सकते हैं। इसी प्रकृति के स्वरूप के अनुसार उपनिबद्ध होने पर स्थायी भाव उचित कहा जाता है, अन्यथा दिव्योचित भाव को मनुष्य में या मनुष्योचित भाव को दिव्य में वर्णित करना सर्वथा अनुचित होगा। उदाहरणार्थ, मनुष्यगत उत्साह का वर्णन करते हुए यदि यह कहा जाए कि इसने सातों समुद्र लाँघकर अपना लक्ष्य प्राप्त किया–तो यह रसावह होगा! नहीं। कारण यह है कि मनुष्य के द्वारा यह कर्म सम्भव नहीं है। अतः यहाँ अनौचित्य की गन्ध है।

हाँ, यहाँ तक हो सकता है कि यदि कोई राजा, जैसे शातवाहन प्रभृति हैं और इन लोगों ने नागलोक गमन जैसा लोकोत्तर अमानुषसाध्य कर्म किया–तो ऐसी बातें वहीं तक वर्ण्य हैं, जहाँ तक ये प्रमाणित और परम्परा समर्थित हैं। मनुष्य कोटि के इन राजाओं का सादृश्य लेकर इतन राजाओं में भी ये बातें वर्णित हों–यह ठीक नहीं। इसका अभिप्राय यह नहीं समझना चाहिए कि राजाओं का प्रभावातिशय-वर्णन नहीं करना चाहिए। इसका अभिप्राय केवल इतना ही है कि जहाँ की कथा उत्पाद्य या कल्पित हो, वहाँ दिव्योचित भाव या अनुभाव की योजना न हो। अतः ख्यात इतिवृत्त में तो कोई प्रतिरोध नहीं है, पर कल्पित में औचित्य की लीक पर बराबर ध्यान रहना आवश्यक[1] है। यही कारण है भरत ने स्खलन से बचने के लिए ही नाटक के विषय को प्रख्यात होना और नायक को प्रख्यात उदात्त होना आवश्यक बताया है। ऐसा होने से कवि को औचित्यानौचित्य के विषय में व्यामोह नहीं होगा

---

1. अनौचित्यादृते नान्यद्रसभंगस्य कारणम्। औचित्योपनिबन्धस्तु रसस्योनिषत्परा॥ ध्व. उ. पृ. 330

पर उत्पाद्य कथा में यदि कोई अनुचित कल्पना हो गई, तो रस-विधान-काव्य की दृष्टि से कवि का महान प्रमाद कहा जाएगा।

इस औचित्य की परीक्षा श्रृंगार के विषय में भी 'प्रकृति' की दृष्टि से की जानी चाहिए। यद्यपि श्रृंगार का जो प्रकार एक भारतीय मनुष्य में सम्भव है, उससे कोई भिन्न प्रकार दिव्य पुरुष में सम्भव नहीं है, तथापि इतना अवश्य है कि मनुष्य की भी उत्तम, मध्यम एवं अधम, तीन कोटियाँ हैं। इनमें से भारतवर्ष के एक उत्तम कोटि के पुरुष में जिस स्तर का श्रृंगार-वर्णन होता है, उसी स्तर का दिव्य में भी हो–तो कोई अड़चन नहीं। और श्रृंगार का अभिप्राय एक मात्र सूरत से ही थोड़े न है–और भी बहुत से प्रकार हैं, जिनकी चर्चा ऊपर की जा चुकी[1] है। तो उनका वर्णन उत्तम प्रकृति के पुरुषों में भली-भाँति हो सकता है। इसी प्रकार सर्वत्र औचित्य का निर्वाह अपेक्षित है। यदि वहीं किसी ने इस विषय में प्रमाद किया, तो वह दोष ही है। हाँ, यदि कवि शक्त है–तो कहीं अपनी शक्ति से उस स्खलन का संवरण कर सकता है।

निष्कर्ष यह भरत आदि ने जिस प्रकार के औचित्य का उपदेश दिया है, उससे, महाकवियों को प्रबन्धों के पर्यालोचन से, तथा अपनी प्रतिभा से भी इस औचिंत्य का परिशीलन करता हुआ सावधान चेता कवि इस बात का पूरा ध्यान रखे कि विभावादि के औचित्य का ध्वंस न हो–उसका पूर्ण निर्वाह हो। प्रसिद्ध इतिवृत्तों में स्वेच्छा का विनियोग न करे और करे भी तो रस-विरोध न हो।

दूसरे सूत्र का भी अभिप्राय देखें–इस विषय में इतना ही कहना कि यदि प्रख्यात इतिवृत्त में, यदि कोई ऐसा अंश हो, जिससे नायक का स्वरूप बिगड़ जाता हो, अथवा रस-निष्पत्ति में विरोध पड़ता हो, तो उस अंश को हटा दिया जा सकता है और अन्यथा कल्पना की जा सकती है। केवल यथातथ्य इतिवृत्त का उपस्थापन ऐतिहासिकों का कार्य है, कवि का नहीं। कवि का कार्य तो इतिवृत्त को रसमय बनाना है। उदाहरण के लिए कालिदास की 'शाकुन्तलम्' कृति को ही लीजिए। यहाँ मुद्रिका रूप अभिज्ञान की ही कल्पना की गई है और वस्तुतः शकुन्तला परित्याग की कथा ढाँक दी गई है।

तीसरी बात है सन्धि तथा संध्यंग की कल्पना। इसकी योजना केवल शास्त्रीय विधान का निर्वाह करने के लिए नहीं होना चाहिए, बल्कि इसलिए होना चाहिए कि रस की निष्पत्ति हो सके। भले ही कुछ संध्यंग छूट जाएँ, पर यदि उनसे रस-निष्पत्ति में विरोध पड़ता हो, तो उनका उपनिबन्ध न करें। उदाहरणार्थ, रत्नावली में संध्यंगों की योजना केवल शास्त्रीय विधान का निर्वाह करने के लिए नहीं है, प्रत्युत रस-निष्पादन की इच्छा से है। हाँ, 'वेणीसंहार' में विलास नामक प्रतिमुख सन्धि के जिस अंग की योजना की गई है, वह वीर रस के अनुगुण नहीं है। वहाँ

1. देखिए, पृष्ठ संख्या...।

केवल शास्त्रीय स्थिति का निर्वाह किया गया है।

चौथी बात यह है कि रस का उद्दीपन एवं प्रशमन बीच-बीच में यथावसर करना चाहिए। रत्नावली ही प्रमाण है।

पाँचवीं बात यह है कि सर्गबन्ध काव्यों में अंगी का अनुसन्धान निरन्तर होना चाहिए। कहा जाता है कि मेघदूत में जहाँ यक्ष मेघ के लिए मार्ग-वर्णन करने लगता है—वहाँ 'रति' का अनुसन्धान नहीं है। पर यह ध्यान रखना चाहिए कि उस प्रसंग में भी कहीं-कहीं जो अपनी प्रिया का संबोधन करता है अथवा तत्सम्बद्ध कोई बात करता है—उतने से ही वह रति का अनुसन्धान करता चला जाता है।

छठीं बात यह है शत्रु होते हुए भी अलंकारों की योजना में सावधान रहना। देखा गया है कि कभी-कभी शक्त कवि भी अलंकार-नियोजन की ओर झुक जाता है और रस की ओर से अपनी दृष्टि खींच लेता है। तो ऐसे लोगों को इस—नियम से सावधान किया जाता है।

इस प्रकार इन व्यंजकों से 'चारुता' की निष्पत्ति होती है। 'चारुता' सौन्दर्य एक ही वस्तु है। काव्य-सौन्दर्य (रसमयता) वहीं होगा, जहाँ व्यंजकता होगी। बिना व्यंजकता के जहाँ चारुता प्रतीत होती है—वहाँ यह समझना चाहिए कि ये पद अन्यत्र व्यंजक होकर चारुरूपता का प्रत्यायन करा चुके हैं। सो, उसी संस्कार से उनका सम्बन्ध होने के कारण व्यंजक न होने पर भी उनमें चारुता प्रतीत होती है। वह कहना कि चारुता-प्रत्यायन की विशेषता व्यंजक शब्द को नहीं है, प्रत्युत ग्राहक (सहृदय) की है—ठीक नहीं। कारण यह है कि किसी भी वस्तु का सम्बन्ध यदि व्यक्ति से जोड़ दिया जाए, तो पहली अड़चन यह होगी कि उस वस्तु का स्वरूप वैयक्तिक हो जाएगा, फलतः व्यक्ति-भेद से वह वस्तु ही भिन्न हो जाएगी और सर्वसम्मत एक सामान्य रूप निर्धारित नहीं हो पाएगा। जबकि स्थिति यह है कि वह 'चारुता' सर्व सहृदय सम्मत एक रूप है। अतः मानना पड़ेगा कि वह विशेषता है—व्यंजक शब्द की ही, हाँ, संस्कार भेद से उसकी प्रतीति में कुछ तारतम्य अवश्य हो सकता है। और दूसरी बात यह भी है कि यह सहृदयता भी रसभावमय काव्य-स्वरूप के परिज्ञान का नैपुण्य ही है।

रस के सम्बन्ध में इनका यह भी विचार है कि प्रबन्ध हो या मुक्तक-उभयत्र रस-बन्धाभिनिवेशी कवि विरोध-परिहार में सर्वथा दत्तावधान हो। इस पक्ष की चर्चा अलंकारवादी आचार्यों ने भी दोष-निरूपण के प्रसंग में किया है। रस-विरोधी तत्त्व अधोलिखित हैं—

(1) प्रकृत रस के विरोधी रससम्बन्धी विभावादि का परिग्रह।

(2) प्रसंगागत वस्तु का अनपेक्षित विस्तार।

(3) सहसा किसी रस के धाराधिरोह प्रकर्ष का विच्छेद अथवा सहसा किसी रस का प्रकाशन।

(4) पराकाष्ठा के परिपोष को प्राप्त हुए रस का भी पुनः-पुनः दीपन।

(5) अनुचित वृत्ति (शाब्दी एवं आर्थी) का प्रयोग।

इस विषय का सविस्तार विवेचन दोष-निरूपण वाले प्रसंग में होगा। रस के सम्बन्ध में इनकी दो एक और भी नूतन देन हैं। उदाहरणार्थ पहला यह कि रस ही असंलक्ष्य क्रम होता है–यह ठीक है, पर रस असंलक्ष्य क्रम ही होता है–यह ठीक नहीं, वह संलक्ष्यक्रम भी होता है। इस पर भी आगे विचार होगा।

दूसरी बात है–शान्त रस और उसका स्वरूप–उस पर भी स्वतन्त्र विचार होगा।

इस प्रकार 'रस' सिद्धान्त के सोपपत्तिक समर्थकों में आनन्दवर्द्धन का एक महत्त्वपूर्ण स्थान है। इस दिशा में इनकी अनेकानेक मौलिक देन हैं। रससिद्धान्त का सर्वस्व 'व्यंजना' इन्हीं के प्रयास का 'प्रकट' फल है। विषय के आनन्त्य में सत्कवि के लिए व्यंग्यव्यंजकभाव की महती उपादेयता बताते हुए भी बल इस बात पर दिया है कि काव्य को रसमय बनाने में ही कवि को सावधान होना चाहिए–

"रसादिमय एकस्मिन् कविः स्यादवधानवान्"[1]

आनन्दवर्द्धनोत्तर काल

जहाँ तक रस-विचार सम्बन्धी विभिन्न क्षेत्रों के उद्‌घाटन की बात है–वह यहाँ तक हो चुका था। आगे के आलंकारिकों में कुछ आनन्दवर्द्धन के विरोधी हैं और कुछ अनुरोधी। पहले ध्वनि-सम्प्रदाय के विरोधी हैं और दूसरे समर्थक। समर्थकों को दार्शनिक दृष्टिकोण से तीन भागों में रखा जा सकता है–(1) त्रिकदर्शनवादी धारा, (2) अद्वैतवेदान्ती धारा एवं (3) वैष्णव भक्तों की द्वैतवेदान्ती धारा।

विरोधियों में प्रतिहारेन्दु, मुकुल, धनिकधनंजय, महिमभट्ट एवं कुन्तक प्रमुख हैं। म.प्र. गोपीनाथ कविराज का विचार है कि जहाँ तक रस-निष्पत्ति-प्रक्रिया का प्रश्न है अनुरोधियों में अभिनवगुप्त तक त्रिकवादी दर्शन की पीठिका के निर्माण में पूर्ववर्ती आलंकारिकों के विचार ईंटों की भाँति जुड़ रहे थे। आरम्भ इस दिशा की ओर भरत ने ही कर दिया था और 'सहृदय' जैसी वस्तु की कल्पना में उस आरम्भ की ओर इंगित है। अभिनवगुप्त के पश्चात् रस-स्वरूप की व्याख्या वैष्णव भक्तों ने अपनी दार्शनिक पीठिका पर की। ध्वनिसम्प्रदायानुयायियों में पण्डितराज जगन्नाथ की व्याख्या पर स्पष्ट ही शांकर अद्वैतवाद का दार्शनिक प्रभाव परिलक्षित होता है।

रस-निष्पत्ति-प्रक्रिया के अतिरिक्त आनन्दवर्द्धनोत्तरकाल में दूसरी महत्त्वपूर्ण बात है–रस की संख्या। यह संख्या आठ से लेकर 10, 12, 14 तक पहुँच गई है।

---

1. ध्वन्यालोक, चतुर्थ उद्योत।

वस्तुतः आनन्दवर्द्धनोत्तरकाल 'विवेचन-काल' और आनन्दवर्द्धन एवं उनसे पूर्व तक का काल 'विकास' काल है। विकास-काल का संक्षिप्त इतिहास ऊपर प्रस्तुत किया गया है। सम्प्रति 'विवेचन-काल' की सामग्री पर प्रकाश डाला जाएगा। 'विवेचनकाल' की सामग्री पर दृष्टि-निक्षेप से पूर्व अपनी पृथक् सत्ता बनाने वाले आनन्दवर्द्धन के विरोधी आचार्यों का मत भी देख लेना चाहिए।

रस-स्वरूप के समझने में उन विरोधियों के विचारों का कोई विशेष महत्त्व नहीं है–अतः उनका उल्लेख संक्षेप में ही किया जाएगा। दूसरी बात यह भी है कि ये लोग रस का विरोध नहीं करते–व्यंजना का विरोध करते हैं। अतः इनका सविस्तार विचार ध्वनि-प्रकरण में ही उचित है इस प्रकरण में सबसे पहले मुकुल की स्थिति आती है।

मुकुल : इनका दृढ़ विचार है कि शब्द का एक ही व्यापार है[1]–अभिधा। इस अभिधा के दो भेद होते हैं–मुख्य एवं लाक्षणिक। उदाहरणार्थ–गौ शब्द को ही लें। 'गौ' शब्द की मुख्य अभिधा से जाति और गौण अभिधा से व्यक्ति की प्रतीति होती है। अपने पक्ष का समर्थन करते हुए इन्होंने कहा है कि दोनों प्रकार–शब्द से साक्षात् एवं परम्परासम्बद्ध–के अर्थों में शब्द का लोकगत व्यवहार देखा जाता है–अतः दोनों में एक अभिधा शक्ति ही मान्य होनी चाहिए। हाँ, इतना अन्तर अवश्य कि पहले में शब्द का प्रयोग भूरिशः दृष्ट है और दूसरे में अल्पशः, पहले में वह सम्बन्ध (अभिधा) साक्षात् है और दूसरे में परम्परात्मक। इस लाक्षणिक अभिधा के वे ही प्रभेद इन्होंने स्थिर किए हैं, जिनकी चर्चा आगे के आचार्यों ने स्वतन्त्र लक्षणा-प्रभेद के रूप में की है। इसी प्रसंग में विचार करते हुए यह भी कहा है ध्वनिवादियों ने इसी लक्षणा मार्ग का ही अनुधावन[2] किया है, ध्वनिकार की अपनी नूतन उद्‌भावना कुछ भी नहीं है।

प्रतीहारेन्दुराज इसी मुकुल के सम्भवतः शिष्य[3] हैं। इन्होंने उद्‌भट के काव्यालंकार सार की टीका की है। स्पष्ट है कि ये भामह एवं उद्‌भट द्वारा समादृत अलंकार सम्प्रदाय के अनुयायी हैं। इनका कहना है कि ध्वनि का अन्तर्भाव अलंकार ही में हो सकता है–इसीलिए उसकी स्वतन्त्र–विवेचना निरर्थक[4] है।

भट्टनायक की 'हृदय-दर्पण' नामक कृति का संकेत जिन अनेक स्रोतों से उपलब्ध होता है, उसमें से एक महिमभट्ट का व्यक्तिविवेक गत यह कथन भी

1. एवमयं मुख्यलाक्षणिकात्मविषयोपवर्णनद्वारेण शब्दस्यामिधा व्यापारो द्विविधः प्रतिपादितः निरन्तरार्थविषयः, सान्तरार्थनिष्ठश्च–अभिधावृत्तिमातृका पृ. 64
2. लक्षणामार्गावगाहित्वं तु ध्वनेः सहृदयैर्नूतनतयोवर्णितस्य विधत्त इति दिशुभुन्मीलयितुमिदमत्रोक्तम्।–अभिधावृत्ति मातृका, पृ. 22
3. विद्वदग्र्यान्मुकुलादधिगम्य विविच्यते। प्रतीहारेन्दुराजेन काव्यालंकारसंग्रहः का.लं. सा. पृ?
4. कैश्चित्सहृदयैर्ध्वनिर्नाम व्यंजकत्वभेदात्मा काव्यधर्मोभिहितः। स कस्मादिह नोपदिष्टः? उच्यते, एष्ववालंकारेष्वन्तर्भावात्!–का.लं.सा. पृ. 79

है–**'अदृष्ट दर्पणामम**[1] **धीः'**। व्यक्तिविवेक व्याख्यान प्रणेता रुय्यक का यह अन्दाज है कि यह 'दर्पण' भट्टनायक का हृदय-दर्पण ही है–जिसमें ध्वनि-ध्वंस का प्रयास है। जहाँ तक रस की बात है–भट्टनायक उसे काव्य की आत्मा मानते हैं–लोचनकार की उक्ति 'रसध्वनिस्तु ते नैवात्मयाऽङ्गीकृतः'[2] ही प्रमाण है। परव्यंजना का विरोध भी उसी अभिनवगुप्त की 'रसो...नाभिव्यज्यते'[3]–इस उक्ति से सुस्पष्ट है। इन्होंने व्यंजना का कार्य भावना एवं भोग नाम के दो व्यापारों से माना है।

धनिक एवं धनंजय ने तात्पर्य-शक्ति को ही, जिसे लोगों ने सम्बन्ध बोध मात्र समर्थ माना था, विवक्षितार्थ पर्यन्त सामर्थ्य-सम्पन्न सिद्ध किया। दशरूपक के चतुर्थ प्रकाश में अपनी बात सिद्ध करते हुए उन लोगों का खण्डन किया है जिन लोगों ने–यह कहा है कि प्रथम कक्षा में पदार्थोपस्थिति, द्वितीय कक्षा में वाक्यार्थ बोध एवं तृतीय कक्षा में व्यंग्यार्थ बोध होता है। तात्पर्य का काम द्वितीय कक्षा में ही समाप्त हो जाता है–उसके बाद व्यंजना का काम होता है। खण्डन पक्ष से उनका कहना है कि तात्पर्य कोई तराजू पर रखकर–तौली हुई वस्तु नहीं है–जिसकी इयत्ता एक सीमा तक ही मानी जाए। वाक्य चाहे पौरुषेय हो या अपौरुषेय–दोनों का कुछ-न-कुछ अभिप्रेत अर्थ होगा ही–और विवक्षित अर्थ मात्र तक यह तात्पर्य–व्यापार कार्य करेगा–चाहे वह विवक्षा दूसरी कक्षा में समाप्त हो या तीसरी कक्षा में। व्यंजना को मानने पर भी 'तात्पर्य' को द्वितीय कक्षा के वाक्यार्थ के लिए अवश्य स्वीकार करना ही होगा–अतः अवश्य स्वीकार्य 'तात्पर्य' से ही जब सब कार्य बन जाता है तो अनावश्यक एक व्यंजना-व्यापार मानने की आवश्यकता ही क्या[4] है?

इस प्रकार इन्होंने भी व्यंजना का विरोध किया है। अन्तिम विरोधी हैं महिम एवं कुन्तक। महिमभट्ट ने अपने व्यक्ति-विवेक में यह स्थिर किया है कि शब्द की एक ही शक्ति[5] होती है, जिसे अभिधा कहते हैं। शब्द की दूसरी कोई शक्ति होती ही नहीं। शब्द मोटे तौर से दो प्रकार के हैं–पद एवं वाक्य। इसी प्रकार अर्थ के भी दो भेद हैं–वाच्य एवं अनुमेय[6]। पहला शब्द से साक्षात् सम्बन्ध रखता है–अतः वह पद का अभिधा-लभ्य अर्थ है। साक्षात् सम्बद्ध अर्थ के ही प्रति शब्द को कारण मानना ठीक है–परम्परया सम्बन्ध मानने से अव्यवस्था सम्भव है। अव्यवस्था यह कि पुत्र का कार्य परम्परया पिता से भी सम्बद्ध है–तो क्या परम्परया

---

1. व्यक्तिविवेक, प्रथम विमर्श
2. ध्वन्यालोक लोचन, पृ. 15
3. अभिनवभारती, छठाँ अध्याय
4. दशरूपक–चतुर्थ प्रकाश
5. शब्दस्यैकामिधाशक्तिरर्थस्यैकैवलिङ्गता–व्यक्तिविवेक, प्रथम विमर्श
6. वही।

सम्बद्ध (पुत्र-कार्य) को पिता का कार्य मान लिया जाए? नहीं। फिर इसी प्रकार परम्परया शब्द-सम्बद्ध अर्थ को शब्द का अर्थ कहना, शब्द की अभिधा का कार्य कहना अव्यवस्था-जनक है। जिस अर्थ को अन्यान्य भावों ने लक्ष्य एवं व्यंग्य अर्थ कहा है–उसका शब्द से साक्षात् सम्बन्ध नहीं ही है–अतः उस अर्थ की प्रतीति में शब्द को करण मानना ठीक नहीं है। वस्तुतः लक्ष्य एवं व्यंग्य कोटि के अर्थ वाच्यार्थ से सम्बद्ध हैं–वाच्यार्थ-सम्बद्ध के भी सम्बद्ध हो सकते हैं–सारांश यह कि जिससे भी वे साक्षात् सम्बद्ध हों–उसी के व्यापार से वे अर्थ लभ्य हैं। अर्थ का यह व्यापार अनुमान ही है। जब एक अर्थ सम्बन्ध-स्मरणपूर्वक अर्थान्तर की प्रतीति कराता हो, तो वहाँ 'अनुमान' का ही प्रयोग करना ठीक है। धूम भी व्याप्ति रूप सम्बन्ध-स्मरण द्वारा ही साध्यार्थ की प्रतीति करा सकता है–वहाँ अनुमान प्रमाण ही कार्यकर है। कहने का अभिप्राय यह है कि जिस परम्परा-सम्बद्ध अर्थ को लोग शब्द लभ्य कहते हैं और तदर्थ लक्षण एवं व्यंजना नामक व्यापार मानते हैं–वह ठीक नहीं। वस्तुतः लक्षणा एवं व्यंजना की जगह अनुमान प्रमाण को कार्य कर कहना चाहिए।

कुन्तक का भी नाम व्यंजना-निरासकों या व्यंजना न मानने वालों में आता है। इन्होंने केवल साहित्यिक शब्द एवं अर्थ को ध्यान में रखकर शब्द-व्यापार का विचार किया है। यहाँ का शब्द एक है ही, जो 'विवक्षितार्थैकवाचक'' हो और इसी प्रकार अर्थ भी एक ही प्रकार का है–जिसे 'सहृदयाह्लादकारिस्वस्पदं सुन्दर' कहा गया है। ऐसे शब्द का व्यापार एक **'विचित्रैव अभिधा'** शक्ति है। औपचारिक रूप से लक्षक एवं व्यंजक भी 'वाचक' की कोटि में परिगणित हो जाते हैं। इस प्रकार इन्होंने भी अपनी विचित्र अभिधा की कुक्षि में 'व्यंजना' को तिरोहित करने का प्रयास एवं साहस किया है।

नाट्यशास्त्रीय विवेचन-क्रम–

सबसे पहले उन विवेचनीय पक्षों की एक तालिका यहाँ उपस्थित करनी चाहिए–जिन पर इस काल के विचारकों ने क्षोद-क्षम विचार उपस्थापित किया है–ऐतिहासिक दृष्टि से विचार यहाँ के आगे भी हो सकता है–पर उससे विवेच्य-विषय की गहराई में जाने की स्वच्छन्दता का नियन्त्रण हो जाएगा। साथ ही इस दृष्टि की एकदम उपेक्षा भी नहीं की जाएगी। जहाँ बात को समझने के लिए–किसी विषय का क्रमिक विकास दिखाने के लिए ऐतिहासिक अवलोकन ही आवश्यक होगा–वहाँ उस पर पूरा ध्यान होगा। निष्कर्ष यह कि यहाँ से विषय-पक्ष की प्रधानता और इतिहास पक्ष की अप्रधानता रहेगी। अस्तु, विवेच्य-वस्तु की तालिका यों होगी।

1. 'रस' शब्द का अर्थ
2. रस के उपकरण और उनकी अन्वर्थ संज्ञा

3. रस-निष्पत्ति-प्रक्रिया–(a) साहित्यिक एवं (b) आध्यात्मिक
4. साधारणीकरण
5. रस एवं रसवदलंकार
6. शान्त रस
7. रस और उसकी संख्या
8. मूल रस कौन?
9. विभिन्न भाव और उनका स्वरूप-विचार

प्रथम प्रश्न का विचार आरम्भ में ही हो चुका है–अतः यहाँ रस के उपकरण तथा उसकी अन्वर्थ-संज्ञाओं पर पहले विचार आरम्भ होगा–

(क) रस के उपकरण एवं उनकी अन्वर्थसंज्ञा

रस के उपकरणों की चर्चा भरत ने अपने प्रसिद्ध रस-सूत्र–

"विभावानुभावव्यभिचारिसंयोगाद्रसनिष्पत्तिः"[1]

में की है। अर्थात् रस के उपकरण में विभाव, अनुभाव एवं संचारी की गणना की गई है। इन्हीं उपकरणों में भाव-स्थायी भाव-रसकोटि तक पहुँच जाते हैं। विभाव, अनुभाव और संचारी की भाँति यद्यपि प्रस्तुत सूत्र में 'स्थायी' का भी उपादान होना चाहिए था, फिर भी जो नहीं किया गया–उसमें कुछ रहस्य है। रहस्य यह है कि सूत्रस्थ 'अनुभाव' पद से ही स्थायी का सद्भाव सिद्ध हो जाता है। कारण यह है कि सूत्रस्थ 'अनुभाव' शब्द का अर्थ 'अनुभवन' ही है, पर यह अनुभवन लौकिक अनुभवन से विलक्षण है। लोक में अनुभाव को भाव का कार्य कहा जाता है, पर यहाँ 'अनुभवन' से परकीय चित्तवृत्ति का अवगम नहीं, प्रत्युत परकीय चित्तवृत्ति की भावना द्वारा तत्सजातीय निजी चित्तवृत्ति का उद्बोधपूर्वक अनुभव करना ही 'अनुभाव'[2] है। इस प्रकार यह अनुभवन सहृदय की अपनी ही चित्तवृत्ति (स्थायी) का अनुभव है, अतः 'स्थायी' की प्रतीति अपने आप हो जाती है, फिर उसके प्रयोग की क्या आवश्यकता? और प्रयोग करने से एक अनभीप्सित अर्थ भी आ पड़ेगा और वह यह कि लोग समझेंगे मानो सूत्रकार 'स्थायी' पद द्वारा परकीय-चित्त-वृत्ति के अवगम को रस कहना चाहता है। हाँ, जहाँ 'स्थायी' का ग्रहण है, वहाँ औचित्यानुरोधवश सहृदय की अपनी चित्तवृत्ति ही समझी जाएगी। यह भी कहा जा सकता है, फिर व्यभिचारी का ही ग्रहण क्यों, क्या उससे परकीय चित्तवृत्ति कही गई है? नहीं, उससे भी सहृदय की अपनी ही चित्तवृत्ति कही गई है–परन्तु फिर

---

1. भरतनाट्यशास्त्र–अध्याय 6
2. ध्व. लोचन–"तच्चित्तवृत्तितन्मयीभवनमेव ह्यनुभवनम्। लोके तुकार्यमेवोच्यते, नानुभावः। अतएव परकीया न चित्तवृत्तिरवगम्यते-इत्यभिप्रायेण 'विभावा...' इति सूत्रे स्थायिग्रहणं न कृतम्। तत्प्रत्युत शल्यभूतं स्यात्...। पृ. 156, 57

भी विभावादि के मध्य इसलिए परिगणित है कि जैसे विभावादि मुख्य-चित्तवृत्ति के उपकारक हैं, उसी प्रकार व्यभिचारी भी। व्यभिचारी का स्वतन्त्र नहीं, प्रत्युत मुख्य चित्तवृत्ति के रूप में चर्वण होता है।

यह स्पष्ट है कि सहदय की अपनी मुख्यचित्तवृत्ति ही उद्‌बोधित होकर जब आस्वादगोचर होती है—तब 'रस' पद से बोधित होती है। पर इसके उद्‌बोधन एवं पोषण के लिए उद्बोधक एवं पोषक भी अपेक्षित हैं। उद्‌बोध्य हैं—भाव एवं उद्‌बोधक हैं विभावादि। उद्‌बोध्य भाव भी दो प्रकार के हैं—मुख्य एवं गौण। मुख्य-भाव ही स्थायी और गौण संचारी कहा जाता है। यह संचारी स्थायी का पोषक है। पोषक या उद्‌बोधक में दो और उपकरण हैं—जिन्हें काव्यीय भाषा में विभाव तथा अनुभाव कहा जाता है। इस प्रकार प्रस्तुत शीर्षक के भीतर विभाव, अनुभाव, संचारी एवं स्थायी का विचार प्रसक्त है। कुछ लोगों ने इस उपकरण में 'सात्त्विक' की भी गणना की[1] है। एक ऐसा ही उद्धरण साहित्यदर्पणकार ने भी दिया है। 'सात्त्विक' का उपयोग रस-निष्पत्ति में सभी लोग मानते हैं, अन्तर इतना ही है कि कुछ लोग उसका अन्तर्भाव भाव या अनुभाव में ही कर लेते हैं और कुछ लोग उसकी स्थिति अलग मानना चाहते हैं। संक्षेप में इन लोगों के तर्क ये हैं—(i) मन की सत्त्वावस्थामात्र से ही इनकी उत्पत्ति होती है—अतः ये सामान्य अनुभव से भिन्न हैं। (ii) दूसरी बात यह कि सत्त्व-सम्पादित होने से 'भाव' भी हैं और भाव-संसूचक होने से अनुभाव भी—अतः इनके दो रूप हैं, जबकि सामान्य अनुभाव में यह बात नहीं है। सात्त्विक भाव का विशेष विवरण आगे दिया जाएगा।

अस्तु, इन उपकरणों में सर्वप्रथम उद्‌बोध्य 'भाव' सामान्य का स्वरूप क्या है—यह विचार किया जाएगा—

भाव : 'भाव' शब्द का प्रयोग अभिनवगुप्त के मत से नाट्य शास्त्र में चित्तवृत्ति-विशेष के ही अर्थ में किया गया है। ये सब 49 भाव हैं। योग्यतावशात् इन्हीं में से कुछ स्थायी एवं कुछ संचारी एवं कुछ सात्त्विक भाव कहे जाते हैं। इसमें कोई सन्देह नहीं कि 'भाव' शब्द से विभाव एवं अनुभाव भी कहीं-कहीं विवक्षित हैं। नाट्यशास्त्र के 'भाव' सम्बन्धी विचार के स्पष्टीकरण में अभिनवगुप्त के अतिरिक्त, दशरूपककार धनिक (धनंजय भी), हेमचन्द तथा व्यक्तिविवेककार महिमभट्ट जैसे प्रमुख आचार्यों ने अच्छा योग दिया है।

अभिनव भारती नाट्यशास्त्र की साक्षात् टीका है—अतः ऐतिहासिक क्रम का उल्लंघन होने पर भी विषय की स्पष्टता की दृष्टि से उसी का मूल-सम्मत विचार पहले विवेचित किया जा रहा है—

---

1. विभावैरनुभावेश्च सात्त्विकैर्व्यभिचारिभिः। आनीयमानः स्वाद्यत्वं स्थायी भावो रसः स्मृतः। 4।1 दशरूपक, च.प्र.

भरत ने 'भाव' शब्द की व्युत्पत्ति के सम्बन्ध में दो-विकल्प उठाए हैं, अर्थात् उन्होंने यह प्रश्न उपस्थापित किया है कि भाव शब्द की व्युत्पत्ति 'भवन्तीति भावाः' मानी जाए या 'भावयन्तीतिभावाः'[1]–सिद्धान्ततः द्वितीय व्युत्पत्ति ही स्वीकार की गई है और कहा है–**'वागङ्गसत्त्वोपेतान् काव्यार्थान् भावयन्तीति भावाः'**[2] अर्थात् वचिक, सात्त्विक एवं आंगिक आदि अभिनयों से सम्बन्ध (व्यंग्यव्यंजकभाव सम्बन्ध से सम्बन्ध) काव्यार्थ (रस) का **भावन करने वाली** चित्तवृत्ति विशेष ही 'भाव' है। उपर्युक्त सिद्धान्त व्युत्पत्तिपरक उद्धृत वाक्य में **'वागङ्गसत्त्वोपेतान्'** का अर्थ अभिनव भारती के अनुसार 'वागङ्गसत्त्वसम्बद्धान्'[3] किया गया है इसी अर्थ को साहित्य दर्पणकार ने कहा है–"नानाभिनय संबंधान् भावयन्ति रसनिमान्" हरिदास सिद्धान्त ने यहाँ 'सम्बन्ध' का अर्थ **'व्यंग्यव्यंजकभाव'** सम्बन्ध ही माना है। यहाँ सम्बन्ध का सिद्धान्ततः अर्थ यही मानना ठीक है। **'काव्यार्थ'** का अर्थ है–काव्य का अर्थ। काव्य में पदार्थ एवं वाक्यार्थ का पर्यवसान 'रस' में है–काव्य का असाधारण एवं सर्वप्रधान प्रयोजन 'रस' ही है–इन सब कारणों से अभिनव गुप्त ने 'काव्यार्थ' का अर्थ 'रस' ही किया है[4]। अभिनव भारती में स्पष्ट यह भी कहा है–'आस्वादनात्मानुभवो रसः काव्यार्थ उच्यते' अभिनव भारती पृ. 279 काव्यस्थायी रसः। अर्थ्यन्ते प्राधान्येनेत्यर्थाः। न त्वर्थशब्दोऽमिधेयवाची–पृ. 344 गाय क. सं. तीसरा विचारणीय शब्द है–भावयन्ति। अभिनवगुप्त ने कहा है कि जब 'भू' धातु से 'णिच्' प्रत्यय होता है, तब 'भू' धातु का वही अर्थ होता है जो 'कृं' धातु का[5]। सारांश यह कि 'भावन' और 'करना' परस्पर पर्याय हैं। इसीलिए 'भावित' एवं 'कृत' का पर्याय, रूप में प्रयोग होता है। आगे तो यह भी कहा है कि 'भावित' का पर्याय न केवल 'कृत' ही है, प्रत्युत 'व्याप्त' भी है। इस प्रकार इनके कहने का अभिप्राय यह है कि 'भावयन्ति' का अर्थ 'कुर्वन्ति' या 'व्याप्नुवन्ति'–दोनों किया जा सकता[6] है।

'कुर्वनित' की दृष्टि से प्रकृत–विवेच्य–वाक्य का अर्थ पहले किया गया है। सम्प्रति, 'व्याप्नुवन्ति' की दृष्टि से भी देखना चाहिए कि इसका क्या अर्थ हो सकता है? अभिनवगुप्त ने 'भाव' को कस्तूरिका गन्ध के समान माना है और कहा है कि कस्तूरी की गन्ध स्वयं अपने को न तो आधारान्तरित करती है और न अपने सदृश गुणान्तर ही पैदा करती है–प्रत्युत कस्तूरिका द्रव्य इतना ही प्रतिपत्ति

---

1. नाट्यशास्त्र सप्तम अध्याय 343 पृ.
2. वही पृ. 343।
3. नाट्यशास्त्र की टीका अभिनव भारती–सप्तम अध्याय, पृ. 344।
4. अभिनव भारती, पृ. 344।
5. भवतेहिं ण्यन्तः प्राकृतं करोत्यर्थमोहेति दर्शयति...अभिनवभारती, पृ. 345
6. किमेतत्, कुर्वन्ति, व्याप्नुवन्ति वा, तत्र च द्वयेऽपि किं कर्म। वही, पृ. 344.

जनन करती है कि आधारान्तर में भी वही गन्ध है। यह गन्ध तभी तक है—जब तक कस्तूरिका का सम्बन्ध है। द्रव्य ही न रहेगा तो उसका गुण कैसे रहेगा? ठीक वही बात यहाँ भी है। वे ही वाचिकादि अभिनय, जो (परमार्थतः अनुकार्य गत थे, अभिनय वेला में भी) पहले असाधारणरूप से प्रतीत होते हैं, बाद में साधारणीकरण—प्रक्रिया के प्रभाव से अपना नैयत्य (नियत देश, काल आदि से सम्बन्ध) त्यागकर सामाजिक जन को 'मृगमदामोद' पद्धति से व्याप्त कर लेते हैं। इस दृष्टि से अर्थ करते हुए अभिनवगुप्त ने कहा है—"स्वचित्तवृत्तिव्यापनद्वारेण, तेन भावयन्ति[1] सामाजिकात्मानमिति भावाः"।

ठीक इसी बात को और भी स्पष्ट रूप से काव्यानुशासनकार हेमचन्द ने भी ज्यों का त्यों कहा है।

(i) भावयन्ति स्वात्मानं लौकिकदशायामनास्वाद्यमप्यास्वाद्यं कुर्वन्ति।

(ii) यद्वा भावयन्ति व्याप्नुवन्ति सामाजिकानां मनः -इति भावाः[2]।

अर्थात् लौकिक दशा में—व्यवहार दशा में—अनास्वाद्य आत्मा को (काव्य या नाट्य दशा में) जो आस्वाद्य बनावे—वही 'भाव' है। अथवा 'भाव' उसे भी कह सकते हैं जो सामाजिकों के हृदय को निमग्न कर ले—व्याप्त कर ले—मन तन्मय हो जाए। सामाजिक की दृष्टि से यह अर्थ 'भाव' शब्द का स्थिर किया गया।

इसी नाट्यशास्त्र का आधार लेकर दशरूपककार एवं व्यक्तिविवेककार ने भी 'भाव' शब्द का विचार उपस्थापित किया है। दशरूपककार का कहना है कि अनुकार्य के जो सुख-दुःख आदि भाव काव्य में वर्णित किए गए हैं—वे ही सामाजिक के अन्तःकरण को अपनी गन्ध से वासित कर देते हैं—अर्थात् अनुकार्य की ही तरह भाव से सामाजिक का भी अन्तःकरण वासित हो जाता है। अर्थात् इसी तरह के भाव का आस्वाद इसे भी होने लगता है। यही भावन या वासन भाव[3] है। यहाँ भी लक्ष्य है—सामाजिक-गत-चित्तवृत्ति-विशेष। लक्षण से तो यह मालूम होता है कि इन्होंने एक क्रिया विशेष (भावन) को ही भाव कहा है—पर वस्तुतः यह क्रिया उपाधि है—जिससे उपहित सामाजिक की चित्तवृत्ति-विशेष ही लक्ष्य की गई है।

व्यक्तिविवेककार का कहना है कि अनुकार्यगत कतिपय स्थायी भावों का कवि अपने अन्तःकरण में भावनावश अनुसन्धान करता है। ये ही अनुसंहित भाव सामाजिक को तत्तद्रसों की भावना कराते हैं—अतः 'भाव' कहे जाते[4] हैं। यहाँ

1. अभिनव भारती, पृ. 346
2. काव्यानुशासन
3. सुखदुःखादिकैर्भावैर्भावस्तद्भावभावनम्—दशरूपक, चतुर्थप्रकाश, श्लो. 4
4. तथा हि ये लोके रत्यादयो रामादिगताः स्थेमभाजोऽवस्थाविशेषाः केचित् तत एव काव्यादौ कविप्रभृतिभिर्वर्णनाप्यर्थमात्मन्यनुसंहिताः संतो भावयन्ति तान् तान् रसानिति भावा इत्युच्यन्ते—व्यक्तिविवेक, पृ. 68

रस-भावन का साधन है, कवि द्वारा अनुकार्य के अनुसंहित भाव। यही भाव जब सहृदय की भावना के विषय होंगे–तो रस-चर्वक के साधन बन सकेंगे–अन्यथा सामाजिक के किस काम के? यहाँ भी सामाजिक की विशेष-चित्तवृत्ति ही भाव है। यदि इनकी पंक्तियों का यथाश्रुत अर्थ लिया जाए तब कवि द्वारा अनुसन्धान-गोचर (अनुकार्यीय) भाव ही 'भाव' कहा जाएगा–जो भिन्न-अधिकरण (कवि रूप) में है। होना चाहिए इसे सामाजिक में–तभी तो सामाजिक को रसास्वाद करा सकेगा? अतः इसका अभिप्राय यही समझना चाहिए कि कवि द्वारा अनुसंहित भाव भी सामाजिक की दृष्टि से 'भाव' तब कहा जाएगा जब वह सामाजिक की भावना का विषय बनेगा।

नाट्यशास्त्र में तीन संग्रह श्लोकों द्वारा 'भाव' का परिचय पुनः दिया गया है–वे तीन श्लोक ये हैं–

(1) **विभावेनाहृतो योऽर्थो ह्यनुभावैस्तु गम्यते।**
वागङ्गसत्त्वाभिनयैः स भाव इति संज्ञितः[1] ॥ 7/1, 345/1

अर्थात् विभाव द्वारा निष्पादित तथा वाचिक, आंगिक एवं सात्त्विक आदि अनुभावात्मक अभिनयों से प्रतीत हुई **चित्तवृत्तिविशेष** ही भाव है।

अभिनव भारतीकार का वक्तव्य है कि प्रस्तुत लोक द्वारा जो व्युत्पत्ति उपस्थापित की गई है–वह कवि एवं नट को शिक्षा देने की दृष्टि से, परन्तु अधोनिर्दिष्ट दो श्लोकों द्वारा सामाजिक की दृष्टि से उसी 'भाव' का अर्थ बताया जा रहा है–

(2) **वागङ्गमुखरागेण सत्त्वेनाभिनयेन च।**
कवेरन्तर्गतं भावं भावयन् भाव उच्यते ॥[2] 7/2।

अर्थात् वाचिक, आंगिक, मुखरागात्मक एवं सात्त्विक अभिनय के द्वारा उस भाव का भावन करने वाली सामाजिक की **चित्तवृत्ति-विशेष** को भाव कहा जाता है जो वर्णना-निपुण कवि के अन्तर्गत अनादि एवं प्राक्तन संस्कार प्रतिभानमय राग के रूप में है–(यह राग लौकिक-विषय-जन्य नहीं है)–जिसकी सर्वसाधारणीभावेन आस्वाद योग्यता है।

(3) **नानाभिनयसंबद्धान् भावयन्ति रसानियान्।**
यस्मात्तस्मादमी भावा विज्ञेया नाट्ययोक्तृभिः ॥ 7/3 ॥

1. नाट्यशास्त्र–सातवाँ अध्याय, पृ. 345
2. वही–पृ. 346
वही

सामाजिक की वह चित्तवृत्ति भाव है जो चतुर्विध अभिनवों द्वारा (व्यङ्ग्यव्यञ्जक भाव से) सम्बद्ध सामाजिक द्वारा चर्व्यमाण 'रस' का भावन करती हो।

धनिक ने दशरूपक की 'अवलोक' नामक व्याख्या में उपर्युक्त पिछले दो श्लोकों के सम्बन्ध में एक भिन्न प्रकार की बात कही है। अभिनवगुप्त ने, इन दोनों क्या तीनों श्लोकों द्वारा जिस 'भाव' का स्वरूप बनाया गया है–उसे सहृदयनिष्ठ चित्त-वृत्ति विशेष (भाव) का ही परिचायक माना है। पर धनिक का कहना है–"यत्तु रसान् भावयन् भाव इति, कवेरन्तर्गतं भावं भावयन् भाव इति च, तदभिनय काव्ययोः प्रवर्त्तमानस्य भावशब्दस्य प्रवृत्तिकथनम्" अर्थात् 'रस' का भावन करनेवाला तत्त्व भाव है या कवि के अन्तर्गत स्थित 'भाव' को भावन करनेवाला तत्त्व 'भाव' है–ये दोनों व्युत्पत्तियाँ अभिनय एवं काव्य में व्यवहृत 'भाव' शब्द की हैं।

❑❑❑